学ぶ人は、変えてゆく人だ。

目の前にある問題はもちろん、
人生の問いや、
社会の課題を自ら見つけ、
挑み続けるために、人は学ぶ。
「学び」で、
少しずつ世界は変えてゆける。
いつでも、どこでも、誰でも、
学ぶことができる世の中へ。

旺文社

大学入学

共通テスト

公共,政治・経済 集中講義

五訂版

元河合塾講師

金城透 著

旺文社

大学入学共通テストの特徴

「大学入学共通テスト」とは？

「大学入学共通テスト」（以下「共通テスト」）とは，2021年1月から「大学入試センター試験」（以下「センター試験」）に代わって実施されている，各大学の個別試験に先立って行われる全国共通の試験です。
ほぼすべての国公立大学志望者，私立大学志望者の多くがこの試験を受験し，大学教育を受けるための基礎的な学習の達成度を判定されます。

共通テストの特徴は？

単純な知識を問うだけの問題ではなく，**「知識の理解の質を問う問題」「思考力，判断力，表現力を発揮して解くことが求められる問題」を重視する**とされています。
「公共，政治経済」では，多様な図・表を活用して，データに基づいた考察・判断を行う資料問題や，文章や資料を読み解きながら基礎的な概念・理論・考え方を活用して考察する問題などが出題されます。

共通テストとセンター試験のちがいは？

センター試験では「教科の内容を覚え，正しく理解できているか」といった知識理解の面が重視されていましたが，共通テストでは**「習得した知識を正しく活用することができるか」といった知識の運用力**まで試されます。
必要な学習内容はかわりませんが，知識を問われるだけでなく，基本的な考え方と国の制度や政策と結び付けてとらえる，逆に制度や政策の本質を考察する，資料を参考に社会的課題の解決策を検討するなどの力が求められます。

どのように対策すればいい？

センター試験と同じように，まずは知識のインプットが必要です。
その上で，問題を解きながら知識を定着させ，さらに応用問題で知識活用の道筋を学び，アウトプットのトレーニングを行うとよいでしょう。
本書では，共通テストの対策に必要な学習を１冊で完成することができます。本書を使い，知識のインプットからアウトプットまで，効率的に学習を行ってください。

本書の利用法

本書の特長

● 必修61テーマと厳選された学習項目

「公共, 政治・経済」必修の61テーマと重要な学習項目を厳選し, 掲載しています。要点が凝縮され, 情報が無駄なく詰まっているため, 最短距離で理解を深めることができます。

● 出題頻度によるテーマ・学習項目のランク付け

過去10年分（2014～2023年）のセンター試験, 共通テスト「政治・経済」を分析し,「どのような問題がよく出題されるか（頻度）」「その問題は, どのレベルまで理解が必要か（深度）」ということを RANK や★で示しています（公共の一部のテーマは著者の判断でのランク付けとなります）。出題頻度を参考にして, さらに効率のよい学習が可能です。

● 取り組みやすいコンパクトな構成

1テーマ4ページを基本とし, 効率的かつ短期間での学習が可能です。「公共, 政治・経済」をこの本ではじめて勉強する人でも, 無理なく取り組むことができます。

● 豊富な演習問題（基礎力チェック問題／チャレンジテスト）

テーマごとに「基礎力チェック問題」があり, 覚えた知識をすぐに演習問題で確認, 定着させることができます。

全10回の「チャレンジテスト」は, 共通テストの実戦演習として取り組みましょう。

● 別冊「必携一問一答問題集」

一問一答形式の問題集が付属しています。テーマごとに過去のセンター試験, 共通テスト問題やオリジナル問題を一問一答で答える形式になっています。空欄補充形式・正誤判定形式などがあり, 受験生が間違えやすい問題を掲載しています。

● PDFダウンロード「ワンポイント時事解説」

本書刊行後に起こった重要な時事的内容をまとめた「ワンポイント時事解説」を, PDFファイルとして下記のURLからダウンロードすることができます。

https://service.obunsha.co.jp/tokuten/shuchukougi/jijikaisetsu_seikei.pdf

本書の構成

1テーマの構成

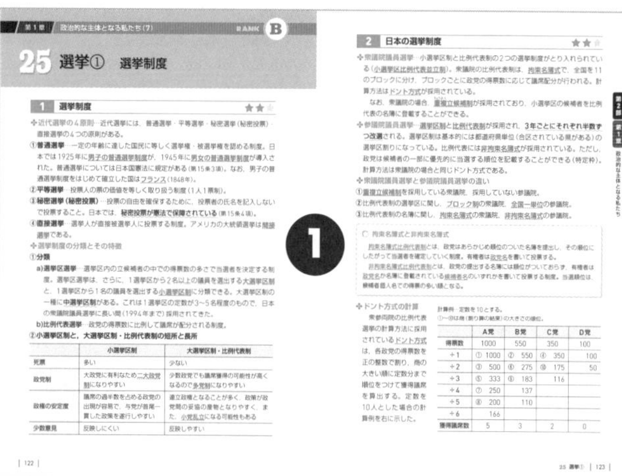

❶ テーマの要点整理

必要かつ十分な要点を厳選しまとめた学習項目を，出題頻度とともに掲載しています。

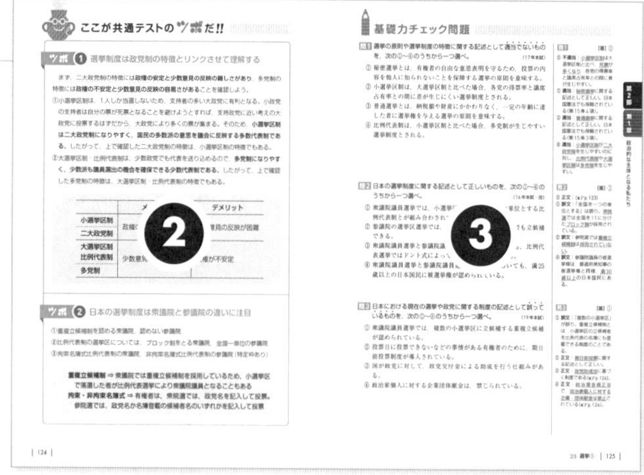

❷ ここが共通テストのツボだ！

各テーマで，「ここだけ覚えておけば確実に得点できる！」というポイントや，受験生が苦手とするポイントを解説しています。直前期にこのページだけ読むのも効果的です。

❸ 基礎力チェック問題

過去の共通テスト，センター試験をベースにした問題を，簡単な解説とともに掲載してあります。

※「基礎力チェック問題」に使用している共通テスト，センター試験問題は，時事問題の変化などを考慮して，適宜改題しています。また，「現代社会」からも，学習内容と重なる過去問を載せています。

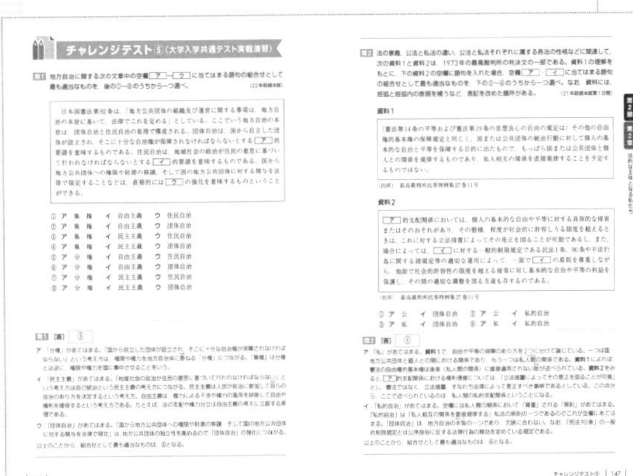

チャレンジテスト⑤（大学入学共通テスト実戦演習）

問1 地方自治に関する次の文章中の空欄 ア ～ ウ に当てはまる語句の組合せとして最も適当なものを，後の①～⑧のうちから一つ選べ。（22年政経本試）

日本国憲法第92条は，「地方公共団体の組織及び運営に関する事項は，地方自治の本旨に基いて，法律でこれを定める」としている。ここでいう地方自治の本旨は，団体自治と住民自治の原理で構成される。団体自治は，国から自立した団体が設立され，そこに十分な自治権が保障されなければならないとする ア 的要請を意味するものである。住民自治は，地域社会の政治が住民の意思に基づいて行われなければならないとする イ 的要請を意味するものである。国から地方公共団体への権限や財源の移譲，そして国の地方公共団体に対する関与を法律で限定することなどは，直接的には ウ の強化を意味するものということができる。

① ア 集 権　イ 自由主義　ウ 住民自治
② ア 集 権　イ 自由主義　ウ 団体自治
③ ア 集 権　イ 民主主義　ウ 住民自治
④ ア 集 権　イ 民主主義　ウ 団体自治
⑤ ア 分 権　イ 自由主義　ウ 住民自治
⑥ ア 分 権　イ 自由主義　ウ 団体自治
⑦ ア 分 権　イ 民主主義　ウ 住民自治
⑧ ア 分 権　イ 民主主義　ウ 団体自治

問1 ［答］ ⑧

ア 「分権」があてはまる。「国から自立した団体が設立され，そこに十分な自治権が保障されなければならない」という考え方は，権限や権力を地方自治体に委ねる「分権」につながる。「集権」は分権とは逆に，権限や権力を国に集中させることをいう。

イ 「民主主義」があてはまる。「地域社会の政治が住民の意思に基づいて行われなければならない」という考え方は自己統治という民主主義の考え方につながる。民主主義は人民が政治に参加して自らの政治のあり方を決定するという考え方。自由主義は，権力による干渉や権力の濫用を排除して自由や権利を確保するという考え方である。たとえば，法の支配や権力分立は自由主義の考えに立脚する原理である。

ウ 「団体自治」があてはまる。「国から地方公共団体への権限や財源の移譲，そして国の地方公共団体に対する関与を法律で限定」は，地方公共団体の独立性を高めるので「団体自治」の強化につながる。

以上のことから，組合せとして最も適当なものは，⑧となる。

| 146 |

問2 法の意義，公法と私法の違い，公法と私法それぞれに属する各法の性格などに関連して，次の資料1と資料2は，1973年の最高裁判所の判決文の一部である。資料1の理解をもとに，下の資料2の空欄に語句を入れた場合，空欄 ア ・ イ に当てはまる語句の組合せとして最も適当なものを，下の①～④のうちから一つ選べ。なお，資料には，括弧と括弧内の表現を補うなど，表記を改めた箇所がある。（21年政経本試第1日程）

資料1

（憲法第14条の平等および憲法第19条の思想良心の自由の規定は）その他の自由権的基本権の保障規定と同じく，国または公共団体の統治行動に対して個人の基本的な自由と平等を保障する目的に出たもので，もっぱら国または公共団体と個人との関係を規律するものであり，私人相互の関係を直接規律することを予定するものではない。

（出所） 最高裁判所民事判例集27巻11号

資料2

ア 的支配関係においては，個人の基本的な自由や平等に対する具体的な侵害またはそのおそれがあり，その態様，程度が社会的に許容しうる限度を超えるときは，これに対する立法措置によってその是正を図ることが可能であるし，また，場合によっては， イ に対する一般的制限規定である民法1条，90条や不法行為に関する諸規定等の適切な運用によって，一面で イ の原則を尊重しながら，他面で社会的許容性の限度を超える侵害に対し基本的な自由や平等の利益を保護し，その間の適切な調整を図る方途も存するのである。

（出所） 最高裁判所民事判例集27巻11号

① ア 公　イ 団体自治　② ア 公　イ 私的自治
③ ア 私　イ 団体自治　④ ア 私　イ 私的自治

問2 ［答］ ④

ア 「私」があてはまる。資料1で，自由や平等の保障のあり方を2つに分けて論じている。一つは国・地方公共団体と個人との間における関係であり，もう一つは私人間の関係である。資料1によれば，憲法の自由権的基本権は後者（私人間の関係）に直接適用されない旨が述べられている。資料2をみると， ア 的支配関係における権利侵害については，「立法措置によってその是正を図ることが可能」とし，憲法ではなく，立法措置，すなわち法律によって是正すべき事柄であるとしている。この点から，ここで述べられているのは，私人間の私的支配関係ということになる。

イ 「私的自治」があてはまる。空欄には私人間の関係において「尊重」される「原則」があてはまる。「私的自治」は「私人相互の関係を直接規律する」私法の原則の一つであるのでこれが空欄にあてはまる。「団体自治」は，地方自治の本旨の一つであり，文脈に合わない。なお，「民法90条」の一般的制限規定とは公序良俗に反する法律行為の無効を定めている規定である。

以上のことから，組合せとして最も適当なものは，④となる。

チャレンジテスト

共通テストの問題などで構成されています。解いたあとは必ず解説を読み，共通テストを解くための視点や考え方を確認しましょう。

索 引

巻末に，重要用語・欧文略語をまとめた索引をつけています。

本書を使った学習方法

共通テスト「公共，政治・経済」対策の学習には，3つの重要な柱があります。

1	必要な学習内容を覚え，理解する ……………	インプット
2	基礎的な問題を解き，理解を深める …………	アウトプット①
3	応用問題を解き，知識の運用力を高める ……	アウトプット②

基本的な学習内容を覚え，理解できたと思ったら（＝1），演習で解答を導き出せるかどうかを試します（＝2）。
そこで解けなかった問題は理解があいまいということなので，解けなかった問題の解説を読み，さらに1に戻り，あいまいな知識を定着させましょう。

1⇄2をくり返して基礎力が身についたら，共通テストレベルの応用問題に取り組み，知識の活用を訓練します（＝3）。

一見難しそうな問題も，必ず基礎知識に基づいてつくられているので，1～3の学習サイクルを確立すれば，難問にも対応できるようになります。知識を確実に定着し，活用できるようになるまで，何度もくり返し学習を行ってください。

もくじ

〔編集協力〕横浜編集事務所
〔装丁デザイン〕内津 剛士（及川真咲デザイン事務所） 〔本文デザイン〕伊藤 幸恵
〔本文組版〕幸和印刷株式会社 〔図版作成〕幸和印刷株式会社
〔校正・校閲〕株式会社 東京出版サービスセンター，桜庭しほ，株式会社 ぷれす，エデュ・プラニング合同会社

第１部

公共の扉

「公共」と「政治・経済」はそれぞれに異なる学習目標があり，別々の科目である。しかし，両科目には重なる部分も多い。本書は，両科目の学習項目を編み直し，受験対策を効率的かつ効果的に行えるようにした。

「公共の扉」は，「公共」の冒頭に配置されている大項目である。この第１部のうち8～18は「政治・経済」と重なる項目である。第１部を学習する上で，次の４点に特に留意してもらいたい。

第一に，習得した知識を活用できる力をつけることをめざそう。たとえば，自我の防衛機制の類型（抑圧，合理化，昇華など）を学ぶ際には，具体的事例がどの類型に該当するかを判別する力をつけよう。

第二に，公共問題に関する考え方や観点を学習する際には，差異・相違を理解することが大切である。たとえば，行為や政策の正しさの判定の基準について学習する際には，義務論（動機説）と功利主義（結果説）の違いはどこにあるのか，ということを理解しよう。

第三に，公共問題に対する課題解決に関しては，課題解決に向けた見方の対立軸を理解するとよい。医療資源の配分をめぐる問題であれば，効率性を重視する観点と公平性を重視する観点との対立軸である。

第四に，基本的人権については，憲法の条文を確認しながら学習を進めていこう。

これらのことに留意しながら，さあ，ページを開いていこう。

1 現代社会に生きる青年

1 現代社会に生きる青年

✤子どもから大人への移行

①**伝統社会における子どもから大人への移行**…移行は通過儀礼を経て大人集団の一員として社会的承認を受けるという形で行われた。このことから**伝統社会では青年期はまったくないか短い期間**と考えられている。→**ミード**(1901〜1978)は,南太平洋のサモア諸島の青年には,先進国の青年にみられる葛藤や緊張がほとんどみられないと指摘。

②**近代以降の社会における青年期**…近代以降,社会の複雑化・高度化に伴(ともな)って,**青年期は延長される傾向**にある。

✤青年期の特徴を表す言葉

①**マージナル・マン(周辺人・境界人)**…**レヴィン**(1890〜1947)の言葉。青年期の若者が子どもと大人のどちらにも完全に帰属しきれていないことから,このように呼んだ。

②**第二の誕生**…**ルソー**(1712〜1778)が著作『エミール』の中で,青年期を特徴づけた言葉。青年期は,「男性」として,あるいは「女性」として性を意識しつつ「生きるため」の新たな誕生の時期であることから,このように呼んだ。

③**心理・社会的モラトリアム(猶予期間)**…**エリクソン**(1902〜1994)が青年期を特徴づけるために用いた言葉。青年期は,社会的に必要とされる知識や技能の習得のために,大人に課される一定の義務が免除される期間であることから,このように呼んだ。

④**心理的離乳**…**ホリングワース**(1886〜1939)の言葉。青年期には,家族の監督から離れて,独立した人格になろうとする衝動が高まることから,このように呼んだ。

⑤**疾風怒濤(しっぷうどとう)の時代**…**ホール**(1844〜1924)の言葉。青年期は,理性では抑えがたい感情にかられ,不安と動揺を経験する時期であることから,このように呼んだ。

⑥**第二次性徴,第二反抗期**…青年期にみられる身体的・心理的変化を特徴づけた言葉。青年期は身体的に大きく変化する第二次性徴が現れる時期であるとともに,社会や親に対する反発が強まる第二反抗期でもある。

⑦**モラトリアム人間**…小此木啓吾(おこのぎけいご)(1930〜2003)の言葉。社会に出ることを恐れ,いつまでも義務や責任を伴(ともな)わない学生の身分にとどまろうとする若者を指す。

✤青年期の発達課題—エリクソンとハヴィガースト

①**ライフサイクル(人生周期)と発達課題**…エリクソンは人生を8つの段階に分け,各発達段階にはそれぞれ達成すべき発達課題があると指摘した。

②**青年期の発達課題**…**エリクソン**は,青年期の主要な発達課題はアイデンティティ(自我同一性)の確立であるとした。アイデンティティの確立とは,一貫した自分

らしさを確立することや，自己の存在が社会的に認められると確信できることを意味する。自己をうまく統合できず自己喪失に陥る心理的危機は**アイデンティティの拡散**と呼ばれ，エリクソンは，この危機を乗り越えてアイデンティティを確立することが青年期の発達課題であるとした。**ハヴィガースト**(1900〜1991)は，青年期の発達課題として，経済的自立・職業選択・結婚・家庭生活のための準備をすることなどをあげた。

✤**若者文化（青年文化）**…若者文化は，社会における支配的な文化・伝統に対抗する**カウンターカルチャー（対抗文化）**や，その社会内で異なる価値基準をもつ一部の集団を担い手とする**サブカルチャー（下位文化）**という特徴を示すことがある。

2 欲求と適応

✤**欲求不満と適応**　①**葛藤（コンフリクト）**…葛藤とは，欲求と欲求の狭間にあって，どれを選択したらよいかわからなくなる状態をいう。

②**欲求不満（フラストレーション）とその解消**…**欲求不満**とは，何らかの原因で欲求の充足を阻止されて心理的緊張状態に置かれていること。その解消（適応）の仕方には，欲求の水準を引き下げるなど社会的に是認される手法で解消を図る**合理的解決**，社会的に是認されない手法で衝動的な行動などにより解消を図る**近道反応（短絡反応）**，**無意識**のうちに自我の崩壊を防ごうとする**防衛機制**がある。

✤**欲求階層説**…マズロー(1908〜1970)は，欲求は，最も低次の**生理的欲求**から，**安全の欲求**，**所属と愛情の欲求**，**自我（自尊）の欲求**，そして最も高次の**自己実現の欲求**まで階層をなしており，低次の欲求がある程度満たされるとより高次の欲求に向かうとした。

3 自己形成と社会への参画

✤**キャリアデザイン**…職業上の経歴だけでなく，家庭生活，学校生活，地域社会における活動などを含む個人の生き方の履歴のことを**キャリア**といい，人生の各段階の役割を踏まえ，人生を設計することを**キャリアデザイン**と呼ぶ。

✤**キャリア開発の取組みの例**

①**インターンシップ**…大学生などが在学中に，自(みずか)らの学習内容や希望する進路に関連する企業などにおいて，一定期間，研修生として職業体験を行うこと。

②**リカレント教育**…学校を卒業後，社会人になってからも，大学などの高等教育を繰り返して受けることができる教育の仕組みのことで，生涯学習の一つのあり方である。

✤**若年労働者の雇用問題**…**フリーター**（アルバイトなどとして働いているか，そのような働き方を希望する若者）や**ニート**（就学も，就職も，また，教育訓練を受けることもせず，働く意思のない若者）に対する就業支援が社会的課題となっている。

✤**社会への参画**

①**ボランティア活動**…一般市民による自発的意思に基づく社会的奉仕活動のこと。

②**ソーシャルビジネス**…貧困・環境・まちづくりなど，社会的課題の解決を目的として，収益事業に取り組む活動のこと。その組織形態には，株式会社やNPOなどがある。

ここが共通テストのツボだ!!

ツボ 1 防衛機制の類型を確認

合理的解決		社会的に是認される手法で欲求の充足を図ろうとする
近道（短絡）反応		反社会的な手法で，衝動的に欲求の充足を図ろうとする
防衛機制	抑圧	欲求不満や罪悪感を意識の奥底にしまい込み忘れ去る
	合理化	もっともらしい理屈をつけて正当化する
	同一視	他者の長所を自己のうちに取り込んで満足する
	投射	自己の短所を他者の責任に帰して非難する
	反動形成	抑圧した欲求と反対の行動をとる
	逃避	問題状況を回避するために空想・非現実の世界に逃れる
	退行	幼児期など，発達の前段階に逆戻りする
	代償	似たものに置き換えて欲求の充足を図ろうとする
	補償	劣等感にさいなまれたときに，長所などで補おうとする
	昇華	社会的に受け入れられる価値あるものに置き換える

防衛機制に関しては次の2点に留意
防衛機制に該当しない合理的解決や近道（短絡）反応と区別できるようにすること
具体的事例を防衛機制の類型別に選別できるようにすること

ツボ 2 マズローの欲求階層説を攻略

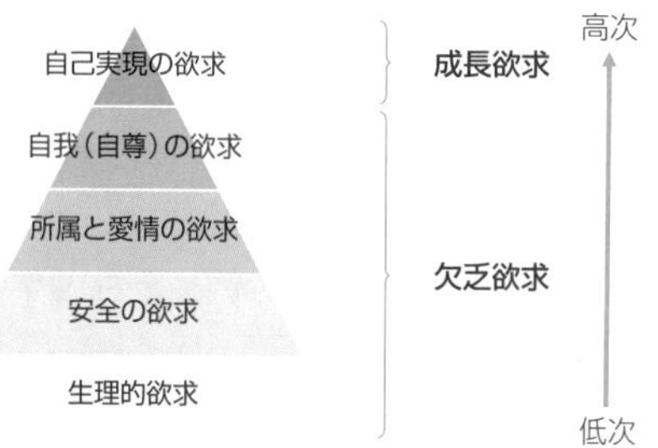

マズローの欲求階層説は次の2点が大切
欲求の各段階の名称とその内容を押さえること
低次の欲求がある程度充足されるとより高次の欲求に向かう，ということ

基礎力チェック問題

問1 青年期の特徴を説明した記述として最も適当なものを，次の①～④のうちから一つ選べ。（23年本試）

① 青年期の初め頃において，身体が性的に成熟し大人になっていくことは，第一次性徴と呼ばれる。

② エリクソンは，青年が自分であることに確信がもてず，多様な自己を統合できないでいる混乱した状態を，モラトリアムと呼んだ。

③ 青年が，親や年長者の価値観を拒否したり，社会的権威に抗したりすることは，第一反抗期と呼ばれる。

④ レヴィンは，子ども集団にも大人集団にも属しながら，どちらの集団にも所属意識をもてない青年を境界人（マージナル・マン）と呼んだ。

問2 防衛機制の例として適当でないものを，次の①～④のうちから一つ選べ。（22年本試）

① 頑固なためにアルバイト先の先輩との関係がうまくいかない者が，先輩の頑固さを指摘し，相手のせいにしてしまう。

② 失恋による満たされない気持ちを抱えた者が，楽曲の制作に精力を傾けることで，人気アーティストとして活躍するようになる。

③ 勉強方法が原因で思うように成績が伸びない者が，先生に相談してアドバイスをもらい，勉強のやり方を変える。

④ 友人の度重なる失礼な態度に腹を立てている者が，その友人と話すときに，気持ちとは裏腹に，思わず過度に親切な対応をしてしまう。

問3 次の記述A～Eを，マズローが提唱した階層的な欲求の構造に従って低次から高次へと並べたとき，その順序として最も適当なものを，下の①～⑧のうちから一つ選べ。（20年本試）

A　飢えや渇き，睡眠不足などの生理的な欠乏状態を解消したいという欲求

B　自信をもったり，他者から認められたりしたいという欲求

C　特定の集団に所属し，その一員として愛情に満ちた関係や所属意識を得たいという欲求

D　恐怖や危険を避けて，安全に暮らしていきたいという欲求

E　自分自身のもつ能力や可能性を追求し，本来の自分として成長したいという欲求

① A→B→C→D→E　② A→B→D→C→E
③ A→C→D→B→E　④ A→C→D→E→B
⑤ A→C→E→D→B　⑥ A→D→C→B→E
⑦ A→D→C→E→B　⑧ A→D→E→C→B

問1　[答] ④

④ **適当**：**レヴィン**は青年を「**マージナル・マン**」と特徴づけた。

① **不適当**：「第一次性徴」を「**第二次性徴**」に直せば適当となる。第一次性徴は出生直後から明瞭にみられる。

② **不適当**：「モラトリアム」を「**アイデンティティの拡散**」に直せば適当となる。**モラトリアム**は，大人に要求される義務がある程度免除される猶予期間のこと。

③ **不適当**：「第一反抗期」を「**第二反抗期**」に直せば適当となる。第一反抗期は幼児期にみられる反抗の時期のこと。

問2　[答] ③

③ **不適当**：**合理的解決**の例である。社会的に是認される手法で事態の改善を図ろうとしている。

① **適当**：**投射**の例である。「頑固」という自己の短所の責任を「先輩」が頑固であることにして先輩に帰している。

② **適当**：**昇華**の例である。失恋という心理的危機を，「楽曲の制作」という社会的に受け入れられている価値あるものに置き換えて乗り越えている。

④ **適当**：**反動形成**の例である。立腹している気持ちとは反対の親切な対応をしている。

問3　[答] ⑥

A：**生理的欲求**で，最も低次の欲求である。

B：**自我（自尊）の欲求**で，下から4番目の欲求である。

C：**所属と愛情の欲求**で，下から3番目の欲求である。

D：**安全の欲求**で，下から2番目の欲求である。

E：**自己実現の欲求**で，最も高次の欲求である。

2 社会的な関係の中で生きる人間

1 公共空間における規則と自由

✤規則と自由

①**共同体と公共空間**…共同体は，伝統的な価値観を共有する**閉ざされた集団**であるのに対し，公共空間は，人々の自由な活動によって成立する**開かれた空間**である。

②**ダイバーシティ（多様性）とソーシャルインクルージョン（社会的包摂）**…公共空間は，性別，障害の有無，人種，価値観などを異にする多様な人々により構成されている。**ダイバーシティ**や**ソーシャルインクルージョン**は，そうした多様性を受け入れ，相互に尊重し合える場とすることをめざそうとする考え方を指す言葉である。

③**カントの自由論**（1724～1804）…カントは，自己の内なる**実践理性**の命じる**道徳法則**に従うという意志の**自律**のうちにこそ自由があると考えた。そして，人間の尊厳はそうした自律的自由をもつ存在（**人格**）であることにあるとし，相互に人格として尊重し合える社会を**目的の王国**と呼んで，これを理想の社会とした。

④**個人の自由に干渉し，行為を規制することの根拠となる考え方**

a)ミル（1806～1873）の**他者危害の原則**…ミルは，**他者への危害を防止する**という目的の場合にのみ，個人の自由を制約してもよいと考えた。

b)**パターナリズム**…知識，権力などの面で優位にある者が，**本人の利益の保護という理由から**，劣位にある者の行動の自由を制限することを認める考え方。

✤公共的空間の形成の理論と和辻哲郎の間柄的存在

①**ハーバーマス**（1929～）

a)**生活世界の植民地化**…**コミュニケーション的合理性**の下にあるはずの生活世界が**システム合理性**に侵食されていると批判し**生活世界の脱植民地化**の必要を説いた。

b)**支配のない公共空間の形成**…公共空間の社会統合の**ルール**は，**対話的理性**を駆使した**討議**を経て自発的に形成された**合意**に根拠をもつものでなければならない。

②**アーレント**（1906～1975）

公共性の領域の復権…人間の行為には生命維持に必要な「**労働**」，道具や耐久財を作る「**仕事**」，私的利害にとらわれずに公共の場で語り合う「**活動**」の3つがある。近代では労働と仕事が重視されることにより公共性の領域が後退したが，その復権には，公共性を形成する「**活動**」を重んじることが大切である。

③**和辻哲郎**（わつじてつろう）（1889～1960）**の個人・社会観**

間柄的存在…和辻哲郎によれば，人間は，社会から切り離された存在ではなく，人と人との関係において生きる**間柄的存在**である。

2 私たちのものの考え方の伝統や文化とのかかわり

✤日本の風土と日本人の気質―和辻哲郎の『風土』

和辻哲郎によれば，東アジア地域が該当するモンスーン型の風土は，高温で湿潤な気候により，豊かな恵みをもたらす一方，暴風や洪水といった暴威ももたらす。そうした気候風土では，人は**受容的・忍従的な気質**をもつようになる。

✤日本の古代の宗教観と倫理観

①**宗教観**　a)**八百万(やおよろず)の神**…古代日本人は，自然の事物や自然現象のうちに不可思議な力を認め(**アニミズム**)，そうした力を発現するものを神として崇拝の対象とした。

b)**神話にみられる神理解**…唯一絶対の神は存在しないとされ，また，善神のみならず悪神（荒ぶる神）も存在するとされた。

②**倫理観**　a)**清(きよ)き明(あか)き心（清明心）**…嘘偽りなく，何事も包み隠さず，つくろい飾ることのない心のこと。この精神が尊ばれた。後世の正直(せいちょく)，誠に受け継がれた。

b)**罪と穢(けが)れ**…共同体秩序を乱す行為や自然災害，身体的な病気などが罪や穢れとされた。罪や穢れは，清流などに身を浸して洗い流す**禊(みそぎ)**などの**祓(はら)い（祓え）**により取り除けるものと考えられていた。

✤日本の伝統と文化に関する考察

①**丸山真男(まるやままさお)**(1914～1996)　a)**成ってきた神**…**丸山真男**は，『古事記』において，神が原初の混沌からおのずから次々と「成ってきた神」（出現してきた神）として描かれていることに注目し，そこには，あらゆるものは人間が意識的に「つくる」ものではなく，「**おのずから成りゆく**」ものであるとする日本人の発想の原型がみられるとした。

b)**無責任の体系**…丸山真男は，「おのずから成りゆく」という成り行きに任せる態度が「何となく何物かに押されつつ，ずるずると」開戦に至り，戦争をやめることができなかった戦前の日本社会にみられるとし，これを**無責任の体系**と呼んだ。

②**柳田国男(やなぎたくにお)**(1875～1962)　a)**民俗学の創始者**…**柳田国男**は，日本文化の基層には**常民**（一般庶民）の生活文化があるとし，そのあり方を探究する学問として**民俗学を創始**した。

b)**祖霊信仰**…柳田国男は，日本では死者の霊魂が住み慣れた村落の周辺にとどまり，子孫と交流を保ちつつ，子孫を守る存在として信仰の対象となっていたとした。

③**折口信夫(おりくちしのぶ)**(1887～1953)…古くからある「**客人(まれびと)**」という言葉を，海の彼方から渡って幸せをもたらしてくれる来訪神として捉(とら)え，それが日本の芸能などに結びついているとした。

④**ルース・ベネディクト**(1887～1948)…日本人の行動様式の根底には，世間の目を気にする恥の意識があるとし，日本文化の特質を**恥の文化**と名づけた。これに対し，西洋人の行動様式の根底には罪の意識があるとし，西洋文化の特質を**罪の文化**と名づけた。

⑤**ハレとケ**…日本では，**ハレ**（祭りなどの特別なこと）の日にはハレの着物をまとい，ハレの食事をとり，**ケ**（日常的な普段のこと）の日との差別化を図った。

⑥**日本文化の重層性**…和辻哲郎は，仏教や儒教などの様々な外来思想を受容しつつも，日本固有の伝統的な文化が滅びることなく，その両者が併存してきた日本文化の特徴を捉えて，**日本文化の重層性**と呼んだ。

ここが共通テストのツボだ!!

ツボ ① 国家や社会による強制や禁止の根拠の対立軸を押さえよう

他者危害の原則	パターナリズム
他者に危害が及ぶことの防止のためにのみ，自由を規制することができる	本人の利益となるならば，自由を規制することができる

他者危害の原則からすれば，パターナリズムは批判の対象となることに注目

ツボ ② 思想の特徴となるポイントを押さえよう

①**カントの自由論**…行動が自己の意志以外に支配されている**他律**のうちに自由はない。自由は自（みずか）らの意志に自発的に従う**自律**のうちにある。人間の尊厳はその**自律的自由**をもつ存在（**人格**）であることのうちにある。

②**ミルの自由論**…他者危害の原則　※ツボ①を参照のこと

③**アーレントの公共空間の形成理論**…私的利害にとらわれることなく，人々が自由に言葉を交わしながらかかわり合う「**活動**」こそが，公共空間を形成する人間の営みである。

④**ハーバーマスの公共空間の形成理論**…支配なき社会を理想とした。支配なき社会では社会の構成員が**対話的理性**を駆使した討議により意見を調整する**コミュニケーション的行為**を通じて**合意**を形成し，その合意を社会のルールとする。

自由論⇒カント：自律　　ミル：他者危害の原則
公共空間の形成⇒アーレント：「活動」こそが公共空間を形成
　　　　　　ハーバーマス：「対話的理性」に基づく討議を通じて合意形成

ツボ ③ 古代日本の精神を宗教観と倫理観から押さえよう

宗教観	八百万の神，自然物に霊魂が存在するとするアニミズム
倫理観	清き明き心（清明心）が道徳の理想。罪や穢れは外面に付着するもので，禊などの祓えで除去可能

宗教観⇒八百万の神，アニミズム　**倫理観**⇒清き明き心

基礎力チェック問題

問1 人間の尊厳についての考え方や思想に関する次の記述ア・イと，それぞれに関係の深い人物A～Cとの組合せとして最も適当なものを，下の①～⑥のうちから一つ選べ。 （19年本試）

ア　人間は「目的」として扱われなければならず，「手段」としてのみ扱ってはならないと述べた。

イ　個人の自由は，他者に危害を加えない限り，最大限尊重されるべきであると唱えた。

A　カント　　B　アーレント　　C　J. S. ミル

① **ア**－A　**イ**－B　② **ア**－A　**イ**－C
③ **ア**－B　**イ**－A　④ **ア**－B　**イ**－C
⑤ **ア**－C　**イ**－A　⑥ **ア**－C　**イ**－B

問2 ハーバーマスの「対話的理性」という考え方に合致している発言として最も適当なものを，次の①～④のうちから一つ選べ。 （13年本試）

① 議論をしても埋まらない立場の相違や利害の衝突は，多数者の意思に基づいて解決していく。それが，民主主義社会の公共性の原理でしょ。

② 多数決なんて乱暴だな。理想論って言われるかもしれないけど，みんなが互いに納得し合えるまで，とことん話し合いを続けるべきだよ。

③ 納得し合う必要もなくて，とことん意見をぶつけ合っていけばいいのさ。議論で一番大切なのは，互いの意見の違いを明らかにすることだからね。

④ 理想的な対話は，見知らぬ者同士では難しいよ。理性的に話し合うためには，互いに信頼し合える親密な関係が不可欠だよ。

問3 日本の伝統的な文化や思想に関する記述として最も適当なものを，次の①～④のうちから一つ選べ。 （18年本試）

① 古代の日本において尊ばれた，神や他人を欺かず偽ることのない心のありようを，漢意（からごころ）という。

② 古代の日本において見られた，自然物や自然現象すべてに精霊が宿るとする信仰を，神仏習合という。

③ 伊藤仁斎は，朱子学よりも古い儒教の原典を吟味し，それを否定することで，「誠」を論じた。

④ 和辻哲郎は，季節風の影響を受けるモンスーン地域に位置する日本の文化的な特徴について，受容的・忍従的な精神性を有するものとして説明した。

問1 ［答］②

ア：カントと関係が深い。カントは，自己も他者も「**目的**」として取り扱わなければならず，単に**手段**としてのみ取り扱ってはならないと述べている。

イ：ミルと関係が深い。この記述は**他者危害の原則**を述べたもの。

問2 ［答］②

② **適当**：**対話的理性**を駆使して討議を通じて**合意**をめざすハーバーマスの考え方と合致。

① **不適当**：「多数者の意思」に基づく解決という考え方は，自発的な合意をめざそうとするハーバーマスの考え方に合致しない。

③ **不適当**：「納得し合う必要」がないとする考え方は，合意をめざそうとするハーバーマスの考え方に合致しない。

④ **不適当**：「見知らぬ者同士」では理想的な対話が困難という見方は，多元的な社会において，対話による合意形成をめざそうとするハーバーマスの考え方に合致しない。

問3 ［答］④

④ **適当**：**和辻**によれば，日本はモンスーン地域に位置することから，日本人は**モンスーン型**の風土に生きる人間の特徴である「**受容的・忍従的**な精神性を有する」。

① **不適当**：「漢意」を「清き明き心(清明心)」に直せば適当となる。**漢意**は仏教や儒教の影響を受けた精神のあり様である。

② **不適当**：「神仏習合」を「アニミズム」に直せば適当となる。神仏習合は，日本の神信仰と仏教の信仰を融合・調和させる思想のこと。

③ **不適当**：**伊藤仁斎**は「朱子学よりも古い儒教の原典」である**『論語』を最重要視**した［☞p.35］。

チャレンジテスト①(大学入学共通テスト実戦演習)

1 高校の現代社会の時間に「共同体を問い直す」というテーマで授業が行われた。次の配付プリントは，その時に配付されたある社会学者の文章の一部であり，後のミニレポートは，この授業を受けたイノウエさんが書いたものである。それぞれの文章を読み，後の問いに答えよ。 (22年現社本試)

配付プリント

近代の個人化は，個人を共同体の拘束から解放し，自由と自律性を約束する意義を担ったが，その反面で自己決定・自己責任という論理を個人に強いてきた。そして「つながり」や「絆」が希薄化し，他者と共に生きるという社会的なもの（共同性）の本質が失われつつある。こうした事態に危機意識を感じて，しばしば「つながり」や「絆」の必要性が声高に叫ばれる。

確かに，「絆」や「つながり」は人間の共同性のために不可欠である。しかし，個人化が進んだ今日，かつてのような共通の価値規範による拘束を前提にした共同体に先祖返りすることはありえない。論点は，個人化を前提とした共同性はいかにして可能かという問いにある。もはやかつてのように共同体の眠りについた個人ではなく，自由で自律した個人を前提にした共同性の構築を考えるほかない。

（今田高俊「個人化のもとで共同体はいかにして可能か」）

問1 先生は次のように説明した。「配付プリントの文章を読んで，私は個人の価値観や能力を大切にすることが重要なのだと思いました。これからの社会やコミュニティは，多様性（ダイバーシティ）がキーワードになるのかもしれませんね。つまり一人一人が違いをいかしつつ，共同体にとってかけがえのない存在になるわけです。このことは，これまで不利益を被り，不平等を感じていた人々の人権を尊重することにもつながります」。この説明を聞いたイノウエさんは，自治体や企業などで行われている取組みについて調べた。それぞれの個性や能力を承認し，一人一人の活躍を促すための取組みの事例として**適当でないもの**を，次の①～④のうちから一つ選べ。

① ある企業では，これまで管理職に就く女性が少なかったので，女性管理職比率の数値目標を引き上げた。
② ある企業では，資金調達のために，株主だけでなく，一般の投資家に対しても財務情報を公開し，幅広い人々にその企業の株式の購入を促した。
③ ある自治体では，これまで障害者が参加できるスポーツ大会が少なかったので，ルールや用具を工夫することで，すべての人がともに楽しめるスポーツ大会を企画した。
④ ある自治体では，同性カップルが共同生活する上で多くの困難があったが，同性パートナーシップ制度を導入することで，家族向け公営住宅への入居を可能にするなどした。

1 **問1** [答] ②

② **不適当**：「ある企業」による財務情報の公開という取組みは，「それぞれの個性や能力を承認し，一人一人の活躍を促すための取組み」に該当しない。この取組みは，幅広い人々から資金を調達することを目的としたものである。

① **適当**：「これまで管理職に就く女性が少なかった」という状況は，「これまで不利益を被り，不平等を感じていた」女性が少なからず存在していた可能性を示し，「女性管理職比率の数値目標を引き上げ」ることは，そうした状況を改善し「それぞれの個性や能力を承認し，一人一人の活躍を促す」ことにつながる取組みの例といえる。

③ **適当**：「これまで障害者が参加できるスポーツ大会が少なかった」という状況は，「これまで不利益を被り，不平等を感じていた」障害者が少なからず存在していた可能性を示し，「ルールや用具を工夫することで，すべての人がともに楽しめるスポーツ大会を企画」することは，そうした状況を改善し「それぞれの個性や能力を承認し，一人一人の活躍を促す」ことにつながる取組みの例といえる。

④ **適当**：「同性カップルが共同生活をする上で多くの困難」があるという状況は，「これまで不利益を被り，不平等を感じていた」人々が少なからず存在していた可能性を示し，「同性パートナーシップ制度を導入する」ことは，「それぞれの個性や能力を承認し，一人一人の活躍を促す」ことにつながる取組みの例といえる。

問2 次のミニレポートの ア ～ ウ に入る語句の組合せとして最も適当なものを，後の①～⑧のうちから一つ選べ。

ミニレポート

私が気になったのは，**配付プリント**（18ページの**配付プリント**）の最後の一文である。「共同体の眠りについた個人」とは何なのか。**配付プリント**に基づけば，それはおそらく ア 個人なのだろう。共通の価値規範に関して言えば，文化人類学者ベネディクトは，著書『菊と刀』のなかで，日本文化の特質を イ だと言い表している。それは共同体を重んじることと表裏一体なのかもしれない。

先生は，共同体への意識は，実際の人々の行動や実践によって強化されるのだと言う。お正月や節分，クリスマスといった ウ を家族や友人，地域の人たちとともに行うことで，一体感が強まるのだ。（以下略）

① **ア** 共通の価値規範から解放された **イ** 罪の文化 **ウ** 年中行事
② **ア** 共通の価値規範から解放された **イ** 罪の文化 **ウ** 通過儀礼
③ **ア** 共通の価値規範から解放された **イ** 恥の文化 **ウ** 年中行事
④ **ア** 共通の価値規範から解放された **イ** 恥の文化 **ウ** 通過儀礼
⑤ **ア** 共通の価値規範に拘束された **イ** 罪の文化 **ウ** 年中行事
⑥ **ア** 共通の価値規範に拘束された **イ** 罪の文化 **ウ** 通過儀礼
⑦ **ア** 共通の価値規範に拘束された **イ** 恥の文化 **ウ** 年中行事
⑧ **ア** 共通の価値規範に拘束された **イ** 恥の文化 **ウ** 通過儀礼

---

1 問2 ［答］ ⑦

ア：「共通の価値規範に拘束された」が入る。「**配付プリント**」では，「近代の個人化」がもたらした人間のあり方と，「かつてのような……共同体」における人間のあり方が対比されている。前者の個人化が進んだ近代における人間は「自由と自律性」をもつと特徴づけられているのに対し，後者のかつてのような共同体における人間は，「共通の価値規範による拘束」を受けた存在と特徴づけられている。「共同体の眠りについた個人」は，「かつてのような……共同体」に生きる個人なので，空欄には「共通の価値規範に拘束された」が入る。

イ：「恥の文化」が入る。アメリカの文化人類学者**ベネディクト**は，『**菊と刀**』を著し，西洋の文化が「**罪の文化**」と特徴づけられるのに対し，日本文化は「**恥の文化**」と特徴づけられると主張した。

ウ：「年中行事」が入る。**年中行事**は，「お正月や節分，クリスマス」のように，毎年一定の時期に慣例として行われる行事のことである。「**通過儀礼**」は，お宮参り，お食い初め，入学式，成人式，還暦，葬式など，人生の各段階を通過する際に行われる儀礼のことである。

以上のことから，組合せとして最も適当なものは⑦となる。

2 生徒Aのクラスでは，18歳未満の者がスマートフォン等を使ってオンラインゲームをすることを法で規制すべきかどうかを議論することとなった。生徒AとBは，それぞれ次の主張を述べた。2人の主張の対立の基礎には，ある考え方が個人の自由を規制する理由として認められるかどうかがある。生徒Aの主張の基礎にある考え方と同じ考え方に基づく自由の規制として最も適当なものを，後の①～④のうちから一つ選べ。

（21年公共サンプル問題）

生徒A：子どもが長時間にわたってオンラインゲームをすると本人の学力に悪影響が出るから，オンラインゲームを法で規制すべきである。

生徒B：どれほどの時間オンラインゲームをするかは，本人の自由に任せればよいから，オンラインゲームを法で規制すべきではない。

① 交通事故により運転者が受ける被害を小さくするという理由から，バイクの運転者にヘルメットの着用を義務づける。

② 歴史的な建造物が多くある地域の景観を守るという理由から，道路に看板を立てることを禁止する。

③ ナイフを使って他の生徒を傷つけるおそれがあるという理由から，生徒が学校にナイフを持ち込むことを禁止する。

④ 長い歴史のある学校の校風を守るという理由から，昔から使われてきた制服の着用を生徒に義務づける。

---

2 ［答］ ①

まず，個人の自由を規制することの理由づけをめぐる生徒Aの主張の基にある考え方を確認する。生徒Aは，「本人の学力に悪影響が出る」ことを理由として，オンラインゲームを行う自由を規制すべきだと主張している。この主張は，**本人の利益の保護のために自由を制約**することが許されるとする**パターナリズム**の考え方に立脚している。

①適当。①は，「交通事故により運転者が受ける被害を小さくするという理由」からヘルメットの着用を義務づけるとするものである。これは**本人の利益の保護のためにある行為を規制する**もので，**パターナリズム**に立脚している。

②～④はいずれも，行為を禁止したり規制したりすることの目的が「本人の利益」にないのでパターナリズムに立脚したものではない。②看板を立てる行為を禁止する目的は，「本人の利益」の確保のためではなく，「景観を守る」という多くの人の利益（**他人の利益**）の確保を目的とするものである。③ナイフの持込みを禁止する目的は，本人の利益の確保ではなく**「他の生徒」の生命・身体の自由を保護**することにある。④制服着用を強制することの目的は，「長い歴史のある学校の校風を守る」という**伝統的価値の保存**にある。

3 選択・判断の手掛かりとなる考え方

「正しい行為とは何か」ということをめぐっては，次の3つの異なる考え方がある。

1 功利主義

✤**功利主義の特徴**…功利主義は，行為や政策が正しいか否かを，行為や政策がもたらす**結果(帰結)が善か否かで判定**する。功利主義にとって善悪の基準は**幸福**(**効用**)にあり，幸福の最大化をもたらす行為や政策が正しい，ということになる。

✤**功利主義にかかわる先哲と思想**

①**ベンサム**(1748〜1832) a)**善悪の基準としての快楽と苦痛**…快楽を増進し苦痛を減少させる結果をもたらす行為は善，その逆は悪である。

b)**功利性の原理**…行為あるいは政策がかかわるすべての人のうち，最も多くの人に対して最も大きな快楽(幸福，効用)をもたらす行為あるいは政策が正しい行為であり正しい政策である(**最大多数の最大幸福**)とする考え方。

c)**外的制裁(サンクション)を重視**…人々を正しい行為に誘導するものとして，賞罰のような**外的制裁**(サンクション)〔**外部からの誘導**〕を重視。

②**ミル** a)**質的功利主義**…快楽には質の差があり，精神的快楽が肉体的快楽に優越するとし，「満足した豚であるよりも不満足な人間である方がよい」と述べた。

b)**内的制裁を重視**…外的制裁よりも，良心の責めのような**内面の制裁**を重視。

c)**利他性重視**…功利主義道徳の理想は，**隣人愛**を説く「己の欲するところを人に施し，己のごとく隣人を愛せよ」というキリスト教の黄金律であるとした。

d)**自由論**…**他者危害の原則**[☞p.14]。

2 義務論

✤**義務論の特徴**…義務論は，行為あるいは政策が正しいか否かを，行為や政策の帰結からではなく，行為や政策が**義務あるいは原理にかなっているかどうかによって判定**する。その義務あるいは原理とは，カントの場合は**道徳法則**であり，ロールズ(1921〜2002)の場合は理性的存在者であれば誰もが選択するはずの**原理やルール**である。

✤**義務論にかかわる先哲と思想**

①**カント** a)**動機説**…行為の善さはその動機の善さのうちにある。すなわち，行為が，**道徳法則**として示される純粋な義務を果たそうとする意志(善意志)に基づく場合に，その行為は道徳にかなっているといえる。

b)**道徳法則**…「もし…ならば〜せよ」という条件付きの命令の形式ではなく，「いかなる場合も～せよ」という**無条件的な命令**の形式（**定言命法**）で示される。

c)**意志の自律と人格**…人間は他の何かの手段や道具となる物件とは異なり，自ら道徳法則を立てそれを遵守できる存在であり**自律的自由の主体**（**人格**）である。

d)**目的の王国**…カントが理想とした社会のあり方［☞p.14］。

②**ロールズ**　a)**原初状態（無知のベール）の想定**…ロールズは，社会は誰もが同意すると考えられる正義を原理として編成されるべきだと考えた。その正義の原理を導出するために，ロールズは，自己の能力や立場などを知ることができない**原初状態（無知のベール）**を想定した。

b)**公正としての正義**…ロールズは，「社会的基本財」の配分が公正であるべきであるとする**公正としての正義**を主張した。

c)**正義の原理**…「無知のベール」の下で誰でも合意するであろう「社会的基本財」の配分に関するルール。

- 平等な自由原理…各自は**基本的自由（基本財）に関して平等な権利**をもつ。
- 社会的不平等は次の2つの条件を満たす限りにおいて許容される。
  - (i) **機会の公正な均等**という条件の下で，万人に開かれた職務や地位に付随する不平等であること。
  - (ii) **最も不遇な人々の境遇の改善に最大限役立つ不平等**であること。

③**セン**(1933～)**のロールズ批判**…センは，「社会的基本財」の平等な配分というロールズの考え方には，人々の多様性に対する配慮が欠けていると批判した。社会は疾患や障害の有無など，多様な境遇をもつ人々で構成されている。基本財が公正に配分されていても，障害などのためそれを活用できない人もいる。各人が善き生活（福祉）を実現するためには，各人が自分の望む生き方を達成できるように，**潜在能力（ケイパビリティ）**の平等化を推進して**生き方の幅**を広げる必要があると説いた。

3 徳倫理学

✤**徳倫理学の特徴**…徳倫理学では，有徳な人がなすような行為が正しい行為であり，また，立派な動機（有徳な動機）からなされ，行為のうちにその立派な動機が反映されている行為が正しい行為であると考える。

✤**徳倫理学にかかわる先哲と思想**

①**アリストテレス**(前384～前322)　a)**徳と幸福**…アリストテレスは，徳を魂の優れたあり方と捉え，徳を身につけ実践することが人間にとっての幸福であると考えた。アリストテレスは，徳を思考にかかわる**知性的徳**と人柄にかかわる**習性的徳（倫理的徳）**に分けた。

- 知性的徳…知恵，思慮など
- 習性的徳（倫理的徳）…勇気，節制，正義などがその例である。これらの習性的徳は，思慮により過度と過少の両極端を避け適切な中間のあり方である**中庸**を選択し，それが習慣的に繰り返されることによって形成される徳である。

b)**最高善**…人生の究極の目的（**最高善**）は**幸福**であり，それは，知性的徳の一つである知恵に基づいて真理を探究する**観想的生活**を送ることにある。

ここが共通テストのツボだ!!

ツボ 1 ある行為が正しいか否かの判断の根拠となる考え方の整理

功利主義	**行為の結果（帰結）に着目**…行為がもたらす帰結により決まる
義務論	**行為の義務との合致に着目**…行為が義務や原理に合致するかで決まる
徳倫理学	**行為者の性格に着目**…有徳な人がなす行為と一致しているかどうかで，あるいは，有徳な動機からなされ，行為のうちにその立派な動機が反映しているかどうかで決まる

事例で確認：入院している友人を見舞いに行く行為

功利主義	**見舞うことで**入院している友人やその家族および見舞う本人など，**関係者全体の幸福が増加するならば，**善であり，正しい行為である
義務論	入院している友人を見舞うのは誰もがなすべき義務だと考え，入院している友人やその家族がどのように思うかに関係なく，その**義務に従って見舞うのであれば，**善であり，正しい行為である
徳倫理学	見舞うという行為が義務感からで，その友人を思いやって行ったからではないとすれば，有徳な人とはいえない。有徳の人ならば行うように，**人柄のよさから見舞うのであれば**，善であり，正しい行為である

功利主義と義務論は行為のあり方に着目，徳倫理学は行為者の性格に着目

ツボ 2 批判の矛先と批判内容を知ることが思想内容の理解に有益

①**ロールズのベンサム批判**

⑴少数者の利益の犠牲…社会全体の幸福・利益が最大化する行為や政策が最善・最良の行為・政策と考えるベンサムの立場だと，**不利益を被る少数者の権利や利益が犠牲**にされてしまう。

⑵分配の原理の欠如…ベンサムは幸福・利益の大きさのみを考え，社会を構成する諸個人の間で，**幸福・利益がどのように分配されるかを考えない。**

②**センのロールズ批判**：財の公平な分配という考え方の限界…ロールズは基本財の公平な分配を主張したが，財が公平（平等）に分配されていても，疾病や障害の有無などにより，それを活用できる人とそうでない人がいる。大切なのは財の平等ではなく能力の平等である。**活用できる潜在能力**，**生き方の幅の平等化**が達成すべき目標である。

ロールズのベンサム批判⇒少数者の権利・利益を犠牲，分配の原理が欠如
センのロールズ批判⇒分配の公平のみを求め資源の活用の視点が欠如

基礎力チェック問題

問1 人間の意志は道徳法則を義務として受け止め，かつそれに従いうると捉えたカントに対して，功利主義者ベンサムは行為の判断基準として行為の結果を重んじた。後者の考え方による発言として最も適当なものを，次の①～④のうちから一つ選べ。 (09年本試)

①「私は，どんな状況下でも嘘(うそ)をつくべきではないと考えているので，自分に不利益が及ぶとしても，正直に話をすることにしている。」

②「私の行動原則は，その時々の自分の快楽を最大にすることだから，将来を考えて今を我慢するようなことはしないことにしている。」

③「社会の幸福の総和が増大するとしても，不平等が拡大するのはよくないから，まずは個々人の平等を実現すべきだと，私は考える。」

④「自分の行動が正しいかどうかに不安を覚えるとき，私は，その行動をとることによって人々の快楽の量が増えるかどうかを考える。」

問1 [答] ④

④ **適当**：行動の判断基準を，快楽の総和の増加に置く考え方は，**最大多数の最大幸福**をもたらす行為を最善とするベンサムの考え方に適合。

① **不適当**：「どんな状況下でも嘘をつくべきではない」という**義務**に従おうとする考え方は，義務論(カント)の考え方に適合。

② **不適当**：自己の行動の原則を「自分の快楽を最大にすること」に置く考え方は，自己の行動にかかわる関係者の最大多数の最大幸福をめざすベンサムの考え方に不適合。

③ **不適当**：社会の幸福の総和よりも個々人の平等を優先すべきだとする考え方は，ベンサムの考え方に不適合。これはロールズなどのリベラリズムの考え方である[☞p.40]。

問2 現代において正義に関する理論を提唱した人物に，ロールズとセンがいる。二人の正義論についての記述として最も適当なものを，次の①～⑤のうちからそれぞれ一つずつ選べ。 (06年本試・改)

① 各人に対し，自ら価値があると認めるような諸目的を追求する自由，すなわち潜在能力を等しく保障することが重要であると指摘した。

② 各人には過剰な利己心を抑制する共感の能力が備わっており，めいめいが自己の利益を追求しても社会全体の福祉は向上すると考えた。

③ 自由や富など，各人がそれぞれに望む生を実現するために必要な基本財を分配する正義の原理を，社会契約説の理論に基づき探究した。

④ 相互不信に満ちた自然状態から脱することを望む各人が，自らの自然権を互いに放棄し合う，という形で社会や国家の成立を説明した。

⑤ 侵すことのできない権利をもつ各人から構成されるものとして，国家は国民のそうした権利を保護する最小限の役割のみを担うとした。

問2 [答] ロールズ：③ センː①

③ ロールズ：**原初状態**を想定するロールズの手法は，自然状態を想定した**社会契約説の手法**に通じる[☞p.50]。

① セン：センは，各人が善き生き方を自ら選んでいく能力，すなわち「**潜在能力**」を等しく保障することの大切さを説いた。

② アダム・スミスの考え方。スミスは，各人には生来「**共感**」の能力があり，また，各人の利益の追求が社会的富を増大させると考えた。

④ ホッブズを想定した記述。ホッブズは，**闘争状態にある自然状態**から脱するためには，**社会契約**を結んで国家に自然権を全面譲渡すべきと説いた[☞p.50]。

⑤ ノージックなどのリバタリアニズムの考え方。ノージックは**個人の自由**を最大限尊重し，**最小国家**を主張した[☞p.39]。

4 環境倫理，生命倫理・医療倫理

1 環境倫理

✤**環境問題の発生**…工業化・都市化に伴って環境破壊・環境汚染，たとえば，大気汚染，水質汚濁，地盤沈下，騒音などの**産業公害**や**都市・生活型公害**が発生した。その後，環境破壊・環境汚染が国境を越えて広がり，酸性雨，地球温暖化，オゾン層の破壊などの**地球環境問題**も深刻化した。また，化学物質が環境を汚染することもある。ダイオキシン（プラスチックなどの燃焼過程で発生する毒性の強い化学物質）や環境ホルモン（体内でホルモンを混乱させ，魚介類のメス化など，生殖器官の異常をもたらす化学物質）がその例である。

✤**環境倫理**…環境問題が深刻化する中で，環境保護・自然保護の思想から非人間中心主義や世代間倫理などの環境倫理が生まれた。

①**人間中心主義批判**

人間中心主義	VS	非人間中心主義
自然を支配・利用の対象とみなし，自然は人間生活を豊かにする手段とみなす考え方（例：ベーコン）		人間を自然の一部とみなし，自然は人間生活を豊かにする手段ではなく，それ自体に価値があるとする考え方

非人間中心主義に立脚して，生態系や個々の動物には，人間と同じように**固有の価値**があるとする考え方（シンガー(1946〜)の**動物の権利**）が主張されている。

②**将来世代に対する責任—世代間倫理**…現在世代は，将来世代に対し環境破壊・環境汚染を防止し，環境を保全・保存する義務を負う。

✤**「共有地の悲劇」と環境問題**

①**ハーディン(1915〜2003)の「共有地（コモンズ）の悲劇」**…ハーディンは，誰もが利用できる共有の放牧地を想定。ある羊飼いが自己の利益の増大を図って放牧数を増やすと，他の羊飼いも同様に放牧数を増やし，その結果，放牧地には牧草がなくなり，すべての羊飼いが放牧できなくなり，皆が損失を被る。

②**共有地の悲劇のたとえと環境問題**…自然環境は，共有地（コモンズ）と同様，**社会の共通の財産**であり，**有限な資源**である。共有地の悲劇を回避するためには，**個人の経済活動の自由に対する規制が必要**である。

✤**環境保全に向けた取組みや考え方**

①**グリーンコンシューマー**…環境に配慮した消費行動を行う消費者のこと。

②**ナショナルトラスト運動**…市民の寄付などにより土地などを取得し管理して自然環境や歴史的環境を保全していこうとする運動のこと。

③**循環型社会形成の推進**…廃棄物の発生抑制（リデュース），廃棄物の再使用（リユース）・再生利用（リサイクル），廃棄物の適正処分を行うことで，環境への負荷をできる限り減らす社会をめざす。

2 生命倫理・医療倫理の諸問題

✤バイオテクノロジー（生命工学）の進展

①**生殖補助医療**…生殖技術と倫理的問題

着床前診断と出生前診断…受精卵が子宮に着床する以前の段階（着床前）や，胎児の段階（出生前）で，染色体検査や遺伝子診断を行うこと。これにより，染色体異常や遺伝子欠損の有無を着床前，出産前に知ることが可能となった。

②**再生医療**…さまざまな臓器や細胞になることができる万能細胞のES細胞（胚性幹細胞）とiPS細胞（人工多能性幹細胞）は，再生医療などの分野で進歩が期待されている。ES細胞は受精卵を壊して作成するため倫理的な問題があると指摘されている。

✤生命と治療の捉え返し

①生命の尊厳と生命の質―生と死，治療の問い直し

生命の尊厳（SOL）	生命の質（QOL）
人間の生命を神聖なものとし，命を守ることに絶対的価値を置く考え方	生命を至上の価値とはせず，充実した人生を送ることに価値を置く考え方

②パターナリズムとインフォームド・コンセント―医者と患者の関係の見直し

医者が，患者の意向にかかわりなく患者本人の利益となると判断した治療を行うというパターナリズムに立った考え方が改められ，医者が十分に治療法などの説明を行い，その説明を理解した上で患者自らが治療法を選択するという，患者の自己決定権を重んじるインフォームド・コンセントが重視されるようになってきた。

✤死のあり方の捉え返し

①尊厳死と安楽死―「死に方を選ぶ権利」の問い直し

a)**尊厳死**…患者本人が人間らしい自然な死を迎えられるようにすること。延命治療の拒否など，自分の死のあり方を文書にしたリヴィング・ウィルを残す人もいる。

b)**安楽死**…患者の苦痛が激しい場合，医師が薬物を投与したり，延命治療を中止して苦痛の少ない方法で安らかな死を迎えられるようにしたりすること。前者を積極的安楽死，後者を消極的安楽死という。

✤脳死者からの臓器移植

①**日本における人の死の定義**…一般的には心臓死（心臓の停止，自発的呼吸の停止，瞳孔の散大を条件とする）だが，臓器移植を前提とする場合，脳死（脳幹を含む全脳の機能の不可逆的な停止）も人の死と定義する。

②臓器移植法の骨子

- 本人が臓器提供を拒否していない限り，家族の承諾があれば，臓器提供が可能。
- 15歳未満の脳死者の場合，家族の承諾があれば，臓器提供が可能。
- 本人の意思に基づき，家族への優先提供が可能。

ここが共通テストのツボだ!!

ツボ 1 主要な環境倫理の視点の整理

①**非人間中心主義**…人間中心主義が自然を支配・利用の対象とみなす視点を批判。
例：自然の固有の価値を尊重，動物の権利の主張

②**世代間倫理**…将来世代への責任を説く。例：持続可能な開発の提唱

③**「共有地（コモンズ）の悲劇」のたとえ**…自己の利益の最大化をめざす経済活動を警告し，個人の自由を規制する必要を説いた。

④**循環型社会形成の推進**…大量生産・大量消費・大量廃棄社会を見直し，適正生産・適正消費・最小廃棄の実現をめざす。例：グリーンコンシューマーとしての取組み

さまざまな視点からの環境倫理の主張を理解。取組みの具体例も押さえる

ツボ 2 生命倫理・医療倫理をめぐる対立軸の整理

尊厳死と延命治療をめぐって		
生命の尊厳（SOL）を重視	vs	**生命の質（QOL）**を重視
SOLを重視する観点から**延命治療**を肯定的に評価		QOLを重視する観点から**尊厳死**を肯定的に評価
治療のあり方をめぐって		
医師の判断を優先：**パターナリズム**	vs	患者の自己決定権を優先：**インフォームド・コンセント**
患者の利益や保護のために，患者の意向に関係なく，知識や経験で優る**医師**が，治療のあり方を決めるべき		医師は患者に対して治療について十分な説明を行い，**患者の同意**に基づいて治療を行うべき
人工妊娠中絶をめぐって		
胎児の**生きる権利**を重視	vs	女性の**産む権利**を重視
産まれてくる子（胎児）には**生きる権利**があるのだから，それを奪うことはできない		産むか否かの決定権は，**リプロダクティブ・ライツ（性と生殖に関する権利）**をもつ女性にある
医療資源（医薬品などの物的資源や医師などの人的資源）の配分をめぐって		
効率性を重視	vs	**公平性**を重視
希少性をもつ医療資源を配分する場合，**治療効果の高い患者に優先的に配分**するなど，**効率性**を重視すべき		希少性をもつ医療資源を配分する場合，**すべての者に治療を受ける権利を平等に保障**するなど，**公平性**を重視すべき

対立軸となる考え方の相違を押さえよう

基礎力チェック問題

問1 人間が作り上げる社会と文化は人間以外の自然に優越し，またそれを支配しうるというような考え方を批判するために，様々な理論が提唱されている。このような諸理論の中に含めるには適当でないものを，次の①～④のうちから一つ選べ。 (04年本試)

① 人間にとって，良好な環境は，健康で文化的な生活を営むために必要不可欠な条件である。したがって，大気，水，日照，静穏さなどの良好な環境を享受し支配しうる環境権が，基本的人権として保障されるべきである。

② 地球上の生物の福利と繁栄は，それが人間であるか否か，また個体であるか種であるかを問わず，それ自体が価値をもっている。これらの価値は，人間以外の生物が人間にとって有用であるかどうかとは無関係である。

③ 歴史上，一部の人間から，より広い範囲の人間に権利が認められるようになっただけでなく，人間の形をしない企業，団体なども権利をもつと考えられるようになったから，川や森などの自然物に権利が与えられてもよい。

④ これまで人類は，自らを自然の征服者・支配者として位置づける一方，人間以外の存在に道徳上の地位を与えてこなかった。これを改めて，動物，植物，土壌，水などを包括的に道徳的配慮の対象にしなければならない。

問2 生命倫理をめぐる日本の現状についての記述として最も適当なものを，次の①～④のうちから一つ選べ。 (15年追試)

① リヴィング・ウィルとは，死の迎え方についての希望や意思を生前に表明する文書である。リヴィング・ウィルに基づいて，致死薬の投与などにより患者を直接死に導く安楽死が合法的に行われるようになった。

② 出生前診断とは，障害や遺伝病の有無などを受精卵や胎児の段階において診断する技術である。この技術の利用は，命の選別につながりかねず，病気や障害をもつ人への差別を助長しかねないとの懸念が示されている。

③ パターナリズムとは，人は自分の生命や身体の扱いについて自分で決定することができるという原則である。この原則に基づいて，医療の現場では，患者の同意を得たうえで治療を行うことが重視されるようになった。

④ 脳死とは，全脳が不可逆的に機能を停止した状態である。脳死は，心臓死と同様に死とみなされ，患者本人が臓器提供を承諾しているかどうかにかかわらず，誰もがその判定の対象とされている。

問1 [答] ①

① **不適当**：「環境を享受し支配しうる環境権」を基本的人権として保障すべきとする考え方は，「人間が作り上げる社会と文化は人間以外の自然に優越し，またそれを支配しうるというような考え方」すなわち，**人間中心主義**の考え方。

② **適当**：自然の諸物は，他のための手段とはならず，それ自体，**固有の価値**をもつ存在であるとする考え方は，**非人間中心主義**の考え方。

③ **適当**：「**動物の権利**」など，自然物にも権利があるとする考え方は，**非人間中心主義**の考え方。

④ **適当**：人間と同様，「人間以外の存在…を包括的に**道徳的配慮の対象**」とするという考え方は，**非人間中心主義**の考え方。

問2 [答] ②

② **適当**：**出生前診断**により判明した「障害や遺伝病の有無」に基づいて産むか産まないかを決定することの問題性を指摘した記述として適当である。

① **不適当**：日本には**安楽死**を法的に認める制度は存在しない。

③ **不適当**：この原則は，パターナリズムとは対極にある**自己決定権**の原則である。**パターナリズム**は，知力，権力，経済力などの面で優位にある者が劣位にある者の利益を擁護するという観点から，劣位にある者の行為を規制したり自由を制約したりすることを認める立場のこと。

④ **不適当**：患者本人が臓器提供**拒否の意思表示**を行っている場合には，脳死判定の対象としてはならず，したがって，臓器の提供者とすることはできない。

5 先哲の思想①
哲学と人間としてのあり方・生き方，世界三大宗教

1 古代ギリシア哲学

✤ソクラテス(前469頃～前399) ①**無知の知**…自分は無知である，ということの自覚を出発点にして真の知を探究。

②**問答法**…ソクラテスの真理探究の方法。ソクラテスは，対話の相手が答えに窮するようになるまで質問を投げかけることにより，対話の相手自身が無知であることを自覚するように仕向け，真の知を求めることの大切さを悟らせようとした。

③**善く生きること**…人間にとって大切なことは「**善く生きること**」であり，そのためには，魂を優れたものにする営み，すなわち「**魂への配慮**」が不可欠である。

④**徳と幸福**…徳を実践するためには，まず，徳とは何かを知らなければならない(**知徳合一**)。そして，徳とは何かを完全に知ることができれば，必ず徳を実践できる(**知行合一**)。徳を実践できれば，幸福の境地に達する(**福徳一致**)。

✤プラトン(前427頃～前347頃) ①**イデア論**…世界は，感覚によって捉(とら)えることのできる不完全な具体的個物が存在する現象界と，理性によってのみ捉えることのできる**イデア(不変の真実在)**が存在するイデア界からなる。たとえば，この家，あの家という具体的個物は現象界にあり，家そのものである家のイデアはイデア界にある。人間の魂はかつて住んでいたイデア界を思い起こしイデアへの恋慕の情(**エロース**)をもつ。

②**徳**…魂は理性，気概(意志)，欲望の3つからなり，知恵を身につけた理性が気概(意志)に勇気をもたせるようにし，気概の助けを得て欲望を抑制し，欲望が節制をもつようにさせれば，魂は調和し，正義が実現できる。

③**哲人政治**…**知恵を身につけた統治者**の指導の下に，**防衛者が勇気**を発揮し，**生産者が節制**を保ちながら勤勉に働くとき，正義が支配する**理想の国家**が実現できる。

✤アリストテレス ①**質料・形相論**…事物はそれが何であるかを決める本質(**形相**)と，事物の素材である**質料**からなり，質料に形相が形を与えることにより事物は形成されるとした。たとえば，木造家屋は，木材(質料)に家屋という形(形相)が与えられて存在する。アリストテレスは，**イデア(普遍)が個物を超えてイデア界に存在**すると考えるプラトンとは異なり，**形相(普遍)は個物に内在**すると考えた。

②**ポリスと市民**…「**人間は，本性上，ポリス的動物である**」と述べ，ポリスに生きる市民にとっての徳のあり方を追究した。

③**正義**…正義は，ポリスの法を守るという**全体的正義**と，人々の間に公平を実現するという**部分的正義**に大別される。部分的正義には，調整的正義と配分的正義があ

る。調整的正義は，取引や裁判などにおいて，当事者間の**利害得失の均衡**が実現するように調整する正義をいう。配分的正義は，名誉や財貨などを各人の**働きや功績に比例して配分**する正義をいう。

④**徳と幸福**…[☞p.23]

2 世界三大宗教

✤キリスト教　①**キリスト教の始まり**…1世紀の初めに，ユダヤ教を母胎として**イエス**(前4？～後30頃)**をキリスト(メシア，救世主)とする信仰**から生まれた。

②**聖典**…『旧約聖書』，『新約聖書』

③**アガペーと隣人愛**…無差別無償の神の愛であるアガペーにならって，敵味方を超えた無差別平等に愛する隣人愛の実践が説かれる。

④**信仰されている地域**…ヨーロッパ諸国や南北アメリカ大陸の諸国で広く信仰されているほか，東南アジアでもフィリピンなどで広く信仰されている。

✤イスラーム教　①**イスラーム教の始まり**…7世紀に**ムハンマド**(570頃～632)が預言者として唯一絶対の神アッラーから授けられた教えを説き始めたことがその始まり。

②**聖典**…『クルアーン』

③**信仰と日常生活**…聖俗の区別なく，日常生活においても，クルアーンを究極的な根源とするイスラーム法(シャリーア)に従うことが求められる。

④**六信五行**…イスラーム教徒(ムスリム)には六信(神，天使，聖典，預言者，来世，天命)・五行(信仰告白，礼拝，喜捨，断食，巡礼)の実践が求められる。

⑤**信仰されている地域**…北アフリカ，西アジアで広く信仰されているほか，東南アジアではマレーシアやインドネシアなどで広く信仰されている。

✤仏教　①**仏教の始まり**…紀元前5世紀頃，**ゴータマ・シッダッタ(ブッダ)**(前563～前483？)が開いた悟りに基づく信仰から生まれた。

②**経典**…『スッタニパータ』など

③**中道**…ブッダは，苦の原因は世の理法(真理，ダルマ)に対する無知(無明(むみょう))にあるとし，煩悩の苦しみからの解脱(げだつ)には理法を悟ることが大切であると説いた。そして，悟りに至るための正しい修行のあり方は，**苦行にも快楽にも偏らない中道**にあるとした。

④**縁起の法**…ブッダによれば，世の理法とは縁起の法である。それは，あらゆる存在は時とともに移り変わっていく(諸行無常)ものであり，あらゆる存在には永遠・不変の実体はない(諸法無我)ということである。

⑤**慈悲**…仏教が重視する愛のあり方。慈とは他者に利益や安楽を与える慈しみ(いつく)のこと，悲とは他者の苦しみに同情し他者を救済しようとする思いやりのこと。

⑥**ブッダの死後の仏教**…仏教は，修行者の目標を自己一身の解脱をめざす阿羅漢とする**上座部仏教**と，すべてのものの救済をめざす菩薩とする**大乗仏教**とに分かれた。

⑦**信仰されている地域**…東南アジアから東アジアにかけて広く信仰されている。

ここが共通テストのツボだ!!

ツボ 1 アリストテレスの２つの正義論の特徴をつかもう

調整的正義	配分的正義
利害得失の均等化	能力・業績に比例して配分
想定…商品の取引の場面 公平のあり方…売り手は手放す商品と同等の対価を受け取り，買い手は入手する商品と同等の対価を支払うことが公平である	想定…企業がAとBという二人の従業員に報酬を配分する場面 公平のあり方…会社の売上げに対する貢献度に大きな差があり，Aが大きく，Bは小さかった。BよりもAの方に大きな報酬を支払うのが公平である
商品 売り手 買い手 代金	報酬 高額の報酬 低額の報酬 貢献度大 貢献度小 A B

調整的正義…利害得失が均等であることが公平
配分的正義…能力や業績に比例して配分することが公平

ツボ 2 世界三大宗教の要点をつかもう

世界宗教（宗派）	開　祖	主な教義	信者の多い地域
キリスト教（カトリック，プロテスタント，正教会）	イエスをキリスト（メシア，救世主）として信仰	アガペー（神の無差別無償の愛）と隣人愛	ヨーロッパ諸国，南北アメリカ大陸の諸国，東南アジアのフィリピン
イスラーム教（スンナ派〔スンニ派〕，シーア派）	ムハンマドが神から啓示を受けた	六信五行	北アフリカや西アジア諸国，東南アジアのマレーシアやインドネシア
仏教（タイなどに伝わった上座部仏教，中国，日本などに伝わった大乗仏教）	ゴータマ・シッダッタ（ブッダ）が悟りを開いた	縁起の法を悟ることによって煩悩を滅却し涅槃の境地に至る	東南アジアから東アジア諸国

世界三大宗教は主要な教義のポイントを押さえることが大切

基礎力チェック問題

問1 次の記述ア・イと，それらと関係の深い人物A～Cとの組合せとして最も適当なものを，下の①～⑥のうちから一つ選べ。(20年本試)

ア 知を愛し探し求めること(哲学)の出発点として，「無知の知」の自覚を説いた。

イ ポリス的動物である人間の行為のあり方や基準として，徳が必要であることを説いた。

A ピタゴラス　B アリストテレス　C ソクラテス

① ア－A イ－B　② ア－A イ－C
③ ア－B イ－A　④ ア－B イ－C
⑤ ア－C イ－A　⑥ ア－C イ－B

問2 いわゆる世界三大宗教の特徴に関する次の記述ア～ウと，その宗教を信仰する人口が一国のなかで最も多数を占めるアジアの国名A～Cとの組合せとして最も適当なものを，下の①～⑥のうちから一つ選べ。(10年本試)

ア 唯一神に服従し，信仰箇条である六信や信仰行為である五行を守ることの大切さを説く。

イ 唯一神を崇拝し，神の愛(アガペー)を自覚することや，神の愛を周囲の人に実践する隣人愛の大切さを説く。

ウ あらゆるものは相互依存しているととらえ，他者により生かされる自分を自覚することや，慈悲の心の大切さを説く。

A タイ　B インドネシア　C フィリピン

① ア－A イ－B ウ－C　② ア－A イ－C ウ－B
③ ア－B イ－A ウ－C　④ ア－B イ－C ウ－A
⑤ ア－C イ－A ウ－B　⑥ ア－C イ－B ウ－A

問3 各国の社会において信仰されている宗教に関する記述として最も適当なものを，次の①～④のうちから一つ選べ。(17年追試)

① 神道において信仰される八百万(やおよろず)の神は，事物や現象などすべての自然物に宿る霊的存在を統合した人格神である。

② イスラーム教における五行には，信仰告白・礼拝・喜捨がいずれも含まれている。

③ キリスト教において救世主とされるイエスは，十戒の啓示を神から授かり，人々は神の戒めである律法を遵守すべきであると説いた。

④ 仏教を開いたゴータマ＝ブッダは，人の生における苦の原因の一つとして，縁起の法に無知な状態を意味する涅槃(ねはん)があると説いた。

問1 [答] ⑥

ア：ソクラテスの記述。ソクラテスは，自分は大切なことは何も知らないという「**無知の知**」を真理探究の出発点とした。

イ：アリストテレスの記述。「人間は，本性上，**ポリス的動物**」であると述べたのはアリストテレス。

問2 [答] ④

ア：Bと結びつく。**ア**は**六信五行**からイスラーム教とわかる。A～Cの国のうちでイスラーム教徒の多い国は**インドネシア**。

イ：Cと結びつく。**イ**は**神の愛(アガペー)**と**隣人愛**からキリスト教とわかる。A～Cの国のうちでキリスト教徒の多い国は**フィリピン**。

ウ：タイと結びつく。**ウ**は「あらゆるものは相互依存している」という**縁起の法**と，「**慈悲**の心の大切さを説く」という記述から仏教とわかる。A～Cの国のうちで仏教徒の多い国は**タイ**。

問3 [答] ②

② **適当**：五行とは**信仰告白，礼拝，喜捨，断食，巡礼**のことである。

① **不適当**：八百万の神を「霊的存在を統合した人格神」とする記述は誤り。八百万の神とは，数多くの神々が存在するということを意味する。

③ **不適当**：「キリスト教において救世主とされるイエス」を，「(ユダヤ人をエジプトから脱出させた)モーセ」に直せば適当となる。**十戒**は神がシナイ山上でモーセを通してイスラエルの民に授けたとされる十か条の戒めのこと。

④ **不適当**：「涅槃」を「無明」に直せば適当となる。**涅槃**は仏教における悟りの境地のこと。

6 先哲の思想②
中国の思想，日本の思想

1 中国の思想 

✤**儒家**　①**孔子**(こうし)(前551頃〜前479)…人間の理想のあり方や生き方，政治の理想のあり方を追究した。

a)**仁と礼**…親や兄などの年長者に対する自然的な愛情(**孝悌**)などに示される仁を，現実社会のさまざまな関係にふさわしい儀礼(**礼**)に従って実現することが人としての理想のあり方・生き方であるとした。

b)**徳治主義**…孔子は，法律や刑罰に頼った法治主義を批判し，徳のある君主が徳に基づいて統治を行う**徳治主義**を政治の理想とした。

②**孟子**(もうし)(前372頃〜前289頃)**と荀子**(じゅんし)(前298頃〜前235頃)…孟子が人間の本性は善であるとする**性善説**を唱えたのに対し，荀子は人間の本性は悪であるとする**性悪説**を唱えた。

a)**孟子の四端説**…孟子は，人には徳の芽生えが備わっており，これをうまく育てれば，徳を身につけることができると説いた。徳の芽生えには，仁の芽生えである，人を思いやる**惻隠**(そくいん)**の心**，義の芽生えである自己の不善を恥じ他者の不善を憎む**羞悪**(しゅうお)**の心**，礼の芽生えである，他者に譲る**辞譲**(じじょう)**の心**，智の芽生えである，善悪をわきまえて判断する**是非**(ぜひ)**の心**の４つがある。

b)**荀子の礼治主義**…荀子は生まれながらにもっている利己的な傾向を矯正するためには，**礼による教化**が必要であるとした。

③**後代の儒教―朱子学と陽明学**

a)**朱子学**…朱子(しゅし)(1130〜1200)によって大成された朱子学では**理気二元論**が唱えられ，道徳の理想を実現するためには，敬(つつし)みの精神を堅持して情欲を抑制し，理を極めなければならないとされた。これを**居敬窮理**(きょけいきゅうり)という。

b)**陽明学**…王陽明(おうようめい)(1472〜1528)が唱えた陽明学は，誰しもが生まれながらにもつ善悪を判断する能力である良知を十分に発揮すること(**致良知**(ちりょうち))が道徳の理想であるとした。

✤**墨家**…墨家の墨子(ぼくし)(前470頃〜前390頃)は，分け隔てなく互いに愛し合えば(**兼愛**)，互いにとって利益となる(**交利**)とする**兼愛交利**を説いた。

✤**道家**　①**老子**(ろうし)(生没年不詳)…老子は作為や知恵を重視する儒家を批判し，作為や知恵を働かせず，あるがままに自然にふるまう**無為自然**を生き方の理想とした。

②**荘子**(そうし)(生没年不詳)…善悪，是非，美醜などの差異や対立は，人間が作った価値基準から生じたものにすぎず，その物自体には何の差異や対立もないとする**万物斉同説**(ばんぶつせいどう)を唱えた。

2 日本の思想 

✤**仏教の受容と日本的仏教の形成**　①**聖徳太子**(しょうとくたいし)(574〜622)…仏教，儒教の教えを取り入れた

十七条憲法を制定したといわれる。

②**平安仏教**…**最澄**(767～822)は大乗仏教の**一切衆生悉有仏性**(すべて生きものは仏性を有する)の教えに基づき，正しい修行をすれば誰でも皆救われると説いた。**空海**(774～835)は三密と呼ばれる修行で**大日如来**と一体化すればこの身のままで成仏する(**即身成仏**)と説いた。

③**鎌倉仏教**…法然(1133～1212)と親鸞(1173～1262)は阿弥陀仏の本願の力によって救われるとする**他力の立場**をとる。**法然**は，念仏を唱えさえすれば救われるとする**専修念仏**を説いた。**絶対他力**の立場をとる**親鸞**は，**悪人正機説**を唱え，悪人こそが阿弥陀仏の救いの第一の対象と説いた。**道元**(1200～1253)は，ひたすら**坐禅**に打ち込めば(**只管打坐**)，悟りの境地が顕れる(**修証一等**)とする**自力の立場**をとった。**日蓮**(1222～1282)は，法華経(妙法蓮華経)を重視し，**(南無)妙法蓮華経という題目**を唱える(**唱題**)ことで救われると説いた。

✤**江戸儒学と国学**　①**江戸儒学**…**朱子学の林羅山**(1583～1657)は，**上下定分の理**を説き，封建的身分秩序を正当化した。**中江藤樹**(1608～1648)は**孝**を重視するとともに，**陽明学**の影響を受けて生まれながらに備わっている道徳的能力である**良知**を発揮させることが大切であるとし，**知行合一**を説いた。**古学派の伊藤仁斎**(1627～1705)は，学問の方法として『論語』『孟子』といった儒教の原典に立ち返って孔孟(孔子と孟子)の教えを極めるべきだとする**古義学**を提唱し，儒教の根本精神は理想的な人間の和合である**仁愛**と，仁愛の基礎にある**誠**であると説いた。**古学派の荻生徂徠**(1666～1728)は，学問の方法として**古文辞学**を提唱し，学問の目的は古代の先王の統治の術，すなわち，**礼楽刑政**(儀礼・音楽・刑罰・政治)や，世を治め民を救う**経世済民**の道を明らかにすることにあると説いた。

②**国学**…仏教や儒教などの漢意の影響を受ける前の古代日本人の精神を理想とし，『古事記』や『万葉集』などの古代文献の研究を通じてその精神を明らかにしようとする学問。国学者の**本居宣長**(1730～1801)は，「よくも悪しくも生まれつきたるままの心」である**真心**に従って生きることが古の道であり，また，「**もののあはれ**」こそが文芸の本質であると説いた。

✤**西洋思想の受容と日本的展開**　①**西洋の社会思想の受容**…**福沢諭吉**(1834～1901)は「天は人の上に人を造らず，人の下に人を造らずと云えり」と述べ，**天賦人権論**を説いた。また西洋から学ぶべきこととして，**数理学**(日用の役に立つ**実学**)と**独立心**があるとした。**中江兆民**(1847～1901)は，民権には為政者が上から人民に与える**恩賜的民権**と，人民自らの手で勝ち取った**恢(回)復的民権**があるとし，当時の日本では前者を後者へと育てていく必要があると説いた。

②**キリスト教の受容**…**内村鑑三**(1861～1930)は生涯を「**二つのJ**」すなわちキリスト(Jesus)と日本(Japan)のために捧げると述べ，**武士道を精神的基盤とするキリスト教**こそが日本を救い世界を救うと考えた。

③**夏目漱石**(1867～1916)…生き方に関しては，他者に迎合する**他人本位**の生き方を排し，自らの内面的欲求に従う**自己本位**の生き方を重視した。また，文明開化に関しては，西洋の開化が**内発的**なのに対し，日本の開化は**外発的**であると批判した。

④**西田幾多郎**(1870～1945)…主観と客観を二元的に捉える近代西洋哲学を批判し，主客未分離の**純粋経験**においてこそ真の実在が捉えられるとした。

ここが共通テストのツボだ!!

ツボ 1 日本思想は次のまとまりで押さえておこう

①平安仏教

最澄	**一切衆生悉有仏性**という考え方に立ち，誰でも正しい修行をすれば成仏可能
空海	手に印を結び，口に真言を唱え，心に仏を念じる三密を行えば，大日如来と一体化し，この身のままで成仏できる（**即身成仏**）

②鎌倉仏教

念仏	法然	自力による修行を否定。ひたすら念仏を唱えれば（**専修念仏**），阿弥陀仏が救いの手を差し伸べて，極楽浄土に往生させてくれる
	親鸞	**絶対他力**の立場。衆生の救済を約束した阿弥陀仏を信じることが大切。悪人こそが阿弥陀仏の救いの第一の対象（**悪人正機説**）
坐禅	道元	自力による修行を重視。ひたすら坐禅を行えば（**只管打坐**），修行がそのまま悟りとなる（**修証一等**）
唱題	日蓮	法華経重視。妙法蓮華経という**題目**には釈迦の備える功徳がすべて込められており，題目を唱えれば，誰でも成仏可能

③江戸儒学

朱子学	林羅山	「**上下定分の理**」で徳川の幕藩体制の身分制度を正当化
陽明学	中江藤樹	「**良知**」の発揮と「**孝**」の徳を重視
古学派	伊藤仁斎	孔子の教えの根本は「**仁愛**」にあり，「**忠信**」に努めて仁愛を実践すれば「**誠**」に至ることができる
	荻生徂徠	学問の目的は古代の先王が作った**礼楽刑政**の働きを明らかにし**安天下の道**，**経世済民の道**を示すことにある

④国学

本居宣長	漢意を批判し，「**よくも悪しくも生まれつきたるままの心**」である**真心**を重視。「**もののあはれ**」が文芸の本質

⑤明治以降の日本思想

福沢諭吉	**天賦人権論**を説く。また，**実学**を学び，**独立心**をもつことが大切と主張
中江兆民	為政者から恩恵として与えられた**恩賜的民権**を，人民が勝ち取った**恢（回）復的民権**へと育てることが大切
内村鑑三	「**武士道の台木にキリスト教を接いだもの**」を理想とし，日本とキリスト教（**二つのJ**〈Jesus，Japan〉）に生涯を捧げようとした
夏目漱石	日本の文明開化は**外発的開化**であると批判し**内発的開化**の必要を説く。また，**他人本位**ではなく**自己本位**の生き方を重視

思想家と，その思想内容の中心となる概念を押さえることが大切

基礎力チェック問題

問1 日本における信仰や思想に関する記述として最も適当なものを，次の①～④のうちから一つ選べ。（20年本試）

① 法然は，「南無妙法蓮華経（なむみょうほうれんげきょう）」の題目を唱え，来世ではなく現世に仏の世界を実現することを説いた。

② 道元は，阿弥陀仏（あみだぶつ）の広大な慈悲の力に身を任せるという，絶対他力の教えを説いた。

③ アニミズムとは，山や滝や雷などの自然物・自然現象等に霊魂・精霊が宿るとする考え方である。

④ 国学において，日本の古代の神々のことばや行動にみられる理想的な生き方は，漢意（からごころ）と呼ばれる。

問1 ［答］③

③ **適当**：［☞p.15］

① **不適当**：「法然」を「日蓮」に直せば適当となる。法然は専修念仏により，死後，極楽浄土に往生できると説いた。

② **不適当**：「道元」を「親鸞」に直せば適当となる。道元は自力の修行を重視し，修証一等を説いた。

④ **不適当**：「漢意」は仏教や儒教の影響を受けた精神のあり方。国学は漢意を排すべきと主張。

問2 日本の思想に関する記述として最も適当なものを，次の①～④のうちから一つ選べ。（21年本試）

① 石田梅岩は，儒学を経世済民の学と考え，古代中国の聖人がつくり出した道である「先王之道」を学ぶべきことを説いた。

② 賀茂真淵は，上下定分の理を唱え，その思想は近世の封建的な身分制を根拠づけるものとされた。

③ 最澄は，一切衆生悉有仏性（いっさいしゅじょうしつうぶっしょう）を唱え，自らの仏性を自覚して修行すれば，みな等しく成仏できるとした。

④ 空海は，ひたすら「南無妙法蓮華経（なむみょうほうれんげきょう）」という題目を唱え，法華経の教えによって導かれる仏の世界をこの世に実現させることを説いた。

問2 ［答］③

③ **適当**：最澄は一切衆生悉有仏性を唱え，正しい修行を行えば誰でも成仏できると説いた。

① **不適当**：「石田梅岩」を「荻生徂徠」に直せば適当となる。石田梅岩は，商人の営利活動を肯定し，また，士農工商は職分の違いであり職分としては対等と主張。

② **不適当**：「賀茂真淵」を「林羅山」に直せば適当となる。国学者の賀茂真淵は，『万葉集』にみられる男性的な心情の「ますらをぶり」を理想とする。

④ **不適当**：「空海」を「日蓮」に直せば適当となる。空海は三密により大日如来と一体化すれば即身成仏できると説いた。

問3 明治期の日本の思想に関する記述として適当でないものを，次の①～④のうちから一つ選べ。（10年追試・改）

① 中江兆民は，為政者が人民に恵み与えた権利であっても，人民はそれを育てていって，その権利を実質的なものに変えていかなくてはならないと説いた。

② 内村鑑三は，外国から伝わったキリスト教を日本の武士道に接合することを，提唱した。

③ 夏目漱石は，異文化との接触で苦しむなかで，他者を排したエゴイズムとしての自己本位の立場に自らの拠（よ）りどころを見いだした。

④ 西田幾多郎は，主観と客観が対立する以前の状態に純粋経験を見いだし，それこそが真の実在であるとした。

問3 ［答］③

③ **不適当**：自己本位の説明が誤り。自己本位はエゴイズムではなく，自己の内面的要求に従う生き方。

① **適当**：中江兆民は，日本では，恩賜的民権を恢（回）復的民権へと育てる必要があると主張。

② **適当**：内村鑑三がめざしたキリスト教は，「武士道という台木に」接木されたキリスト教。

④ **適当**：西田幾多郎は，主客未分離の純粋経験において真実在が捉えられるとした。

7 先哲の思想③ 西洋の近現代思想

1 人間の尊重―ルネサンスとモラリスト

✤ルネサンス…代表的人物に，**自由意志**をもつことに人間の尊厳があると主張した**ピコ・デラ・ミランドラ**(1463～1494)や，多様な分野で活躍した**レオナルド・ダ・ヴィンチ**(1452～1519)がいる。

✤モラリスト　**パスカル**(1623～1662)…人間を，「**考える葦**」と表現し，葦のような**弱さ**や**みじめさ**と同時に，考えることができるという**偉大さ**を併せもつ存在であると特徴づけた。

2 近代科学の考え方

✤ベーコン(1561～1626)　①**「知は力なり」**…自然法則を正しく知れば，自然を利用・支配し，人間生活の向上に役立てられる。自然を支配の対象とする人間中心主義的自然観を提示。

②**帰納法の提唱**…正しい知識は帰納法によって得られるとした。帰納法とは，経験的事実を集めそれを分析することを通じて法則を導出する方法のこと。

✤デカルト(1596～1650)　①**演繹**(えんえき)**法の提唱**…正しい学問の方法は演繹法であるとした。演繹法は，明晰判明な原理から理性の推論を経て個別的判断を引き出す方法のこと。

②**「われ思う，ゆえにわれあり」**…明晰判明な原理を導出するためにあらゆることを疑った。その結果，思惟するわれの存在は疑いえないという結論に達した。

3 民主社会と自由

✤ヘーゲル(1770～1831)　①**カントの自由論批判**…自由を内面の問題と考えたカント[☞p.14]を批判し，ヘーゲルは，自由は社会における法律や制度のうちに現実化されると考えた。

②**人倫の三段階**…人倫を**家族**(一体的な共同体)，**市民社会**(「欲望の体系」)，**国家**(人倫の最高形態)の三段階に分け，**国家において真の自由が実現**されると説いた。

＊社会契約説[☞p.50]，カント[☞p.22, 23]，功利主義[☞p.22]

4 人間性の回復を求めて

✤実存主義とその先駆者　①**キルケゴール**(1813～1855)…主体的真理を探究。神の前に一人立つ**単独者**として，神の意志に従って生きることが「私にとっての真理」であると考えた。

②**ニーチェ**(1844～1900)…「**神は死んだ**」と述べ，**ニヒリズム**が蔓延している時代においては，意味も目的もなく繰り返す日常の世界(**永劫回帰**)を運命として肯定的に受け入れ，力強く生きる**超人**のごとく生きるべきだと説いた。

③**ヤスパース**(1883～1969)…死・苦悩など乗り越え不可能な**限界状況**に遭遇して有限な自己に絶

望し**超越者（包括者）**と出会う。他者との**実存的交わり**を経て，本来の実存をめざす。

④**ハイデガー**(1889～1976)…非本来的な人（**ダス・マン**）として生きている人間が「本来的自己」に立ち返る契機となるのは，「**死への存在**」であることの自覚である。

⑤**サルトル**(1905～1980)…「**実存は本質に先立つ**」と述べ，人間は自己のあり方を自由に決定できる存在であるとした。そして，積極的な社会参加（**アンガジュマン**）の大切さを説いた。

✤**社会主義―マルクス**(1818～1883)　①**疎外された労働**…資本主義の下では，労働は疎外され，人間の本来のあり方が失われている。この状況の解消には**社会主義への移行**が必要。

②**土台・上部構造論**…社会は，経済的な土台（下部構造）と，その上にある国家，法，文化などの上部構造からなり，**経済的土台が上部構造のあり方を規定**する。

③**唯物史観**…生産力と生産関係の矛盾が歴史の発展の原動力とする歴史観。

✤**プラグマティズム―デューイ**(1859～1952)…知性は課題を発見しその解決を図るための道具であると説いた（**道具主義**）。

5　近代の批判的検討

✤**アドルノ**(1903～1969)**とホルクハイマー**(1895～1973)…近代理性を**道具的理性**と呼んで批判した。

✤**フロム**(1900～1980)…『**自由からの逃走**』を著し，近代人は自由を手に入れたが，自由の重荷に耐えられなくなり，権威への服従を求める傾向があるとした。

✤**リースマン**(1909～2002)…現代人の社会的性格を**他人指向型**であるとした。

✤**構造主義の文化人類学者レヴィ・ストロース**(1908～2009)…未開社会の思考のあり方を野蛮とみなす西洋中心的な文化観を批判し，**文化に優劣の差はない**と主張した。

✤**フーコー**(1926～1984)…近代社会が生み出した理性には，それに反するものを犯罪や狂気として排除しようとする権力性，暴力性があるとした。

✤**レヴィナス**(1906～1995)…自我中心的な見方は他者を暴力的に支配しようとすると批判し，他者を自己の理解を超えた**他なる者**（**他性**）と認めることから真の倫理が始まるとした。

6　現代のヒューマニズム

✤**ガンディー**(1869～1948)…非暴力･不服従という抵抗の仕方（**非暴力主義**）でインドを独立に導く。

✤**マザー＝テレサ**(1910～1997)…インドで「**死を待つ人々の家**」を運営し，弱者のために尽力した。

✤**シュヴァイツァー**(1875～1965)…アフリカで医療活動に尽くすとともに，生きようとする意志を尊重する「**生命への畏敬**」が倫理の根本であると説いた。

7　社会と自由－リバタリアニズムとコミュニタリアニズム

✤**リバタリアニズム**…ノージック(1938～2002)などの**リバタリアニズム**（自由至上主義）は，**個人の自由を最大限尊重**する一方，**国家の役割は必要最小限に限定**すべきと主張した。

✤**コミュニタリアニズム**…サンデル(1953～)などの**コミュニタリアニズム**（共同体主義）は，コミュニティを支え成員に共有される**共通善**の実現を重視する。

ここが共通テストのツボだ!!

ツボ 1 近代科学の基礎となった学問の方法論を押さえよう

⑴**帰納法**…経験的データを収集→比較・考察→一般的法則や原理を導出

⑵**演繹法**…確実な原理から出発→理性による推論→個別的結論（判断）を導出

ツボ 2 実存主義の思想家は，何を追求しようとしているかに着目

キルケゴール	**単独者**として生きることが**主体的真理**
ニーチェ	「**神は死んだ**」とし，**永劫回帰**の世界を**力への意志**をもつ**超人**のごとく生きよと説く
ヤスパース	**限界状況**に直面し自己の無力さと**超越者（包括者）**の存在に気づく。そして**実存的交わり**を通じて本来の実存を追求する
ハイデガー	**死への存在**であることの自覚が，非本来的な**ダス・マン**としてのあり方から**本来的自己**としてのあり方への転回点となる
サルトル	人間には自己のあり方を選び取る自由がある（「**実存は本質に先立つ**」「**人間は自由の刑に処せられている**」）。自己のあり方を選択するということは同時に社会のあり方を選ぶことであり，それは社会形成に自己を参加させること（**アンガジュマン**）である

ツボ 3 あるべき社会を追求した思想を整理しよう

リベラリズム	リバタリアニズム	コミュニタリアニズム
①自由と平等を重視（ロールズの思想） ②**公正としての正義**が，社会編成の原理 ③公正としての正義は，基本的自由の平等な権利，機会均等原理，格差原理からなる。少数者の権利を尊重	①個人の自由を尊重（ノージックの思想） ②強制的な課税による所得の再分配は不当な干渉と批判する。国家の役割は個人の自由を保護するための治安の維持や国防に限定されるべき（**最小国家**）	①コミュニティの**共通善**の実現が社会の目標（サンデルの思想） ②リベラリズムもリバタリアニズムも自由で独立した個人（「負荷なき自我」）を前提とすると批判。人間はコミュニティの伝統の**負荷を背負った存在**

基礎力チェック問題

問1 人間のあり方に関する次の記述X・Yの正誤の組合せとして最も適当なものを，後の①～④のうちから一つ選べ。 (20年本試・改)

X　パスカルは，全宇宙に比して悲惨な存在でありながら，それを自覚することで尊厳をもつ人間のあり方を，「ダス-マン」として説いた。

Y　ピコ・デラ・ミランドラは，人間中心主義(ヒューマニズム)の考え方から，人間の尊厳の根拠となる自由意志の意義を説いた。

① X－正　Y－正　② X－正　Y－誤
③ X－誤　Y－正　④ X－誤　Y－誤

問2 科学的思考法に関する次の記述A・Bと，それを唱えた人物名a・b，推論の例ア・イの組合せのなかから，演繹(えんえき)法を説明する組合せとして最も適当なものを，下の①～⑧のうちから一つ選べ。 (14年追試)

A　だれもが疑うことのできないことから出発し，推論と論証を積み重ねて，新しい知識を発見していく思考法。

B　観察や実験によって得られた個々の事実から共通性を見いだして，一般的法則を導く思考法。

a　ベーコン　　b　デカルト

ア　参議院議員は，30歳以上であると定められている。Wさんは，参議院議員である。したがって，「Wさんは，30歳以上である」と考える。

イ　政党Xは，ウェブサイトを開設している。政党Yは，ウェブサイトを開設している。政党Zは，ウェブサイトを開設している。したがって，「すべての政党は，ウェブサイトを開設している」と考える。

① A－a－ア　② A－a－イ　③ A－b－ア　④ A－b－イ
⑤ B－a－ア　⑥ B－a－イ　⑦ B－b－ア　⑧ B－b－イ

問3 人の社会性に対する考え方に関する記述として適当でないものを，次の①～④のうちから一つ選べ。 (19年本試)

① ヤスパースは，他者の他者性は「顔」として現れ，自己には，この「顔」による他者の問いかけに応答する責任があると説いた。

② リースマンは，他人の考えや行動を自分の行動基準として，周囲に同調しようとする人々の傾向を，「他人指向型」と呼んだ。

③ ハイデガーは，人間は，死を避けることができない「死への存在」であることに気付くことによって，自己の本来的な生き方を取り戻すことができるとした。

④ ハーバーマスは，「コミュニケーション的行為」により，人々が対等な立場で自由に討議し，合意に至ることのできる，近代的理性の可能性を追求しようとした。

問1 [答] ③

X：**誤文**。「ダス-マン」を「**考える葦**」に直せば正文となる。「**ダス-マン**」は，ハイデガーが人間の非本来的なあり方を示すのに用いた言葉。

Y：**正文**。**ピコ・デラ・ミランドラ**は，自己のあり方を自由に決定できる**自由意志**をもつところに人間の尊厳があると主張した。

問2 [答] ③

A－b：明晰判明な原理から出発し，推論・論証を経て結論を導き出す方法は**演繹法**。これを正しい学問の方法としたのは**デカルト**。

B－a：観察や実験によって得られた経験的データから一般的な法則を導き出す方法は**帰納法**。これを正しい学問の方法としたのは**ベーコン**。

ア：参議院議員の被選挙権年齢という**明晰判明な原理**から，推論を経て，Wさんの年齢の**判断**を行っているので，演繹法的な推論。

イ：3つの政党のウェブサイトの開設という事実を集め，その経験的事実から「すべての政党」に関しての**一般的な結論**を導出しているので，帰納法的な推論。

問3 [答] ①

① **不適当**：「ヤスパース」を「レヴィナス」に直せば適当となる。ヤスパースは**限界状況**との遭遇が本来の実存を追求する契機となるとした哲学者。

② **適当**：リースマンは現代人の社会的性格を**他人指向型**と特徴づけた。

③ **適当**：ハイデガーは「**死への存在**」であることを自覚することが本来的な自己の生き方を取り戻す契機となると述べた。

④ **適当**：[☞p.14]。

チャレンジテスト②（大学入学共通テスト実戦演習）

問1 生徒Aは，授業で発表する内容について生徒Bと話し合った。次の生徒A・Bの会話文とメモを読み，［X］～［Z］に入るものの組合せとして最も適当なものを，後の①～⑧のうちから一つ選べ。

（21年公共サンプル問題）

会話文

A：私が調べた「フードドライブ」という活動は，私たち消費者が過剰に購入したことなどが原因で，これまで，まだ食べられるにもかかわらず，捨てられるほかなかった食品を，必要とする社会福祉施設等に届けることで，食品ロスという社会問題を解決に向かわせることにもなる取組みだと思ったよ。食品を簡単に捨てたりすることもよくないね。

B：もったいないというAさんの気持ちはよく分かるけれど，異なる意見もあるんじゃないかな。例えば，［X］の考え方に当てはめると，購入した食品をそのまま捨ててしまうことも，購入した人の自由であって，捨てないように強制することはできないと思うよ。

A：確かに，そうかもしれないね。何が正しい行為か，発表前にもう一度よく考えておく必要がありそうだね。

B：そうそう，この間，正しい行為とは何かについてのとても興味深い講演会を聞いたよ。

A：どんな内容だったか教えてくれる。

B：講演を聞きながら**メモ**をとったからこれを見て。

メモ　正しい行為に関する三つの考え方

ア　善意や愛をもった徳の高い人がその状況に置かれた場合に，その人柄にふさわしく為すであろうと思われる行為のことである。

イ　その行為の結果としてなるべく多くの人をできるだけ幸福にすることができる行為のことである。

ウ　その行為が，誰にとってもいかなる場合でも為すものであろうと考えた上で為すのが正しい行為である。

A：なるほど。例えば，必要とする人がいるのに食品を捨ててしまうことが，社会全体の損失になると考えて，「フードドライブ」に取り組むとするならば，**メモ**の**ア**～**ウ**のうちの［Y］の考え方に当てはまるだろうね。また例えば，食べ物に対して感謝の心を持つことが基本的には大切であると考えて，食品ロスをやめようとするならば，［Z］の考え方に基づいているってことだよね。この三つの考え方は，いろいろな場面に応用できそうだね。

① X－所有権絶対の原則 Y－ア Z－イ
② X－所有権絶対の原則 Y－イ Z－ア
③ X－所有権絶対の原則 Y－イ Z－ウ
④ X－所有権絶対の原則 Y－ウ Z－ア
⑤ X－契約自由の原則 Y－ア Z－イ
⑥ X－契約自由の原則 Y－ア Z－ウ
⑦ X－契約自由の原則 Y－イ Z－ア
⑧ X－契約自由の原則 Y－ウ Z－イ

問1 [答] ②

X ：「所有権絶対の原則」が入る。**所有権絶対の原則**は，近代私法の基本原則の一つで，財産の所有者は自己の財産を，他者の干渉を受けずに使用・処分できるとする原則のことである。「購入した食品をそのまま捨ててしまうことも，購入した人の自由」であるとする主張は，自己の所有物はどのように処分することも自由であるとする，この原則に立脚したものである。「**契約自由の原則**」も近代私法の基本原則の一つであるが，これは，契約を結ぶかどうか，誰と契約するか，どのような内容の契約をするかは当事者の自由に委(ゆだ)ねられ，国家は干渉してはならないとするものである。会話文では契約の場面を想定していないので，この語句は入らない。

Y ：**イ**が入る。 Z ：**ア**が入る。まず，**ア**～**ウ**の「正しい行為に関する三つの考え方」を整理する［☞p.24 ツボ❶］。**ア**は，有徳な行為者であるならば，そうしたであろうと考えられるような行為に合致しているかどうかに基づいて判定する**徳倫理学**の立場である。**イ**は，行為が正しいか否かを，その行為が結果としてもたらす幸福の総計に基づいて判定する**功利主義**の立場である。**ウ**は，行為が正しいか否かを，行為がいかなる場合でも従うべき義務あるいは原理にかなっているかどうかに基づいて判定する**義務論**の立場である。

Y ：Aの最後の発言中の「必要とする人がいるのに食品を捨ててしまうことが，社会全体の損失になる」と考えて，フードドライブに取り組むことを正しい行為とする根拠は，「**社会全体の損失**」という**社会全体の幸福（効用・便益）度**を考えてのことである。これは**イ**の功利主義に立脚したものである。

Z ：Aの最後の発言中の「食べ物に対して感謝の心を持つことが基本的には大切であると考えて，食品ロスをやめようとする」ことを正しい行為とするのは，「誰にとってもいかなる場合でも為すものであろう」という義務からではなく，「**感謝の心を持つ**」という行為者の心情の善さ，人柄の善さにその根拠を求めているからである。これは，行為そのものに着目するのではなく，行為者の性格の善さに着目し，行為者の善き性格（徳）から行われた行為が正しい行為であるとする**ア**の徳倫理学に立脚したものである。

以上のことから，組合せとして最も適当なものは②となる。

問2 生徒Aのクラスでは，次の事例をもとに，合意形成のあり方について考えることにした。後の問い（(1)～(3)）に答えよ。 （21年公共サンプル問題）

事例

町の中心部の渋滞を解消するために，新しい道路を建設する。ルートの候補として，ルート1～ルート3の三つがある。このうちどのルートを採用するかをV～Zの5人で決定する。次の表は，ルート1～ルート3のそれぞれを採用した場合における5人の幸福度を数値で表したものである。数値が大きいほど幸福度が高く，数値がマイナスのものは，耐えられないほどの苦痛を受けることを示している。また，多数決で決定をする際には，その者にとって数値が一番大きなルートに賛成することとする。

	V	W	X	Y	Z
ルート1	5	8	1	4	1
ルート2	1	3	7	3	6
ルート3	4	7	6	−1	5

(1) まず，次の決定方法①～③の中から，あなたが取るべきだと考える決定方法を一つ選びマークせよ。なお，①～③のいずれを選んでも，後の(2)，(3)の問いについては，それぞれに対応する適当な選択肢がある。

決定方法

① 5人の幸福度の総和ができるだけ大きくなる決定を行う。
② 5人の多数決により決定を行う。
③「耐えられないほどの苦痛を受ける」者が生じない範囲で，5人の幸福度の総和ができるだけ大きくなる決定を行う。

(2) (1)で選んだ決定方法を取るべき根拠として最も適当なものを，次の①～③のうちから一つ選べ。

① 社会で決定を行う際であっても，少数者の人権を尊重するべきである。
② 社会で決定を行う際には，最大多数の最大幸福をもたらす選択をとるべきである。
③ 社会で決定を行う際には，多くの人の意見に従うのが望ましいので，単純に賛成の数で決定するべきである。

(3) (1)で選んだ決定方法を用いた場合に選ばれるルートとして正しいものを，次の①～③のうちから一つ選べ。

① ルート1
② ルート2
③ ルート3

問2 [答] (1)で①，(2)で②，(3)で③を解答した場合

(1)で②，(2)で③，(3)で①を解答した場合

(1)で③，(2)で①，(3)で②を解答した場合

(1)と(2)の組合せを考える。(1)の決定方法の①は「5人の幸福度の総和ができるだけ大き」いことを基準とするとある。これは(2)の「最大多数の最大幸福」を判定の基準とする②と合致する。次に(1)の決定方法の②は「5人の多数決」により決定とある。これは(2)の「単純に賛成の数で決定」，すなわち，単純多数決を決定の方式とする③と合致する。(1)の決定方法の③は，「『耐えられないほどの苦痛を受ける』者が生じない範囲で，5人の幸福度の総和ができるだけ大きくなる決定を行う」とあるので，(2)のうち，「少数者の人権を尊重する」という配慮のある決定の方式である①と合致する。

(1)の①～③のそれぞれの決定の方式から得られる結果を考える。

(1)の①の「幸福度の総和」を決定の方式とした場合，下の表で示したように，ルート1は19，ルート2は20，ルート3は**21**となり，ルート3が選択される。

(1)の②の多数決による決定では，設問文で「多数決で決定をする際には，その者にとって数値が一番大きなルートに賛成することとする」とあるので，下の表中の丸囲みの赤字の数値で示されたルートに賛成することになる。ルート1は**3**票，ルート2は2票，ルート3は0票となり，ルート1が選択されることになる。

(1)の③の「『耐えられないほどの苦痛を受ける』者が生じない範囲」の決定では，「数値がマイナスのものは，耐えられないほどの苦痛を受けることを示している」とあるので，Yがマイナスの値のルート3を除いた，総和が19のルート1と総和が20のルート2のうち，総和が大きいルート2が選択されることになる。

	V	W	X	Y	Z	幸福度の総和	多数決による決定
ルート1	⑤	⑧	1	④	1	19	**3票**
ルート2	1	3	⑦	3	⑥	20	2票
ルート3	4	7	6	-1	5	**21**	0票

以上のことから，(1)で①，(2)で②，(3)で③を解答した場合，(1)で②，(2)で③，(3)で①を解答した場合，(1)で③，(2)で①，(3)で②を解答した場合がそれぞれ正解となる。

公共空間における協働と民主主義

1 公共空間における協働（協力）

公共空間では構成員の協働（協力）によりすべての人にとって望ましい空間を形成することが求められる。しかし，構成員の協力が得られないため，その実現が困難になる場合がある。たとえば，集合住宅の駐輪場に，居住者が拠出する資金によって照明器具を設置する場面を想定する。それが実現できれば利用者全員の安全性や利便性が向上する。しかし，個人的利益を重視し資金拠出を拒む人もいる。また，資金を拠出せずに，その恩恵を受けようとする者（**ただ乗り**（フリーライダー））が出るかもしれない。こうした状況における問題の所在と，協力を得るための解決策を考える。

✤**囚人のジレンマゲーム**…このゲームのプレーヤーは二人（AとB）で，それぞれ「協力（黙秘）」と「非協力（裏切り）」のいずれかを選択しなければならない。その選択によって得られる利益を示したのが下の利得表である。相手がどちらを選択した場合でも，自分は「非協力」を選択したほうがより大きな利益を得ることができる。しかし，両プレーヤーが**自己の利益となる「非協力」を選択**すると，両者がともに「協力」を選択した場合と比べて**より少ない利益しか獲得できない**という結果になる。

○ 囚人のジレンマゲームの利得表

		B	
		協力（黙秘）	非協力（裏切り）
A	協力（黙秘）	（2，2）	（−1，3）
	非協力（裏切り）	（3，−1）	（0，0）

＊青字の数字はAの利得，赤字の数字はBの利得

Aの利得…Bが「協力」を選択した場合，Aが「協力」を選択すれば2，「非協力」を選択すれば3となる。Bが「非協力」を選択した場合，Aが「協力」を選択すれば−1，「非協力」を選択すれば0となる。その結果，Aの利得は，Bが「協力」「非協力」のどちらの選択をしても，Aが「非協力」を選択したときのほうが大きくなる。同様のことがBの利得についてもあてはまる。その結果，**AもBも自己の利得を追求すれば「非協力」を選択**することになる。そして，このAもBも「非協力」を選択したときの合計の利得は（0＋0）である。しかし，**AとBの利得の合計が最も大きいのは，両者とも「協力」を選択したときの（2＋2）**である。

✤**社会的ジレンマ**…二者間のジレンマを多数者間のジレンマに拡張したのが社会的ジレンマ。個人が**自分の利益のために行動**し，他の人々も同様に行動した結果，社会の**全成員にとって望ましくない結果が生じる**というもの（共有地の悲劇［☞p.26］）。

✤**社会的ジレンマの打開─「非協力」から「協力」への転換**

①**法的な規制**…「協力」をルールとして定め，その逸脱行動（非協力的行動）に**法的な制裁**を科し，協力的行動をとるように強制するという方法。その際重要となることは法的な強制が正当性をもつことである。国家による法的な強制の正当性の根拠を人民の同意に求めた政治思想に**社会契約説**がある［☞p.50］。

②**繰り返しの囚人のジレンマ**…囚人のジレンマゲームが繰り返し行われる場合で考える。このゲームから，社会の構成員の「協力」を引き出すことができる条件が確認できる。繰り返しの囚人のジレンマゲームとは以下のようなものである。公共空間の各構成員が，「協力」「非協力」のいずれかを選択する。各人は相互にどのような選択を行い，その結果がどうであったかを知っている。その選択を複数回にわたって行う。その際，各人は，**相手が過去に裏切っていない限り協力するが裏切ったら協力しない，という戦略**をとる（**トリガー戦略**）。このゲームの結果は，仮に，相手が協力する中で自分が裏切れば一時的には大きな利益が得られるが，それ以降は相手の協力が得られないことになり，**長期的にみれば，「協力」の方が大きな利益を得ることができる**，ということになる。ここから，ゲームが将来にわたって繰り返されるということが期待でき，自分が裏切らない限り相手も裏切らないということが期待できるならば，一時的な利益よりも長期的な利益を重視するという観点から，各人にとっての**最良の選択は「協力」である**ことがわかる［☞p.48 ツボ❷］。

2 民主主義

多数者の意思に基づいて政治を行おうとする考え方。アメリカ大統領**リンカーン**は「**人民の，人民による，人民のための政治**」という言葉で民主主義の理念を示した。

✤**直接民主制と間接民主制**

①**直接民主制**…これは，構成員が直接政治のあり方を決定する民主制のこと。ギリシャの民会やアメリカのタウンミーティングがその具体例である［☞p.99］。

②**間接民主制**…代表者を選出して，代表者に政治的なあり方の決定を委(ゆだ)ねる民主制。

✤**民主的な決定の問題点**…民主的な決定は多数決［☞p.48 ツボ❶］を原則とする。多数決による決定が少数者の権利の侵害をもたらす場合がある。**ミル**や**トクヴィル**(1805～1859)は，こうした事態を**多数者の専制**と呼んで，民主主義の危うさを警告した。

✤**多数者支配型民主主義と合意型民主主義**

①**多数者支配型民主主義**…選挙を通じて多数者の支持を受けた政党が独占的に政治運営を行うタイプの民主主義。**二大政党制**と親和性がある。

②**合意型民主主義**…多様な人々の幅広い政治参加を許容し，熟議を通じた合意形成を重視するタイプの民主主義。**多党制**と親和性がある。

ここが共通テストのツボだ!!

ツボ 1 多数決のいろいろ

①**単純多数決への疑問**…最多の票を得た選択肢に決定する多数決の方式である**単純多数決**が，次の場合のように，多数者の意思を正しく反映するとは限らない。

想定：3名の候補者（ABC）の中から1名の当選者を決定する。有権者は40人

表は，ABCに順位をつけて投票した場合を示している。

	16人	13人	11人
1位	A	B	C
2位	B	C	B
3位	C	A	A

最も支持する候補者1名を記入して投票すると，16票を得たAさんが当選ということになる。しかし，有権者40人のうち24人がAさんを最下位の3位にしているのに，Aさんは多数者の意思を代表しているといえるのか疑問が残る。この問題点を解消する多数決の方法に**ボルダルール**がある。

②**ボルダルール**…選択肢が3つの場合，1位の選択肢に3点，2位の選択肢に2点，3位の選択肢に1点というように加点して，その総和の最も大きいものに決定，というルールである。この方法だと，Aは3×16＋1×24＝72点，Bは3×13＋2×27＝93点，Cは3×11＋2×13＋1×16＝75点となり，当選者はBとなる。

ツボ 2 繰り返しの囚人のジレンマゲーム

46ページの囚人のジレンマゲームの利得表を利用して，Aが**トリガー戦略**をとった場合のBの利得を考える。Bの利得は，Bが協力を選択すれば2が得られ，非協力を選択すれば3が得られるが，次の回からAの協力は得られなくなり0となる（下の表を参照のこと）。「**1回目は協力，2回目に非協力**」を選択した場合と，「**一貫して協力**」を選択した場合とを比較する。前者の場合，Bの利得の合計は5を超えることはない。一方，後者の場合，Bの利得の合計は3回目で6となり，前者を選択した場合を上回る。

	1回目	2回目	3回目	4回目	…	N回目
2回目に非協力	2	3	0	0	…	0
一貫して協力	2	2	2	2	…	2

囚人のジレンマゲームが繰り返しのゲームならば，「協力」が最良の選択となる

基礎力チェック問題

問1 社会的ジレンマと呼ばれる事態をもたらしうる個人の選択や行動の例として適当でないものを，次の①～④のうちから一つ選べ。 (02年追試)

①「ペットボトル，缶，ビン，金属……。リサイクルは大事だけど，ゴミの分別回収って本当に面倒だし，私一人くらい混ぜて出しても別に大丈夫でしょう……。」

②「最近景気が悪く，この先，国も会社も頼りにならないようだから貯金するべきだと思うけど，欲しいものをいろいろ買っている友だちもいるし，僕も少しくらい無駄遣いしても大丈夫でしょう……。」

③「近くの山のゴルフ場計画は環境破壊につながると思うけど，きっと誰(だれ)かが反対運動をうまく進めてくれるだろうから，そうでなくとも忙しい私は参加しなくても大丈夫でしょう……。」

④「国民の一人として選挙に行くべきだとは思うけど，日曜日には遊びに行きたいし，僕の一票で政治が変わるわけでもないから，棄権しても大丈夫でしょう……。」

問1 [答] ②

② **不適当**：各人が「無駄遣い」をすれば，有効需要の増大により景気悪化の防止という望ましい結果をもたらす。

① **適当**：「ゴミの分別回収」への協力を各人が行わなければ，リサイクルが破綻するという望ましくない結果をもたらす。

③ **適当**：「ゴルフ場計画」の反対運動への協力を各人が行わなければ，環境悪化という望ましくない結果をもたらす。

④ **適当**：政治参加への協力を各人が行わなければ，民主主義の後退という望ましくない結果をもたらす。

問2 国家間協調の実現について考えるために，次の表であらわされるゲームを考える。このゲームでは，A国とB国の代表が，互いに相談できない状況で，「協調」か「非協調」のいずれか一方の戦略を1回のみ同時に選択する。その結果として，両国は表中に示された点数を得る。ここで両国は，自国の得る点数の最大化だけをめざすものとする。このゲームの表から読みとれる内容として最も適当なものを，下の①～④のうちから一つ選べ。 (16年本試)

		B国 協調	B国 非協調
A国	協調	A国に10点 B国に10点	A国に1点 B国に15点
A国	非協調	A国に15点 B国に1点	A国に5点 B国に5点

① A国にとって，最も高い点数を得るには，「協調」を選択する必要があるが，それにはB国が「非協調」を選択するという条件が必要である。

② A国が「協調」を選択する場合，B国がより高い点数を得るには「協調」を選択する必要がある。

③ A国とB国がともに「協調」を選択すれば，両国の点数の合計は最大化されるが，相手の行動が読めない以上，「協調」を選択できない。

④ A国とB国がともに「非協調」を選択すれば，両国の点数の合計は最大化されるため，「協調」に踏み切ることはできない。

問2 [答] ③

③ **適当**：両国がともに「協調」を選択すると，両国の合計点数は20となり4つの中で最大である。しかし，他方の国が非協調を選択すると，もう一方の国は最も低い点数1しか獲得できない。このリスクを回避するため，両国とも「非協調」を選択することになる。

① **不適当**：A国が最も高い15点を得るには，A国が「非協調」を選択し，B国が「協調」を選択する必要がある。

② **不適当**：B国がより高い点数を得るには「協調」ではなく「非協調」を選択する必要がある。B国の得点は，「協調」の場合は10，「非協調」の場合は15である。

④ **不適当**：両国が「非協調」を選択した場合は，両国の合計点数は10で，両国の合計点数の4つの中で最小である。

9 民主政治の確立と社会契約説

1 絶対王政

✤**絶対王政**…16世紀から18世紀にかけてのヨーロッパにおいて，国王が国家機関や法律などに拘束されずに専制的に統治していた中央集権的な政治体制のことを絶対王政という。

✤**絶対王政の支配を正当化する理論**…絶対王政の国王の支配を正当化したのは王権神授説。この説は，国王の権力は神によって授けられたのだから，人民は国王の命令にしたがわなければならないとする考え方をいう。その提唱者にはイギリスのジェームズ1世(1566〜1625)，フィルマー(1588?〜1653)，フランスのボシュエ(1627〜1704)らがいる。

2 市民革命と社会契約説

✤**近代市民革命**…17・18世紀に行われた**ピューリタン(清教徒)革命，名誉革命，アメリカ独立革命，フランス革命を総称したもの**で，当時，力をつけてきた新興市民階級が，絶対王政を打倒し，政治的権力を奪い取った革命をいう。この革命を通じて，国民主権や基本的人権の保障が確立していった。

①**ピューリタン(清教徒)革命**…17世紀半ばのイギリスにおいて，国王チャールズ1世(1600〜1649)の専制的な支配に対抗して議会が立ち上がった革命。

②**名誉革命**…1688〜89年のイギリスの革命で，この革命を通じて議会と国王の対立に終止符が打たれ，議会主権が確立した。1689年に権利章典が制定された。権利章典において，貴族や庶民の古来の自由と権利が確認され，国王に対する議会の優位が確立した。

③**アメリカ独立革命**…18世紀後半，イギリスの植民地支配から独立し，共和制を樹立した革命。この革命の過程で，ヴァージニア権利章典，アメリカ独立宣言が出された。

④**フランス革命**…1789年に勃発した革命で，これにより絶対王政が打倒されフランスに近代社会が成立した。1789年にフランス人権宣言が出された。

✤**社会契約説(ホッブズ，ロック，ルソー)**…社会契約説は，国家権力の支配の正当性を人民による社会契約に求めた。この思想は，市民革命を思想面から支えるとともに，国民主権や基本的人権の保障という近代民主主義の基本原理を提示した。

①**社会契約説の理論構成**…社会契約説の思想家は，国家が成立する以前の状態を自然状態と呼び，そこには自然法が存在し，各人には生まれながらに自然権が備わっ

ているとみなした。しかし，自然状態では，自然権や自然的自由が確保できないため，その確保をめざして人民が**社会契約**を結び，政治社会が形成されると説いた。

②ホッブズ，ロック，ルソーの思想の特徴

a)ホッブズ…『リヴァイアサン』（1651年）

ア）自然権…自己保存の権利。

イ）自然状態…「**万人の万人に対する闘争**」状態。

ウ）社会契約…死の恐怖を克服し平和を回復するために，社会契約を締結し，統治を委（ゆだ）ねる者に自然権を譲渡し国家（主権者）を設立する。

エ）抵抗権…各人は自然権を国家（主権者）に全面譲渡し，その命令には服従しなければならず，**抵抗権は認められていない**。

b)ロック…『統治二論』（『市民政府二論』）（1690年）

ア）自然権…**所有権**（生命・自由・財産を所有する権利）など。

イ）自然状態…人間は元来理性的な存在であり，基本的には平和な状態が保たれている。他者の権利を侵してはならないとする自然法によって，自然権も比較的よく保障されている。

ウ）社会契約…裁判所などが存在しない自然状態では，自然権が確保できないことも生じるため，その保障をめざして，各人は社会契約を結び国家を設立する。そして，各人がもっていた私的な制裁権を放棄し（自然権の**一部放棄**），法律を制定する権力を立法府に**信託**し，法律を執行する権力を執行府に委ねる。

エ）抵抗権…政府が人民の信託に反して自然権を侵害する場合には，人民は政府に対して**抵抗権**を行使できる。

オ）民主制の形態…**間接民主制**を支持した。

カ）権力の分立…国家権力を，議会が有する立法権と，国王が有する執行権に大別し，**立法権の執行権に対する優位を説いた**[☞p.55]。

c)ルソー…『社会契約論』（1762年）

ア）自然権…自然的な自由。

イ）自然状態…理想的な状態。各人は自由であり，自己愛だけでなく憐憫（れんびん）の情も有している。

ウ）社会契約…私有財産制が始まると，自由が失われ不平等な社会が出現した。そこで自由と平等を回復するために，各人は社会契約を締結して**一般意志**に全面的に服従することを約束し，新たな共同社会を建設する。一般意志とは，公共の利益を求める全人民の意志のこと。これは特殊意志の総和である全体意志とは異なる。

エ）民主制の形態…**直接民主制**を支持した。人民が立法権をもち，一般意志を法律として制定する（人民主権）。政府は人民の代理としてそれを執行するのみである。

オ）権力の分立…主権は譲り渡すことができないとし，**権力分立を否定した**。

ここが共通テストのツボだ!!

ツボ 1 絶対王政を支えた王権神授説とボーダンの主権論

絶対王政を支えた政治理論としては次の2つが重要。

①**王権神授説**…イギリスの国王ジェームズ1世らが主張したもので，国王の支配の正当性を神に求めた。つまり，王権神授説の提唱者は，国王の統治権は神によって与えられたものとみなし，国王は，神以外の何ものにも拘束されない。したがって，**法にも拘束されない**と考えた。

②**ボーダンの主権論**…16世紀のフランスの政治思想家ボーダンも同じように，**君主は法律に拘束されない絶対的な権力を有する**とし，それを主権と名づけた。

王権神授説もボーダンも，君主の権力は法に拘束されないとしたことに注目

ツボ 2 社会契約説の各思想家の共通点と相違点

ホッブズ，ロック，ルソーの社会契約説の思想を理解する際に，3人の間で共通している事柄と，異なる事柄をそれぞれ押さえること。

①社会契約説の共通点

(1)**自然法**が存在し，それにより各人に，生来，**自然権**が与えられると考えていること。

(2)人民の**同意**によって政府や国家が設立されると考えていること。

②社会契約説の相違点

(1)自然状態の捉(とら)え方…**闘争状態**と捉えたのはホッブズのみ。ロックは基本的には平和，ルソーは**理想**の状態とした。

(2)自然権の譲渡…社会契約を通じて，ホッブズは全面譲渡，ロックは一部を譲渡。

(3)抵抗権…ロックは**抵抗権**を認めたが，ホッブズは認めていない。

(4)民主制…ロックは**間接民主制**を支持し，ルソーは**直接民主制**を理想とした。

上記以外のものについては，キーワードに注目
ロック：自然権＝生命・自由・財産を所有する権利（所有権），信託
ルソー：人民主権，一般意志

基礎力チェック問題

問1 主権に関連する記述として最も適当なものを，次の①～④のうちから一つ選べ。 (01年追試)

① ブラクトンやエドワード・コーク(クック)は，国王のもつ絶対的な支配権を擁護する議論を行った。
② アメリカ合衆国憲法が連邦制を採用したのは，各州にも対外的主権を与えるためであった。
③ フランスでは，主権という考え方は，ローマ教皇の権威と結びついて，キリスト教社会の連帯を強めるために主張された。
④ 絶対主義王権を擁護しようとした王権神授説は，国王の権力は神の意思以外の何ものにも拘束されないと主張した。

問1 [答] ④

④ **適当**：王権神授説によれば，国王は法にも拘束されない。
① **不適当**：ブラクトンやコークは，国王であっても法に拘束されると考えていた[☞p.54]。
② **不適当**：アメリカの各州には対外的主権はない。
③ **不適当**：フランスのボーダンは，「キリスト教社会の連帯を強めるため」ではなく絶対王政を擁護するため，主権者(君主)は最高の権力をもつと主張した。

問2 西ヨーロッパにおける議会制の思想をめぐる記述として正しいものを，次の①～④のうちから一つ選べ。 (03年追試)

① 国王も神と法の下にあり，法に従わねばならないとするエドワード・コーク(クック)の思想は，イギリスの議会制を支える伝統の一つとなった。
② イギリスのジョン・ロックは，議会の専制から国民の権利を守るために，立法，行政，司法の三権分立を提唱した。
③ 16世紀にフランスのボーダンが展開した主権の概念は，国王に対する議会の力を強化する上で有利に働いた。
④ 18世紀にルソーは，国民は代表者を通じて一般意志を表明するゆえに，国家の主権は議会にあると主張した。

問2 [答] ①

① **正文**：イギリスでの法の支配は，当初はコモン・ロー，のちには議会制定法を含めたすべての国法によって為政者を拘束する，というように発達した。
② **誤文**：立法・行政・司法の三権分立論の提唱者はモンテスキュー[☞p.55]。
③ **誤文**：ボーダンは，国王の主権の絶対性を主張した。
④ **誤文**：ルソーは，主権は議会ではなく人民にあると主張した。

問3 近代の社会契約説についての記述として最も適当なものを，次の①～④のうちから一つ選べ。 (12年本試)

① 政府と人民の関係は，神と人間，親と子，夫と妻の間にみられるような愛情と信頼に由来する。
② ホッブズによれば，各人は自らの生命と安全を確保するために，主権者に自然権を譲渡することなく国家の運営に参加する必要がある。
③ 国家は人為的な産物ではなく，歴史の中で長く受け継がれてきた伝統を通じて形成される。
④ ロックによれば，人民の信託を受けた政府が人民の生命・自由・財産の権利を侵害した場合，人民には政府に抵抗する権利がある。

問3 [答] ④

④ **適当**：ロックによれば，政府が信託に反し自然権を侵害した場合，人民は抵抗権を行使できる。
① **不適当**：政府と人民の関係は，「愛情と信頼」ではなく社会契約に由来する。
② **不適当**：ホッブズによれば，各人は，社会契約により，自然権を主権者に全面譲渡する。
③ **不適当**：ロックによれば，国家は人民の同意(社会契約)によって人為的に設立される。

10 法の支配と立憲主義

近代民主政治の原理には，**基本的人権の保障，国民主権，権力分立，法の支配，および代表(間接)民主制がある**。このうち権力分立と法の支配は，立憲主義の考え方にたち，権力の専制的な支配を排除し，基本的人権を確保する制度的な原理といえる。

1 法の支配

✤法の支配の確立

①**人の支配から法の支配へ**…法の支配は近代民主主義の基本的原理の一つで，人の支配を否定するものである。

a)**人の支配**…国王などの**為政者による恣意(しい)的な支配を「人の支配」という**。この考え方にたった場合，為政者は国家機関や法によって拘束されることなく恣意的に人民を支配できるので，国民の権利は蹂躙(じゅうりん)される恐れがある。

b)**法の支配の主張**…17世紀初めに，イギリスの裁判官エドワード・コーク(1552〜1634)(クック)は，「国王は何人(なんぴと)の下にもたつことはない。しかし，神と法の下にある」という13世紀の法律家ブラクトン(1216?〜1268)の言葉を援用して，国王ジェームズ1世の専制的支配を諫(いさ)め，法の支配の正しさを主張した。

②**法の支配の考え方**…法の支配とは，**為政者を法によって拘束して，国民の自由と権利を確保しようとする考え方**をいう。

✤法の支配の発展

アメリカにおいて法の支配は独自の発展を遂げ，裁判所に違憲審査権(違憲立法審査権)を認める司法権優位の「法の支配」が確立していった。

①**司法権優位の法の支配**…立法府(議会)や行政府(大統領・内閣)が制定する法律や命令は，基本的人権を侵害する恐れがある。それを防止するため，アメリカや日本をはじめ多くの国で，違憲審査制度(違憲立法審査制度)が導入され，裁判所に法律や命令の憲法適合性を審査する権限を与えている。

②**違憲審査制度**…これには付随的違憲審査制度と抽象的違憲審査制度がある。

a)**付随的違憲審査制度**…裁判となっている民事事件や刑事事件を解決するために，必要な範囲内でその事件に適用される法律や命令の憲法適合性を審査する制度。言い換えれば，**具体的事件がなければその審査はできない**。また，審査は通常の司法裁判所が行う。日本やアメリカの制度がこのタイプ[☞p.143]。

b)**抽象的違憲審査制度**…憲法裁判所が審査するもので，具体的事件を前提とせずに審査することができる。ドイツ，オーストリア，イタリアの制度がこのタイプ。

なお，**イギリスには違憲審査制度はない**。

✤法の支配と法治主義

法の支配に似た観念に，ドイツで発達した「法治主義」がある。

①**法治主義の考え方**…法治主義とは，適正な手続きにより制定された**法律に基づいて行政は行われるべきである**とする考え方をいう。

②**法の支配との違い**…人の支配を否定する点では，法治主義は法の支配と同じ立場にたつ。しかし，**法の支配**が国民の自由と権利を確保するという観点から**法の内容を重視する**のに対し，**法治主義**には，**その内容については問題とせずに，行政権の発動は議会が制定した法律にしたがってなされるべきであるという形式主義的な面や，議会制定法・成文法重視の傾向がある**。そのため，法治主義では，法律が人権を侵害するような内容の場合，人権を蹂躙する政治を許すことにつながる。

2 権力分立

✤ロックの権力分立論

ロックは，『統治二論』（『市民政府二論』）で議会の有する**立法権**が国王の有する**執行権（執行権と同盟権）に優位性をもつ**権力分立論を説いた。この分立論はのちにイギリスの**議院内閣制**にとり入れられる。

✤モンテスキューの権力分立論

モンテスキュー(1689～1755)は，『法の精神』で国民の自由を確保するためには，権力を立法・行政・司法の三権に分け，それぞれ別々の機関に担当させ，相互に**抑制と均衡**（チェック・アンド・バランス）の関係に置くべきだと主張し，**厳格な三権分立論**を説いた。この分立論はのちにアメリカの**大統領制**にとり入れられる。

✤その他の権力分立

権力分立の仕組みには，議会内部の**二院制**という分立，中央政府と地方政府との間の権力の分立（**地方分権**）などもある。

3 立憲主義

✤立憲主義の意義

立憲主義とは憲法によって国家権力を制限し，自由と権利を確保しようとする考え方のこと。民主主義には「**多数者の専制**」[☞p.47]という問題点があり，多数者の意志により少数者の権利が侵害される恐れがある。立憲主義には，憲法を防御の盾として，国家権力から自由と権利を守るという意義がある。「権利の保障が確保されず，権力の分立が定められていないいかなる社会も憲法をもつものではない」という**フランス人権宣言**の規定は立憲主義の精神を示している。

✤立憲主義の政治制度

法により権力を拘束する法の支配，権力の濫用を防ぐ権力分立，基本的人権を守る違憲審査制度は立憲主義を支える制度である。

ここが共通テストのツボだ!!

ツボ ① 違憲立法審査権で押さえておくべきポイント

①違憲審査制度のもつ制度上の意義に注意

違憲審査制度は，国民の代表機関である国会（その時々の**多数者の意思**を代表している国家機関）であっても，憲法の主要な目的である**基本的人権の保障の原理を逸脱する法律を制定することはできない**，という考え方に基づき，国会が制定した法律の憲法適合性を審査する権限を裁判所に与える法制度である。

②付随的違憲審査制度の注意点

日本やアメリカでは，**付随的違憲審査制度**が採用されている。この制度では，実際に起きた事件を審理する上で，裁判所が必要だと判断した場合に，当該法令の憲法適合性が審査される。したがって，この制度の下では，**事件が発生していない段階で，裁判所がこの権限を行使することはできない。**

③その他の注意すべき日本の違憲審査制度の特徴

(1)違憲とされた法令は自動的に失効するわけではない。それを完全に失効させるためには，その法令の**立法権**を有する機関（法律ならば国会，政令ならば内閣，条例ならば地方議会）が，その法令を改正または廃止する必要がある。

(2)違憲審査権は**下級裁判所**にもある。

(3)最高裁判所が違憲審査権を行使して法令を違憲とした例は少ない[☞p.76]。

> **多数者の意思を代表する国会と違憲審査制度の関係についての理解が大切**
> **違憲審査制度は出題の可能性が高い，特に付随的違憲審査制度に注目**
> **また，最高裁判所の違憲判決の例は重要**[☞p.76]

ツボ ② ロックとモンテスキューの権力分立論の相違

ロック…基本的には**立法権と執行権の二権分立論**で，立法権（議会）優位の分立を提唱。立法権優位のこの分立制は**イギリスの議院内閣制**につながる。

モンテスキュー…**立法・行政・司法の三権分立論**で，厳格な三権分立を提唱。この厳格な三権分立制は**アメリカ大統領制**につながる。

> **ロックの分立論** ⇒ 立法権優位の分立制
> **モンテスキューの分立論** ⇒ 厳格な三権分立制

基礎力チェック問題

問1 法の支配の説明として正しいものを，次の①～④のうちから一つ選べ。（18年本試）

① 法は，それに違反した場合に，刑罰など国家権力による制裁を伴う点に特徴があるとする考え方である。
② 法は，主権者である国王や権力者が出す命令であって，国民はこれに従わなければならないとする考え方である。
③ 議会の制定した法に基づいて行政が行われなければならないという，形式面を重視する考え方である。
④ 個人の権利を守るため，国王や権力者といえども法に従わなければならないとする考え方である。

問1 ［答］④

④ **正文**：法の支配の考え方として正しい［☞p.54］。
① **誤文**：この文は，法の支配を説明したものではなく，道徳などの他の社会規範と異なる法規範の特徴を述べたものである。
② **誤文**：これは人の支配につながる考え方である。
③ **誤文**：これは法治主義の考え方である。

問2 日本国憲法は，司法機関たる裁判所に，立法機関や行政機関に対するチェック機能として違憲審査権を与えている。この権限について，裁判所はこれを積極的に行使し，違憲判断をためらうべきではないとする見解と，その行使には慎重さが求められ，やむをえない場合のほかは違憲判断を避けるべきであるとする見解とが存在する。前者の見解の根拠となる考え方として最も適当なものを，次の①～④のうちから一つ選べ。（20年本試）

① 法律制定の背景となる社会や経済の問題は複雑であるから，国政調査権をもち，多くの情報を得ることができる機関の判断を尊重するべきである。
② 選挙によって構成員が選出される機関では，国民の多数派の考えが通りやすいので，多数派の考えに反してでも少数者の権利を確保するべきである。
③ 外交など高度な政治的判断が必要とされる事項や，国政の重要事項についての決定は，国民に対して政治的な責任を負う機関が行うべきである。
④ 日本国憲法は民主主義を原則としているので，国民の代表者によって構成される機関の判断を，できる限り尊重するべきである。

問2 ［答］②

② **適当**：違憲審査権の行使を通じて，国会に代表されたその時々の多数派の意思によって，少数派の権利がそこなわれないようにすることができる［☞p.56］。
①③④ **不適当**：これらは裁判所よりもその時々の多数者の意思を代表する国会を重視しているので，違憲審査権行使には消極的ということになる。なお，③の「政治的な責任を負う機関」とは，国民によって選出される議員で構成される国会のこと。

問3 権力分立に関連する記述として最も適当なものを，次の①～④のうちから一つ選べ。（10年追試）

① ロックは，権力を立法権，執行権(行政権)，裁判権(司法権)に分けた上で異なる機関に担当させるべきだと主張した。
② ロックは，立法権を執行権よりも優位に位置づけるべきだと主張した。
③ モンテスキューは，権力を君主の立法権，貴族の執行権，地方政府の自治権に分けるべきだと主張した。
④ モンテスキューは，裁判所が違憲立法審査権をもつべきだと主張した。

問3 ［答］②

② **適当**：ロックは立法権が執行権に優位する権力分立論を説いた。
① **不適当**：立法・行政・司法の三権分立論を唱えたのはモンテスキュー。
③ **不適当**：モンテスキューは，立法権を議会に，執行権を君主(国王)に，司法権を裁判所に帰属させる権力分立論を説いた。
④ **不適当**：モンテスキューは違憲立法審査権を提唱していない。

11 人権保障の発達

1 人権宣言の歴史的展開

市民革命後，各国は憲法で基本的人権を保障するようになった。

✤人権宣言の発達

①**人権宣言以前の権利宣言**…貴族や僧侶など特定の身分の者が有する特権(身分制的権利)など，**古来の権利の確認を求めた文書**。

a)**マグナ・カルタ(大憲章)**(英1215年)…国王に対して封建貴族らが古来の特権(身分制的権利)の確認を求めたもの。恣意(しい)的な逮捕・監禁や課税を禁止するなど，法によって国王の権限を制限しようとしたという意味で，立憲主義の先駆けといえる。権利請願・権利章典と合わせてイギリス憲法の三大法典といわれる。

b)**権利請願**(英1628年)…貴族や庶民が古来の権利の確認を求めたもの。

c)**権利章典**(英1689年)…**名誉革命**の成果を記した文書で，議会主権を基礎づけ，立憲君主制の基礎を確立したといわれる[☞p.50]。

②**人権宣言**…自然権思想に裏打ちされた近代的な人権宣言。

a)**ヴァージニア権利章典**(米1776年)…アメリカ独立革命の過程で採択されたもので，**自然権思想に根拠を置いたはじめての人権宣言**。

b)**アメリカ独立宣言**(米1776年)…アメリカ独立革命の成果を記した文書。生命・自由・幸福追求を天賦の権利とし，抵抗権も明記している。

c)**フランス人権宣言**(仏1789年)…フランス革命の成果を記した文書。自由・所有権・安全および圧制への抵抗を自然権とし，権利の保障と権力の分立が憲法にとって不可欠の原理であることを宣言している。正式名称の日本語訳は「人および市民の権利宣言」。

✤自由権から社会権へ

①**18世紀的基本権(自由権的基本権)**…市民革命後，各国は自由権や平等権を憲法上で保障するようになった。

a)**18世紀的基本権**…18世紀以降の憲法や憲法的文書で，**自由権や平等権が保障されるようになった**。自由権は国家権力による干渉を排除して自由に暮らす権利(「国家からの自由」)のこと。

b)**18世紀的基本権に対応する国家観**…18・19世紀には，治安の維持・国防・最小限度の公共施設の設置など，**国家の役割を必要最小限に限定しようとする国家観**が主流であった。こうした必要最小限の役割しかもたない国家は，**夜警国家**・

消極国家・安価な政府（アダム・スミス）と呼ばれる。

②**社会問題の発生**…資本主義の発展とともに，貧富の格差や失業などの社会問題が顕在化し，人間らしい生活の保障（社会権の保障）を求める声が高まってきた。

③**20世紀的基本権（社会権的基本権）**…20世紀に入ると各国の憲法で，社会権が保障されるようになった。

a)**20世紀的基本権**…社会権（生存権）がこれにあたる。社会権は**「人間に値する生活」の保障を政府に求める権利**（「国家による自由」）のこと。

b)**20世紀的基本権に対応する国家観**…20世紀に入ると，人間に値する生活を確保するための制度の整備や施策を国家に要求する国家観が主流となった。こうした要求に応えようとする国家は，**福祉国家**・積極国家・**大きな政府**と呼ばれる。

c)**社会権（生存権）をはじめて保障した憲法**…第一次世界大戦後のドイツで制定された**ワイマール憲法（ドイツ共和国憲法）が世界ではじめて社会権（生存権）を保障した憲法**である。

2 人権の国際的保障

ファシズムによる人権蹂躙（じゅうりん）への反省として，第二次世界大戦後，人権を国際的に保障しようとする気運が高まった。

✤F.（フランクリン）ローズベルトの4つの自由（1941年）

アメリカ大統領F.ローズベルト（1882〜1945）は，**言論と意思表明の自由，信仰の自由，恐怖からの自由，欠乏からの自由**の4つの自由を民主主義の原則であるとした。

✤世界人権宣言

1948年の国際連合総会で採択された文書で，各国が達成すべき人権保障の基準を示した。条約ではないので，これには**法的拘束力がない**。

✤国際人権規約…世界人権宣言の理念を具体的に保障し，**法的拘束力を有する条約**にしたもの。国際人権規約は，次の文書から成り立っている。

①**経済的・社会的及び文化的権利に関する国際規約（A規約）**（1966年採択）…**社会権**を中心に保障したもので，日本は1979年に同規約に規定される**公務員の争議権，中等・高等教育の無償化，祝祭日の給与支払いについての条項を留保して批准**したが，中等・高等教育の無償化については2012年に留保を撤回した。

②**市民的及び政治的権利に関する国際規約（B規約）**（1966年採択）…**自由権**を中心に保障したもので，日本は1979年に批准した。

③**A規約の選択議定書**（2008年採択）…A規約の締約国が，A規約で保障されている人権を侵害した場合，侵害された個人が，社会権規約委員会にその旨（むね）を通報できることを定めている（個人通報制度）。**日本未批准**。

④**B規約の第一選択議定書**（1966年採択）…A規約の選択議定書と同様，B規約に関して自由権規約委員会への個人通報制度を定めている。**日本未批准**。

⑤**B規約の第二選択議定書**（1989年採択）…**死刑廃止条約**のこと。**日本未批准**。

ここが共通テストのツボだ!!

ツボ 1 人権宣言の特徴は歴史的発展の視点から整理する

まず，自然権という理念がはじめて打ち出された人権宣言は1776年のヴァージニア権利章典であるということ。それ以前の憲法的文書には**自然権の発想はない**！

次に，**18世紀**におもに保障が要求された権利が自由権，**20世紀**になって保障されるようになった権利が社会権（生存権）で，ワイマール憲法が社会権（生存権）を保障した最初の憲法であること。したがって，**18・19世紀の宣言には社会権は存在しない。**

最後に，人権保障の進展と国家観の変遷は対応していることを押さえる。自由権保障を重視する18・19世紀的国家は，夜警国家・消極国家・安価な政府。社会権保障もめざす20世紀的国家は，福祉国家・積極国家・大きな政府，というように。

18・19世紀的国家観 ⇒ 夜警国家，**20世紀的国家観** ⇒ 福祉国家

ツボ 2 おもな国際人権条約はその内容と日本の批准状況に注目

重要な条約に関しては，その内容についても押さえておきたい。

①**難民条約**…1951年採択，1981年日本批准→経済難民はこの条約の保護の対象外であることや，迫害の恐れのある国への難民の強制送還を禁止していることに注意。

②**人種差別撤廃条約**…1965年採択，1995年日本批准→1997年にアイヌ文化振興法が制定・施行され，これにより北海道旧土人保護法は廃止された。

③**拷問等禁止条約**…1984年採択，1999年日本批准。

④**女性差別撤廃条約**…1979年採択，1985年日本批准→日本はこの批准に先立って国籍法を改正し，また，男女雇用機会均等法を制定した。国籍法の改正内容は，出生による子の国籍の取得を，父が日本人であることを条件とする**父系優先血統主義**から，父母のいずれかが日本人であればよいとする**父母両系血統主義**に変更したことである。

⑤**子どもの権利条約**…1989年採択，1994年日本批准→18歳未満が対象。意見表明権を認めるなど，子どもを権利の主体として捉（とら）えている。

⑥**死刑廃止条約**…1989年採択，日本未批准。

⑦**障害者権利条約**…2006年採択，2014年日本批准。

国際人権条約は日本の批准状況に注目

基礎力チェック問題

問1 次の記述a～dは，アメリカ独立宣言，児童の権利に関する条約(子どもの権利条約)，フランス人権宣言(人および市民の権利宣言)，ワイマール憲法の一節のうちのいずれかである。これらの記述を成立した年の古いものから順に並べたとき，3番目にくるものとして正しいものを，後の①～④のうちから一つ選べ。(23年追試)

a　人は，自由，かつ，権利において平等なものとして生まれ，生存する。社会的区別は，共同の利益に基づくものでなければ，設けられない。

b　いかなる児童も，その私生活，家族，住居もしくは通信に対して恣意的にもしくは不法に干渉されまたは名誉および信用を不法に攻撃されない。

c　経済生活の秩序は，すべての人に，人たるに値する生存を保障することをめざす正義の諸原則に適合するものでなければならない。

d　すべての人は平等に造られ，造物主によって一定の奪うことのできない権利を与えられ，その中には生命，自由および幸福の追求が含まれる。

①　a　　②　b　　③　c　　④　d

問2 「国家からの自由」に関連する記述として適当でないものを，次の①～④のうちから一つ選べ。(1997年本試)

① 19世紀の多くの憲法は，信教の自由や出版の自由だけでなく，不当な逮捕を防ぐため，人身の自由をも保障していた。

② その役割が，社会秩序の維持と外敵からの防衛など，必要最小限のものに限られる国家は，「夜警国家」と呼ばれている。

③ 営業の自由や契約の自由などに対しては，20世紀に入ると社会的弱者の保護のために強い制約が加えられるようになった。

④ 国際連合に加盟した国は，国際人権規約(B規約)に規定された，「市民的及び政治的権利」を保障する義務を負う。

問3 人権に関する主要な国際条約や宣言についての記述として正しいものを，次の①～④のうちから一つ選べ。(13年追試)

① 世界人権宣言は，基本的人権の尊重を目的として，すべての国が達成すべき目標を定めたものである。

② 国際人権規約は，社会権規約(A規約)と自由権規約(B規約)からなり，締約国はそれぞれの規約に定める個々の権利について留保できない。

③ 日本は，女性差別撤廃条約(女子差別撤廃条約)を批准したが，国籍法の父系主義を父母両系主義に改正することは留保した。

④ 子どもの権利条約(児童の権利条約)は，就学前の児童の保護を目的とした条約であり，就学している児童は対象としていない。

問1　[答] ③

a・d：**自由権**を中心とする権利宣言なので**18世紀の人権関連の文書**と判断できる。aは1789年のフランス人権宣言，dは1776年のアメリカ独立宣言。

c：「**人たるに値する生存**を保障」とは**社会権**の保障のこと。ここから1919年のワイマール憲法と判断できる。

b：「児童」の権利保障を内容としていることから1989年の**子どもの権利条約**とわかる。

古い順に並べるとd→a→c→bとなる。

問2　[答] ④

④ **不適当**：国際人権規約のような**条約**は，それを批准し条約に加入した**締約国のみを拘束**し，批准していない国を拘束することができない[☞p.226]。

① **適当**：「人身の自由」も，18世紀的基本権である自由権の一つ。19世紀の多くの憲法で保障された。

② **適当**：18世紀的基本権に対応する国家観は**夜警国家**。

③ **適当**：20世紀に入ると，経済的自由権に**公共の福祉**による制約が加えられるようになる。

問3　[答] ①

① **正文**：[☞p.59]

② **誤文**：「留保できない」は誤り。留保は可能である。日本は一部**留保**して国際人権規約を批准した。

③ **誤文**：女性差別撤廃条約の批准に先立って国籍法を改正し，父系(優先血統)主義を父母両系(血統)主義に改めたので，改正を留保したという記述は誤り。

④ **誤文**：18歳未満の子どもの権利保障を目的とする条約なので，就学児童も条約の対象となる。

12 世界の主要な政治体制

1 議院内閣制

✤**議院内閣制**…内閣が議会の信任に基づいて存立し，議会に対して**連帯責任**を負う政治制度である。イギリス，日本，ドイツなどで採用されている。

✤**イギリスの政治制度**…国会と内閣が協働関係にある緩やかな権力分立制がその特徴。

①**国会と内閣**

a)**国会の構成**…終身議員からなる**上院**（貴族院）と国民から選出される**下院**（庶民院）の二院制で，国会法（議会法）により，**下院優越の原則**が定められている。

b)**内閣の構成**…下院第一党の党首が国王により**首相**に任命され，首相は国会議員の中から**国務大臣**を任命して内閣を組織する。

c)**国会と内閣の関係**…下院には**内閣不信任決議権**があり，不信任案が可決された場合には，内閣は，**総辞職する**か，国民に信を問うため**下院を解散する**。なお，野党第一党は，政権交代に備えて「**影の内閣**」を組織する。

②**裁判所**…裁判所は法律の憲法適合性を審査する**違憲審査権をもたない**。

③**イギリスの憲法**…イギリスはまとまった憲法典をもたない**不文憲法**の国で，権利章典などの歴史的文書や議会制定法などが憲法を構成している。

④**政党制**…労働党と保守党の**二大政党制**の国といわれてきたが，2010年の下院議員選挙の結果を受けて，第二次世界大戦後初の連立政権が成立した。

2 大統領制・半大統領制

✤**大統領制**…行政府の長である大統領は，元首を兼ねるなど大きな権限をもつ。

✤**アメリカの政治制度**…**連邦制**と**厳格な三権分立制**がその特徴。

①**大統領**

a)**大統領の選出**…大統領は**間接選挙**で選ばれる。すなわち，国民は大統領選挙人を選出し，大統領選挙人が大統領を選出する。

b)**大統領の任期**…**任期は４年**で，**３選は禁止**されている。

c)**各省長官**…大統領により任命される。ただし，その任命には**上院の同意**が必要。なお，大統領および各省長官は**議員との兼職が禁止**されている。

②**大統領と連邦議会（以下，「議会」）の関係**

a)**不信任決議権と議会解散権がない**…大統領は国民から選ばれたので，議会の信任を必要とせず，したがって，議会に対して責任を負わない。そのため，**議会には**

大統領に対する不信任決議権はなく，また，大統領には議会解散権がない。

b)**大統領には法案提出権はないが教書送付権はある**…大統領は議会に法案を提出できないが，教書を送付して議会に立法を求めることはできる。

c)**拒否権とその対抗手段**…大統領は議会が可決した法案に対して拒否権を行使できる。しかし，議会は，上下両院においてそれぞれ3分の2以上で再可決すれば，法案を成立させることができる。

③**上院（元老院）と下院（代議院）**…上院は任期6年で各州から2名ずつ選出された100名の議員で構成され，下院は任期2年で，小選挙区制で選出された435名の議員で構成されている。上院は大統領が締結した条約や，大統領が行った政府高官任命に対する同意権をもつなど，下院よりもやや優越している。また，上院は大統領を含む連邦公務員に対する弾劾（だんがい）裁判権をもっている。

④**裁判所**…裁判所は法律の憲法適合性を審査する違憲審査権をもつ。

⑤**政党制**…民主党と共和党の二大政党制で，しばしば政権交代がある。大統領選挙と議会議員選挙は別々に行われるので，大統領の属する政党（与党）と，議会の多数党が異なる場合があり得る。

✤**フランスの半大統領制**…フランスは，首相とともに大統領にも大きな権限を与えており，議院内閣制と大統領制の中間的な政治形態（半大統領制）を採用している。

3 社会主義国の政治体制

✤**民主的権力集中制**…社会主義の国では権力分立の原理は否定され，人民の代表機関に権限が集中している。また，共産主義政党の一党支配体制を基本とする。

✤**中国の政治制度**…日本の国会にあたる全国人民代表大会（全人代）に権限が集中している。全人代の執行機関として国務院が置かれている。

4 イスラーム諸国の政治体制

イラン革命（1979）以降，イスラーム諸国の中でイスラーム教の原点に復帰することをめざすイスラーム原理主義が台頭し，宗教色の強い国家も誕生した。また，中東のイスラーム諸国で2010年末から新たな動きがみられた。チュニジアで民主化を求める反政府運動が展開され，その動きがエジプトなどにも広がり，独裁政権が倒された（アラブの春）。

5 開発途上国の政治体制

✤**開発独裁**…開発途上国の中には，1960年代後半以降，開発独裁と呼ばれる強権的な政治体制を敷いた国がある。これは，政治活動の自由などを制限する一方，外国資本の導入など経済開発に積極的に取り組む独裁的な政治体制をいう。

✤**民主化の動き**…長期独裁政権の下で政治腐敗などが進み，1970年代末頃からいくつかの国で開発独裁の政権が崩壊していった。

ここが共通テストのツボだ!!

ツボ 1 議院内閣制と大統領制の特徴を把握する

①議院内閣制の特徴

議院内閣制の特徴は，立法府（国会）と行政府（内閣）が協働関係にあり，**緩やかな権力分立制**ということにある。すなわち，議院内閣制では，国会で多数を占める**政党**が内閣を構成し，国会の**信任**に基づいて政治運営が行われる。また，**国会（下院）に内閣不信任決議権があり，内閣に国会（下院）解散権がある。**

②大統領制の特徴

大統領制の特徴は，**厳格な三権分立制**ということにある。行政府の長である大統領は，議会から選ばれているわけではないので議会に責任を負う必要がない。したがって，**議会には大統領に対する不信任決議権がなく，大統領には議会解散権がない。**また，立法府と行政府の役割分担も厳格で，**大統領には法案提出権がない。**ただし，大統領には**教書送付権**があることに注意。また，大統領には**法案拒否権**があり，議会にはその対抗手段（拒否権が発動されても，上下両院において3分の2以上の多数で再可決すれば，その法案を成立させることができる）がある点にも注意。

議院内閣制と大統領制では，立法府と行政府の関係に注目
議院内閣制 ⇒ 立法府と行政府が協働関係にある緩やかな権力分立制
大統領制 ⇒ 厳格な三権分立制

ツボ 2 アメリカ・イギリスの政治制度は特にねらわれやすい

①有力政党は，イギリスは**保守党と労働党**，アメリカは**共和党と民主党**。
②イギリスでは野党第一党が政権交代に備えて「**影の内閣**」を組織している。
③アメリカには違憲審査制度があるが，イギリスにはない。
④イギリスにはまとまった憲法典がなく，マグナ・カルタなどの歴史的文書や議会制定法などが憲法を構成している。
⑤アメリカの大統領は間接選挙で選出されるが，イギリスの首相は，下院第一党の党首が国王によって任命される。

政党政治のタイプ（二大政党制）や違憲審査制度の有無など，アメリカとイギリスの共通点や相違点に特に注意しよう

基礎力チェック問題

問1 各国の政治体制を次の表中のA～Fのように分類したとき，それぞれの国の政治体制の記述として最も適当なものを，下の①～④のうちから一つ選べ。 （19年本試）

	議院内閣制	半大統領制	大統領制
連邦国家	A	B	C
単一国家	D	E	F

(注) ここでいう「単一国家」とは，中央政府に統治権が集中する国家を指す。また，「連邦国家」とは，複数の国家（支分国）が結合して成立した国家を指す。「連邦国家」は，国家の一部を構成する支分国が，州などのかたちで広範な統治権をもつ点などにおいて，「単一国家」と異なる。

① アメリカはFに該当する。
② イギリスはCに該当する。
③ フランスはEに該当する。
④ ロシアはAに該当する。

問1 [答] ③

③ **適当**：フランスは**単一国家**で**半大統領制**の国である。
① **不適当**：アメリカは**連邦国家**で**大統領制**の国なのでCに該当。
② **不適当**：イギリスは**単一国家**で**議院内閣制**の国なのでDに該当。
④ **不適当**：ロシアは**連邦国家**で**半大統領制**の国なのでBに該当。

問2 各国の立法府と行政府との関係についての記述として誤っているものを，次の①～④のうちから一つ選べ。 （12年本試）

① アメリカでは，大統領は下院の解散権を有する。
② イギリスでは，原則として下院の多数党の党首が首相となる。
③ フランスでは，大統領制と議院内閣制とをあわせた形態を採用している。
④ ドイツでは，大統領には政治の実権がなく議院内閣制を採用している。

問2 [答] ①

① **誤文**：アメリカ大統領には**議会解散権がない**。
② **正文**：イギリスでは**下院第一党の党首**が国王によって**首相**に任命される。
③ **正文**：フランスの政治制度は議院内閣制と大統領制を組み合わせた**半大統領制**と特徴づけられる。
④ **正文**：ドイツには大統領が存在するが，実質的には**議院内閣制**である。

問3 各国の政治制度についての記述として最も適当なものを，次の①～④のうちから一つ選べ。 （19年追試）

① 議院内閣制をとっている日本では，通常，国会の多数派が内閣を組織し，行政に責任を負う。
② 大統領制をとっているアメリカでは，大統領が拒否権を行使した法案は直ちに廃案となる。
③ 中華人民共和国では，行政府の長である国務院総理が国家主席を指名している。
④ イギリスでは，下院は比例代表制によって，上院は小選挙区制によって，議員が選出される。

問3 [答] ①

① **適当**：議院内閣制は一般に議会多数派が内閣を組織し，**議会多数派が立法権と行政権を掌握**する。
② **不適当**：「直ちに廃案となる」が不適当。拒否権が行使された法案でも**上下両院において3分の2以上で再可決**されれば法律として成立する。
③ **不適当**：国家主席は**全国人民代表大会の選挙**によって選出される。
④ **不適当**：正しくは，「下院は**小選挙区制によって選出された議員**で構成され，上院は**非民選議員**で構成される」である。

チャレンジテスト③（大学入学共通テスト実戦演習）

問1 ムトウさんは，様々な国の選挙結果を調べた。第一党の得票率と議席率の差が10ポイント以上の国もあれば，2ポイント以下の国もあった。得票率と議席率の差が大きいことと民主主義は両立するのであろうかと疑問に思い，先生に質問した。すると，先生は民主主義国のなかでも，何を重視して選挙制度を設計するかに違いがあることを説明し，政治学者レイプハルトの研究を紹介した。レイプハルトの議論では，民主主義が多数決型民主主義とコンセンサス型民主主義の二つに区分され，選挙制度を含む10の側面が注目されている。

ムトウさんは，レイプハルトの文献を参考にして，多数決型民主主義の特徴とコンセンサス型民主主義の特徴を比較するために次の表を自分で作成した。表の中の矢印の両端は，極限のかたちを示し，実際の政治制度は多数決型民主主義とコンセンサス型民主主義のどちらかの特徴をより強くもつ，あるいは同じようにもっている。ムトウさんは自分で作った表を参考にして，様々な国の政治制度を後のように当てはめてみた。そして，民主主義が一様ではないことを改めて理解した。

後の文章の［ア］～［ウ］に入る語句の組合せとして最も適当なものを，後の①～⑧のうちから一つ選べ。（22年現社追試）

表 民主主義の二類型の特徴（10の側面のうち，3つのみを掲載）

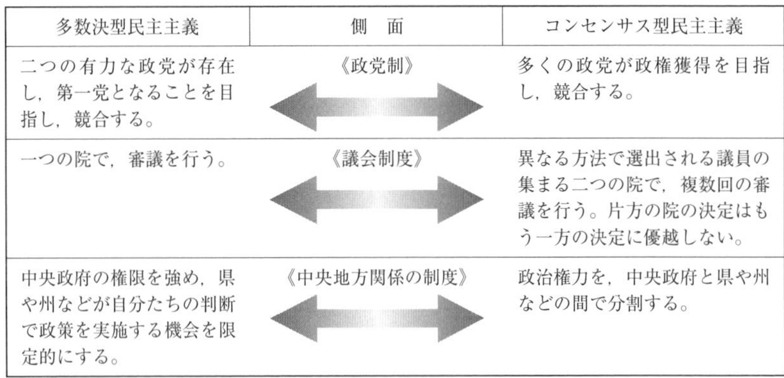

多数決型民主主義	側　面	コンセンサス型民主主義
二つの有力な政党が存在し，第一党となることを目指し，競合する。	《政党制》	多くの政党が政権獲得を目指し，競合する。
一つの院で，審議を行う。	《議会制度》	異なる方法で選出される議員の集まる二つの院で，複数回の審議を行う。片方の院の決定はもう一方の決定に優越しない。
中央政府の権限を強め，県や州などが自分たちの判断で政策を実施する機会を限定的にする。	《中央地方関係の制度》	政治権力を，中央政府と県や州などの間で分割する。

イギリスは，2019年の総選挙において，第一党である与党（議席率56.2%）と最大野党の両党で庶民院の87.4%の議席を占めた。ドイツは，2017年総選挙において，第一党（議席率34.7%）と第二党の両党で連邦議会の56.3%の議席を占めた。これらの結果に関して言えば，イギリスはドイツに比べて政党制の側面で［ア］型民主主義の特徴を有している。

アメリカでは，上院議員は州の人口にかかわらず各州から2名ずつ選ばれる一方で，下院議員は人口調査に基づき各州の議員数が決まっている。また，片方の院の否決した法案をもう一方の院が再可決することはできない。この点では，アメリカは日本に比べて議会制度の側面で［ イ ］型民主主義の特徴を有している。

ドイツにおける州と連邦の役割分担について，ドイツの連邦憲法では，憲法が定める例外事項以外は州の所管とされている。この点では，ドイツは日本と比べて中央地方関係の制度の側面で［ ウ ］型民主主義の特徴を有している。

①	**ア** コンセンサス	**イ** コンセンサス	**ウ** コンセンサス
②	**ア** コンセンサス	**イ** コンセンサス	**ウ** 多数決
③	**ア** コンセンサス	**イ** 多数決	**ウ** コンセンサス
④	**ア** コンセンサス	**イ** 多数決	**ウ** 多数決
⑤	**ア** 多数決	**イ** コンセンサス	**ウ** コンセンサス
⑥	**ア** 多数決	**イ** コンセンサス	**ウ** 多数決
⑦	**ア** 多数決	**イ** 多数決	**ウ** コンセンサス
⑧	**ア** 多数決	**イ** 多数決	**ウ** 多数決

問1 ［答］ ⑤

ア：「多数決」が入る。イギリスでは議会第一党の与党と野党第一党で庶民院の議席の90%近くを占めることから「二つの有力な政党が存在」するといえ，また，与党（議席率56.2%）と野党第一党（議席率31.2%）の議席率が比較的接近していることから「第一党となることを目指し，競合する」といえる。これらの点ではイギリスは「多数決型民主主義」に分類できる。他方，ドイツは，連邦議会の議席率をみると，第一党と第二党の合計が56.3%であることから「多くの政党が政権獲得を目指し，競合する」多党制的状況にあるといえる。この点ではドイツは「コンセンサス型民主主義」に分類できる。以上のことから《政党制》の側面では，イギリスはドイツに比べ多数決型といえる。

イ：「コンセンサス」が入る。次の二つの点で，議会制度に関して，アメリカは日本に比べコンセンサス型といえる。まず，アメリカは，「上院議員は州の人口にかかわらず各州から2名ずつ選ばれる一方で，下院議員は人口調査に基づき各州の議員数が決まっている」ということから，「異なる方法で選出される議員の集まる二つの院」という議会制度を採用しているという点。次に「片方の院の否決した法案をもう一方の院が再可決することはできない」とあり，「法案」の議決に関して，日本では参議院が否決した法案を衆議院が再可決し成立させることができる衆議院の優越が認められているのとは異なり，両院が対等となっているという点。

ウ：「コンセンサス」が入る。「ドイツにおける州と連邦の役割分担について，ドイツの連邦憲法では，憲法が定める例外事項以外は州の所管とされている」とあることから，ドイツは，「政治権力を，中央政府と県や州などの間で分割する」地方分権的な特徴をもつ。一方，日本国憲法には，ドイツ連邦憲法のように，国の権限を限定する規定はない。このことから，中央地方関係の制度に関して，ドイツは日本に比べコンセンサス型の特徴をもつといえる。

以上のことから，最も適当な組合せは⑤となる。

問2 Kさんは，現代社会の授業ノートをカードにまとめる作業を始めた。

カードⅠ：授業で習った三権分立のまとめ

> **ア**　国家権力を立法権，行政権（執行権），司法権（裁判権）に分ける。
> **イ**　それら三つの権力を，それぞれ，議会，内閣（または大統領），裁判所といった常設の機関が担う。
> **ウ**　三つの権力間で相互に，構成員の任命や罷免などを通じて，抑制・均衡を図る。

すると，大学生の兄が「中江兆民はフランスに留学して，帰国後はルソーやモンテスキューの思想を紹介したんだよ」と言って法思想史の講義のプリントを貸してくれた。Kさんはそれを読んで，モンテスキューが『法の精神』において展開した権力分立論に興味をもち，その特徴を**カード**Ⅱにまとめた。

カードⅡ：モンテスキューの権力分立論の特徴

> (1)　国家権力を立法権と執行権とに分けるだけでなく，執行権から，犯罪や個人間の紛争を裁く権力を裁判権として区別・分離する。
> (2)　立法権は貴族の議会と平民の議会が担い，執行権は君主が担う。裁判権は，常設の機関に担わせてはならない。職業的裁判官ではなく，一定の手続でその都度選択された人々が裁判を行う。
> (3)　立法権や執行権は，裁判権に対して，その構成員の任命や罷免を通じた介入をしないこととする。

Kさんは，**カード**Ⅰ中の記述**ア**～**ウ**の内容を**カード**Ⅱ中の記述(1)～(3)の内容に照らし合わせてみた。そのうち，**ア**は，国家権力を立法権，行政権（執行権），司法権（裁判権）の三権に分けるという内容面で，(1)に合致していると考えた。続けて，**イ**を(2)と，**ウ**を(3)と照らし合わせ，三権の分立のあり方に関する内容が合致しているか否かを検討した。合致していると考えられる記述の組合せとして最も適当なものを，次の①～④のうちから一つ選べ。　　（21年現社本試）

① **イ**と(2)，**ウ**と(3)　　② **イ**と(2)　　③ **ウ**と(3)
④ 合致しているものはない

 [答] ④

イと⑵：合致しない。**カード**Ⅰの**イ**では，立法権，行政権（執行権），司法権（裁判権）の三権を担う機関に関して述べられている。**カード**Ⅱの⑵でも同様に，その三権を担う機関に関して述べられている。しかしこの両者は合致しない。なぜならば，**イ**ではそれぞれの権力を「常設の機関が担う」と述べているのに対し，⑵では「裁判権は，常設の機関に担わせてはならない」と述べているからである。

ウと⑶：合致しない。**カード**Ⅰの**ウ**では，三権の相互間の関係が述べられている。**カード**Ⅱの⑶でも，同様に三権の関係が述べられている。しかしこの両者は合致しない。なぜならば，**ウ**では三権相互の抑制と均衡を図るために，「構成員の任命や罷免」を行えるとしているのに対し，⑶では，立法権や執行権が裁判権に対して「その構成員の任命や罷免」を行うという介入はできないと述べられているからである。

以上のことから，合致するものはないということになり，最も適当な組合せは④となる。

13 日本国憲法の制定とその基本原理

1 大日本帝国憲法(明治憲法)の基本原理

✤明治憲法の成立

明治憲法は君主に強い権限を認める**プロイセン憲法**を模範として制定された(1889年発布)。日本国憲法が国民の意思に基づいて制定された**民定憲法**であるのに対し,明治憲法は天皇の意思に基づいて制定された**欽定憲法**(きんてい)であった。

✤明治憲法の基本的性格

①強大な天皇の権限

a)**統治権の総攬者**(そうらん)…明治憲法では,統治権,すなわち,立法権・行政権・司法権は天皇が**総攬**(すべて掌握)していた。憲法上,帝国議会は天皇の立法権の**協賛機関**,国務各大臣は天皇に対する**輔弼責任**(ほひつ)を負(お)う機関,裁判所は**天皇の名**において裁判を行う機関と位置づけられていた。また,憲法には内閣の規定がなかった。

b)**天皇大権**…天皇には広範な**天皇大権**が認められていた。大権とは議会の協賛を経ずに行使できる天皇の権限をいう。たとえば,独立命令,統帥権(とうすい)などがそれである。その中でも**統帥権**(作戦用兵などに関する軍隊の最高指揮権)に関しては**議会の協賛のみならず国務大臣の輔弼も不要**とされていた。

②臣民の権利…明治憲法は日本国憲法と比べるとその権利の保障は不十分なものであった。「臣民の権利」の特徴としては次のa~cに注意。

a)**法律の留保**…明治憲法で保障されていた権利の多くには「**法律の範囲内**」などの制限が付(ふ)されており,法律による制限が可能(**法律の留保**)であった。

b)**恩恵として天皇によって与えられた権利**…明治憲法では,権利は生来有する自然権とはみなされず,天皇によって**恩恵として与えられたもの**と考えられていた。

c)**自由権を中心に保障**…信教の自由や表現の自由などの自由権を中心に権利が保障されていたが,自由権の中でも思想および良心の自由や学問の自由は保障されておらず,また,社会権についてはまったく保障されていなかった。

2 明治憲法下の政治

✤政党政治の成立

大正時代に入ると,政党政治や普通選挙の実現を求める**護憲運動**が高まっていった(**大正デモクラシー**)。こうした状況の下,1918年には**初の本格的な政党内閣(原敬内閣)が誕生**し,1924年から32年までは政党内閣が続いた。この間に,男子の普通選挙制度が導入(1925年)された。しかし，その一方で治安維持法も制定(1925年)され，思想・言論への弾圧も行われた。学問の自由に対する弾圧事件としては滝川事件(京大事件)(1933年)，天皇機関説事件(1935年)が有名である。

✤政党内閣の崩壊

1931年の満州事変の頃から軍部の力が次第に強くなり，32年には五・一五事件が起き，政党内閣は崩壊した。その後は軍部主導型内閣が続いた。

3 日本国憲法の成立とその基本原理

✤日本国憲法の制定

①**ポツダム宣言の受諾**…日本は1945年8月にポツダム宣言を受諾し，終戦を迎えた。その後，日本はGHQ(連合国軍総司令部)の占領下に置かれた。

②**日本国憲法の制定**…1945年10月に，政府はGHQにより憲法の改正の必要性の示唆を受け憲法問題調査委員会を設置し，憲法改正の作業に着手した。1946年2月にこの委員会が作成した憲法改正案(松本案)がGHQに提出された。しかし，GHQはこれを拒否し，代わりにマッカーサー草案を提示した。これに基づいて政府案が作成され，戦後初の総選挙(**男女の普通選挙初の実施**)後の帝国議会で**一部修正**の上，可決され，1946年11月3日に公布，翌47年5月3日に施行された。

✤日本国憲法の三大原理(**国民主権，基本的人権の尊重，平和主義**)

①**国民主権**…国政のあり方の最終的な決定権が国民にあるとする考え方。

a)**天皇の地位の変更**…国民主権が採用されたことに伴い，天皇の地位も変更され，天皇は国政に関しては権能をもたない象徴となった。なお，**内閣の助言と承認に基づいて**，憲法が規定する国事行為(第6・7条)を行うことはできる。

b)**憲法が規定する直接民主制の仕組み**…日本国憲法は，代表(間接)民主制を基本としつつ，3つの直接民主制的な制度(最高裁判所裁判官の国民審査，地方特別法の住民投票，憲法改正の国民投票[☞p.86])をとり入れている。

②**基本的人権の尊重**…日本国憲法は，基本的人権を永久不可侵とし(第11・97条)，基本的人権を自然権としてみなしている。

③**平和主義**…日本国憲法の前文で国際協調主義と平和的生存権がうたわれ，また，第9条で**戦争の放棄，戦力の不保持，交戦権の否認を規定している**。

4 憲法の最高法規性と憲法改正

✤憲法の最高法規性…日本国憲法は，最高法規である憲法の条規に反する法律・命令・詔勅・国務に関する行為は無効であるとし，また，天皇・国務大臣・国会議員・裁判官など，公の地位にある者に憲法を尊重し擁護する義務を課している。

✤憲法改正…日本国憲法は，憲法改正に関し，その他の法律よりも厳格な手続きを定めている[☞p.86]。憲法改正に厳格な手続きを課している憲法を硬性憲法という。

ここが共通テストのツボだ!!

ツボ 1 新旧憲法の比較

	大日本帝国憲法（明治憲法）	日本国憲法
国民の権利	法律によって制限され得る権利 天皇によって与えられた権利	永久不可侵の権利（ただし，公共の福祉による制約あり）
天皇	天皇は統治権を総攬	象徴にすぎず，国政に関する権能なし（国事行為のみ行う）
議会	天皇の立法権の協賛機関	国権の最高機関 唯一の立法機関
二院制	民選の衆議院と非民選の貴族院	民選の衆議院と参議院
内閣	国務大臣に輔弼責任あり 内閣の規定なし	行政権は内閣に帰属
内閣総理大臣	国務大臣の任免権なし	国務大臣の任免権あり
裁判所	天皇の名において裁判する機関	司法権は司法裁判所に帰属
特別裁判所	行政裁判所など特別裁判所あり	特別裁判所の設置は禁止
違憲審査制度	なし	あり
地方自治	憲法に規定なし	第8章が地方自治の規定
知事	天皇による任命制	住民による直接選挙

新旧憲法の特徴については，対照させて押さえておこう

ツボ 2 日本国憲法の改正手続きのポイント [☞p.86]

①国会への憲法改正原案の提出

・衆議院議員100名以上か，参議院議員50名以上の賛成をもって原案を国会に提出。

②国会による発議

・衆参両院で，憲法審査会の審査を受ける。

・憲法改正の発議には，衆参各院で総議員の3分の2以上の賛成が必要。

③国民の承認――国民投票――

日本国民による国民投票で，有効投票総数の過半数の賛成が必要。

国会には憲法改正権がなく，あるのは発議権であること，国会の発議には出席議員ではなく総議員の3分の2以上の賛成が必要であることに注意

基礎力チェック問題

問1 次の記述A～Cのうち，大日本帝国憲法下の制度には当てはまらず，かつ日本国憲法下の制度に当てはまるものとして正しいものはどれか。正しい記述をすべて選び，その組合せとして最も適当なものを，下の①～⑦のうちから一つ選べ。（19年本試）

A　天皇の地位は主権の存する国民の総意に基づく。

B　衆議院議員が選挙で選出される。

C　内閣の規定が憲法におかれる。

① A　② B　③ C　④ AとB
⑤ AとC　⑥ BとC　⑦ AとBとC

問1　[答] ⑤

A：大日本帝国憲法は天皇主権なのであてはまらないが，日本国憲法にはあてはまる。

B：いずれにもあてはまる。

C：大日本帝国憲法には内閣の規定が存在しないのであてはまらないが，日本国憲法にはあてはまる。

問2 日本国憲法の制定過程や基本原理に関する記述として正しいものを，次の①～④のうちから一つ選べ。（17年本試）

① 日本国憲法によって列挙された基本的人権は，法律の範囲内において保障されている。

② 日本国憲法は，君主である天皇が国民に授ける民定憲法という形で制定された。

③ 日本国憲法は，憲法問題調査委員会の起草した憲法改正案（松本案）を，帝国議会が修正して成立した。

④ 日本国憲法における天皇は，国政に関する権能を有しておらず，内閣の助言と承認に基づいて国事行為を行う。

問2　[答] ④

④ **正文**：日本国憲法第3条，4条1項に照らして正しい[☞p.71]。

① **誤文**：日本国憲法上の基本的人権は永久不可侵の権利。法律の範囲内で保障されるのは明治憲法下の臣民の権利。

② **誤文**：「君主である天皇が国民に授ける」が誤り。「国民の総意に基づき制定された」が正しい。

③ **誤文**：松本案はGHQにより拒否され廃案となった。マッカーサー草案に沿った政府案が帝国議会で審議され修正の上可決された。

問3 日本国憲法の改正に関する記述として正しいものを，次の①～④のうちから一つ選べ。（20年本試）

① 衆参各議院は，それぞれの総議員の3分の2以上の賛成が得られた場合，単独で憲法改正を発議し，国民投票にかけることができる。

② 日本国憲法の改正に関する国民投票は，特別の国民投票，または国会の定める選挙の際に行われる国民投票のいずれかによる。

③ 国会法の改正によって，満18歳以上の国民が，日本国憲法の改正に関する国民投票権を有することになった。

④ 日本国憲法の改正は，最終的に，内閣総理大臣によって国民の名で公布される。

問3　[答] ②

② **正文**：日本国憲法第96条1項に照らして正しい。

① **誤文**：「単独で」が誤り。衆参両院で総議員の3分の2以上の多数で可決しなければ，憲法改正を発議することはできない。

③ **誤文**：「国会法」が誤り。正しくは「日本国憲法の改正手続に関する法律（憲法改正国民投票法）である。

④ **誤文**：日本国憲法の改正は，「内閣総理大臣」ではなく「天皇」によって公布される。これは天皇の国事行為の一つである。

14 基本的人権と新しい人権①
平等権，自由権(精神の自由)

1 平等権

✤法の下の平等

①**法の下の平等と合理的区別**…憲法第14条は，人種，信条，性別などによる差別を禁止し，法の下の平等を保障しているが，これは20歳未満への喫煙・飲酒の自由の制限，未成年者への選挙権の年齢制限などの**合理的区別を否定するものではない。**

②**法の下の平等をめぐる最高裁判所の違憲判決**

a)**尊属殺人重罰規定違憲判決**…尊属殺人に著しく重い法定刑を定めている刑法の規定を違憲とした。

b)**衆議院議員定数不均衡違憲判決**…1票の価値に著しい不平等をもたらしている公職選挙法の衆議院議員定数規定を違憲とした。

c)**国籍法婚外子差別規定違憲判決**…法律上婚姻関係にない日本人の父と外国人の母の間に生まれ，出生後父から認知された子に関し，父母の婚姻を国籍取得の条件としている国籍法の規定を違憲とした。

d)**婚外子法定相続分規定違憲決定**…法律上婚姻関係にない男女間に生まれた子(婚外子，非嫡出子)の法定相続分を，法律上婚姻関係にある男女間に生まれた子(嫡出子)の2分の1とする民法の規定を違憲であるとした。

e)**女性再婚禁止期間違憲判決**…女性のみに課している6か月間の再婚禁止期間のうち，100日を超える部分については違憲であるとした(憲法第14条の法の下の平等と第24条の個人の尊厳と両性の本質的平等違反)。

✤その他の平等権規定…憲法はそのほか，家族生活における両性の平等(第24条)，教育の機会均等(第26条)，選挙権・被選挙権の平等(第44条)を保障している。

✤社会的現実における差別問題

①**男女差別の解消をめざす法制度**…女性差別撤廃条約の批准(1985年)に先立って，**国籍法の改正**(1984年)**や男女雇用機会均等法の制定**(1985年)**が行われた**。また，1999年には男女共同参画社会基本法が制定された。

②**民族差別をめぐる問題**…**人種差別撤廃条約批准**(1995年)**後に**，アイヌ文化振興法が制定(1997年)された。さらに，2019年にはアイヌ文化振興法に代わる法律として，アイヌ民族を先住民族と明記したアイヌ民族支援法が制定された。

③**被差別部落問題**…1922年には全国水平社が結成され部落解放がめざされた。また，政府は1965年に同和対策審議会の答申を受け，同和対策を推進してきた。

2 自由権(1)　精神の自由 ★★★

自由権は，精神の自由，人身の自由，経済の自由に分類できる。このうちの「精神の自由」をここでとり上げる。

✤内心の自由と表現の自由

精神の自由は，**内心の自由**(思想・良心の自由，信教の自由，学問の自由)と，精神内部のものを外部に表明する**表現の自由**に分類できる。内心の自由は，内心にとどまっているかぎりは，**その自由は制約されない**。しかし，布教などの宗教的行為や外部に表明される表現の自由は，他者の権利を侵害する恐れがあるので，**公共の福祉の観点からその権利の行使が制約される場合がある**。

✤精神の自由に関する憲法の規定

①**思想・良心の自由**…この権利をめぐる重要判例は，**三菱樹脂訴訟**である。この裁判で最高裁判所は，民間企業が特定の思想をもつ人の採用を拒否したとしても，思想・良心の自由を保障する憲法第19条に違反したことにはならないという判断を示した。第19条は，私人間の関係には直接適用されないとしたのである。

②**信教の自由**

a)**政教分離の原則**…第二次世界大戦前は，**国家神道**(神社神道)が国教的な地位にあったことなどの反省の上にたって，日本国憲法では，国およびその機関の**宗教活動の禁止**(第20条3項)や宗教団体への**公金支出の禁止**(第89条)などが定められ，**政教分離(政治と宗教の分離)の原則**が採用されている。

b)**愛媛玉串料訴訟**…最高裁判所は，神社に奉納する**玉串料を公金から支出**した愛媛県の行為を，憲法が定める**政教分離の原則に違反し，違憲**とした。

c)**砂川政教分離訴訟**…最高裁判所は**市有地を神社に無償で提供し利用させていた砂川市の行為**を，憲法が定める**政教分離の原則に違反し，違憲**とした。

d)**孔子廟政教分離訴訟**…**儒教施設(孔子廟)に対して，公有地を無償で提供し利用させていた那覇市の行為**を，憲法が定める**政教分離の原則に違反し，違憲**とした。

③**表現の自由**

a)**表現の自由**…集会・結社・言論・出版の自由のほか，**検閲**(**公権力が行う表現の自由に対する事前規制**)**の禁止**および**通信の秘密**を規定している。

b)**通信傍受法**(1999年制定)…薬物・銃器犯罪，組織的殺人などの特定の組織的な犯罪の捜査のため，捜査当局が**通信を傍受**することができる旨を定めている。

c)**表現の自由をめぐる判例**…最高裁判所は，**『石に泳ぐ魚』事件**で，小説の出版によりプライバシーの権利が侵害されるとする原告の訴えを認め，小説の出版の差止めを命じた。このほか**チャタレー事件**も表現の自由をめぐる判例である。

④**学問の自由**…この権利に関する最高裁判所の判例としては，**東大ポポロ劇団事件**が有名である。この裁判で，最高裁判所は，憲法が保障する学問の自由は，学生の政治的・社会的活動に対しては保障されない，という判断を示した。

ここが共通テストのツボだ!!

ツボ 1 最高裁判所の違憲判決はすべて覚える

①最高裁判所が違憲立法審査権を行使して法令を違憲とした例

(1)**尊属殺人重罰規定違憲判決**…刑法の尊属殺人重罰規定は憲法の**法の下の平等**の規定(第14条1項)に違反。

(2)**薬事法違憲判決**…薬事法の薬局距離制限規定は憲法の**職業選択の自由**の規定(第22条1項)に違反。

(3)・(4)**衆議院議員定数不均衡違憲判決**…公職選挙法の衆議院議員の定数配分規定は憲法の**法の下の平等**の規定(第14条1項)に違反。1976年と85年の2件ある。

(5)**森林法違憲判決**…森林法の共有林分割制限規定は憲法の**財産権の保障**の規定(第29条2項)に違反。

(6)**郵便法違憲判決**…郵便法の免責規定は憲法の**国家賠償請求権**の規定(第17条)に違反。

(7)**在外邦人選挙権制限違憲判決**…在外投票制度を衆参両院の比例代表選挙にかぎる公職選挙法の規定は憲法の**選挙権**の規定(第15条1項,3項,第43条1項など)に違反。

(8)**国籍法婚外子差別規定違憲判決**…出生による日本国籍取得に関して婚外子を差別している国籍法の規定は憲法の**法の下の平等**の規定(第14条1項)に違反。

(9)**婚外子法定相続分規定違憲決定**…非嫡出子の法定相続分を嫡出子の2分の1とする民法の規定は憲法の**法の下の平等**の規定(第14条1項)に違反。

(10)**女性再婚禁止期間違憲判決**…民法の再婚禁止期間規定のうち,100日を超える部分は憲法の法の下の平等の規定(第14条1項)と,個人の尊厳と両性の本質的平等の規定(第24条2項)に違反。

(11)**在外邦人国民審査権訴訟**…在外邦人に最高裁判所裁判官の国民審査の投票権を認めない国民審査法の規定は,憲法の**公務員の選定罷免権**などの規定(第15条1項,第79条2項,3項)に違反。

(12)**性同一性障害特例法違憲訴訟**…生殖機能除去手術を性別変更の条件とする性同一性障害特例法の規定は,憲法の**個人としての尊重**と**幸福追求権**の規定(第13条)に違反。

②最高裁判所が下した政教分離の原則に関する違憲判決

愛媛玉串料訴訟,砂川政教分離訴訟,孔子廟政教分離訴訟。

上記以外に「最高裁判所の違憲判決は出題されない」と考えてよい(2024年3月現在)

基礎力チェック問題

問1 日本で最高裁判所により日本国憲法第14条の法の下の平等に違反するとされた法制度についての記述として誤っているものを，次の①〜④のうちから一つ選べ。（18年本試）

① 衆議院議員一人当たりの有権者数の格差が最大で約5倍となる議員定数の配分を定める。

② 参議院議員の被選挙権年齢を衆議院議員の被選挙権年齢より高く定める。

③ 婚外子の相続分を，嫡出子の相続分の2分の1とする。

④ 外国籍の母から出生した婚外子に，出生後に日本国民である父から認知されても父母の婚姻がなければ日本国籍を認めないこととする。

問1 ［答］②

② **誤文**：最高裁判所が参議院議員の被選挙権年齢と衆議院議員の被選挙権年齢の違いを違憲と判断したことはない。

① **正文**：**衆議院議員定数不均衡違憲判決**の例がある。

③ **正文**：**婚外子法定相続分規定違憲決定**で，民法の規定を違憲とした。

④ **正文**：**国籍法婚外子差別規定違憲判決**で，国籍法の規定を違憲とした。

問2 男女平等に関連して，日本の法制度の説明として誤っているものを，次の①〜④のうちから一つ選べ。（07年追試）

① 日本国憲法は，個人の尊厳と両性の本質的平等を規定し，それに対応して，民法の親族および相続に関する規定が改正された。

② 民法は，夫婦は婚姻の際に夫または妻の氏を称すると規定していたが，夫婦別姓を認めるために改正された。

③ 男女共同参画社会基本法は，男女が対等な立場で社会参画すると規定し，それに対応して，国の審議会などで女性委員の割合が高められた。

④ 男女雇用機会均等法は，男女の均等な雇用機会と待遇の確保について努力目標を規定していたが，差別的取扱いを禁止する規定に改正された。

問2 ［答］②

② **誤文**：夫婦は同一の姓とする民法の規定を改め，**選択的夫婦別姓制度**を導入すべきだという意見は出ているが，**現在のところ導入されていない。**

① **正文**：**長子相続**から**均分相続**に改めるなど，旧民法の改正が行われた。

③ **正文**：政府は男女共同参画基本計画を策定し，国の審議会などでの**女性委員の割合の向上に努めている**。

④ **正文**：1997年の改正により，**募集**・**採用**・**配置**・**昇進**に関して**努力義務規定**から**差別禁止規定**に改められた。

問3 日本における精神的自由の保障に関する記述として正しいものを，次の①〜④のうちから一つ選べ。（12年本試）

① 最高裁判所は，三菱樹脂事件で，学生運動の経歴を隠したことを理由とする本採用拒否は違法であると判断した。

② 最高裁判所は，愛媛玉串（たまぐし）料事件で，県が玉串料などの名目で靖国神社に公金を支出したことは政教分離原則に反すると判断した。

③ 表現の自由の保障は，国民のプライバシーを尊重するという観点から，マスメディアの報道の自由の保障を含んでいない。

④ 学問の自由の保障は，学問研究の自由の保障のみを意味し，大学の自治の保障を含んでいない。

問3 ［答］②

② **正文**：愛媛玉串料訴訟で，最高裁判所は**玉串料の公金支出を違憲**とした。

① **誤文**：三菱樹脂訴訟で，最高裁判所は雇用契約締結の際の思想調査やそれに基づく雇用拒否を違法とはしなかった。

③ **誤文**：**報道の自由**は表現の自由の一環として保障されていると考えられている。

④ **誤文**：**大学の自治の保障**も学問の自由の一環として保障されていると考えられている。

15 基本的人権と新しい人権②
自由権(人身の自由と経済の自由)

1 自由権(2) 人身の自由

✤刑事被告人の権利の拡張

明治憲法下で生じた人身の自由をめぐる人権侵害に対する反省から，日本国憲法では，法定手続きの保障を中心に刑事被告人の権利を詳細に規定した。以下( )内の条数・項数は日本国憲法のもの。

✤法定手続きの保障(法の適正手続きの保障)と罪刑法定主義(第31条)

①法定手続きの保障(法の適正手続きの保障)

a)令状主義…逮捕(第33条)および捜索・押収(第35条)の際には，司法官憲(裁判官)が発する令状が必要。ただし，**現行犯の場合には不要**。

b)抑留・拘禁…理由を告げられ，弁護人依頼権が与えられなければ，何人(なんぴと)も抑留・拘禁されない(第34条)。抑留・拘禁(勾留)とは，逮捕に続いて被疑者・被告人の身柄を拘束し，留置場や拘置所に収容する措置のことである。

②罪刑法定主義…「法律なければ刑罰なし」という近代刑法の大原則。犯罪として処罰するためには，事前に法律でその旨(むね)を定めておかなければならない。

✤拷問と残虐な刑罰の禁止(第36条)

憲法は公務員による**拷問や残虐な刑罰を禁止している**。

✤刑事被告人の権利

①公平な裁判所の迅速な公開裁判を受ける権利(第37条1項)…裁判の迅速化のために，2003年，あらゆる裁判の**第一審を2年以内に終えることをめざす**ことを内容とする裁判迅速化法が制定された。

②証人審問権と証人喚問権…公費によって自己のための証人の出頭を要請できる。

③弁護人依頼権

a)弁護人依頼権…被告人となった段階だけでなく，起訴される前の被疑者とされた段階でも弁護人依頼権が保障されている。

b)国選弁護人制度…被告人が自(みずか)ら弁護人を依頼することができないときには，**国が弁護人をつける**。なお，勾留(逮捕に引き続き行われる身柄の拘束)される全事件を対象として，被疑者とされた段階からこの国選弁護人制度が適用されている。

④自白…日本国憲法では明治憲法下の自白偏重主義は改められている。

a)自白の強要の禁止(第38条1項)…被疑者・被告人に黙秘権が認められている。

b)自白の証拠能力(第38条2項)…強制や拷問あるいは不当に長期にわたる抑留・拘

禁のあとの自白は証拠とすることができない。

c)**自白の証明力の制限**(第38条3項)…自己に不利益な**唯一の証拠が自白しかない場合には，有罪とされることも刑罰を科されることもない。**

⑤**遡及処罰の禁止（刑罰不遡及の原則）と一事不再理**(第39条)

a)**遡及処罰の禁止**…行為がなされたとき，それを処罰する法律がなければ，**のちにそれを罰する法律が制定されたとしても，処罰されることはない**，とする原則をいう。事後法による処罰を禁止しているのである。

b)**一事不再理**…有罪または無罪の**判決が確定した場合，その事件について再び起訴することはできない**とする原則をいう。

- **確定判決が無罪の場合**…無罪が確定したあとに，有罪とする新たな証拠がみつかったとしても，その事件を裁判にかけることはできない。
- **確定判決が有罪の場合**…一度有罪が確定した事件については，重ねて刑事責任を問うために起訴することはできない。たとえば過失致死で有罪となった同一の事件について，殺人罪で起訴することはできない。ただし，これは，刑を言い渡された者に対する不利益な変更を禁止する趣旨の規定であるから，有罪を無罪にしたり，刑を軽くしたりすることを求める**再審は可能である**[☞p.143]。

2 自由権(3) 経済の自由

経済の自由には，居住・移転および職業選択の自由(第22条)と財産権の保障(第29条)の規定がある。この両規定には，**公共の福祉**による制約がある。

✤職業選択の自由

①**職業選択の自由**…憲法は職業選択の自由(営業の自由も含まれると解釈されている)を保障しているが，**公共の福祉**による制約[☞p.87]を課している。送電事業を行う場合には行政機関の許可をとらなければならないことや，医者として医療行為を行うためには医師の資格を得なければならないという規制がその例である。

②**判例**…この条文をめぐる最高裁判所の判例としては**薬事法違憲判決**が有名である[☞p.76]。この裁判で最高裁判所は，薬事法の**薬局距離制限規定は，憲法第22条1項の職業選択の自由の規定に違反し違憲である**とする判断を示した。

✤財産権の保障

①**財産権の保障**…憲法は財産権を保障しているが，**公共の福祉**による制約[☞p.87]を課している。建築基準法の建ぺい率，容積率などの規制などがその例である。

②**財産権の収用と損失補償**…政府は私有財産をその損失を補償した上で公共のために用いることができる。土地収用の場合のように，その所有者が譲渡に同意していない場合でも，公的機関が強制的に取得できる。ただし**正当な補償は必要である。**

③**判例**…この条文をめぐる最高裁判所の判例としては**森林法違憲判決**が有名である[☞p.76]。この裁判で最高裁判所は，森林法の共有林分割制限規定を憲法第29条2項の財産権の規定に違反し違憲であるとする判断を示した。

ここが共通テストのツボだ!!

ツボ 1 人身の自由は憲法規定に注意する

①重要な規定

⑴憲法第39条の遡及処罰の禁止と一事不再理

遡及処罰の禁止…あとからできた法律に基づいて，それが施行される以前の行為を有罪とし刑罰を科すことはできない，と押さえておく。

一事不再理…裁判で無罪が確定した事件については，有罪とするのに十分な証拠が発見されても**再度起訴することはできず**，また，有罪が確定した事件についても，重ねて刑事上の責任を問うために再度起訴することはできない，というもの。

⑵法定手続きの保障と令状主義

逮捕には**現行犯**を除いて司法官憲（裁判官）が発する令状が必要である。

②その他の重要事項

⑴弁護人依頼権…被告人が自ら依頼できないときは**国選弁護人制度**が利用できる。

⑵裁判を受ける権利と刑事補償請求権…これらは請求権 [☞p.87] であるが，人身の自由と関連づけて出題されることが多い。裁判を受ける権利については，**外国人にも保障**されていることに注意。刑事補償請求権については，裁判で**無罪**とされた者が**国に対して補償（刑事補償）を請求**する権利をもつことに注意。

遡及処罰の禁止，一事不再理，令状主義，弁護人依頼権，国選弁護人制度，刑事補償請求権など，専門用語の意味を理解しておくこと

ツボ 2 経済の自由

経済の自由に関しては，公共の福祉による制約に注意。

①職業選択の自由にも財産権の保障にも**公共の福祉**による制約がある。

②私有財産を公共のために用いるときは**正当な補償**（損失補償）が必要である。

③公共のために利用する場合，土地を強制収用することは可能である。

経済的自由権の公共の福祉による制約には，資格が必要な職業があることや土地利用に制限があることのほかに「経済的弱者の保護等を目的として経済的強者の経済的自由権を制約する」という趣旨のものがある [☞p.87]

基礎力チェック問題

問1 日本における人身の自由に関連する記述として誤っているものを，次の①～④のうちから一つ選べ。 (19年本試)

① 現行犯として逮捕する場合は，裁判官の発する令状が必要である。
② 憲法上，何人も自己に不利益となる供述を強要されないことが定められている。
③ 公務員による拷問や残虐な刑罰は，憲法上禁止されている。
④ 第一審で有罪判決が出されても，最終的に判決が確定するまでは，被告人は無罪であると推定される。

問1 [答] ①

① **誤文**：現行犯を逮捕する場合，令状は不要である。
② **正文**：憲法第38条1項で保障されているいわゆる黙秘権のこと。
③ **正文**：憲法第36条で禁止されている。
④ **正文**：刑事裁判の鉄則の一つで，無罪の推定のこと[☞p.139]。

問2 日本国憲法の刑事手続に関する規定が保障する内容についての記述として誤っているものを，次の①～④のうちから一つ選べ。 (05年本試)

① 被告人は，同一犯罪で重ねて刑事責任を問われることはなく，また，事後に制定された法律で処罰されない権利が保障されている。
② 拘禁された後に無罪の判決を受けた人は，国に対して刑事補償を請求することができる。
③ 裁判所は，刑事裁判において，公平かつ迅速な公開裁判をしなければならず，とくに判決は必ず公開法廷で言い渡さなければならない。
④ 捜査機関は，現行犯逮捕をした場合には，速やかに，法務大臣に対して令状を求めなければならない。

問2 [答] ④

④ **誤文**：現行犯の場合はそもそも令状不要。また，令状を発付するのは裁判官。
① **正文**：憲法第39条で規定されている。
② **正文**：これは刑事補償請求権で，憲法第40条で規定されている。
③ **正文**：憲法第37条1項および憲法第82条1項で規定されている。

問3 経済的自由についての記述として誤っているものを，次の①～④のうちから一つ選べ。 (13年追試)

① フランス人権宣言は，個人の所有権を，古来の伝統を根拠に保障される自然権の一つとする。
② 日本国憲法による職業選択の自由の保障には，選択した職業を実際に行う自由の保障も含まれる。
③ 資本主義経済は，所有権の保障を含む私有財産制を，その特徴の一つとする。
④ 日本国憲法による財産権の保障には，公共のために個人の財産が収用された場合にはその損失の補償を受けることができるという内容も含まれる。

問3 [答] ①

① **誤文**：「古来の伝統を根拠に」が誤り。自然権という考え方は近代自然法思想を根拠とする近代的人権思想である[☞p.58]。
② **正文**：職業選択の自由には，「職業を実際に行う自由」，すなわち，営業の自由も含まれていると考えられている。
③ **正文**：資本主義経済は私有財産制を基本とする[☞p.150]。
④ **正文**：私有財産を公共のために用いる場合には，憲法上，正当な補償を受ける権利が保障されている。

16 基本的人権と新しい人権③ 社会権

1 生存権

憲法第25条は「健康で文化的な最低限度の生活を営む権利」を保障している。この**生存権**は，表現の自由のような具体的権利とは性質が異なる。憲法に規定されている権利は，一般に，もし侵害されれば，**憲法の規定を根拠に裁判所に法的な救済を求めることができる**。こうした性質をもつ権利は**具体的権利**と呼ばれる。最高裁判所は，生存権は具体的権利ではなく，**プログラム規定**である，という判断を示している。

✤**プログラム規定説**…憲法第25条は，**国家に政治的・道義的義務を課した規定**にとどまり，直接個々の国民に対して**具体的権利**を定めた規定ではない，という考え方をいう。この考え方にしたがえば，国民は**憲法第25条を根拠に裁判で国を訴えて法的な救済を求めることはできない**，ということになる。

✤**憲法第25条の生存権をプログラム規定であるとした判例**…最高裁判所は，**朝日訴訟**と**堀木訴訟**でプログラム規定説を採用した。

①**朝日訴訟**…憲法第25条の**生存権**と生活保護法に基づく生活保護基準の認定をめぐって争われた事件。この裁判で最高裁判所は，憲法第25条をプログラム規定と解するとともに，**生活保護基準の認定判断を厚生大臣の裁量の範囲内**とした。

②**堀木訴訟**…障害福祉年金と児童扶養手当の併給禁止をめぐって争われた事件。この裁判で最高裁判所は，プログラム規定説を採用するとともに，**最低限度の生活を保障するための法律の内容については，立法府の裁量に委（ゆだ）ねられる**とし，児童扶養手当と障害福祉年金との併給を禁止する児童扶養手当法は違憲ではないとした。

2 教育を受ける権利

✤**教育を受ける権利の内容**

①**学習権の保障**…**教育を受ける権利**の基礎には，人には人格を完成するのに必要な学習を行う固有の権利（**学習権**）があるとする理念がある。

②**社会権としての側面**…教育を受ける権利は，人間に値する生活を保障するための積極的な施策を政府に要求する権利である社会権として，この権利に基づいて国民は**教育制度の維持や教育条件の整備**を政府に求めることができる。

③**義務教育の無償化**…**義務教育の無償化**を明文で規定している。

✤形式的平等と実質的平等

憲法第26条の規定を例にとって，形式的平等と実質的平等の違いを押さえよう。

①**形式的平等**…一律平等に取り扱うべきという考え方にたつ。この考え方から，性別・身分などの違いに関係なく，教育の機会均等の保障を求めることができる。

②**実質的平等**…現実の社会的・経済的格差を考慮に入れて，**社会的・経済的弱者に対する支援措置**を政府が講じることにより，誰もが等しく権利を享受できるようにすべきという考え方にたつ。この考え方から，社会的・経済的弱者を対象とする奨学金制度の整備などの施策を政府に求めることができる。

3 労働基本権

労働基本権は，勤労権と労働三権からなっている。公務員は，法律によって労働三権の一部またはすべてが制約されている。

✤**勤労権**…国民の勤労権を保障するために，政府は公共職業安定所を設置したり，障害者雇用促進法を制定し，従業員・職員の一定割合（法定雇用率）以上の数の障害者を雇用することを，民間企業や公的機関に義務づけたりしている。また，勤労条件の具体的な基準については，**労働基準法**や最低賃金法などで規定されている。

✤**労働三権**…勤労者には労働組合を結成する権利（**団結権**），使用者との団体交渉を行う権利（**団体交渉権**），ストライキなどの争議行為を行う権利（**争議権**）が認められている。

✤**公務員の労働基本権に対する制約**…**すべての公務員に争議権は認められていない**。また，警察職員・刑事施設職員・消防職員・海上保安庁職員・自衛隊員には，**労働三権**のいずれも認められていない。そのための代償措置として国家公務員には**人事院**，地方公務員には**人事委員会**の勧告制度が設けられている。なお，これらの勧告には法的な強制力はない。

	団結権	団体交渉権	争議権
民間被用者	○	○	○
一般の国家・地方公務員	○	△*1	×
特定独立行政法人等職員 地方公営企業職員	○	○	×
警察職員など*2	×	×	×

*1：労働協約の締結権がないなど一定の制約がある。
*2：刑事施設職員・消防職員・海上保安庁職員・自衛隊員。

✤**公務員の争議行為の一律禁止をめぐる最高裁判所の判断**…全農林警職法事件で最高裁判所は，公務員は**全体の奉仕者**でありその職務は公共性を有し，もし公務員が争議行為を行えば国民全体の共同利益がそこなわれる恐れがある，という理由から，**公務員の争議行為を一律に禁止することは，違憲ではない**とした。

ここが共通テストのツボだ!!

ツボ ① 形式的平等と実質的平等の違いを理解する

平等についての2つの考え方を押さえよう。

形式的平等とは**差別的取扱いの禁止**，つまり，全員を平等に扱うべき，という考え方のこと。それに対し，実質的平等は，現実に格差がある，ということを出発点とし，その格差を政府による積極的な施策を通じて是正すべき，という考え方のこと。この両面を併せもつ規定である憲法第26条を例にとって確認しよう。

①形式的平等を求めるものとしての第26条＝社会的身分・財産などによる**差別的取扱いを禁止**し，**すべての人に対して平等に**教育を受ける権利を保障する。

②実質的平等を求めるものとしての第26条＝奨学金制度の整備など，政府が**積極的な施策**を行い，**経済的・社会的弱者にも**教育を受ける権利を保障する。

形式的平等 ⇒ 差別的取扱いの禁止
実質的平等 ⇒ 政府による弱者への積極的支援

ツボ ② 生存権はプログラム規定説，労働基本権は公務員の労働三権に注目

社会権では生存権と労働基本権の出題の可能性が高い。

生存権では**プログラム規定説**が大切。理解のポイントは，憲法第25条は**国家の政治的・道義的責任を定めた規定であり，国民の具体的な権利を定めたものではない**，ということ。ここから第25条に基づいて，政府に生存権の保障を法的に求めることはできない，という結論が出てくる。つまり，第25条は具体的権利ではないから，第25条を根拠に裁判で国を訴えてその保障を求めることはできないということである。最高裁判所は，**朝日訴訟**および**堀木訴訟**で，憲法第25条をプログラム規定であるとした。

次に労働基本権に関しては，公務員の**労働三権**の制約に注意しよう。**すべての公務員には争議権が認められていない**。また，警察職員など，一部の公務員には労働三権のいずれも認められていない。その代償措置として，国家公務員には**人事院**，地方公務員には**人事委員会**の勧告制度があるということも忘れないこと。

プログラム規定説を採用した最高裁判所の判例 ⇒ 朝日訴訟，堀木訴訟
国家公務員に対する代償措置 ⇒ 人事院の勧告制度
地方公務員に対する代償措置 ⇒ 人事委員会の勧告制度

基礎力チェック問題

問1 平等について，原則として，すべての人々を一律，画一的に取り扱うことを意味するとの考え方がある。また，そのような意味にとどまることなく，現実の状況に着眼した上で，積極的な機会の提供を通じて，社会的な格差を是正しようとする意味もあるとの考え方がある。後者の考え方に沿った事例として最も適当なものを，次の①～④ のうちから一つ選べ。(15年本試)

① 法律において，男女同一賃金の原則を定めること。
② 大学入試の合否判定において，受験者の性別を考慮しないこと。
③ 民間企業の定年において，女性の定年を男性よりも低い年齢とする就業規則を定めた企業に対して，法律で罰を科すこと。
④ 女性教員が少ない大学の教員採用において，応募者の能力が同等の場合，女性を優先的に採用するという規定を定めること。

問1 [答] ④

④ **適当**：これは，「女性教員が少ない大学」という社会的格差を前提にして，それまで不利益を被ってきた**女性を優遇する措置**を講じるというものなので，実質的平等の観点にたつものである。
① **不適当**：性別にかかわらず**男女一律・平等の取扱い**を定めていることから，形式的平等の観点にたつものである。
② **不適当**：性別を考慮に入れずに，**男女一律・平等の取扱い**を行うというものなので，形式的平等の観点にたつものである。
③ **不適当**：定年の男女格差を是正し，**男女一律・平等の取扱い**の実現を図るものなので，形式的平等の観点にたつものである。

問2 福祉国家としての日本の現状の記述として最も適当なものを，次の①～④のうちから一つ選べ。(06年本試)

① 健康で文化的な最低限度の生活を営むことのできない者は，法律の根拠がなくても，直接憲法に基づいて国に生活保護を請求することができる。
② 義務教育においては，国民に，授業料を徴収しない教育の機会が保障されているだけでなく，教科書もまた無償で配布される。
③ 勤労は，権利であるとともに義務でもあるので，国が必要と認める場合には，国民を強制的に徴用することができる。
④ 公務員も勤労者であるから，労働基本権の保障を受け，その一つである争議権もしばしば合法的に行使される。

問2 [答] ②

② **適当**：憲法第26条に基づいて**義務教育は無償**とされている。
① **不適当**：憲法第25条は**プログラム規定**なので，**第25条を根拠**に生活保護の請求はできない。
③ **不適当**：強制的な徴用は現憲法の下ではできない。
④ **不適当**：**争議行為**は，**すべての公務員**に対して**禁止されている**。

問3 労働三権に関連して，現行の日本の法律内容についての記述として最も適当なものを，次の①～④のうちから一つ選べ。(09年本試)

① 消防職員には，団結権が保障されていない。
② 自衛隊員には，団体交渉権が保障されている。
③ 公立高校教員には，団結権が保障されていない。
④ 公営企業職員には，争議権が保障されている。

問3 [答] ①

① **適当**：**消防職員**，**警察職員**，**刑事施設職員**，**海上保安庁職員**，**自衛隊員**には，**労働三権(団結権，団体交渉権，争議権)のいずれも保障されていない**。
② **不適当**：①でみたように自衛隊員には団体交渉権などの労働三権のすべてが保障されていない。
③ **不適当**：①でみた公務員以外の**公務員**には，**団結権が保障**されている。
④ **不適当**：**すべての公務員**に，**争議権は保障されていない**。

17 基本的人権と新しい人権④ 基本的人権を確保するための権利と公共の福祉

1 基本的人権を確保するための権利（参政権・請求権）★★★

✤**参政権**…選挙権・被選挙権を中心に，レファレンダム（国民投票・住民投票）やリコール（国民解職・住民解職）などの直接民主制的な権利を含めて参政権という。

①**公務員の選定罷免権**（第15条）…国民には公務員を選び罷免する権利がある。ただし，**国民は国会議員を選ぶことはできるが罷免することはできない**。また，**国民は最高裁判所の裁判官を罷免することはできるが選ぶことはできない**。なお，憲法第15条では普通選挙，秘密投票が定められている。また，国政選挙権および地方選挙権は日本国民に対してのみ保障されている権利である。

②**地方公共団体の長および議員の選挙権**（第93条）…都道府県知事や市町村長および地方議会の議員を住民は直接選挙することができる。

③**最高裁判所の裁判官に対する国民審査**（第79条）…国民は，衆議院議員総選挙の際に同時に行われる国民審査を通じて，最高裁判所の裁判官を罷免することができる。これはリコールの制度の一種である。

a)**国民審査の対象となる裁判官**…最高裁判所の裁判官に任命されてはじめて**衆議院議員総選挙**を迎えた裁判官，また，国民審査を受けてから10年を経過したあとにはじめて行われる衆議院議員総選挙を迎えた裁判官が対象。最高裁判所の裁判官全員が対象というわけではないことに注意。

b)**罷免の条件**…国民審査の有効投票総数の**過半数が罷免を可とした場合に罷免される**。なお，今までに国民審査によって罷免された裁判官はいない。

④**地方特別法の住民投票**（第95条）…国会が制定する法律のうち，特定の地方公共団体にのみ適用される法律を地方特別法という。国会がこれを制定する場合には，その地方公共団体の住民投票においてその過半数の同意を得なければならない。この住民投票はレファレンダムの制度の一種である。

⑤**憲法改正の国民投票**（第96条）…憲法改正には，国民投票においてその過半数の賛成を得る必要がある。この国民投票はレファレンダムの制度の一種である。憲法第96条および国民投票法で定められている憲法の改正の手続きは次のとおり。

衆参各院で憲法審査会の審査を経て，各院でそれぞれ**総議員の3分の2以上**の賛成で国会が国民に発議→国民投票において**有効投票総数の過半数の賛成**→天皇が国民の名において公布［☞p.72］。

✤**請求権**…国民が自己の利益のため，国家の行為や給付を求める権利。

①**請願権**（第16条）…憲法では法律の制定改廃を求める直接請求権は保障されていないが，**平穏に請願する権利**は認められている。なお，この権利は参政権に分類されることもある。

②**国家賠償請求権**（第17条）…**公務員**による不法行為（職務遂行中の公務員が，故意か過失かによって他者に損害を与えること）によって損害を受けた場合に，何人（なんぴと）もその損害の賠償を国家・地方公共団体に求めることができる。この権利に関する最高裁判所の判例としては，**郵便法違憲判決**を覚えておこう[☞p.76]。この裁判で最高裁判所は，書留郵便について紛失した場合や傷つけた場合に限定して賠償するとし，配達遅れなどについては免責するとする郵便法の規定を，憲法第17条の国家賠償請求権に違反し，違憲であるとした。

③**裁判を受ける権利**（裁判請求権）（第32条）…国民だけでなく，日本に居住・滞在する**外国人にも等しく裁判を受ける権利が保障されている**。

④**刑事補償請求権**（第40条）…裁判で**無罪**となった場合，抑留・拘禁されていたことによる財産上のあるいは精神上の損害の補償を求めることができる。

2 基本的人権と公共の福祉

基本的人権は，公共の福祉による観点から制約される場合がある。その制約には，**内在的制約**と**政策的制約**という2つのタイプがある。

✤**内在的制約**…第12・13条では，**権利の濫用**を戒め，他者の権利との共存を説いている。そのための人権相互の調整原理が**公共の福祉**である。たとえば，表現の自由の行使が他者のプライバシーの権利を侵害する場合がある。この場合，その重要度などが比較考量され，いずれかの権利が制約される。この制約は，人権自体のうちに他者の権利に配慮しなければならないという制約原理が内在している，という考え方にたっている。

✤**政策的制約**…公共の福祉による制約の中には，特定の政策的目的のために行われるものもある。第22条や第29条の**経済的自由権**に対する制約がそれである[☞p.79]。独占禁止法の私的独占の排除はこの例である。ここにみられるように，**公共の福祉には，経済的弱者を保護するなどの社会政策あるいは経済政策上の目的から，経済的強者の経済的自由権を制約する**，という面がある。

3 憲法の義務に関する規定

✤**国民の三大義務**…憲法は国民に三大義務を課している。すなわち，**勤労の義務**（第27条），**子女に普通教育を受けさせる義務**（第26条），**納税の義務**（第30条）がこれである。そのほかの義務規定としては，国民の不断の努力義務（第12条）および憲法尊重擁護義務（第99条）がある。なお，憲法尊重擁護義務は「天皇又は摂政及び国務大臣，国会議員，裁判官その他の公務員」に課されている義務である。

ここが共通テストのツボだ!!

ツボ 1 参政権では普通選挙制度の導入時期と直接民主制的な制度に注目

男子の普通選挙の確立は，1848年の**フランス**が最初。イギリスは男子が1918年で女子は1928年。日本は男子が1925年で女子が1945年。

また，日本国憲法は代表（間接）民主制の採用を表明しているが，直接民主制的な制度を3つ導入している。この3つは重要事項である。

憲法上のリコール（国民解職）の制度としては，**最高裁判所裁判官**に対する**国民審査**制度がある。国民審査で有効投票総数の過半数が罷免を可とした場合，罷免となる。また，憲法上のレファレンダム（国民投票・住民投票）の制度としては，**地方特別法**の**住民投票**と**憲法改正**の**国民投票**の制度がある。憲法改正の手続きは出題可能性大。なお，直接民主制的な制度には，このほかに地方自治法に規定されている条例改廃請求のようなイニシアチブ（国民発案・住民発案）があるが，日本国憲法にイニシアチブの制度は存在しない。

> 普通選挙制度の確立はフランスが最初
> **日本国憲法が採用する直接民主制的制度** ⇒ ①最高裁判所裁判官の国民審査，②地方特別法の住民投票，③憲法改正の国民投票

ツボ 2 公共の福祉による制約は内在的制約と政策的制約との違いを理解する

①人権相互の調整原理としての公共の福祉…内在的制約

表現の自由の行使が他者のプライバシー権を侵害することがあるように，人権と人権が衝突する場合がある。その場合，どちらかの人権が制約されざるを得ない。このように，各人が社会でともに暮らしていくために，**権利は濫用してはならない**のであって，他者の人権への配慮が必要である。

②社会的・経済的弱者を保護するための制約…政策的制約

公共の福祉による制約には，社会的・経済的弱者を保護するという政策上の目的を実現するために，**経済的な強者の経済的自由権を制約する**，というものがある。この制約には福祉国家の理念を実現するという意味合いがある。

> 内在的制約と政策的制約との違いは，他者の人権への配慮からの制約か，福祉国家の理念を実現するための制約か，で考える

基礎力チェック問題

問1 日本における参政権についての記述として最も適当なものを，次の①～④のうちから一つ選べ。(09年本試)

① 地方自治体の長については，憲法上，その地方自治体の住民による直接選挙が保障されている。
② 衆議院議員選挙では，永住資格を有する在日外国人も選挙権をもつ。
③ 参議院議員選挙では，成年の国民が被選挙権をもつ。
④ 条約の批准については，憲法上，成年の国民による国民投票が保障されている。

問1 [答] ①

① **適当**：[☞p.86]
② **不適当**：国政選挙だけでなく，地方自治体の長・地方議会の議員選挙の選挙権・被選挙権も，日本国民に対してのみ付与されている[☞p.86]。
③ **不適当**：参議院議員の被選挙権は，30歳以上の国民が有する。18歳以上30歳未満の者は成年であっても参議院議員の被選挙権をもたない。
④ **不適当**：このような国民投票制度は存在しない。

問2 国民主権を具体化している日本の制度についての記述として正しいものを，次の①～④のうちから一つ選べ。(14年本試)

① 日本国憲法は間接民主制を採用しているので，国民が，国民投票によって直接に国政上の決定を行うことはできない。
② 地方自治体において住民投票を実施する際には，個別に法律の制定が必要であり，地方自治体が独自の判断で実施することはできない。
③ 選挙運動の一環として，候補者による有権者の住居への戸別訪問が認められている。
④ 国民審査において，国民は最高裁判所の裁判官を罷免することが認められている。

問2 [答] ④

④ **正文**：憲法に規定されているリコールの仕組みとしての最高裁判所裁判官の国民審査のこと。
① **誤文**：憲法に規定されている制度として，憲法改正の国民投票がある。
② **誤文**：条例に基づいて，住民投票を実施することができる[☞p.107]。
③ **誤文**：公職選挙法によって，戸別訪問は禁止されている[☞p.126]。

問3 当初は不可侵と考えられていた人権も，その自由な行使により社会的・経済的弱者が生み出されてくると，福祉国家理念に基づく制約を免れないものと認識されるようになった。こうした認識を含む憲法条文の具体例として最も適当なものを，次の①～④のうちから一つ選べ。(05年追試)

① 日本臣民ハ其ノ所有権ヲ侵サルヽコトナシ。
② 何人も，法の適正な手続によらずに，生命，自由または財産を奪われない。
③ 財産権の内容は，公共の福祉に適合するやうに，法律でこれを定める。
④ 所有権は，神聖かつ不可侵の権利である。

問3 [答] ③

③ **適当**：憲法第29条の財産権に対する公共の福祉による制約は，政策的制約の例で，福祉国家の理念に基づくものである。
①④ **不適当**：①も④も，財産権を制約されない権利としているので，制約の具体例にあたらない。
② **不適当**：これは法定手続きの保障を定めたものであって，「福祉国家理念に基づく制約」，すなわち政策的制約としての公共の福祉による制約の例ではない。

18 基本的人権と新しい人権⑤ 新しい人権と人権の現代的課題

1 新しい人権

社会や経済の変化発展により，憲法制定時には想定していなかった権利の保障が求められるようになった。こうした権利を「新しい人権」という。

✤**環境権**…良好な環境を享受できる権利のことで，**憲法第13条の幸福追求権と第25条の生存権を根拠に主張されている**。

①**環境権の保障**…日本には環境権を明文で規定している法律はない。

②**環境権と判例**…最高裁判所は，環境権を明確に承認したことはない。この権利に関連する判例としては，**大阪空港公害訴訟**が重要である。この裁判で，大阪高等裁判所は，住民の訴えを認め，**人格権**に基づいて夜間飛行の**差止め**を命じた。しかし，最高裁判所は，差止め請求を認めなかった。

③**環境権と環境アセスメント制度**…環境権の保障にかかわる制度に**環境アセスメント制度**がある。これは，環境に重大な影響を与えると予測される開発に関しては，それが環境に与える影響を事前に調査・予測・評価し，その公表を開発事業者に義務づける制度のことである。この**制度化に関しては，地方公共団体が国に先行し**，川崎市が条例化したのは1976年，国が**環境影響評価法**（環境アセスメント法）を制定したのは1997年のことである。

✤**知る権利**…政府などが保有する情報を自由に入手できる権利のことで，**憲法第21条の表現の自由を根拠に主張**されている。

①**知る権利の保障**…日本には知る権利を明文で規定している法律はない。

②**知る権利と情報公開制度**…知る権利を保障するためには**情報公開制度**の整備が不可欠である。**この制度化に関しては，地方公共団体が国に先行し**，山形県の金山町が条例化したのは1982年，国が**情報公開法**を制定したのは1999年のことである。

③**情報公開法のポイント**…情報公開の対象となるのは中央省庁の保有する行政文書のみ。情報公開の請求は誰でもできる。個人情報など開示の対象外のものがある。

④**知る権利の制限につながる法律**…2013年に特定秘密保護法が制定された。これは，行政機関の長が指定した特定秘密に関する情報を漏えいした公務員や漏えいするように働きかけた民間人に対して，刑罰を科す旨（むね）を定めた法律。

✤**アクセス権（反論権）**

マスメディアを利用して意見表明や反論を行う権利のことで，**憲法第21条の表現の自由を根拠に主張されている**。最高裁判所がアクセス権を認めたことはない。

✤プライバシーの権利

憲法第13条の幸福追求権を根拠として主張されている。

①**プライバシーの権利の内容の拡大**…プライバシーの権利は，**私生活をみだりに公開されない権利，という消極的な意味で理解されてきた**。しかし，情報化の進展とともに，自己に関する**情報の開示を求め**，その情報に**誤りがあれば訂正を求める**など，積極的な意味を含めて，**自己情報管理権**として理解されるようになってきた。

②**プライバシーの権利と判例**…プライバシーの権利をめぐる判例としては，**『宴のあと』事件**が重要である。この事件で，裁判所は私生活をみだりに公開されない権利を法的に保障される権利として承認し，**この権利は判例で確立した**。また，75ページでとり上げた『石に泳ぐ魚』事件もこの権利に関連する判例である。

③**プライバシーの権利にかかわる法制度**…この権利をめぐる法制度としては，**個人情報保護法**(2003年制定)がある。これは個人情報を保有する行政機関や民間事業者に，その適切な取扱いを義務づけた法律である。

✤自己決定権

私的な事柄に関して，公権力などの他者の干渉や介入を受けることなく，**自ら(みずか)の意思で決定できる権利**のことで，憲法第13条の幸福追求権を根拠に主張されている。この権利に基づき，回復の見込みのない末期状態の患者が延命措置を拒否し自然な死を迎えることを求める**尊厳死**が主張されたり，医療における患者の自己決定権を重んじる**インフォームド・コンセント**の重要性が指摘されたりしている。

2 外国人の人権をめぐる問題

✤参政権

- 外国人は，**国政選挙・地方選挙の選挙権・被選挙権**，最高裁判所裁判官の国民審査・地方特別法の住民投票・憲法改正の国民投票における投票権，地方自治法上の直接請求権のいずれももたないが，憲法上の**請願権**を行使することはできる。
- 住民投票条例に基づく**住民投票の投票権**を外国人に認めた地方自治体がある。

✤就労問題

- 人手不足を背景に，新たな在留資格(**特定技能**1号・2号)が設けられ，2019年から外国人材の受入れが行われている。
- 地方自治体の中には，外国人に公務員の採用試験の受験資格を認めたところもあるが，国家公務員の採用試験に関しては，原則として，認められていない。

✤労働法制の適用

日本で就労する**すべての外国人**に，原則として，労働基準法，最低賃金法などの**労働法制および労災保険が適用**される。

✤社会保険

短期滞在者などを除き，日本国内に住所を有する外国人は，原則として，各種**社会保険(年金・医療など)に加入できる**。

ここが共通テストのツボだ!!

ツボ 1 環境権・知る権利・アクセス権・プライバシーの権利等のポイント

①**環境権**…**幸福追求権**と**生存権**を憲法上の根拠として主張されていること，最高裁判所の判例には環境権を認めたものはないこと，**差止め請求**を認めた判例（大阪空港公害訴訟の高裁判決）があること，環境アセスメントの制度化は国よりも地方自治体の方が早かったことに注意。

②**知る権利**…**表現の自由**を憲法上の根拠として主張されていること，知る権利を明記した法律はないこと，情報公開制度の制度化は国よりも地方自治体の方が早かったこと，**情報公開法**のポイントを押さえることに注意。さらに，知る権利には次のような請求権的側面と自由権的側面があることも理解しておこう。

(1)**請求権的側面**…国民には主権者として国などが保有する**情報の開示**を求める権利がある。

(2)**自由権的側面**…国民は，一般にマスメディアの報道を通じてさまざまな情報を入手する。そのため，国民の知る権利を保障するためには，マスメディアの**取材の自由と報道の自由を確保すること**が不可欠である。

③**アクセス権**…最高裁判所が**アクセス権を認めたことはない**ことに注意。

④**プライバシーの権利**…**幸福追求権**を憲法上の根拠として主張されていること，判例（『宴のあと』事件）で確立した権利であること，消極的な意味でのプライバシー権と積極的な意味でのプライバシー権の意味内容の違いを押さえること。

⑤**自己決定権**…私的な事柄に関する自己決定権であることに注意。

新しい人権については，①憲法上の根拠，②その権利を保障するための制度，③判例の動向を整理しておく

ツボ 2 外国人の人権問題と就労問題のポイント

①**人権問題**：権利の性質上，日本国民に限定されているものを除き，外国人にも憲法上の権利を保障→国政・地方選挙権は×，労働法制の適用・社会保険加入は○。

②**就労問題**…特定技能や技能実習などの在留資格をもつ外国人は日本で就労できる。

不法就労の外国人労働者にも，労働法制・労災は適用される

基礎力チェック問題

問1 日本における個人の権利の保障をめぐる記述として正しいものを，次の①～④のうちから一つ選べ。 (13年本試)

① 新しい人権の一つとされる自己決定権は，公共的な課題について市民が集団として決定する権利であり，私的事柄を決定する権利を含まない。
② 労働基準法によると，使用者は，労働者の信条を理由として労働条件について差別的取扱いをしてはならない。
③ 教育基本法では，教育において個人の尊厳を重んじることについては，言及されていない。
④ プライバシーの権利は，公権力により私生活をみだりに公開されない権利であり，私人により私生活をみだりに公開されない権利を含まない。

問1 [答] ②

② **正文**：労働基準法では，国籍，信条・社会的身分を理由とする，賃金などの労働条件での差別的取扱いを禁止している。
① **誤文**：自己決定権は私的な事柄に関する決定権である。
③ **誤文**：教育基本法はその前文で個人の尊厳の尊重をうたっている。
④ **誤文**：『宴のあと』事件で裁判所が示しているように，プライバシーの権利は「私人により私生活をみだりに公開されない権利」を含む。

問2 新しい人権として日本で主張されている次の権利の名称A，Bと，それらに対応する記述ア～ウとの組合せとして最も適当なものを，後の①～⑥のうちから一つ選べ。 (19年本試)

A 知る権利　　B プライバシーの権利

ア 自らの情報が勝手に利用されないように，その情報をコントロールする。
イ 患者が自己の宗教的信念に基づいて，輸血を拒否する。
ウ 税金の使途が適切かどうかを確認するため，国に対して情報の公開を求める。

① A－ア　B－イ　② A－ア　B－ウ　③ A－イ　B－ア
④ A－イ　B－ウ　⑤ A－ウ　B－ア　⑥ A－ウ　B－イ

問2 [答] ⑤

ア：自己情報コントロール権としてのプライバシーの権利に対応する。
イ：自己決定権に対応する。
ウ：知る権利に対応する。

問3 日本に居住している外国人の権利保障についての説明として適当でないものを，次の①～④のうちから一つ選べ。 (07年本試)

① 外国人も，プライバシーの権利が保障される。
② 外国人も，選挙権が保障される。
③ 外国人にも，国民年金への加入が認められる。
④ 外国人にも，会社の設立が認められる。

問3 [答] ②

② **不適当**：選挙権は日本国籍を有する者にしか認められていない。
① **適当**：プライバシーの権利は，外国人にも保障される。
③ **適当**：国民年金，国民健康保険などの社会保険については，日本に適法に居住する外国人にその加入が認められている。
④ **適当**：会社の設立などの経済の自由は，日本国民に限定したものとは考えられないので，外国人にも保障される。

チャレンジテスト④（大学入学共通テスト実戦演習）

問1 生徒Xは，国土交通省のWebページで「空家(あきや)等対策の推進に関する特別措置法」（以下，「空家法」という）の内容を調べ，次のメモを作成した。Xは生徒Yと，メモをみながら後の会話をしている。後の会話文中の空欄［ア］・［イ］に当てはまる語句の組合せとして最も適当なものを，後の①～⑥のうちから一つ選べ。（22年政経本試）

> 1.「空家等」（空家法第2条第1項）
> ・建築物やそれに附属する工作物で居住等のために使用されていないことが常態であるもの，および，その敷地。
> 2.「特定空家等」：次の状態にある空家等（空家法第2条第2項）
> (a) 倒壊等著しく保安上危険となるおそれのある状態
> (b) 著しく衛生上有害となるおそれのある状態
> (c) 適切な管理が行われないことにより著しく景観を損なっている状態
> (d) その他周辺の生活環境の保全を図るために放置することが不適切である状態
> 3. 特定空家等に対する措置（空家法第14条）
> ・特定空家等の所有者等に対しては，市町村長は，特定空家等を取り除いたり，修繕したりするなど，必要な措置をとるよう助言や指導，勧告，命令をすることができる。
> ・上記(a)または(b)の状態にない特定空家等については，建築物を取り除くよう助言や指導，勧告，命令をすることはできない。

X：空家法によると，市町村長は，所有者に対し建築物を取り除くよう命令し，従わない場合は代わりに建築物を取り除くこともできるみたいだよ。

Y：そうなんだ。でも，市町村長が勝手に私人の所有する建築物を取り除いてしまってもよいのかな。

X：所有権といえども，絶対的なものとはいえないよ。日本国憲法第29条でも，財産権の内容は「［ア］」に適合するように法律で定められるものとされているね。空家法は所有権を尊重して，所有者に対し必要な措置をとるよう助言や指導，それから勧告をすることを原則としているし，建築物を取り除くよう命令できる場合を限定もしているよ。でも，空家法が定めているように，［イ］には，所有者は，建築物を取り除かれることになっても仕方ないんじゃないかな。

Y：所有権には所有物を適切に管理する責任が伴うということだね。

① **ア** 公共の福祉 **イ** 周辺住民の生命や身体に対する危険がある場合
② **ア** 公共の福祉 **イ** 周辺の景観を著しく損なっている場合
③ **ア** 公共の福祉 **イ** 土地の有効利用のための必要性がある場合
④ **ア** 公序良俗 **イ** 周辺住民の生命や身体に対する危険がある場合
⑤ **ア** 公序良俗 **イ** 周辺の景観を著しく損なっている場合
⑥ **ア** 公序良俗 **イ** 土地の有効利用のための必要性がある場合

問1 [答] ①

ア：「公共の福祉」があてはまる。「日本国憲法第29条」の2項で「財産権の内容は，**公共の福祉**に適合するやうに，法律でこれを定める」と規定されている。

「公序良俗」は「公の秩序又は善良の風俗」を合わせた言葉である。公序良俗は，日本国憲法では，第82条の2項に「裁判所が，裁判官の全員一致で，**公**(おおやけ)**の秩序又は善良の風俗**を害する虞があると決した場合には，対審は，公開しないでこれを行ふことができる」とあり，公序良俗を害する恐れのある場合には，「政治犯罪，出版に関する犯罪又はこの憲法第三章で保障する国民の権利が問題となつてゐる事件の対審」以外の**対審**を**非公開**とすることができると定められている。また，民法では，「**公の秩序又は善良の風俗**に反する法律行為は，無効とする」（第90条）と定められている。契約自由の原則では，契約の内容は当事者間で自由に決めることができるが，たとえば，覚せい剤の売買契約のように，**公序良俗に反する契約は無効**となる。

イ：「周辺住民の生命や身体に対する危険がある場合」があてはまる。メモ中の最後の項目に「(a)または(b)の状態にない特定空家等については，建築物を取り除くよう……命令をすることはできない」とあることから，(a)または(b)の状態にある特定空家等に対しては，建物を取り除くことを命じることができるということがわかる。メモ中の(a)の「保安上危険となるおそれのある状態」や(b)の「衛生上有害となるおそれのある状態」は，「周辺住民の生命や身体に対する危険がある場合」といえる。このような場合，市町村長はその所有者に空家を取り除くよう命じることができる。所有者がその命令に従わなかった場合，強制執行が可能である。したがって強制執行されてもその所有者は，法律上，文句をいえない。

「周辺の景観を著しく損なっている場合」は，メモ中の(c)に該当し，この状態にある建築物に関しては，所有者に対し，「取り除くよう助言や指導，勧告，命令をすることはできない」とあるので，行政は建物を取り除くように求めることはできない。

「土地の有効利用のための必要性がある場合」に関しては，メモ中には規定がないので，「メモをみながら」行われた会話文の空欄にはあてはまらない。

問2 個人の権利や利益について規定する条約が次第に増えており，条約内容を実現させるためには，国内で適切な対応をとることがますます重要になっている。この問題に関心をもった生徒Wのグループは，条約内容の実現のために日本はどのような対応を行っているか調査した。次の条文は，1985年に日本が批准したある条約の条文である。この条文の内容を国内で実現させるために国会や裁判所においてとられた対応として正しいものを，後の①～④のうちから一つ選べ。 （22年政経追試）

> 第9条第2項
> 締約国は，子の国籍に関し，女子に対して男子と平等の権利を与える。

（注）「女子」と「男子」は，「子」の親となる女性と男性を意味する。

① 在日外国人への差別をあおる暴力的な街宣活動が問題化したことから，民族や国籍を理由とする差別的言動を規制するため，法律を制定した。

② 最高裁判所は，日本人の父と外国人の母の間に生まれた婚外子は父の認知だけでは日本国籍を取得できないという法律を，合理的な理由のない差別であるとして子の日本国籍を認めた。

③ 法律を改正し，父が日本人の場合にのみ子に日本国籍を認める父系血統主義を，父または母のいずれかが日本人であれば子に日本国籍を認める父母両系血統主義に改めた。

④ 最高裁判所は，女性の再婚を6か月間禁止する法律の規定について，100日を超える部分については合理的な理由のない差別であると判断した。

問2 ［答］ ③

上記の「第9条第2項」は，**子の国籍取得**に関して，**父母が平等の権利をもつ**旨(むね)を定めたものである。③法律を改正して，父が日本国籍をもつ場合にのみ子が日本国籍を取得できるというもの（**父系血統主義**）から，父母のいずれかが日本国籍をもっていれば子が日本国籍を取得できるというもの（**父母両系血統主義**）に改めたという国会の取組みは，子の国籍取得に関して父母が同等の権利をもつように改めたことを意味するのでこれが正解となる。

国籍を理由とする差別的言動の規制について述べている①や，女性の6か月の再婚禁止期間についての規定について述べている④は，子の国籍取得と関係がないので正解とならない。②国籍取得に関する最高裁判所の判断が取り上げられているが，これは，婚外子（法律上婚姻関係にない親から生まれた子）と婚内子（法律上婚姻関係にある親から生まれた子）とで異なる取扱いとなっている法律の定めには合理性がないとする最高裁判所の判断をとり上げたものなので，上記の条約の規定には関係しない。

第2部

自立した主体としてよりよい社会の形成に参画する私たち

第2部は，国際分野も含めた政治や経済の基本原理から，現代の諸課題にいたるまで，「政治・経済」の全般（第1部の8～18の学習対象を除く）が学習対象となる。この分野には，法制度や社会の仕組みなど，覚えるべき知識事項も多く，また，市場メカニズムや外国為替制度など理解しにくい制度やメカニズムも少なくない。ハードルは高いが，この分野を攻略できるか否かが，共通テストでの自己の目標点をクリアできるかどうかのカギを握っているといっても過言ではない。しっかりと学び取ってもらいたいと思う。

第2部を学習する上で，次の2点に特に留意してもらいたい。

第一に，正確な知識の習得をめざそう。この分野では，専門用語が多数出てくる。それら専門用語を用いて，法律，政治，経済，国民生活，国際社会に関する制度や仕組みが説明される。もし，専門用語が正しく理解されていなければ，制度や仕組みの理解も危ういものとなる。専門用語の正しい理解は，制度や仕組みの正しい理解の基礎となる。

第二に，単なる暗記的な知識にとどまらず，使える知識にしよう。共通テストでは知識を活用する能力を試す問題が多く出題される。そのような問題にも対応できるように，使える知識を身に付けてもらいたい。この力を鍛えるためには，問題演習が欠かせない。本書を学習し終えたら，積極的に演習問題に取り組んでもらいたい。

19 政治と国家，政治参加と民主主義の変容

1 政治と国家

✤政治と政治権力

①**政治とは**…集団としての意思決定を行い，負担や便益の配分のあり方を決めたり秩序を形成したりする活動のこと。集団には国家，地方自治体，NGO(非政府組織)やNPO(民間非営利組織)など様々な単位がある。

②**政治権力とその正当性(正統性)**…政治権力とは決定に従うように強制する力のこと。ウェーバー(1864～1920)は，権力(支配)の正当性(正統性)を次の3つに類型化した。

伝統的支配…伝統や慣習に基づく支配

カリスマ的支配…超人的な能力や資質に基づく支配

合法的支配…正当な手続きに従って制定された法律に基づく支配

✤国家の三要素と主権

①**国家の三要素**…領域，主権，国民が国家の三要素と呼ばれる。領域は，領土，領海，領空からなり，領域には，国際法上の例外を除いて，立法，行政，司法の国家権力や国内法の支配権が及ぶ。**領海**は，基線(海岸線とほぼ同じ)から**12海里**(約22 km)以内に設定できる。また，**領空**は**領土と領海の上空**。ただし，**宇宙**は宇宙条約により**国家の領有が禁止**されており，国家の主権は及ばない。

> ◯ **排他的経済水域**
>
> 沿岸国は，国連海洋法条約に基づき，基線から200海里(約370 km)を超えない範囲で，領海の外側に排他的経済水域を設定でき，この水域内では，**海中・海底・地下資源に関して主権的権利**をもつ。ただし，海上は公海と同じ扱いになるので，船舶や航空機の航行の自由を妨害することはできない。
>
> **公海自由の原則**
>
> 公海はどこの国の主権も及ばず，すべての国に開放されている海域であるとする国際法上の原則のこと。

②**主権の3つの意味**

主権…主権を国家の特徴としてはじめて体系的に論じたのは，フランスの思想家ボーダン(1530～1596)である[☞p.52]。主権には，次の3つの意味がある。

a)国政についての最終的決定権…天皇主権や国民主権という場合は，この意味での

主権である。

b)**国内における最高権力性・対外的な独立性**…国家は，国内においては領域内のいかなる権力よりも優越する最高権力をもち，対外的には他国からの干渉を許さない独立性をもつ。国家主権・主権国家という場合の主権は，国家権力のもつ，こうした対内的に最高で，対外的に独立した国家権力の性質を意味する。国家はそれぞれ，この意味での主権をもつことから，主権平等の原則や内政不干渉という考え方が主張される。

c)**統治権**…**領域内の人・領土を支配する権力**そのものを指す。ポツダム宣言の「日本国の主権は本州，北海道，九州及び四国並(ならび)に吾等(われら)の決定する諸小島に局限せらるべし」にある主権は，この意味である。

2 政治参加

✤間接民主制的手続の下での政治参加

選挙…近代民主政治における選挙制度は，参政権獲得運動（1830年代に始まったイギリスのチャーチスト運動が有名）の高まりを受けて，**制限選挙から普通選挙へと変化**していった[☞p.122]。

✤直接民主制的手続の下での政治参加

①**レファレンダム（国民投票，住民投票）**…議会での決定を最終的なものとせず，国民・住民による投票によって最終決定とする制度。日本国憲法では，**地方特別法制定の住民投票**（第95条），**憲法改正の国民投票**（第96条）がその例。

②**リコール（国民解職，住民解職）**…公職にある者を投票によって罷免する制度。日本国憲法では，**最高裁判所の裁判官に対する国民審査**（第79条），地方自治法では直接請求の**首長・議員の解職請求や議会の解散請求**がその例[☞p.103]。

③**イニシアチブ（国民発案，住民発案）**…一定数の国民・住民が立法に関する提案を行う制度。地方自治法上の直接請求のうちの**条例の制定・改廃請求**がその例。

④**そのほかの例**…請願（請願権の行使），集会・デモへの参加（表現の自由の行使），住民運動や市民運動への参加。

3 民主主義の変容

✤**大衆民主主義の成立**…市民革命を通じて実現した民主主義（市民的民主主義）は，**普通選挙制度の導入**を契機として，大衆の政治参加の機会が増大したことにより，大衆の動向が政治を左右する**大衆民主主義**へと変化した。それに伴(ともな)って政党のあり方も**名望家政党から大衆政党（組織政党）へと変化**した[☞p.130]。

✤**ポピュリズム政党の台頭**…ヨーロッパや中南米で，大衆迎合的なポピュリズム政党が台頭している。

ここが共通テストのツボだ!!

ツボ 1 主権の3つの意味

主権概念の分類を，具体例とともに押さえよう。

まず，**国政の最終的決定権という意味**での主権。これは**国民主権**，**天皇主権**がその具体例。国の政治のあり方を誰が最終的に決めることができるのか，という点からみた主権概念。

次に，**最高権力性・独立性という意味**での主権。これは**国家主権**，**主権国家**がその具体例。これには対内主権と対外主権があるが，重要なのは後者。つまり，内政干渉などを受けない**対外的独立性**がこの意味での主権のポイントとなる。

最後に，**統治権という意味**での主権。国家の三要素（領域，主権，国民）の一つである主権がこの例。これは統治権（立法権・行政権・司法権），支配権を意味する。

国政の最終的決定権と最高権力性の区別が特に重要である
国政の最終的決定権 ⇒ 国民主権，天皇主権
最高権力性 ⇒ 国家主権，主権国家

ツボ 2 領域は領土・領海・領空からなる

領域に関しては，その意味内容と，領海と排他的経済水域との違いが理解のポイントとなる。

領海は基線から**12海里**を超えない海域に設定することができ，そこには沿岸国の主権が及ぶ。したがって，沿岸国は領海において自由な措置をとることができる。ただし，無害通航権は認めなければならない。

排他的経済水域は，基線から**200海里**を超えない範囲で，領海の外側に設定できる海域をいう。そこでは沿岸国に**海中・海底・地下資源の管轄権が認められている**。ただし，他国には航行・上空飛行の自由，海底電線・パイプラインの敷設の自由がある。

なお，宇宙条約により，**宇宙空間の領有は禁止されている**。したがって，原則としてすべての国が宇宙空間を自由に探査・利用できる。ただし，その軍事利用は規制されている。

領海 ⇒ 12海里，主権あり
排他的経済水域 ⇒ 200海里以内の領海の外側，海中資源等の管轄権

基礎力チェック問題

問1 主権には複数の意味があるが，その説明A～Cとその具体例ア～ウとの組合せとして正しいものを，次の①～⑥のうちから一つ選べ。 (08年本試)

A 国家の統治権
B 国家権力の最高・独立性
C 国家の政治のあり方を最終的に決定する最高の権力
ア 「主権の存する日本国民の総意」(日本国憲法第1条)
イ 「すべての加盟国の主権平等の原則」(国連憲章第2条)
ウ 「日本国ノ主権ハ本州，北海道，九州及四国…(中略)…ニ局限セラルヘシ」(ポツダム宣言第8項)

① A－ア B－イ C－ウ
② A－ア B－ウ C－イ
③ A－イ B－ア C－ウ
④ A－イ B－ウ C－ア
⑤ A－ウ B－ア C－イ
⑥ A－ウ B－イ C－ア

問2 現在の国連海洋法の原則に関連する記述として最も適当なものを，次の①～④のうちから一つ選べ。 (10年追試)

① 深海底の上部水域には，公海自由の原則が適用される。
② 領海の幅は，沿岸国の海岸線(基線)から最大3海里までである。
③ 領海および排他的経済水域とそれらの上空は，沿岸国の領域とみなされ，その主権が及ぶ。
④ 排他的経済水域は，主として領海内の海底資源を，沿岸国の経済発展に役立てるために設定される。

問3 参政権についての記述として適当でないものを，次の①～④のうちから一つ選べ。 (1997年本試)

① 参政権の保障が，言論の自由や集会・結社の自由と結びつくところに，政党というものが生まれる。
② 選挙制度の歴史をみると，選挙権の要件については，制限選挙制から普通選挙制に移行してきた。
③ 議院内閣制では，国民は議員を選挙するだけでなく，首相をも直接に選挙するのが一般的である。
④ 国民投票(レファレンダム)は，国民が国政に直接参加するための方法として用いられている。

問1 [答] ⑥
ア：国民主権を意味し，Cの国家の**政治のあり方の最終的決定権**を意味する用例。
イ：国家が有する主権の平等性をいうもので，Bの**国家権力の最高・独立性**を意味する用例。
ウ：Aの**統治権(支配権)**を意味する用例である。
したがって，正解は，⑥となる。

問2 [答] ①
① **適当**：深海底とは，大陸棚の外側のいずれの国の管轄権も及ばない海底のことなので，その上部は公海となる。そのため，その水域には**公海自由の原則**が適用される。
② **不適当**：「3海里」は**12海里**の誤り。
③ **不適当**：排他的経済水域の上空は領空ではないので，主権は及ばない。
④ **不適当**：「領海内」が誤り。排他的経済水域は，沿岸国が**領海の外側に設定できる水域**のこと。

問3 [答] ③
③ **不適当**：議院内閣制では首相を直接選挙する仕組みの国は例外的である。日本では国会が国会議員の中から首相を指名する。
① **適当**：結社の自由は政党の結成を法的に可能にするものである。
② **適当**：選挙制度の変化として適当である。
④ **適当**：日本では，憲法改正や地方特別法の制定に際して，レファレンダムという形で政治参加できる。

20 地方自治制度

1 地方自治と民主主義

ブライス(1838〜1922)は，身近な地域の政治に参加することが民主主義の担い手としての能力を高める第一歩であると考え，「**地方自治は民主主義の最良の学校である**」と述べた。

2 明治憲法下の地方制度

✤**明治憲法と地方自治**…明治憲法には地方自治に関する規定はない。

✤**官治行政**…明治憲法下では府県の行政は内務大臣の指揮下にあり，また，府県の知事は天皇によって任命される官選知事であった。

3 地方自治の本旨と地方公共団体の種類

日本国憲法の下では，地方自治を民主主義の基盤と考え，憲法および地方自治法で地方自治制度を規定している。

✤**日本国憲法と地方自治**…日本国憲法は地方自治のために１つの章を設けている。

✤**地方自治の本旨**(ほんし)…憲法は，「地方公共団体の組織及び運営に関する事項は，地方自治の本旨に基いて，法律でこれを定める」(第92条)としている。地方自治の本旨とは，団体自治と住民自治を意味する。

①**団体自治**…これは，地方公共団体（地方自治体）は**国から相対的に独立して地域の行政を行える団体**であるとする考え方で，条例制定権（憲法第94条）や，条例により地方公共団体独自の税を創設できる課税自主権がこの原則を示す具体例である。

②**住民自治**…これは，地方公共団体は**住民が直接的あるいは間接的に参加して，住民の意思と責任において運営されるべき**であるとする考え方で，首長（都道府県の知事や市町村長）および議員を住民が選ぶ直接公選制（憲法第93条２項）や，地方自治法に規定されている直接請求権がこの原則を示す具体例である。

✤**地方公共団体の種類**…地方自治法上，地方公共団体は，普通地方公共団体（都道府県および市町村）と特別地方公共団体（特別区など）とに分類される。

4 地方公共団体の政治の仕組み

✤**議事機関**…地方議会は一院制で，住民による直接選挙で選出される任期４年の議員で構成されている。地方議会は，条例の制定・改廃，予算の議決などの権限をもつ。

✤**条例**…地方公共団体は「法律の範囲内」で条例を制定することができる。条例には罰則を設けることができる。議会への条例提出権は首長と議員にあり，議決権は議会にある。

✤**執行機関**…首長は住民の直接選挙で選出され，任期は**4年**である。首長は**地方税の徴収**，**条例の執行**，条例案などの**議案の提出**や**予算の作成**などを行い，**自治事務**や実施方法を国が指示する**法定受託事務**[☞p.106]を処理する。教育，選挙，土地の収用など，中立や公平の確保や，専門性が求められる事務は，首長の権限から除外され，各種の**行政委員会**（教育委員会，選挙管理委員会，収用委員会など）が行う。

✤**首長と地方議会の関係**…議院内閣制に特有の制度をとり入れながら，大統領制に近い，首長も議員も住民の直接選挙で選出される**二元代表制**が採用されている。

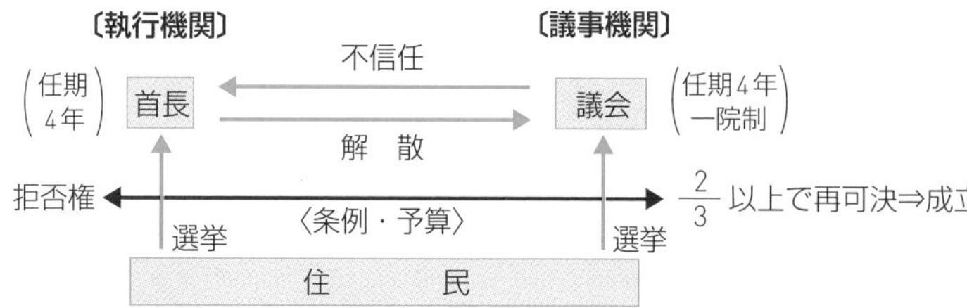

①**大統領制的仕組み**

- 住民による首長の直接選挙（ただしアメリカの大統領制では間接選挙）。
- 議会が可決した条例・予算案に異議がある場合，首長は理由を付(ふ)して議会に再議を要求できる。アメリカ大統領の**拒否権**と似た仕組み。再議に付されても，議会が出席議員の3分の2以上の賛成で再可決すると，その条例・予算案は成立する。

②**議院内閣制的仕組み**

- 議会は首長に対して**不信任決議権**を有する。
- 議会が総議員の3分の2以上の出席の下，その4分の3以上の賛成により不信任決議を可決した場合には，首長は10日以内に議会を**解散**しない限り**失職**する。

✤**直接請求権**…地方自治法は，以下の直接請求権を規定している。

請求の種類	必要署名数	請求先	請求の取扱い
条例の制定・改廃請求	有権者の50分の1以上	首長	首長が議会にかけ，その結果を報告する
事務監査請求	有権者の50分の1以上	監査委員	監査結果を議会・首長などに報告し，かつ公表する
議会の解散請求	原則として有権者の3分の1以上	選挙管理委員会	住民投票に付し，過半数の同意があれば解散する
首長・議員の解職請求	原則として有権者の3分の1以上	選挙管理委員会	住民投票に付し，過半数の同意があれば職を失う
その他の役員の解職請求	原則として有権者の3分の1以上	首長	議会にかけ，3分の2以上の出席の下，その4分の3以上の同意があれば職を失う

ここが共通テストのツボだ!!

ツボ 1 地方公共団体の政治制度の特徴と地方自治の本旨を理解する

①地方公共団体の政治制度

地方公共団体の政治制度は，議院内閣制の要素をとり入れた**二元代表制**と覚える。

(1)議院内閣制との類似点は，議会には首長に対する**不信任決議権**があり，首長には**議会解散権**がある，ということである。

(2)大統領制との類似点は，首長には条例・予算案に対する**拒否権**があるが，議会にはその対抗手段として，出席議員の**3分の2以上の賛成での再可決**によりその条例・予算案を成立させることができる，ということである。

②地方自治の本旨

住民自治と団体自治を区別させる問題が予想される。次の例を考えてみよう。

(1)「署名を集めて条例の制定を請求した」⇒条例という言葉に引っかかって団体自治の具体例と考えてはダメ。**住民が直接請求しているのだから住民自治**の例。

(2)「地方公共団体が住民投票条例を制定した」⇒住民投票だからといって住民自治の具体例と考えてはダメ。**地方公共団体が独自に条例を定めているのだから団体自治**の例。

首長 ⇒ 議会解散権あり。拒否権あり
議会 ⇒ 首長に対する不信任決議権あり。再可決権あり
住民自治 ⇒ 首長・議員の直接公選制や直接請求権がその具体例
団体自治 ⇒ 条例制定権や課税自主権がその具体例

ツボ 2 直接請求権は，必要署名数，請求先，請求の取扱いを押さえる

①**必要署名数**⇒人をやめさせることにかかわるものは**3分の1**，その他が**50分の1**。

②**請求先**⇒選挙によって選ばれる者（首長と議員のこと）にかかわるものは**選挙管理委員会**，その他は**首長**に請求。ただし，事務監査請求に関しては**監査委員**に請求。

③**請求の取扱い**⇒**選挙管理委員会**に請求したものが重要。これらは**住民投票**が行われ，その投票の結果で解散か否か，解職か否かが決まる。

議会の解散請求
首長・議員の解職請求
} ⇒ 住民投票

基礎力チェック問題

問1 現在の日本の地方自治制度について説明した記述として正しいものを，次の①～④のうちから一つ選べ。（11年本試）

① 地方公共団体に自治が認められる事務の範囲は，憲法に具体的な事務名称の一覧をあげて規定されている。
② 執行機関として，首長のほかに中立性や専門性が求められる行政分野を中心に行政委員会がおかれている。
③ 市町村の条例は，その市町村議会での議決ののち，総務大臣の認可を経て制定される。
④ 都道府県知事は，その地域の住民によって直接選挙されるが，同時に国の官吏としての地位ももつ。

問1 [答] ②

② **正文**：[☞p.103]
① **誤文**：日本国憲法には，地方公共団体に「事務を処理」する権能があることは明記されているが，具体的な事務の名称の記載はない。
③ **誤文**：条例の制定に総務大臣など国の認可は不要。
④ **誤文**：都道府県知事は国の官吏ではない。

問2 日本の地方自治に関する記述として正しいものを，次の①～④のうちから一つ選べ。（16年追試）

① 地方自治体の首長は，地方議会へ議案を提出する権限をもたない。
② 住民自治とは，地方自治体の運営を，住民の意思に基づいて行うことをいう。
③ 副知事や副市町村長は，選任される際に地方議会の同意を必要としない。
④ 二元代表制とは，住民と首長とが，互いに抑制と均衡の関係にあることをいう。

問2 [答] ②

② **正文**：住民自治の定義として正しい。
① **誤文**：首長は議会に対し，条例案などの議案提出権をもつ。
③ **誤文**：副知事・副市町村長は，首長が議会の同意を得て選任する。
④ **誤文**：二元代表制とは，首長も議員も住民による直接選挙で，別々に選出される代表制をいう。

問3 日本の地方公共団体における住民，首長および議会の関係についての記述として**適当でないもの**を，次の①～④のうちから一つ選べ。（16年本試）

① 有権者の一定数以上の署名をもって，住民は選挙管理委員会に対して議会の解散を請求することができる。
② 首長に対する議会の不信任決議を待たずに，首長は議会を解散することができる。
③ 直接請求制度に基づいて提案された条例案を，議会は否決できる。
④ 議会が議決した条例に対して，首長は再議を要求できる。

問3 [答] ②

② **不適当**：首長が議会を解散できるのは，議会が首長に対する不信任決議を成立させた場合に限られる。
① **適当**：議会の解散に関する直接請求のことである。
③ **適当**：議会には条例の議決権があるので，可決することも否決することもできる。
④ **適当**：いわゆる拒否権のことである。

21 地方分権改革と地方自治の新たな動向

1 地方分権改革

1990年代から，地方分権改革が推進されてきた。

✤**事務の面での改革**…地方公共団体が行っている事務のうち，国などから委任された事務の割合が多く，地方公共団体の本来の事務が圧迫されてきた。**地方分権一括法**(1999年制定)によってこの点の改善が図られた。

①**事務の再編**…地方公共団体の事務は**自治事務**と**法定受託事務**に再編された。

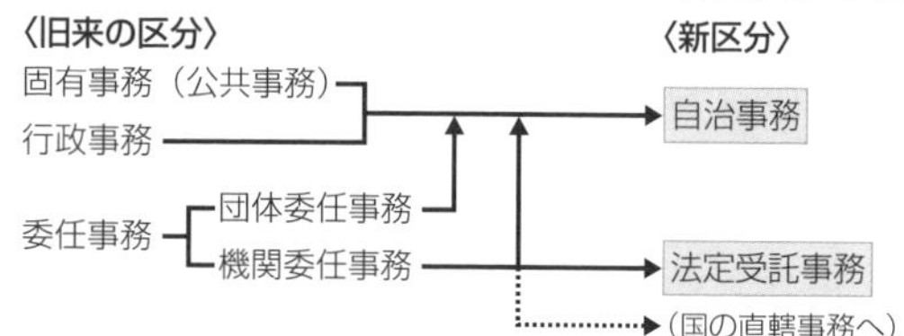

自治事務と法定受託事務

自治事務とは，地域の特性に応じて地方公共団体の裁量で行うことができる事務をいう。その例として，就学校の指定，飲食店営業の許可，都市計画区域の指定などがある。

法定受託事務とは，地方公共団体に国などが委託した事務で，本来は国(あるいは都道府県)が行うべき事務や，その事務処理の適正さを国が確保しなければならない事務のことをいう。その例として，**国政選挙**，**戸籍事務**，**旅券(パスポート)の交付**などがある。

②**地方分権一括法による改善**

- 地方公共団体の裁量で行える**自治事務**が拡大した。
- 地方公共団体の事務への国の関与に不服がある場合，地方公共団体の首長などの執行機関は**国地方係争処理委員会**に審査の申し出ができるようになった。

✤**財政面での改革**

①**地方財政の現状**…地方公共団体の財政は，**自主財源**(地方税など)と**依存財源**(地方交付税，国庫支出金，地方債など)からなる。地方公共団体自(みずか)らが調達できる自主財源だけでは歳出をまかなうことができず，**財政面で国に依存する状態が続いてきた**。

a)**歳入の構成**…地方税は46.7%，地方交付税は20.0%，国庫支出金は16.3%，地方債は7.4%(2023年度)。

b)**地方交付税と国庫支出金の違い**

- **地方交付税**…**地方財政力格差の是正を図るためのもの**で，国は国税の一定割合を地方公共団体の財政状況に応じて配分する。その**使途(しと)は自由**。

- **国庫支出金**…国が地方公共団体に支出する資金のうち，その**使途が特定されているもの**をいう。

②**財政面での改革**…2002年に三位一体の改革が閣議決定され改革が進められた。この改革は，**国庫支出金の削減，地方交付税制度の見直し，国から地方への税源の移譲**を同時に進めていこうとするもの。

2 地域社会の再生

✤地方自治体の再編

①**平成の大合併**…**市町村合併**が行われ，市町村数が約3230から約1720に減少。

②**道州制の検討**…都道府県を廃止し，広域の道や州に再編することが検討されている。広域の行政需要に対応したり，地方行財政の自立性を高めたりするねらいがある。

✤規制緩和と地域の活性化に向けた取組み

構造改革特区…2002年に制定された構造改革特別区域法に基づき，地域を限定して教育分野などにおける**規制緩和**を行うことで，地域の活性化が図られてきた。

> **国家戦略特区**
>
> 地域を限定して規制緩和を進める政策には構造改革特区のほかに国家戦略特区がある。これは，2013年に制定された国家戦略特別区域法に基づき，国際的な競争力の向上などをめざすため，政府が主導して特区の内容や地域を選び，大胆な規制緩和を進めるもの。

✤地域社会の衰退と再生に向けた取組み

①**財政再生団体**…財政が破たんし，国の管理下で財政再建を進めている自治体がある。

②**限界集落の増加**…居住者の減少や高齢化により地域社会としての維持が困難になった**限界集落**が増えている。

③**中心街の衰退とその活性化に向けた取組み**…駅前などの商店街が閉鎖された街並みは「**シャッター街**」と呼ばれる。中心市街地の活性化と行政サービスの効率化に向けた取組みとして，中心市街地を商業機能，居住，公益施設，交通などの面の拠点と位置づけ，小規模にまとまった**コンパクトシティ**を推進する動きがある。

④**ふるさと納税制度の導入**…任意の自治体に寄付をすることにより，寄付金額の一部が所得税・住民税から控除される仕組みが導入されている。居住地とは異なる自治体に納税するのと同じ効果をもつ。

3 住民投票

✤**住民投票**…1990年代半ば以降，住民投票条例を定めて地方公共団体の重要な政策の是非を住民に問う地方公共団体が増えている。

①住民投票条例に基づく住民投票の結果には**法的拘束力**がない。

②**定住外国人**や未成年に投票権を認めた地方公共団体がある。

ここが共通テストのツボだ!!

ツボ 1 地方財政の財源構成については地方税と地方交付税の割合が大切

自主財源の中心は地方税で，現在，これが普通地方公共団体全体の歳入の約**40～50%**を占める。第2位を占めているのが**地方交付税**。第3位は流動的である。**国庫支出金**と**地方債**の順位が入れ替わる年もある。

- **地方財政の歳入構成** ⇒ 第1位：地方税（約40～50%），第2位：地方交付税（約20%），第3・4位：国庫支出金・地方債
  近年の傾向 ⇒ 自主財源は5割ほど

ツボ 2 対比して押さえよう

①地方交付税と国庫支出金 [☞p.106]

地方交付税は使途**自由**な**一般財源**。国庫支出金は使途**特定**の**特定財源**。

②自治事務と法定受託事務 [☞p.106]

事務の種類	特徴	例
自治事務	地方公共団体の裁量で行える事務	飲食店営業の許可など
法定受託事務	実施については国が強く関与できる事務	国政選挙など

③住民投票の結果の法的拘束力

住民投票の法的根拠	例	法的拘束力	投票権
憲法に基づくもの	地方特別法の住民投票 [☞p.86]	あり	選挙権を有する住民
法律に基づくもの	直接請求に伴う住民投票 [☞p.103] 大都市地域特別区設置法に基づいて行われる市町村の住民投票	あり	選挙権を有する住民
条例に基づくもの	市町村合併の是非を問う住民投票など [☞p.107]	なし	条例で定める該当者

- 地方交付税と国庫支出金は使途の違いが大切
  自治事務と法定受託事務は例が大切
  住民投票は，その根拠となる法令によって法的拘束力の有無に違いがあることに注意

基礎力チェック問題

問1 日本における国と地方自治体との関係についての記述として最も適当なものを，次の①～④のうちから一つ選べ。 (18年本試)

① 国庫支出金は，地方自治体の自主財源である。
② 三位一体の改革において，地方交付税の配分総額が増額された。
③ 地方財政健全化法に基づき，財政再生団体となった地方自治体はない。
④ 地方分権一括法の施行に伴い，機関委任事務は廃止された。

問2 地域の活性化に関連して，次の文章中の空欄 ア ・ イ に当てはまる語句の組合せとして正しいものを，下の①～④のうちから一つ選べ。 (19年本試)

少子高齢化が進むにつれ，人口減少に直面する地方都市のあり方が問われるようになった。これに対応して，商業や医療など生活に必要な機能を担う施設を都市の中心部に集中させ，中心市街地を活性化させると同時に行政サービスの効率化を図る ア の考え方もある。

また，居住地ではなくても，応援したい地方公共団体に寄付をすると，その額に応じて所得税と住民税が控除される イ という仕組みがある。これは地方公共団体の間で税収を移転させる効果があり，地域活性化や被災地の復興支援のために，これを利用する人もいる。

① **ア** コンパクトシティ **イ** ふるさと納税
② **ア** コンパクトシティ **イ** 独自課税
③ **ア** ミニマム・アクセス **イ** ふるさと納税
④ **ア** ミニマム・アクセス **イ** 独自課税

問3 日本における住民投票についての記述として適当でないものを，次の①～④のうちから一つ選べ。 (09年本試)

① 地方自治体が，公共事業の是非について住民投票を実施することは，法律によって禁止されている。
② 地方議会の議員は，解職請求があったとき，住民投票において過半数の同意があれば失職する。
③ 一地方自治体にのみ適用される特別法は，その自治体の住民投票で過半数の同意を得なければ，国会はこれを制定することができない。
④ 地方自治体が条例を制定して実施した住民投票の結果は，首長や議会を，法的に拘束するものではない。

問1 [答] ④

④ **適当**：機関委任事務は廃止され，地方自治体の事務は自治事務と法定受託事務に再編された。
① **不適当**：国庫支出金は自主財源ではなく依存財源である。
② **不適当**：三位一体の改革において，地方交付税は国庫支出金とともに削減の対象となった。
③ **不適当**：財政再生団体となった地方自治体に北海道の夕張市がある。

問2 [答] ①

ア：中心市街地の活性化と行政サービスの効率化ということからコンパクトシティとわかる。ミニマム・アクセスについては，米の最低輸入義務を押さえておこう[☞p.207]。
イ：地方公共団体への寄付によりその一部が所得税と住民税の控除につながるという記述からふるさと納税とわかる。独自課税は地方公共団体が条例に基づき独自に地方税を創設しこれを課すこと。

問3 [答] ①

① **不適当**：公共事業の是非について問う住民投票を実施することは法的に可能である。これについては，岐阜県の御嵩町の産業廃棄物の最終処分場の建設や，徳島市の吉野川可動堰の建設をめぐって行われた例がある。
② **適当**：地方自治法に基づく直接請求の例である[☞p.103]。
③ **適当**：憲法第95条にある地方特別法の住民投票についての記述である[☞p.86]。
④ **適当**：住民投票条例を制定して行われる住民投票の結果には，法的拘束力がない。

22 国会の仕組みと役割

1 国会の地位と組織

✤**国会の地位**…憲法は，国会を「**国権の最高機関**」「**国の唯一の立法機関**」と位置づけている(第41条)。

✤**「唯一の立法機関」とその例外**…「国の唯一の立法機関」には，国会以外に実質的な意味での立法を認めないとする原則(**国会中心立法**)と国会による立法には国会以外関与を必要としないとする原則(**国会単独立法**)が含まれている。ただし，国会中心立法の原則の例外として，憲法は，次の4つを認めている。①国会の各議院はそれぞれ**単独で議院規則を制定**できる。②内閣は**政令を制定**できる。③最高裁判所は**裁判所内の規則を制定**できる。④地方公共団体は**条例を制定**できる。また，国会単独立法の原則の例外として，憲法は，地方特別法の制定には**住民投票による住民の同意が必要**であるとしている。なお，憲法改正の発議にも**国民投票による国民の賛成が必要**である。

✤**国会の組織**…憲法に基づき衆議院と参議院との二院制が採用されている。

✤**国会の種類**…常会，特別会，臨時会がある。このほかに参議院の緊急集会がある。

2 国会の運営

✤**定足数**…本会議を開き議決するには総議員の**3分の1以上**の出席が必要。

✤**審議と議決**

①**委員会中心主義**…議案の審議の中心は，アメリカと同様，本会議ではなく**委員会**である。委員会において**公聴会**を開いて国民の意見を聞くことができる。

②**本会議における議決**…議案は，**出席議員の過半数の賛成で可決となる**。ただし，憲法改正の発議の場合は**総議員の3分の2以上**の賛成が必要。また**法律の再議決**，本会議を**秘密会**とすることの議決，資格争訟(そうしょう)による**資格の剝奪**(はくだつ)の議決，議員懲罰による**除名**の議決の場合は，**出席議員の3分の2以上**の賛成が必要。

3 国会の権限と衆議院の優越

✤**国会・議院の権限**

①**立法に関する権限**…法律の制定権，条約の承認権，憲法改正の発議権がある。次の点が大切。**法律の制定権**に関しては法律案の提出権は**国会議員**および**内閣**に認められていること，地方特別法の制定には地方自治体の住民投票で過半数の同意が必

要なこと，条約の承認権に関しては**国会の承認は締結の前でも後でもよい**こと[☞p.115]，憲法改正に関しては，国会に認められているのは国民に対して発議・提案する権限であって，最終的には国民投票によって決まること[☞p.86]。

②一般国務に関する権限

a)**弾劾(だんがい)裁判所設置権**…国会は，国会議員で構成される弾劾裁判所による裁判で，職務を甚(はなは)だしく怠った裁判官や，裁判官としての威信を著しく失う非行を行った裁判官を罷免することができる。弾劾の手続きは次のとおり。まず，衆参各院の議員のうちから選出された委員で構成される**訴追(そつい)委員会**が訴追するかどうかを決める。訴追された場合，衆参各院の議員のうちから選出された裁判員で構成される**弾劾裁判所**が，罷免するかどうかの裁判を行う。

b)**内閣総理大臣の指名権**…国会は国会議員の中から内閣総理大臣を指名。

c)**内閣不信任決議権**…**衆議院のみに認められている権限**。これが可決されると，内閣は総辞職するか，衆議院を解散するかのどちらかを選択しなければならない。

d)**国政調査権**…各議院は国政に関する調査を行うために，証人の出頭・証言・記録の提出を求めることができる。証人として議院に喚問された場合には**正当な理由なく，出頭・証言・記録の提出を拒否することはできない**。虚偽の証言を行った場合は偽証罪に問われることもある。ただし，判決内容の当否などに関しては，司法権の独立を侵すことにつながるため，国政調査権は行使できない。

③財政に関する権限…憲法は，国の財政に関しては，国民を代表する議員で構成される国会の民主的な統制の下に置くことを原則としている（財政民主主義）。

a)**租税法律主義**…新たに租税を課す，または，現行の租税を変更する場合には，**国会が制定する法律に根拠をもたなければならない**という原則。

b)**予算の議決権**…**予算の作成・提出権は内閣にあるが，その議決権は国会にある**。なお，予算のみ衆議院に先議権が認められている。

c)**決算の報告・国会提出**…決算は会計検査院がこれを検査し，内閣はその検査報告とともに決算を国会に提出しなければならない。

✤**衆議院の優越**…国会は二院制を採用しているため，国会の議決には両議院の議決が一致することが必要であるが，法律案の議決，予算の議決，条約の承認，内閣総理大臣の指名に関しては衆議院の議決に優越が認められている[☞p.112]。

4 議員特権

国会議員には国民の代表として憲法上3つの特権が与えられている。

✤**歳費特権**…相当額の歳費を受け取ることができる。

✤**不逮捕特権**…**会期中（任期中ではないことに注意）は逮捕されない**。ただし，院外における現行犯罪の場合や所属する議院の許諾がある場合は逮捕可能。

✤**免責特権**…院内での発言・表決・討論については，院外で民事上・刑事上の責任を問われることはない。ただし，院内で懲罰を受けることはあり得る。

ここが共通テストのツボだ!!

ツボ 1 国会の重要事項をチェックする

①衆議院の優越

(1)法律案の議決(憲法第59条)

・衆議院が可決⇒参議院が**60日以内**に議決しないか，否決⇒衆議院で**出席議員の3分の2以上で再可決⇒法律成立。**

(2)予算案の議決(同法第60条)と条約の承認(同法第61条)

・衆議院で可決⇒参議院が**30日以内**に議決せず⇒**自動的に成立。**

・衆議院で可決⇒参議院が否決⇒**両院協議会**開催⇒意見が一致せず⇒**衆議院の議決が国会の議決となる。**

(3)内閣総理大臣の指名(同法第67条)

・衆議院で指名の議決⇒参議院が**10日以内**に議決せず⇒**衆議院の議決が国会の議決となる。**

・衆議院と参議院とで異なる指名の議決⇒**両院協議会**開催⇒意見が一致せず⇒**衆議院の議決が国会の議決となる。**

②議員特権

(1)**歳費特権**…これについては減額の禁止の規定はないということに注意。憲法上報酬の減額が禁止されているのは裁判官のみ。

(2)**不逮捕特権**…現行犯罪などを除いて**会期中には逮捕されない**，ということに注意。

(3)**免責特権**…これについては院内での発言・表決などについて**院外では法的責任を問われない**が，院内では責任を問われる場合があり得るということに注意。

③国会における審議

(1)審議の中心は本会議ではなく**委員会**ということに注意。

(2)議決に関しては，**総議員の3分の2以上(憲法改正の発議)**と，**出席議員の3分の2以上(4例)**の特別多数決の，計5例を押さえておこう[☞p.110]。

④国会の種類と参議院の緊急集会

(1)**常会**…毎年1月に召集される国会。

(2)**特別会**…衆議院の解散による総選挙後に開かれる国会。

(3)**臨時会**…衆議院議員の任期満了に伴(ともな)う総選挙後などに開かれる国会。

(4)**参議院の緊急集会**…衆議院の解散中に内閣の要求により開かれる。

衆議院の優越に関しては，予算，条約，内閣総理大臣の指名で，両院が異なる議決をした場合，必ず両院協議会が開かれることがポイント

基礎力チェック問題

問1 日本国憲法が定める国会についての記述として正しいものを，次の①～④のうちから一つ選べ。 （19年本試）

① 在任中の国務大臣を訴追するには，国会の同意が必要となる。
② 大赦や特赦などの恩赦を決定することは，国会の権限である。
③ 衆議院で可決した予算を参議院が否決した場合に，両院協議会を開いても意見が一致しないとき，衆議院の議決が国会の議決となる。
④ 最高裁判所の指名した者の名簿によって，下級裁判所の裁判官を任命することは，国会の権限である。

問1 [答] ③

③ **正文**：予算の議決に関する衆議院の優越の説明として正しい。
① **誤文**：国務大臣の訴追に関する同意権は国会ではなく内閣総理大臣にある[☞p.116]。
② **誤文**：恩赦の決定は国会ではなく内閣の権限である[☞p.116]。
④ **誤文**：下級裁判所裁判官の任命権は国会ではなく内閣にある[☞p.143]。

問2 日本の国会や議院がもつ権限とその行使をめぐる記述として誤っているものを，次の①～④のうちから一つ選べ。 （18年本試）

① 両議院の審議において大臣に代わって官僚が答弁する政府委員の制度が，設けられている。
② 内閣総理大臣は，答弁または説明のために出席を求められれば，議席をもっていない議院にも出席する義務がある。
③ 両議院は，それぞれ国政に関する調査を行うため証人を出頭させて証言を求めることができる。
④ 衆議院は，出席議員の過半数の賛成によって，内閣不信任決議案を可決することができる。

問2 [答] ①

① **誤文**：政府委員制度は2001年に廃止された[☞p.119]。
② **正文**：憲法第63条に規定されている。
③ **正文**：国政調査権のこと。
④ **正文**：内閣不信任決議権は衆議院のみに与えられている権限である。

問3 日本の国会または議院が有する国政の監視機能についての記述として正しいものを，次の①～④のうちから一つ選べ。 （11年本試）

① 国政上の問題を調査するために，証人の出頭や記録の提出を求めることができる。
② 弾劾裁判所を設置して，国務大臣を罷免することができる。
③ 国の決算を審査した上で，会計検査院に報告する。
④ 最高裁判所の裁判官の指名に際し，内閣から候補者についての報告を受けて審査する。

問3 [答] ①

① **正文**：衆議院および参議院は国政調査権をもつ。
② **誤文**：弾劾裁判の対象となるのは裁判官のみである。
③ **誤文**：国の決算を審査(検査)するのは国会や各議院ではなく，会計検査院である。また，会計検査院の検査報告とともに，内閣が決算を国会に提出することになっている。
④ **誤文**：そのような審査権は国会や議院にはない。

23 内閣の仕組みと権限

1 議院内閣制

憲法は第65条で「行政権は，内閣に属する」としている。

✤内閣の組織と構成

①**内閣の組織**…内閣は，内閣総理大臣および国務大臣*で構成されている。

*国務大臣の数の上限は内閣法で定められている。

②**内閣総理大臣**…内閣総理大臣は，国会議員の中から国会が指名し，天皇が任命する。また，憲法上，内閣総理大臣は文民でなければならない。

③**国務大臣**…内閣総理大臣は国務大臣を任命し，自由にこれを罷免できる(任免権)。国務大臣は**その過半数が国会議員**でなければならない(憲法第68条)。また，憲法上，国務大臣は**全員文民**でなければならない。

④**閣議**…閣議は内閣総理大臣が主宰し，その意思決定は全会一致が慣例となっている。

✤日本国憲法と議院内閣制

①**議院内閣制**…日本はイギリスに倣(なら)って，行政府(内閣)の存立を立法府(国会)の信任に基づかせる議院内閣制を採用している。議院内閣制では，議会多数派が内閣を構成することになるので，議会多数派が立法権と行政権を掌握することになる。

②**議院内閣制にかかわる日本国憲法の規定の例**…憲法は，第66条で内閣は行政権の行使に関して国会に連帯責任を負(お)うと規定し，また，第69条で**衆議院に内閣不信任決議権を与え，内閣に衆議院を解散する権限を与える**など，議院内閣制の仕組みを採用している。そのほかに，国会の内閣総理大臣指名権(同法第67条)，議院から答弁や発言のために出席を求められたときには，**内閣総理大臣・国務大臣は議院に出席しなければならない**とする第63条の規定も議院内閣制にかかわるものである。

✤国会と内閣の関係(総選挙および解散と総辞職)

①**総選挙と解散**…衆議院議員選挙(総選挙)には，解散に伴(ともな)う総選挙と任期満了に伴う総選挙の2つがある。**解散に伴う総選挙には，69条解散によるものと7条解散によるものがある。**69条解散は，憲法第69条にある内閣不信任決議案の可決あるいは信任決議案の否決を受けて行う解散である。7条解散は，不信任の議決を経ずに内閣の判断で行うもので，憲法第7条の天皇の国事行為に基づくものである。69条解散は過去に4例しかなく，多くは7条解散である。

解散総選挙後に開かれる国会は特別会(特別国会)で，衆議院議員の任期満了による総選挙後に開かれる国会は**臨時会（臨時国会）**である。衆議院議員の総選挙後に開かれるこのいずれの国会でも，内閣は**総辞職**し新たな内閣総理大臣が指名されることになる（前の内閣総理大臣が再び指名されることもある）。

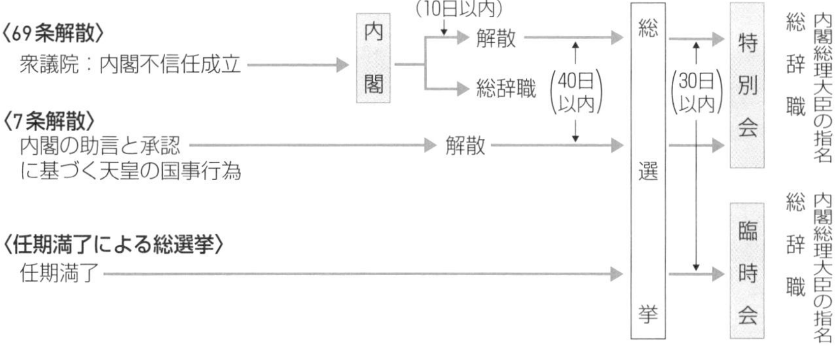

②**総辞職**…内閣が総辞職＊しなければならない憲法上の条件は次の４つである。

ア．任期満了に伴う総選挙後の**臨時会**が開かれたとき

イ．解散による総選挙後の**特別会**が開かれたとき

ウ．内閣不信任決議案が可決・信任決議案が否決され，**10日**以内に衆議院が解散されなかったとき

エ．内閣総理大臣が欠けたとき

＊衆議院議員選挙（総選挙）のあとに開かれる国会では，**必ず内閣は総辞職**する。

2 内閣の権限と内閣総理大臣の権限

✤内閣の権限（憲法第73条）

①**注意すべき内閣の権限**

a)**条約の締結**…締結権は**内閣**にあるが，承認権は**国会**にある。その**承認は締結の前でも後でもよい**。

b)**予算の作成・提出権**…作成・提出権は**内閣**にあるが，議決権は**国会**にある。

c)**政令制定権**…内閣は，憲法・法律を実施するのに必要な場合や法律の委任がある場合に政令を制定できる。法律の委任があれば政令に**罰則を設けることができる**。

d)**恩赦（大赦，減刑など）の決定**…恩赦の決定は**内閣**，その認証は**天皇**が行う。

②**その他の内閣の権限**…一般行政事務，法律の執行・国務の総理，外交関係の処理，官吏に関する事務の掌理

✤内閣総理大臣の権限

①**明治憲法下の内閣総理大臣**…「**同輩中の首席**」として権限上は他の国務大臣と対等な関係にあり，内閣総理大臣には国務大臣の任免権はなかった。

②**日本国憲法下の内閣総理大臣**…「**内閣の首長**」として，内閣総理大臣には，国務大臣の任免権や国務大臣の訴追（そつい）に関する同意権（国務大臣の在任中は，内閣総理大臣の同意がないと検察官は国務大臣を起訴することができない）などがある。

ここが共通テストのツボだ!!

ツボ 1 議院内閣制の特徴と日本国憲法の規定

議院内閣制の特徴は，**内閣が議会に対して連帯責任を負う政治制度**ということにある。この点から，日本国憲法では次のものが議院内閣制とかかわる規定となる。

①行政権の行使に関し国会に**連帯責任**を負うこと（第66条）
②**内閣不信任決議権**が衆議院に認められていること（第69条）
③**内閣総理大臣指名権**が国会にあること（第67条）
④**内閣総理大臣**および**国務大臣の過半数**は国会議員であること（第67，68条）
⑤答弁・説明のため出席を求められたときは，内閣総理大臣および国務大臣は**議院**に出席しなければならないこと（第63条）

内閣総理大臣および国務大臣は文民でなければならないという憲法の**文民規定は，議院内閣制の仕組みとは関係がない**ことに注意

ツボ 2 内閣の権限と内閣総理大臣の権限

①**内閣の権限**

内閣の権限と他の機関の権限との関連では，次の点を押さえる。

(1)**恩赦の決定**は内閣が行い，認証は天皇が行う
(2)**大使・公使の任命**は内閣が行い，その認証は天皇が行う
(3)**予算の作成・提出権**は内閣がもち，議決権は国会がもつ
(4)**条約の締結権**は内閣がもち，承認権は国会がもつ

また，政令については次の２点が大切。

(1)行政機関は，法律に根拠をもたない**独立命令を制定することはできない。**
(2)法律の委任がある場合には**政令に罰則を設けることができる。**

②**内閣総理大臣の権限**では次の３点が重要。

(1)内閣総理大臣は，**独自の判断で国務大臣を任命**し，これを自由に罷免できる。
(2)**内閣総理大臣の同意**がなければ，検察官は在任中の国務大臣を起訴できない。
(3)内閣総理大臣は閣議を主宰し，内閣を代表して議案を国会に提出し，行政各部を指揮監督する。

内閣の権限 ⇒ 憲法第73条，**天皇の国事行為** ⇒ 憲法第６・７条

基礎力チェック問題

問1 衆議院の解散についての記述として誤っているものを，次の①～④のうちから一つ選べ。 (08年本試)

① 内閣は，天皇の国事行為に対する助言と承認を通して衆議院を解散することができる，という憲法運用が定着している。
② 内閣は，衆議院が内閣不信任決議を行わなくても衆議院を解散することができる，という憲法運用が定着している。
③ 衆議院の解散総選挙後，一定期間内に，特別会が召集されなければならない。
④ 衆議院の解散後，国会の議決が必要になった場合，新しい衆議院議員が選挙されるのを待たなければならない。

問2 内閣総理大臣およびその他の国務大臣について，現在の制度に関する記述として最も適当なものを，次の①～④のうちから一つ選べ。 (12年本試)

① 内閣総理大臣を国民の直接選挙により選出するとすれば，憲法改正が必要である。
② 内閣総理大臣は文民であるため，自衛隊に対する最高指揮監督権をもたない。
③ 国務大臣は，自分が議席をもたない議院には発言のために出席することができない。
④ 国会議員である国務大臣が選挙によって議員としての地位を失ったときは，その時点で国務大臣の職を失う。

問3 日本国憲法の規定で明記された内閣の権限とは言えないものを，次の①～④のうちから一つ選べ。 (08年本試)

① 政令を制定すること
② 下級裁判所の裁判官を任命すること
③ 国政に関する調査を実施すること
④ 外交関係を処理すること

問1 [答] ④

④ **誤文**：「新しい衆議院議員が選挙される」以前に，内閣の要求により参議院の緊急集会を開き議決できるので，この記述は誤り。なお，緊急集会でとられた措置は，次の国会開会後10日以内に衆議院の同意がなければ無効となる。
①② **正文**：内閣不信任が成立していなくても，内閣は天皇の国事行為を通じて衆議院を解散できる(7条解散)。
③ **正文**：衆議院の解散後40日以内に総選挙を行い，総選挙後30日以内に特別会を召集しなければならない。

問2 [答] ①

① **適当**：国民が直接選挙する制度にするためには，内閣総理大臣は国会が指名し天皇が任命すると規定している憲法の規定の改正が必要。
② **不適当**：自衛隊の最高指揮監督権は内閣総理大臣がもつ。
③ **不適当**：「出席することができない」は出席することができるの誤り。
④ **不適当**：国務大臣はその過半数が国会議員であればよいので，議員としての地位を失っても，その条件を満たしていれば憲法上辞める必要はない。

問3 [答] ③

③ **不適当**：国政調査権は議院(衆議院および参議院)の権限である[☞p.111]。
① **適当**：内閣は政令制定権を有する。
② **適当**：内閣は，最高裁判所の長官の指名権，その他の最高裁判所の裁判官および下級裁判所の裁判官の任命権を有する[☞p.143]。
④ **適当**：これは憲法第73条2号の規定である。

第2部 第1章 政治的な主体となる私たち

24 行政の民主化と行政改革

1 行政権の肥大化と行政の民主化

✤**行政権の肥大化**…20世紀に入ると行政府の役割が増え，行政権が立法権に優位する状況が広がってきた。こうした行政権優位の現代国家のあり方を行政国家と呼ぶ。日本における行政権優位を示す現象(行政国家化現象)には次のようなものがある。

①**内閣提出法案の増大**…国会にかけられる法律案に関しては，成立率では，**内閣提出法案が議員提出法案を上回っている**。

②**委任立法の増大**…立法府が制定する法律では大枠だけを決め，細部については命令(政令や省令)などの形式での行政府の立法に委(ゆだ)ねる委任立法が増大している。

③**行政府による裁量の増大**…生活保護基準の認定や教科書の検定など，行政府に裁量を認める例が増加してきた。

④**許認可権・行政指導の増大**…数多くの許認可権を行政府がもっていたり，行政指導が頻繁に行われたりする。

> **行政指導**
> 行政機関が，業界などに対して，法令による強制という手段を用いずに，勧告や指導という形で協力を求めるなどして，一定の行政目的を実現しようとするもの。

✤**行政の民主化**…行政権が肥大化すると，国民の意思が直接届かない**官僚による支配が強まったり**，国民の代表で構成される**国会の機能が低下する**などの問題が生じる。そのため，行政に国民の意思を反映させる仕組みの整備，すなわち，行政の民主化が求められるようになった。行政の民主化に役立つ制度には以下のものがある。

①**国政調査権**…憲法に定められている各議院の権限で，国民を代表する議員で構成される各議院を通じて**行政の動向をチェックする働き**をもつ[☞p.111]。

②**行政委員会**…**一般の行政機関から相対的に独立した合議制の組織**で，その働きの一つに，行政の中立性や公正な運営を確保することがある。国には国家公安委員会，公正取引委員会などが，地方自治体には教育委員会などが設置されている。

③**審議会**…省庁などが専門家の意見を聞いたり関係者の利害調整を図ったりするために設置する諮問(しもん)機関で，**国民の声を行政に反映させることが期待されている**。

④**オンブズマン(オンブズパーソン，行政監察官)制度**…オンブズマン(オンブズパーソン)とは，行政の苦情を受け，それについて調査し，必要な場合には行政に対し是正の勧告を行う権限をもつ人のこと。この制度は，地方自治体での導入例は

あるが，**国レベルでは導入されていない**。

⑤**行政手続法**（1993年制定）…この法律は，行政指導などの手続きを定めることを通じて，行政運営の公正の確保や透明性の向上を図ることを目的としている。

⑥**情報公開制度の整備**…行政文書の情報公開を通じて，国民・住民は行政の動向をチェックできる[☞p.90]。

⑦**国家公務員倫理法**（1999年制定）…国家公務員に対して，倫理規程の遵守を義務づけることを通じて，公平・公正な職務遂行を確保することを目的としている。

2 国会改革・行政改革

✤**国会改革**…官僚主導から政治主導に向けた改革の一環として国会審議の活性化を図る改革（1999年，国会審議活性化法制定）が行われた。

①**党首討論制の導入**…イギリスのクエスチョンタイム制に倣（なら）って，首相と野党の党首が国会で一対一で討論する**党首討論制**が導入された。

②**政府委員制度の廃止**…官僚が**政府委員**として大臣に代わって国会で答弁することを認める制度が廃止され，副大臣・大臣政務官のポストが新設された。

✤**行政改革**

行政組織の見直し	
中央省庁の再編	1府22省庁制から1府12省庁制への再編（2001年），防衛庁の**防衛省**への格上げ（2007年），**消費者庁**の設置（2009年），復興庁の設置（2012年），デジタル庁の設置（2021年），こども家庭庁の設置（2023年）
特殊法人改革	特殊法人の統廃合（一部の廃止，一部の民営化・独立行政法人化）
独立行政法人化	実施部門を中央省庁から切り離し独立行政法人化
官から民へ	
民営化の推進	日本道路公団（2005年），**郵政事業**（2007年）の民営化
市場化テスト	「官」が独占してきた公共サービスについて，**「官」と「民」が対等な立場で参加する競争入札を通じてその担い手を決定**
PFIの推進	**民間の資金，経営能力および技術的能力**を活用して，公共施設の建設・維持管理運営などを行うこと
指定管理者制度	**地方自治体**の施設（文化施設・福祉施設など）の管理運営を，地方自治体が**民間事業者**や**NPO法人**などに**委託**する制度
公務員制度改革	
天下り規制強化	高級官僚が退職後，在籍していた省庁と関連の深い民間企業や特殊法人に再就職する天下りに対する規制を強化する動き
人事制度の改革	**国家公務員（中央省庁）の幹部人事を一元的に管理**するための組織として**内閣人事局**を設置（2014年）。各省庁に委ねられていた幹部人事を，首相官邸主導で決められるようにすることにより，省益にとらわれずに人材を配置して，**縦割り行政**の弊害を排除し，政治主導で重要政策を推進することがそのねらい

ここが共通テストのツボだ!!

ツボ 1 行政国家を3つの面から押さえる

行政国家に関しては，それが出現するようになった背景，行政国家化といわれる現象の特徴とその具体例，最後に，行政国家のあり方を見直す行政の民主化の具体例，この3つを押さえること。

①**行政国家が出現する背景**には，20世紀に入って，景気の調整，社会保障制度の充実，教育・環境問題への対応など**政府の役割が増大したこと**がある。

②**行政国家化現象の特徴**としては，行政機関が政策を決める上で大きな影響力をもつようになったことがあげられる。具体的には，**内閣提出法案・委任立法・行政府の裁量・許認可権・行政指導の増大**がある。

③このような状況を改善し国民の意思を行政に反映させようとする制度や機関の例としては，**国政調査権，行政委員会，審議会，オンブズマン（オンブズパーソン，行政監察官）制度，行政手続法，情報公開制度**などがある。

19世紀型の立法国家から20世紀型の行政国家への変化
⇒ 政策決定の中心軸が立法機関から行政機関へと移っていくこと

ツボ 2 現代日本の官僚制の問題点と中央省庁の再編

官僚制や中央省庁の再編をめぐる動きでは，特に次のものをチェックしておこう。

①**天下り**…これは中央省庁の高級官僚が退職後，在職していた官庁と関連の深い**民間企業や特殊法人に再就職すること**。官庁と民間企業との癒着（ゆちゃく），官庁と特殊法人の馴（な）れ合い的経営に陥るなどの弊害がある。

②**縦割り行政**…これは各省庁の自律性が強く，他の省庁との連携が不十分で，**行政の非効率の一因となっている現象**。ある事務を所管する官庁とそれと関連のある事務を所管する他の官庁との間で，事務手続きなどの統一性がない，などがその例。

③**中央省庁の再編**…内閣の機能強化と各省庁間の総合調整を図るために**内閣府**が新設されるなど，中央省庁の再編が行われた（2001年）。

現代日本の官僚制の問題点 ⇒ 天下り，縦割り行政
中央省庁の再編 ⇒ 内閣の機能強化などを目的に内閣府が新設された

基礎力チェック問題

問1 行政国家化の日本における現れの例として最も適当なものを，次の①～④のうちから一つ選べ。（13年本試）

① 国会の政策形成能力が向上することによって，議員立法が増加する。
② 行政の裁量に基づく事前規制よりも，司法による事後監視と救済が重視されるようになる。
③ 省庁の統廃合が進み，公務員の数が大幅に減少する。
④ 法律は制度の大枠を定めるだけで，詳細については政令や省令に委(ゆだ)ねるという委任立法が多くなる。

問1 [答] ④
④ **適当**：**委任立法の増大**は行政国家化現象の一つ。
① **不適当**：**内閣提出法案の増加**は行政国家化現象であるが，議員立法の増大はその現象にあたらない。
② **不適当**：**行政の裁量の増大**は行政国家化現象にあたるが，行政の裁量に基づく事前規制が重視されなくなることはその現象にあたらない。
③ **不適当**：**公務員の数の増大**は，行政国家化につながる行政府の肥大の現れといえるが，公務員の減少はその肥大化にあたらない。

問2 行政の活動にかかわる制度や行政を担う公務員についての記述として誤っているものを，次の①～④のうちから一つ選べ。（14年本試）

① 官僚主導による行政を転換し政治主導による行政を図るため，各省に副大臣や大臣政務官がおかれている。
② 内閣から独立して職権を行使する行政委員会の一つとして，中央労働委員会が設けられている。
③ 公務員の罷免については，何人も平穏に請願する権利が認められている。
④ 国家公務員の給与については，国会の勧告によって決められている。

問2 [答] ④
④ **誤文**：給与など国家公務員の勤労条件に関する勧告を行う機関は，「**人事院**」であって「国会」ではない[☞p.83]。
① **正文**：政府委員制度が廃止され，各省庁に**副大臣**・**大臣政務官**が設置されている。
② **正文**：中央労働委員会は**行政委員会**の一つ。
③ **正文**：日本国憲法は「何人も，…公務員の罷免…に関し，平穏に請願する権利を有」すると定め（第16条），**請願権**を保障している。

問3 日本の行政改革に関する記述として正しいものを，次の①～④のうちから一つ選べ。（16年追試）

① 行政活動の透明化のために，行政の許認可権が廃止される代わりに行政指導という政策手段が導入された。
② 国家公務員の幹部人事を，人事院によって一元的に管理する仕組みが導入された。
③ 行政の効率性を向上させることをめざして，独立行政法人制度とともに特殊法人制度が創設された。
④ 政府内の政策の総合調整を行う権限をもつ機関として，内閣府が創設された。

問3 [答] ④
④ **正文**：[☞p.120]
① **誤文**：「行政の**許認可権**」は廃止されてはいないし，**行政指導**は以前からあり，新たに導入されたものでもない。
② **誤文**：「人事院」が誤り。正しくは**内閣人事局**である[☞p.119]。人事院は国家公務員の人事行政の公正化や給与に関する勧告などを行う機関。
③ **誤文**：「特殊法人制度が創設」が誤り。**特殊法人の統廃合**の改革が行われてきた[☞p.119]。

25 選挙① 選挙制度

1 選挙制度

✤**近代選挙の4原則**…近代選挙には，普通選挙・平等選挙・秘密選挙(秘密投票)・直接選挙の4つの原則がある。

①**普通選挙**…一定の年齢に達した国民に等しく選挙権・被選挙権を認める制度。日本では1925年に**男子の普通選挙制度**が，1945年に**男女の普通選挙制度**が導入された。普通選挙については日本国憲法に規定がある(第15条3項)。なお，男子の普通選挙制度をはじめて確立した国は**フランス**(1848年)。

②**平等選挙**…投票人の票の価値を等しく取り扱う制度(1人1票制)。

③**秘密選挙(秘密投票)**…投票の自由を確保するために，投票者の氏名を記入しないで投票すること。日本では，**秘密投票が憲法で保障されている**(第15条4項)。

④**直接選挙**…選挙人が直接被選挙人に投票する制度。アメリカの大統領選挙は**間接選挙**である。

✤**選挙制度の分類とその特徴**

①**分類**

a)**選挙区選挙**…選挙区内の立候補者の中での得票数の多さで当選者を決定する制度。選挙区選挙は，さらに，1選挙区から2名以上の議員を選出する**大選挙区制**と，1選挙区から1名の議員を選出する**小選挙区制**に分類できる。大選挙区制の一種に**中選挙区制**がある。これは1選挙区の定数が3～5名程度のもので，日本の衆議院議員選挙に長い間(1994年まで)採用されてきた。

b)**比例代表選挙**…政党の得票数に比例して議席が配分される制度。

②**小選挙区制と，大選挙区制・比例代表制の短所と長所**

	小選挙区制	大選挙区制・比例代表制
死票	多い	少ない
政党制	大政党に有利なため**二大政党制**になりやすい	少数政党でも議席獲得の可能性が高くなるので**多党制**になりやすい
政権の安定度	議席の過半数を占める政党の出現が容易で，与党が首尾一貫した政策を遂行しやすい	連立政権となることが多く，政策が政党間の妥協の産物となりやすく，また，**小党乱立**になる可能性もある
少数意見	反映しにくい	反映しやすい

2 日本の選挙制度

✤**衆議院議員選挙**…小選挙区制と比例代表制の2つの選挙制度がとり入れられている(**小選挙区比例代表並立制**)。衆議院の比例代表制は，**拘束名簿式**で，全国を11のブロックに分け，ブロックごとに政党の得票数に応じて議席配分が行われる。計算方法は**ドント方式**が採用されている。

なお，衆議院の場合，**重複立候補制**(ちょうふく)が採用されており，小選挙区の候補者を比例代表の名簿に登載することができる。

✤**参議院議員選挙**…**選挙区制**と**比例代表制**が採用され，**3年ごとにそれぞれ半数ずつ改選**される。選挙区制は基本的には都道府県単位(合区されている県がある)の選挙区割りになっている。比例代表には**非拘束名簿式**が採用されている。ただし，政党は候補者の一部に優先的に当選する順位を記載することができる(特定枠)。計算方法は衆議院の場合と同じドント方式である。

✤**衆議院議員選挙と参議院議員選挙の違い**

①**重複立候補制**を採用している衆議院，採用していない参議院。
②比例代表制の選挙区に関し，**ブロック制**の衆議院，**全国一単位**の参議院。
③比例代表制の名簿に関し，**拘束名簿式**の衆議院，**非拘束名簿式**の参議院。

○ 拘束名簿式と非拘束名簿式

拘束名簿式比例代表制とは，政党はあらかじめ順位のついた名簿を提出し，その順位にしたがって当選者を確定していく制度。有権者は政党名を書いて投票する。

非拘束名簿式比例代表制とは，政党の提出する名簿には順位がついておらず，有権者は政党名か名簿に登載されている候補者名のいずれかを書いて投票する制度。当選順位は，候補者個人名での得票の多い順となる。

✤**ドント方式の計算**

衆参両院の比例代表選挙の計算方法に採用されている**ドント方式**は，各政党の得票数を正の整数で割り，商の大きい順に定数分まで順位をつけて獲得議席を算出する。定数を10人とした場合の計算例を右に示した。

計算例…定数を10とする。
①～⑩は商(割り算の結果)の大きさの順位。

	A党	B党	C党	D党
得票数	1000	550	350	100
÷1	① 1000	② 550	④ 350	100
÷2	③ 500	⑥ 275	⑩ 175	50
÷3	⑤ 333	⑨ 183	116	
÷4	⑦ 250	137		
÷5	⑧ 200	110		
÷6	166			
獲得議席数	5	3	2	0

ここが共通テストのツボだ!!

ツボ 1 選挙制度は政党制の特徴とリンクさせて理解する

まず，二大政党制の特徴には**政権の安定と少数意見の反映の難しさがあり**，多党制の特徴には**政権の不安定と少数意見の反映の容易さがある**ことを確認しよう。

①**小選挙区制**は，1人しか当選しないため，支持者の多い大政党に有利となる。小政党の支持者は自分の票が死票となることを避けようとすれば，支持政党に近い考えの大政党に投票するはずだから，大政党により多くの票が集まる。そのため，**小選挙区制は二大政党制になりやすく，国民の多数派の意思を議会に反映する多数代表制である**。したがって，上で確認した二大政党制の特徴は，小選挙区制の特徴でもある。

②**大選挙区制・比例代表制**は，少数政党でも代表を送り込めるので，**多党制になりやすく，少数派も議員選出の機会を確保できる少数代表制である**。したがって，上で確認した多党制の特徴は，大選挙区制・比例代表制の特徴でもある。

	メリット	デメリット
小選挙区制 **二大政党制**	政権の安定	少数意見の反映が困難
大選挙区制 **比例代表制** **多党制**	少数意見の反映が容易	政権が不安定

ツボ 2 日本の選挙制度は衆議院と参議院の違いに注目

①**重複立候補制**を認める衆議院，認めない参議院

②比例代表制の選挙区については，**ブロック制**をとる衆議院，**全国一単位**の参議院

③**拘束名簿式**比例代表制の衆議院，**非拘束名簿式**比例代表制の参議院（特定枠あり）

重複立候補制 ⇒ 衆議院では重複立候補制を採用しているため，小選挙区で落選した者が比例代表選挙により衆議院議員となることもある

拘束・非拘束名簿式 ⇒ 有権者は，衆院選では，政党名を記入して投票。参院選では，政党名か名簿登載の候補者名のいずれかを記入して投票

基礎力チェック問題

問1 選挙の原則や選挙制度の特徴に関する記述として適当でないものを，次の①～④のうちから一つ選べ。（17年本試）

① 秘密選挙とは，有権者の自由な意思表明を守るため，投票の内容を他人に知られないことを保障する選挙の原則を意味する。
② 小選挙区制は，大選挙区制と比べた場合，各党の得票率と議席占有率との間に差が生じにくい選挙制度とされる。
③ 普通選挙とは，納税額や財産にかかわりなく，一定の年齢に達した者に選挙権を与える選挙の原則を意味する。
④ 比例代表制は，小選挙区制と比べた場合，多党制が生じやすい選挙制度とされる。

問1 [答] ②

② **不適当**：小選挙区制は大選挙区制と比べ，死票が多くなり，各党の得票率と議席占有率との間に差が生じやすい。
① **適当**：秘密選挙に関する記述として正しい。日本国憲法でも保障されている(第15条4項)。
③ **適当**：普通選挙に関する記述として正しい。日本国憲法でも保障されている(第15条3項)。
④ **適当**：小選挙区制が二大政党制を生じやすいのに対し，比例代表制や大選挙区制は多党制を生じやすい。

問2 日本の選挙制度に関する記述として正しいものを，次の①～④のうちから一つ選べ。（16年本試・改）

① 衆議院議員選挙では，小選挙区制と全国を一つの単位とする比例代表制とが組み合わされている。
② 参議院の選挙区選挙では，比例代表選挙の名簿登載者も立候補できる。
③ 衆議院議員選挙と参議院議員選挙のいずれにおいても，比例代表選挙ではドント式によって議席が配分されている。
④ 衆議院議員選挙と参議院議員選挙のいずれにおいても，満25歳以上の日本国民に被選挙権が認められている。

問2 [答] ③

③ **正文**：[☞p.123]
① **誤文**：「全国を一つの単位とする」は誤り。衆院選では全国を11に分けたブロック制が採用されている。
② **誤文**：参院選では重複立候補制は採用されていない。
④ **誤文**：参議院議員の被選挙権は，都道府県知事の被選挙権と同様，満30歳以上の日本国民にある。

問3 日本における現在の選挙や政党に関する制度の記述として誤っているものを，次の①～④のうちから一つ選べ。（19年本試）

① 衆議院議員選挙では，複数の小選挙区に立候補する重複立候補が認められている。
② 投票日に投票できないなどの事情がある有権者のために，期日前投票制度が導入されている。
③ 国が政党に対して，政党交付金による助成を行う仕組みがある。
④ 政治家個人に対する企業団体献金は，禁じられている。

問3 [答] ①

① **誤文**：「複数の小選挙区」が誤り。重複立候補制とは，小選挙区の立候補者を比例代表の名簿にも登載できる制度のことである。
② **正文**：期日前投票に関する記述として正しい。
③ **正文**：政党助成法に基づく制度である[☞p.126]。
④ **正文**：政治資金規正法で，政治家個人に対する企業・団体献金は禁止されている[☞p.126]。

26 選挙②
日本の選挙制度の問題点と世論・圧力団体

1 日本の選挙制度の問題点

✤選挙制度をめぐる裁判

①**定数不均衡問題**…選挙区間で定数と有権者数との比に著しい不均衡がある問題。

a)**衆議院**…最高裁判所は，1976年と1985年の2度，公職選挙法の衆議院議員の定数配分規定が**憲法第14条の法の下の平等に違反**し違憲である，という判断を示した。しかし，両判決とも，**選挙自体は有効**とした。

b)**参議院**…最高裁判所は，参議院議員の定数不均衡問題で，**違憲の判断を示したことは1度もない**。ただし，違憲の一歩手前である「違憲状態」という判断を示したことはある。

②**在外邦人選挙権訴訟**…最高裁判所は，海外に在住する有権者に関し，衆議院・参議院の比例代表選挙に限って投票することを認めた**公職選挙法**の規定は，憲法が保障する選挙権(第15・43・44条)の規定に違反し，違憲であるという判断を示した。この判決を受けて，国会は2006年に公職選挙法を改正した。これにより海外に在住する有権者は，衆参両議院選挙のすべてにおいて，投票できるようになった。

✤政治資金をめぐる問題

①**政治資金規正法**…この法律により，企業・団体(労働組合など)の政治献金は**政党や政治資金団体に対しては認められているが**，政治家個人に対しては禁止されている。

②**政党助成法**…この法律に基づいて，国会議員が5名以上いるか，国会議員がいて直近の国政選挙で得票率が2%以上の政党に対して，**国会議員数および得票数に応じて政党交付金が国庫から支払われる**。

✤選挙・選挙運動をめぐる法制度

①**候補者男女均等法の制定(2018年)**…この法律は，**国政選挙**・**地方議会選挙**で男女の候補者数をできる限り均等にするよう政党に**努力義務**を課している。

②**事前運動の禁止・戸別訪問の禁止**…公職選挙法で，事前運動や各家庭を訪問して投票を依頼する**戸別訪問**は禁止されている。

③**連座制**…公職選挙法で定められた連座対象者が選挙違反で有罪となった場合には，候補者が選挙違反を行っていなくても，当選が無効となる。この連座制が適用されると5年間はその選挙区から立候補ができなくなる。

④**インターネットを利用した選挙運動**…インターネットのウェブサイト等を利用した選挙運動が解禁されている。

2 選挙と国民

✤**政治的無関心**…国政選挙の投票率の低下など，政治への無関心の拡大が懸念されている。政治的無関心には，**伝統的無関心**と現代社会に特有の**現代的無関心**がある。

✤**無党派層の増大**…近年，支持政党が明確でない**無党派層**が増え，その無党派層の投票行動が選挙の行方に大きな影響をもつようになっている。

✤**選挙とマスメディア**…マスメディアによる選挙報道が有権者の投票行動に影響を与えることがある。これを**アナウンスメント効果**という。劣勢が伝えられた候補者に票が集まったり，逆に優勢が伝えられた候補者にいっそうの票が集まったりする。

3 世論・圧力団体

✤**世論**

①**第四の権力**…マスメディアは，世論形成に大きな影響力や行政を監視する機能をもつことから，立法・行政・司法に次ぐ「**第四の権力**」と呼ばれている。

②**ソーシャルメディア**…SNS（ソーシャルネットワーキングサービス）などの**ソーシャルメディア**は，近年，世論形成に大きな影響を与えるようになった。

③**世論操作**…マスメディアやSNSを通じて，**フェイクニュース**（虚偽報道）を意図的に流すなどして，権力者が一定の方向に世論を誘導する危険がある。

④**世論の分断化**…SNSなどを通じて，同じような価値観をもつ者同士が集まり共感し合うことで閉鎖的集団を形成し，**世論の分断化**をもたらす危険が指摘されている。

⑤**メディアリテラシー**…メディアから得られる情報を取捨選択し，活用する能力（**メディアリテラシー**）を身につけることが求められている。

✤**圧力団体**…圧力団体とは，職業上の利益など何らかの集団的な目的の実現を求めて，政党・議員・行政官庁に働きかける団体のことをいう。

①**圧力団体と政党との違い**…政党が国民的利益の実現を求めることを標榜（ひょうぼう）し，**政権の獲得をめざす**のに対し，圧力団体は自己の目的の実現をめざし，**政権の獲得は一般にめざさない**。

②**圧力団体の政治的功罪**…圧力団体の活動を通じて，職業上の利益など，国民の多様な利益や声を国政に反映させることができる。その一方で，圧力団体と議員・官僚などの癒着（ゆちゃく）の問題が生じることがある。

③**ロビイスト**…圧力団体の代理人のこと。アメリカでは法律により，その活動が規制されている。

✤**市民の社会参加**…1998年に**特定非営利活動促進法**（NPO法）が制定され，一定の条件を満たしたNPO（非営利組織）に法人格を付与するなど，市民の活動を促進する法律の整備が行われた。なお，NPOが収益を目的とする事業を行うことは認められているが，その事業で得た収益は社会的貢献活動にあてられなければならない。また，NPOの役員の一部に報酬を受け取る者を置くことも認められている。

ここが共通テストのツボだ!!

ツボ 1 選挙をめぐる動向は出題頻度の高い事項を整理する

①公職選挙法によって**戸別訪問は禁止**されている。

②過去の最低投票率は，衆議院の総選挙では**52%台**(2014年)，参議院の通常選挙では**44%台**(1995年)。また，高齢者に比べて**若年層の投票率が低い**。

③無党派層とは特定の支持政党をもたない人々のこと。

④**定数不均衡問題**に関しては，次の点が特に大切。

・最高裁判所の違憲判決は**衆議院に関してだけあり，参議院に関してはない**。

・**選挙を無効とし選挙のやり直しを命じた判決はない**。

・1985年の違憲判決のあとなど，**定数是正**が行われた例がある。

・農村部の票に比べて都市部の一票の価値が軽い(一票の価値の格差)。

有権者数に比べて定数配分が相対的に少ない都市部の票の価値 ⇒ 軽い
有権者数に比べて定数配分が相対的に多い農村部の票の価値 ⇒ 重い

ツボ 2 政治資金をめぐる問題と法制度を整理する

まず，政治資金規正法による規正に関しては，政治団体以外の企業・団体は，**政党や政党の政治資金団体には献金できるが，政治家個人や政治家個人の資金管理団体には献金できない**ということに注意。

次に，政・官・財の癒着の問題も大切。これは，長期にわたって自民党の一党優位の体制(55年体制)が続いている中で形成されてきたいわゆる「鉄のトライアングル」と呼ばれている関係である。**業界**は，特定の官庁に強い影響力をもつ**族議員**にアプローチをし，**政治資金の提供や選挙支援を行う**代わりに，自己に有利な政策の実現を図るように官僚への働きかけを求める。**官僚**は法案処理などで族議員の協力を得ることと引き換えに，**業界への便宜を図る**。こうしたもたれあいの構造をいう。

企業や団体の政治献金⇒政党と政治資金団体以外へは禁止

政・官・財の癒着⇒

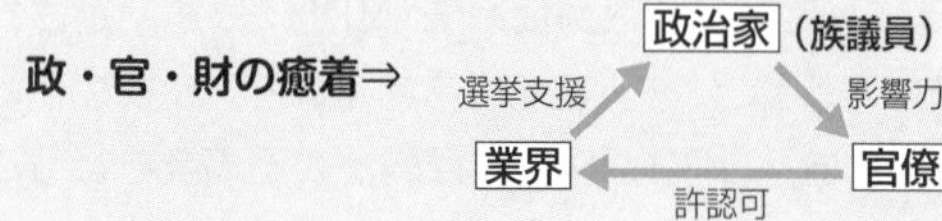

基礎力チェック問題

問1 選挙運動の規制についての記述として誤っているものを，次の①～④のうちから一つ選べ。（17年追試・改）

① 公職選挙法は，候補者がその選挙区内において冠婚葬祭などの際に寄附を行うことを禁止している。
② 公職選挙法が改正されて，選挙に際して投票を依頼するための戸別訪問が解禁された。
③ 公職選挙法が改正されて，候補者と一定の関係にある者が買収などの罪で有罪とされた場合に候補者自身の当選を無効とする連座制が強化された。
④ 公職選挙法では，選挙運動のための文書図画を配布することは制限されている。

問1 [答] ②

② **誤文**：公職選挙法で**戸別訪問**は**禁止**されている。
① **正文**：公職の候補者は選挙区内の人に対して**寄附を行うことはできない**。
③ **正文**：改正法で**連座制**が強化され，連座制が適用された候補者は同じ選挙区から5年間立候補できないことになった。
④ **正文**：公職選挙法で選挙運動における**文書図画の配布は制限**されている。

問2 日本の政治に関する記述として正しいものを，次の①～④のうちから一つ選べ。（16年追試）

① 日本国憲法は，法案の採決の際に国会議員の投票行動を所属政党の方針に従わせる党議拘束を禁止している。
② 公職選挙法は，候補者が立候補を届け出る前の選挙運動である事前運動を認めている。
③ 政治資金規正法は，企業や団体による政党への献金を認めている。
④ 公職選挙法は，インターネットを利用した選挙運動を禁止している。

問2 [答] ③

③ **正文**：**企業・団体献金**を**政治家個人や政治家個人の資金管理団体**に対して**行うことはできない**が，**政党や政党の政治資金団体**に対しては**行うことができる**。
① **誤文**：**党議拘束**は禁止されていない[☞p.131]。
② **誤文**：**事前運動**は**禁止**されている。
④ **誤文**：インターネットを利用した選挙運動は**解禁**されている。

問3 国民と政治のかかわり方についての記述として最も適当なものを，次の①～④のうちから一つ選べ。（16年追試）

① 利益集団(圧力団体)とは，国民の中に存在する特定の利益を実現するために，政治や行政に対して働きかける集団のことである。
② 国民は，報道機関を通じて提供された政治に関する情報を批判的な視点をもって活用する「第四の権力」と呼ばれている。
③ 多数決による決定ではなく，意見の異なる政治勢力の間の合意を重視する民主政治のあり方を，多数者支配型民主主義という。
④ 政治指導者が大衆迎合的な政策を掲げて世論を動員しようとすることを，直接民主制と呼ぶ。

問3 [答] ①

① **適当**：圧力団体の定義として適当。「特定の利益」とは**特殊利益**のこと。
② **不適当**：「**第四の権力**」と呼ばれているのは「国民」ではなく，**マスメディア**である[☞p.127]。
③ **不適当**：多様な意見を調整することを重視するタイプの民主主義は，「多数者支配型民主主義」ではなく**多極共存型民主主義**，**合意型民主主義**と呼ばれる。多数者支配型民主主義は，多数派の意思に基づく統治をいう。
④ **不適当**：大衆迎合的な政策を掲げて大衆の支持を得ようとする政治手法は，「直接民主制」ではなく**ポピュリズム**(**大衆迎合主義**)と呼ばれる。

27 政　党

1 政党とは

政党は，綱領を掲げて政権獲得をめざす団体で，多様な国民の意見を集約して国政に反映させる働きをもっている。近年の日本では，選挙の際に政権公約(マニフェスト)を掲げて有権者の支持を得ようとする政党が増えている。

2 政党の形態と政党制の類型

✤**政党の形態の変化**…政党は，歴史的には，**名望家政党から大衆政党(組織政党)へと変化**してきた。

①**名望家政党**…**制限選挙の時代の政党のタイプ**で，「財産と教養」のある名望家(大地主，産業資本家など)が運営する政党である。

②**大衆政党(組織政党)**…**普通選挙制度**が導入されるようになると，大衆に基盤をもつ大衆政党が一般的となっていく。大衆政党は少数の政党幹部と多数の党員で構成される組織政党という特徴をもつ。

✤**政党制の類型**…政党間競争のある民主主義の下では，二大政党制か多党制のどちらかが一般的な形となる。

①**二大政党制**…一般に，議会の議席の過半数を得る政党が政権を担当するため，**政権は安定するが，少数意見は反映されにくい**。アメリカは民主党と共和党，イギリスは労働党と保守党の二大政党制である。ただし，イギリスは2010年の下院議員選挙で第二次大戦後初の連立政権となり，二大政党制に変化の兆(きざ)しがみられる。

②**多党制**…多党制の場合，一般に，単独で議会の議席の過半数を制する政党が出現しにくいため，連立政権となることが多い。そのため**政権は不安定となるが，少数意見は反映されやすい**。多党制はヨーロッパの国に多くみられる。

3 日本の政党政治

戦後日本の政党政治は，1955年から93年までの38年間続いた55年体制と，その崩壊後の連立政権の時代に区分することができる。

✤**55年体制**…1955年に，左右に分裂していた日本社会党(社会党)が統合され，その後，自由党と日本民主党という保守系の政党が合同し自由民主党(自民党)が誕生した。これ以降，与党自民党と野党第一党の社会党の対立を軸に政治が運営されるようになった。この政治運営の体制を **55年体制**という。二大政党制の時代の到来が期待されたが，衆議院の議席数をみると社会党は自民党の半分程度の議席しか占めていなかったため$1\frac{1}{2}$政党制と呼ばれ，自民党一党優位の体制であった。

✤**野党の多党化の時代**…1960年代に入ると，野党の多党化の時代を迎えた。1960年には社会党を離党した議員によって民主社会党（のちに民社党と改名）が結成され，1964年には公明党が結成された。70年代に入ると，自民党を離党した議員で構成された新自由クラブも誕生した。

✤**55年体制の下での連立政権**…55年体制は自民党の一党優位の政治体制であったが，1970年代後半は，与党と野党の国会での議席が接近する保革伯仲（ほかくはくちゅう）の時代となった。そして，1983年の**中曽根内閣のときに，自民党は新自由クラブと連立を組んだ**。55年体制の下での連立政権はこれのみである。

✤**55年体制の崩壊**…1993年に野党が提出した宮沢内閣に対する不信任決議案が，自民党議員の造反もあり，可決された。それを受けて行われた解散・総選挙で，自民党は敗北し，**非自民・非共産の細川連立政権が誕生**した。自民党が野党に転落したことにより，55年体制は崩壊した。

✤**55年体制崩壊後の政治**…自民党は1994年に**社会党などと連立を組み**，与党に復帰した。その後96年の橋本内閣から2009年の麻生内閣まで，自民党首班の連立政権（一時期単独政権）が続いた。しかし，2009年の衆院選で民主党が第一党となり政権交代が実現した。その民主党も翌年の参院選で敗北したため，**衆議院では与党が過半数を占めるが，参議院では野党が過半数を占める**「ねじれ国会」となり，政権運営が行き詰まった。そうした状況の下で行われた2012年の衆院選で自民党が大勝し，公明党と連立を組んで，第二次安倍内閣が誕生し，自民党は与党に復帰した。2013年の参院選で与党が過半数を制し，ねじれは解消した。

4 日本の政党の特徴

✤**議員政党**…日本の多くの政党は，自民党にみられるように，国会議員とその後援会を中心とする緩やかな組織であり，議員を中心とする政党という特徴をもっている。そのため，後援会と地盤とを受け継ぐ二世議員も多数選出されている。

✤**外部の団体への依存**…政治資金や集票を，財界・労働組合・宗教団体など，外部の団体に依存する傾向が強い。

✤**族議員**…財政族・国防族・文教族・社労族などといわれ，**特定分野に強い影響力を有する有力議員を族議員**という。族議員は，ともすると業界の利益を代弁し，国政にそれを反映させようとして，特定官庁の官僚に影響力を行使することもある。こうした政・官・財の癒着（ゆちゃく）が政治腐敗の温床だといわれてきた[☞p.128]。

✤**党議拘束**…重要法案の採決の場合などには通常，政党が所属議員に対して党の決定にしたがうことを義務づける。これは，日本だけにみられる現象ではない。

ここが共通テストのツボだ!!

ツボ 1 政党政治の特徴を問う問題には2つのタイプがある

1つは歴史的変遷を問うもの。もう1つは二大政党制と多党制の特徴を問うもの。

①**歴史的変遷**については，選挙制度の発展に伴(ともな)って政党のタイプも変化してきた，という捉(とら)え方が大切。つまり，**制限選挙：名望家政党⇒普通選挙：大衆政党（組織政党）**。

②**二大政党制**については，アメリカが典型で，**政権の安定・少数意見の反映の難しさが一般的な特徴**。**多党制**については欧州諸国にその例が多く，**政権の不安定・少数意見の反映のしやすさが一般的な特徴**。

19世紀型の政党 ⇒ 名望家政党←制限選挙
20世紀型の政党 ⇒ 大衆政党（組織政党）←普通選挙
二大政党制 ⇒ 政権の安定，少数意見の反映の難しさ（アメリカ）
多党制 ⇒ 政権の不安定，少数意見の反映のしやすさ（欧州諸国）

ツボ 2 日本の政党政治は55年体制とその崩壊後の状況に注目

日本の政党政治に関しては，55年体制や，55年体制崩壊後の政治状況，そしてまた，自民党政治の特徴を押さえることが大切。

①**55年体制**については，成立とその崩壊までの政治的出来事を押さえよう。1955年の55年体制成立→1960年代の**野党の多党化**→1970年代の**保革伯仲**（主として1970年代後半）→1983年に自民党は**新自由クラブと連立を組む**→1993年の宮沢内閣不信任決議案可決後の非自民・非共産の**細川連立内閣成立**（55年体制崩壊）。

②**55年体制崩壊後の政治状況**については，94年に**村山連立内閣**の誕生で**自民党が与党に復帰**し，麻生内閣まで**自民党政権**が続いていたこと（2009年まで），その後の民主党首班の政権も，自民党首班の政権も**連立政権**であることに注意しよう。

③**自民党政治の特徴**としては，派閥の影響力が強いこと，**族議員**の政策決定への影響力が強く，これが政・官・財の癒着につながっていたことの2点が大切。

55年体制下の政治 ⇒ 年表を用いて政治的事件と年号・年代を押さえる
55年体制崩壊後の政治状況 ⇒ 一時期を除いて連立政権が続いている
自民党政治の特徴 ⇒ 派閥の影響力，族議員の政策決定への影響力の強さ

基礎力チェック問題

問1 政党構造からみた代表的政党類型の名称A～Cと，それらが登場してきた時代背景についての記述ア～ウの組合せとして正しいものを，下の①～⑥のうちから一つ選べ。 (04年本試)

A　包括政党(キャッチオール・パーティー)
B　名望家政党
C　大衆政党(組織政党)

ア　19世紀に，制限選挙の下で登場してきた政党類型である。
イ　19世紀後半から20世紀初頭において，都市化，工業化が進展し，選挙権が拡張されるに伴い台頭してきた政党類型である。
ウ　1960年代に，先進各国で脱イデオロギー化が進み，階級対立が曖昧(あいまい)になる中で登場してきた政党類型である。

① A－ア　B－イ　C－ウ　② A－ア　B－ウ　C－イ
③ A－イ　B－ア　C－ウ　④ A－イ　B－ウ　C－ア
⑤ A－ウ　B－ア　C－イ　⑥ A－ウ　B－イ　C－ア

問2 2000年以降の各国の政権についての記述として正しいものを，次の①～④のうちから一つ選べ。 (12年本試)

① イギリスでは保守党と労働党による二大政党制が定着しているため，連立政権が形成されたことはない。
② 日本では第一党が衆議院の過半数を獲得していたため，連立政権が形成されたことはない。
③ ドイツでは，多党制の下でも常に第一党が単独政権を維持した。
④ アメリカでは，二つの大政党が政権獲得を競う二大政党制が続いている。

問3 日本の政党政治についての記述として最も適当なものを，次の①～④のうちから一つ選べ。 (13年追試)

① 1955年の自民党結党以降，2009年の鳩山内閣の成立まで政権交代は起きなかった。
② 1960年代から70年代にかけて，野党の多党化が進行した。
③ 自民党と社会党は，1970年代には国会でほぼ同数の議席を保持していた。
④ 自民党の特徴とされた派閥は，1980年代には消滅していた。

問1　[答] ⑤
この問題はBとCが確定できればよい。Bの名望家政党は，**19世紀型の政党**で，**制限選挙制度**の下で各国に出現したことから**ア**が該当する。Cの「大衆政党」は，**普通選挙制度**の下で発展した政党のタイプであり，「選挙権が拡張」とある**イ**が該当する。

問2　[答] ④
④ **正文**：共和党と民主党との**二大政党制**である。
① **誤文**：2010年の総選挙で，下院で過半数の議席を占める政党がなく，**第一党の保守党と第三党の自民党が連立を組んだ**。
② **誤文**：55年体制崩壊以降，一時期を除いて**連立政権が続いている**(2024年3月現在)。
③ **誤文**：ドイツではしばしば連立政権が形成される。

問3　[答] ②
② **適当**：1960年代から70年代にかけて，民主社会党，公明党，新自由クラブが結成されるなど，**野党の多党化**がみられた。
① **不適当**：政権交代の例としては，1993年の細川非自民の連立内閣の誕生，2009年の鳩山民主党首班内閣の誕生，2012年の安倍自民党首班内閣の誕生がある。
③ **不適当**：1970年代後半に衆議院において与党自民党と野党の議席が接近した(**保革伯仲**)が，**社会党の議席は自民党の半分程度**であった。
④ **不適当**：1980年代に消滅した事実はない。ただし，派閥の政治資金問題を背景に，2024年に入って，自民党内部で派閥解消の動きが起こった。

28 法と社会規範の意義および役割

1　法システム

✤社会規範と法の役割

①**社会規範**…社会規範とは社会生活における行動や判断の基準となるもの。これには，道徳，慣習，法などがある。

②**法と道徳との違い**…法には，究極的には**国家権力により裏付けられた強制力**があるが，道徳にはそうした裏付けられた強制力がない。

③**法の役割（法の社会的機能）**…法には次の４つの機能がある。

a)**社会統制機能**…人々の行動を規制し社会秩序を維持する機能。たとえば，刑法で刑罰を定めることで犯罪の発生を未然に抑制し，市民の自由と安全を確保できる。

b)**活動促進機能**…人々が自主的な活動を行う際の指針を示すことで，その活動を予測可能で安全なものにする機能。たとえば，民法で契約についてのルールを示すことで，安心・安全な契約の締結が可能となる。

c)**紛争解決機能**…法的紛争が発生した場合に備えて，利害調整や解決のルール・手続きを定めることにより，法的紛争を円滑に解決できるようにする機能。そのような機能を果たす法律に民事紛争における裁判手続を定めた民事訴訟法がある。

d)**資源配分機能**…国家が一定の政策目標を実現するために，資源・財貨・サービスの管理・配分を行う機能。たとえば，税制や社会保障制度を定めた法には，所得格差是正という政策目標を実現する働きがある。

✤法の分類

①**実定法と自然法**…実定法は，法律，慣習，判決など人間の行為によってつくり出された法（人為の法）であり，一定の時代と社会で通用する。これには**制定法**，**判例法**，**慣習法**がある。自然法は，実定法と異なり，人間の理性や本性に基づいたもので，人間の意志によって左右されない，時代や社会を超えて普遍的に通用する法。

②**成文法（制定法）と不文法**…成文法は制定法とも呼ばれ，**憲法**，**条約**，**法律**，**政令**，**条例**，**議院規則**，**最高裁判所規則**などがその例である。不文法には，**慣習法**，国際社会で通用する**国際慣習法（慣習国際法）**，**判例法**がある。

③**公法・私法・社会法**…制定法は，公法・私法・社会法に分けることができる。公法は国の仕組みや，国と個人の関係を定めたものである（憲法，地方自治法，刑法など）。私法は私人間（しじんかん）（個人間，企業間，個人と企業間）の関係を定めたものである（民法，会社法など）。社会法は社会的・経済的弱者を保護するための法である（労

働三法〈労働組合法・労働関係調整法・労働基準法〉, 生活保護法, 独占禁止法など)。

④**一般法と特別法**…一般法が広く適用される法であるのに対し，特別法は特定の人・場所・事項など対象が限定的な場合にのみ適用される。たとえば，消費者が結ぶ契約について規定している消費者契約法は，契約一般について規定している一般法である民法の特別法である。一般法と特別法が定めている規律が異なるとき，**特別法が優先される**。

⑤**実体法と手続法**…民法，商法，刑法などのように，権利・義務や法律関係の実質的内容を定めている法律を実体法というのに対し，刑事訴訟法，民事訴訟法，不動産登記法などのように，実体法に定められている権利・義務や法律関係の実質的な内容を実現するためにとるべき手続きなどを定めている法律を手続法という。

2 法的紛争を解決するための制度 

✤民事裁判と刑事裁判

①**民事裁判**…私人間の権利義務に関する争いなどを審理する裁判で，紛争当事者の訴えの提起によって開始される。訴えた者が原告，訴えられた者が被告。このほか，国や地方自治体が行った行為や決定に不服がある場合に国民が起こす行政裁判があるが，これは民事裁判の一種である。

②**刑事裁判**…刑罰を科すかどうかを審理する裁判で，これは検察官の起訴によって開始される。起訴された段階で，被疑者は(刑事)被告人となる。

✤民事上の法的紛争に関する裁判外による解決

①**ADR(裁判外紛争解決手続)**…ADRは，**民事上の法的紛争**について，**当事者双方が同意**した場合に行われる解決手続き。利害関係のない公正中立な第三者が関与して当事者同士の合意による紛争解決が図られる。ADRには，「民事調停」,「裁判上の和解」など裁判所が行うもの(司法型ADR)，国民生活センターの紛争解決委員会などの行政機関が行うもの(行政型ADR)，弁護士会やNPO法人などの民間のADR事業者が行うもの(民間型ADR)がある。ADR法が制定されている。

②**労働分野のADR**

a)**個別的労働紛争**…賃金の未払いなど，**労働者個人と使用者との間の争い**について審判する制度に労働審判制度がある。

b)**集団的労働紛争**…労働争議や不当労働行為の発生など，**労働組合と使用者との間の争い**については，**労働委員会**による争議の調整(斡旋(あっせん)，調停，仲裁)や不当労働行為の救済申立ての制度がある[☞p.214]。

✤裁判と法の適用

判決三段論法(法的三段論法)…裁判などにおいて法を事実に適用する場合，法的な思考形式である法的三段論法(判決三段論法)が用いられる。これは，大前提→小前提→結論という流れをとり，**大前提となる法規範**を，**小前提となる事実**にあてはめて，**結論**を導き出すという形式をとる。

ここが共通テストのツボだ!!

ツボ ① 裁判とADRとの違いを押さえよう

裁判	裁判官が担当	公開が原則	解決の形式は判決。判決には強制力がある。
ADR	裁判官以外も担当可能	非公開	解決の形式は和解，調停，仲裁など。調停には強制力がない。

ツボ ② 法の分類を押さえよう

①公法，私法，社会法の例

公法	憲法，刑法，国会法，内閣法，地方自治法，刑事訴訟法，民事訴訟法など
私法	民法，商法，会社法
社会法	労働三法などの労働立法，独占禁止法などの経済立法，生活保護法などの社会保障立法

②実体法と手続法

実体法	民法，商法，刑法など
手続法	刑事訴訟法，民事訴訟法など

ツボ ③ 労働紛争の解決手続を整理する

①個別的労働紛争…解雇や賃金の未払いなどの労働者個人と使用者との間の労働紛争

〈**労働審判制度**による解決の手続き〉

・労働者の申立てを受けて**労働審判委員会**が調停や労働審判を行うことができる。労働審判委員会の審判に異議がある場合，民事訴訟に移行することができる。

②集団的労働紛争…労働組合と使用者との間の労働紛争

〈**労働委員会**による解決の手続き〉

・不当労働行為をめぐる紛争…**労働委員会**が救済措置を命じたり和解による解決をめざしたりすることができる。

・労働争議の調整…労働関係調整法に基づき，**労働委員会**が，斡旋（あっせん），調停，仲裁といった形で争議の調整を図ることができる。

個別的労働紛争と集団的労働紛争を分けて押さえよう

基礎力チェック問題

問1 民事の法制度と紛争解決に関する記述として最も適当なものを，次の①～④のうちから一つ選べ。（21年本試）

① 訴訟以外の場で公正な第三者の関与の下で紛争を解決する制度を導入するため，裁判外紛争解決手続法（ADR法）が制定された。
② 損害賠償を求める訴訟では，原則として，過失のない場合でも責任を問われる。
③ 民事紛争を解決するための手段の一つとして，裁判所が関与する斡旋（あっせん）がある。
④ 物の持ち主はその物を自由に扱うことができるという原則を，契約自由の原則という。

問1 ［答］①

① **適当**：裁判外紛争解決手続法は民事紛争に関する裁判外の解決の手続きを定めた法律である。
② **不適当**：損害賠償責任に関する私法上の原則は過失責任である。したがって，過失のない場合は損害賠償の責任を負わない［☞p.138］。
③ **不適当**：斡旋に裁判所は関与しない。和解や調停には裁判所が関与するものがある。
④ **不適当**：「契約自由の原則」を「所有権絶対の原則」に直せば正文となる［☞p.138］。

問2 法の役割とそれに対応する分類の方法についての記述である次の文章中の［A］～［C］に入る語句の組合せとして最も適当なものを，下の①～⑧のうちから一つ選べ。（19年追試）

法の分類方法において，法が規律する関係に着目するものがある。これによれば，法は公法と私法とに分類される。公法は国家の組織のあり方や，国家と市民との関係を規律するもので，私法は私人間の関係を規律するものである。前者に分類されるものとして，日本では［A］がある。こうした二分類に社会法を加えて三分類とする考えもある。社会法は現代社会における，格差是正や弱者保護等を目的としたものである。ここに分類されるものとして，日本では［B］がある。これとは別の分類方法として，人々の権利義務の内容を直接規定する役割をもつ法と，権利の救済や実現の方法を規定する役割をもつ法とに分けるものがある。このうち，後者を［C］と呼ぶ。

	A	B	C
①	憲法	刑法	実体法
②	憲法	刑法	手続法
③	憲法	労働基準法	実体法
④	憲法	労働基準法	手続法
⑤	民法	刑法	実体法
⑥	民法	刑法	手続法
⑦	民法	労働基準法	実体法
⑧	民法	労働基準法	手続法

問2 ［答］④

A：「憲法」が入る。憲法は公法，民法は私法である。
B：「労働基準法」が入る。労働基準法は社会法，刑法は公法である。
C：「手続法」が入る。「権利の救済や実現の方法を規定する役割をもつ法」とは，刑事訴訟法や民事訴訟法などの手続法のことである。「人々の権利義務の内容を直接規定する役割をもつ法」とは実体法のことである。

29 市民生活と私法，刑事司法

1 私法の原則と契約

✤私法の原則(民法の基本原則)

①**権利能力の平等の原則**…**すべての人**は生まれながらに平等に**権利能力**をもつという原則。権利能力とは私法上の権利や義務の主体となる資格のこと。

②**所有権絶対の原則**…他者に干渉されることなく，自己の所有物を自由に使用・処分することができるという原則。

③**私的自治の原則**…私人間(しじんかん)の権利義務関係(法律関係)は，私人間の自由な取り決めに任せるという原則。契約自由の原則はこの原則の具体化である。

④**過失責任の原則**…他者に損害を与えた加害者が損害賠償責任を負(お)うのは，加害者に**故意または過失**があった場合に限られるという原則。**無過失責任**は，**過失の有無にかかわらず損害賠償の責任を負わせる**という考え方で，民法の過失責任主義の原則を修正したもの。**製造物責任(PL)法**や**大気汚染防止法**・**水質汚濁防止法**など，民法の特別法で採用されている[☞p.210, 211]。

⑤**契約自由の原則**…契約を締結するか否かの自由，契約相手を選択する自由，契約内容を決定する自由，口頭や書面などの契約の方式を選ぶ自由などからなる。

✤契約

①**契約の成立**…契約は，**申込み**と**承諾**という当事者間の**合意**(意思表示の合致)で成立する。契約は，書面によらない口頭の合意でも原則として成立する。

②**契約の拘束力**…契約が有効に成立すると，当事者は相互にそれを履行する法的な義務を負う。契約の相手方が契約を履行しない場合，契約を**解除**したり，裁判所を通じて国家に**強制的に執行**を求めたりすることができる。

③**契約の無効あるいは取消し**

a)契約の当事者が「真に納得」できる能力に欠けている場合の契約の無効・取消し

- **意思無能力者**の場合…意思無能力者の法律行為は**無効**である。幼児やそれと同等の精神能力の精神障害者などが意思無能力者に該当。
- **制限行為能力者**の場合…行為能力に乏しい制限行為能力者(未成年者や成年被後見人)が行った契約は，本人あるいは代理人が**取り消す**ことができる。

b)意思表示の合致が「真に納得」したものとはいえない場合の契約の取消し

詐欺(だますこと)・**脅迫**(脅すこと)，**錯誤**(思い違いすること)…詐欺や脅迫で結んだ契約については，だまされた人・脅かされた人は取消しを求めることができる。錯誤で結んだ契約についても，取消し可能。

c)**契約内容が公序良俗や強行法規に違反する場合の契約の無効**

- **公序良俗に違反する契約**…奴隷となる契約など公の秩序・善良の風俗（公序良俗）に反する契約は**無効**である。
- **強行法規に違反する契約**…**無効**である。強行法規とは，当事者の意思にかかわりなく適用される法規定で，異なる内容の契約を許さないとする法規定のこと。労働基準法の法定労働時間の規定がその例。法定労働時間を超える労働時間を定めた労働契約は，その超える部分は無効となる。

④**消費者と契約**

a)**消費者契約法**…消費者と事業者との間で情報の質や量に大きな格差（**情報の非対称性**）があることなどから，消費者を保護する規定を置いている。

- 事業者による**不当な勧誘**により，あるいは，消費者が**誤認したり困惑したりした状態**で締結した契約は**取り消す**ことができる。
- **消費者の利益を不当に害する契約条項**については**無効**となる。

b)**クーリング・オフ制度**…[☞p.211]

2 刑事司法

✤刑事司法の流れ

①**事件の発生から起訴までの流れ**

逮　捕：現行犯を除き裁判官が発付する**令状**が必要

取調べ：冤罪防止のため，裁判員裁判対象事件など一定の事件に関する取調べについては，**その全過程の録画・録音が義務づけられている（取調べの可視化）**

起　訴：起訴できるのは原則として**検察官**のみ

②**刑事裁判の原則**

a)**無罪の推定**…被告人は有罪の判決を受けるまでは無罪と推定される（**無罪の推定**）。有罪であることの**立証責任**は検察官が負い，立証できなければ無罪とされる。無実の人を罰することがあってはならないという考え方の下，「**疑わしきは被告人の利益に**」「**疑わしきは罰せず**」を原則とする。

b)**証拠主義**…犯罪事実の認定は，裁判官の自由な判断に委(ゆだ)ねるのではなく，証拠に基づかなければならないとする原則。

c)ほか，**罪刑法定主義**[☞p.78]，**遡及(そきゅう)処罰の禁止**，**一事不再理**[☞p.79]が原則。

✤刑事責任能力と刑罰

①**刑罰の種類**…有罪の場合，刑罰が科される。刑罰には**生命刑**（死刑），**自由刑**（拘禁刑＊禁固刑と懲役刑を統一，2025年6月から施行），**財産刑**（罰金刑，科料，没収）がある。

②**刑事責任能力**…刑事責任を負うことのできる能力のこと。**14歳未満の少年や心神喪失者**は刑事責任能力がないとみなされ，刑罰を科すことができない。

ここが共通テストのツボだ!!

ツボ 1 私法の原則の修正を押さえよう

近代私法の原則	その修正
所有権絶対の原則	憲法の財産権に対する**公共の福祉**の制約（第29条2項），借地借家法における**弱い立場にある借主を保護する規定**
契約自由の原則	労働基準法などにみられる**経済的弱者を保護する規定**
過失責任の原則	製造物責任（PL）法や大気汚染防止法などでは，欠陥商品や大気汚染による被害に関して，**無過失責任**を採用している。

経済的弱者の保護の観点から行われた私法の原則の修正例を押さえる

ツボ 2 民法が定める能力を押さえよう

権利能力	契約の当事者になることができる能力（資格）。万人がもつ。
意思能力	自己の行為の意味内容を判断できる精神能力。幼児，重度の精神障害者，泥酔者など適切に判断する精神能力をもたない人は**意思無能力者**とされ，その意思表示は効力をもたず，**無効**となる。
行為能力	契約などの法律行為を行う能力（資格）。民法は，未成年者など行為能力が十分でない人を**制限行為能力者**とし，権利を保護するために，その行為能力を制限する制度（**未成年者取消権**や**成年後見制度**など）を導入し，制限行為能力者が単独で行った契約の**取消し**を認めている。

＊無効と取消し…無効は，契約がそもそも有効に成立していないこと。取消しの場合は，取消しが行われるまで契約は有効。

未成年者取消権は制限行為能力者制度が適用された例

ツボ 3 刑事裁判の鉄則を押さえよう

刑事裁判では，**無罪の推定**を原則とする。これは，**裁判で有罪が確定するまでは被告人は無罪と推定**されるべきであり，また，**検察官が有罪を証明できなければ無罪判決**が言い渡されるべきである（「**疑わしきは罰せず**」）とする原則をいう。

被告人は有罪が確定するまでは無罪と推定。有罪の立証責任は検察官にあり

基礎力チェック問題

問1 日本の民法に関する記述として最も適当なものを，次の①～④のうちから一つ選べ。　(19年本試)

① 当事者の一方が未成年である場合に，未成年者が単独で相手方とした契約は，取り消すことができる。
② 当事者の一方が公序良俗に反する内容の契約を申し出た場合に，相手方がそれに同意するならば，その契約は有効である。
③ 物の持ち主がその物を相手方に渡し，相手方がこれに対して対価を支払うことを約束する契約は，労働契約である。
④ 物の持ち主がその物を自由に使用したり，そこから利益を得たり，処分したりすることができるという原則は，契約自由の原則である。

問1　[答] ①

① **適当**：未成年者取消権についての記述として適当。
② **不適当**：**公序良俗**に反する内容をもつ契約は**無効**である。
③ **不適当**：「労働契約」が不適当。正しくは売買契約。労働契約は労働者が労務を提供し雇用主がその対価として賃金を支払うことを約束する契約。
④ **不適当**：「契約自由の原則」が不適当。正しくは**所有権絶対の原則**。

問2 契約に関連して，消費者をめぐる法や制度についての記述として最も適当なものを，次の①～④のうちから一つ選べ。　(21年本試)

① 契約は，当事者間の合意により法的な義務を生じさせるため，契約書が必要である。
② 現行の民法では，18歳以上の者は親の同意なく自分一人で契約することができる。
③ クーリング・オフ制度は，購入者が違約金を支払うことなく，いつでも契約を解除できる制度である。
④ 現行の改正貸金業法では，消費者金融などの貸金業者の貸付けを借り手の年収の3分の1以下とする規制が撤廃されている。

問2　[答] ②

② **適当**：18歳以上の者は成年者であり，行為能力をもつ。
① **不適当**：契約自由の原則に基づき，口頭でも契約は成立する。
③ **不適当**：「いつでも契約を解除できる」が不適当。クーリング・オフはそれが可能とされる期間が定められており，取引の形態により8日以内・14日以内・20日以内のものがある。
④ **不適当**：「年収の3分の1以下とする規制が撤廃」が不適当。この規制を**総量規制**と呼び，現行の制度である。

問3 刑事手続についての記述として正しいものを，次の①～④のうちから一つ選べ。　(14年追試)

① 被疑者の取調べは，憲法上，録音・録画が義務づけられている。
② 検察官の強制による被疑者の自白も，裁判上の証拠として認められる。
③ 最高刑が死刑である殺人罪については，時効が廃止されている。
④ 現行犯逮捕の場合にも，憲法上，令状が必要とされる。

問3　[答] ③

③ **正しい**：**公訴時効の見直し**の一環である[☞p.144 ツボ❶]。
① **誤り**：取調べの「録音・録画」の義務づけは憲法に規定されていない。一定の事件についてのその義務づけは，刑事訴訟法に規定されている。
② **誤り**：**強制による自白**は，憲法上，証拠とすることはできない(第38条2項)。
④ **誤り**：「**現行犯逮捕**の場合」，憲法上，**令状は不要**である(第33条)。

30 裁判所と国民の司法参加

1 裁判所の構成

✤**司法権の帰属**…司法権は最高裁判所および下級裁判所(高等裁判所，地方裁判所，家庭裁判所，簡易裁判所)に帰属し，**特別裁判所**の設置は禁止されている。

> ○ **特別裁判所**
> 特定の身分の人や事件を担当する裁判所で，司法裁判所の系列の外に置かれるもの。明治憲法下では特別裁判所として，**行政裁判所**，**皇室裁判所**，**軍法会議**が設置されていた。

✤**行政機関の終審としての裁判の禁止**…国土交通省の下にある海難審判所のように，行政機関の中には審判などの形式で裁判に似た機能を果たすことができるものがある。しかし，憲法は**行政機関が終審として裁判を行うことを禁止している**ので，その決定に不服があれば，通常の司法裁判所に訴えを起こすことができる。

2 司法権の独立

裁判の公正を保つために，司法権の他の国家権力からの独立や，裁判官の独立が確保されていなければならない(**司法権の独立**)。日本国憲法では，裁判官職権の独立，裁判官の身分保障，最高裁判所の規則制定権を定め，司法権の独立を保障している。

✤**司法権の独立を侵犯した事件**…行政府による干渉事件としては，明治憲法下で政府が裁判に干渉した**大津事件**(1891年)，立法府による干渉事件としては，参議院が国政調査権を行使して裁判に干渉した**浦和事件**(1948年)がある。浦和事件以来，**判決内容の当否に関して国政調査権を行使することはできない**，という原則が確立した。また，司法府内の干渉事件としては**平賀書簡事件**(1969年)がある。

✤**裁判官の身分保障**…裁判官は憲法によりその身分を手厚く保障されている。

①**裁判官の罷免**…**心身の故障**のために職務を遂行できないと裁判所が決定した場合のほか，国会に設置される**弾劾裁判所**(だんがい)が罷免の宣告をした場合に罷免される(公(おおやけ)の弾劾)。また，最高裁判所裁判官は，これらに加え，**国民審査**で有効投票総数の過半数が罷免を可とした場合にも罷免される[☞p.86]。

②**行政機関による懲戒処分の禁止**…内閣，内閣総理大臣，法務大臣，検察官などの**行政機関は裁判官の懲戒処分を行うことができない**。

✤**最高裁判所の規則制定権**…最高裁判所は，訴訟に関する手続き，裁判所の内部規律などに関する規則を制定する権限をもつ[☞p.110]。

3 裁判公開の原則

裁判の公正を確保するために，裁判は，原則として公開法廷で行われる。裁判の傍聴人はメモを取ることはできるが，写真撮影・録音を行うことはできない。

✤**裁判公開の原則**…対審および判決は公開法廷で行わなければならない。

✤**非公開の決定**…対審に関しては，裁判官**全員の一致**で公序良俗を害するおそれがあると決定した場合に，非公開にできる。ただし，**政治犯罪，出版に関する犯罪，基本的人権が問題となっている事件に関する対審を非公開とすることはできない**。

4 裁判官の任命と任期

✤**裁判官の任命**…**最高裁判所長官は，内閣が指名し，天皇が任命する**。最高裁判所のその他の裁判官は，**内閣**が任命する。下級裁判所の裁判官は，**最高裁判所**が指名した者の名簿から**内閣**が任命する。

✤**裁判官の任期**…下級裁判所の裁判官の任期は10年，再任が可能である。

5 裁判制度と司法参加

✤**民事裁判と刑事裁判**…[☞p.135]

✤**裁判員制度**　①**裁判員制度**…18歳以上の有権者から無作為で選出された裁判員が，**重大な刑事事件**の**第一審**において，**裁判官と合議**し事実認定や量刑を行う制度。

②**公判前整理手続き**…裁判迅速化のため，公判前に裁判官，検察官，弁護士が集まり裁判での争点などを整理すること。裁判員裁判ではこの手続きが義務づけられる。

③**裁判員裁判の構成**…原則として裁判官が3名，裁判員が6名で構成される。

④**評決**…評決は裁判官および裁判員のいずれをも含む過半数による。

✤**検察審査会制度**…**検察官の不起訴処分が適当であるかどうかを国民が監視する制度**。有権者の中からくじで選出された審査員で構成され，検察官が**不起訴処分**にした事件に関し，それが適当であったかを審査できる。検察審査会が起訴相当の議決を行ったのち，検察官が不起訴処分を維持し，検察審査会が再度起訴すべきという議決を行うと，裁判所が指定した弁護士が起訴し，刑事裁判が開始される。

✤**三審制**…第一審の判決に不服がある場合には第二審に**控訴**，第二審の判決に不服がある場合には第三審に**上告**できる。通常の第一審は地方裁判所だが，家事審判・少年審判は**家庭裁判所**，軽微な民事・刑事事件は**簡易裁判所**が第一審となる。

✤**再審**…確定判決に重大な誤りがあった場合に再度の審理を行う制度。刑事裁判の場合，**刑の言い渡しを受けた者の利益のためにのみ行うことができる**[☞p.79]。過去に，死刑囚が再審で無罪を言い渡されたことがある（免田事件，財田川事件など）。

✤**日本の違憲審査制度**…法律・命令・規則・処分の憲法適合性を審査する権限を，最高裁判所だけでなく，**下級裁判所にも認めている**。また，アメリカと同様，**付随的違憲審査制度**[☞p.54, 56 ツボ❶]を採用している。

ここが共通テストのツボだ!!

ツボ 1 近年の司法制度改革をまとめて覚えよう

①裁判制度改革

⑴**裁判員制度の導入**…重大な刑事事件の第一審に導入。

⑵**知的財産高等裁判所の設置**…知的財産権をめぐる訴訟を専門的に担当する。

②司法制度一般の改革

⑴**法科大学院（ロースクール）の設置**…法曹（裁判官・弁護士・検察官）人口の増大要請に応えるために，法曹養成機関として設置。

⑵**日本司法支援センター（法テラス）の設置**…訴訟費用の立替えなどの民事法律扶助，国選弁護人の紹介などを行う機関が設置。

⑶**被疑者段階からの国選弁護人制度の導入**…被疑者が勾留される全事件に関し，被疑者段階から国選弁護人をつけることが可能になった。

③犯罪被害者の保護

被害者参加制度の導入…犯罪被害者が直接刑事裁判に参加して，法廷での証人への尋問・被告人に対する質問・求刑に関する意見陳述を行うことができる。

④刑事司法制度改革

⑴**公訴時効制度の見直し**…最高刑が死刑である事件については公訴時効が廃止された。

⑵**取調べの可視化**…一定の事件に関し，取調べの全過程の**録画・録音を義務づけ**。

⑶**日本版司法取引の導入**…検察官と被疑者・被告人との合意で，他人の犯罪事実を明らかにすることの見返りに，**起訴の取下げや求刑軽減を行える制度**が導入された。

裁判員裁判は，アメリカの陪審制度との違いなど，細部にも注意

ツボ 2 裁判員裁判の評決要件を押さえよう

有罪か無罪かについての評決：有罪と判断する場合は，裁判官，裁判員のそれぞれ**1名以上を含む過半数の賛成**が必要となる。裁判員６名，裁判官３名の場合，過半数の者（５名以上）が有罪と判断し，その中に裁判官と裁判員が少なくとも１名ずつ入っている必要がある。その条件を満たさなければ無罪となる。たとえば，裁判員の６名全員が有罪，裁判官３名が無罪とした場合，無罪となる。

裁判員だけの判断で有罪とすることはできない

基礎力チェック問題

問1 公正な裁判を実現するためにとられている日本の制度についての記述として正しいものを，次の①～④のうちから一つ選べ。

（12年本試）

① 冤罪(えんざい)防止のため，刑事裁判は，非公開とすることができない。
② 司法の独立性確保のため，最高裁判所は，規則制定権を付与されている。
③ 最高裁判所の裁判官は，国民審査によらない限り罷免されない。
④ 非行のあった裁判官に対しては，内閣が懲戒処分を行う。

問1 [答] ②

② **正文**：憲法は，司法権の独立を確保するために，最高裁判所に**規則制定権**を認めている。
① **誤文**：対審については，**裁判官が全員一致**で公序良俗を害するおそれがあると決した場合は，非公開にできる。
③ **誤文**：**心身の故障**を理由として，また，**公の弾劾**により罷免される場合がある。
④ **誤文**：内閣などの**行政機関は裁判官の懲戒処分を行うことができない**。

問2 裁判についての記述として**誤っているもの**を，次の①～④のうちから一つ選べ。

（13年追試）

① 日本国憲法によれば，行政機関が終審として裁判を行うことは，禁止されている。
② 日本国憲法によれば，裁判官は，その良心に従い独立してその職権を行うこととされている。
③ 刑事裁判において，被告人の求めがあった場合には，裁判員制度の下で裁判が行われる。
④ 刑事裁判において，抑留または拘禁された後に無罪となった者は，国に補償を求めることが認められている。

問2 [答] ③

③ **誤文**：裁判員裁判は被告人の求めにより行われるのではなく，法律で定められている**重大な刑事事件**においてのみ行われる。
① **正文**：憲法第76条2項の規定である。
② **正文**：憲法第76条3項の規定である。
④ **正文**：憲法第40条の規定である。

問3 日本の司法制度についての記述として正しいものを，次の①～④のうちから一つ選べ。

（17年本試・改）

① 特定の刑事事件において，犯罪被害者やその遺族が刑事裁判に参加して意見を述べることが認められている。
② 裁判員制度は，裁判員だけで有罪か無罪かを決定した後に裁判官が量刑を決定するものである。
③ 法科大学院(ロースクール)は，法曹人口の削減という要請にこたえるために設置された。
④ 検察審査会制度は，検察官が起訴したことの当否を検察審査員が審査するものである。

問3 [答] ①

① **正文**：**被害者参加制度**のことである[☞p.144]。
② **誤文**：**裁判員制度**は，裁判員と裁判官が**合議体を形成して**有罪・無罪の事実認定と量刑を行うというもの[☞p.143]。
③ **誤文**：「法曹人口の削減」は**法曹人口の増大**の誤り[☞p.144 ツボ❶]。
④ **誤文**：検察官が「起訴したこと」というのは誤りで，正しくは不起訴としたことである。検察審査会は検察官が**不起訴処分としたことの当否**を審査する機関[☞p.143]。

チャレンジテスト⑤（大学入学共通テスト実戦演習）

問1 地方自治に関する次の文章中の空欄［ア］～［ウ］に当てはまる語句の組合せとして最も適当なものを，後の①～⑧のうちから一つ選べ。（22年政経本試）

日本国憲法第92条は，「地方公共団体の組織及び運営に関する事項は，地方自治の本旨に基いて，法律でこれを定める」としている。ここでいう地方自治の本旨は，団体自治と住民自治の原理で構成される。団体自治は，国から自立した団体が設立され，そこに十分な自治権が保障されなければならないとする［ア］的要請を意味するものである。住民自治は，地域社会の政治が住民の意思に基づいて行われなければならないとする［イ］的要請を意味するものである。国から地方公共団体への権限や財源の移譲，そして国の地方公共団体に対する関与を法律で限定することなどは，直接的には［ウ］の強化を意味するものということができる。

① ア 集 権　イ 自由主義　ウ 住民自治
② ア 集 権　イ 自由主義　ウ 団体自治
③ ア 集 権　イ 民主主義　ウ 住民自治
④ ア 集 権　イ 民主主義　ウ 団体自治
⑤ ア 分 権　イ 自由主義　ウ 住民自治
⑥ ア 分 権　イ 自由主義　ウ 団体自治
⑦ ア 分 権　イ 民主主義　ウ 住民自治
⑧ ア 分 権　イ 民主主義　ウ 団体自治

問1 ［答］ ⑧

ア：「分権」があてはまる。「国から自立した団体が設立され，そこに十分な自治権が保障されなければならない」という考え方は，権限や権力を地方自治体に委(ゆだ)ねる「分権」につながる。「集権」は分権とは逆に，権限や権力を国に集中させることをいう。

イ：「民主主義」があてはまる。「地域社会の政治が住民の意思に基づいて行われなければならない」という考え方は自己統治という民主主義の考え方につながる。民主主義は人民が政治に参加して自(みずか)らの政治のあり方を決定するという考え方。自由主義は，権力による干渉や権力の濫用を排除して自由や権利を確保するという考え方である。たとえば，法の支配や権力分立は自由主義の考え方に立脚する原理である。

ウ：「団体自治」があてはまる。「国から地方公共団体への権限や財源の移譲，そして国の地方公共団体に対する関与を法律で限定」は，地方公共団体の独立性を高めるので「団体自治」の強化につながる。

以上のことから，組合せとして最も適当なものは，⑧となる。

問2 法の意義，公法と私法の違い，公法と私法それぞれに属する各法の性格などに関連して，次の資料1と資料2は，1973年の最高裁判所の判決文の一部である。資料1の理解をもとに，下の資料2の空欄 ア ・ イ に当てはまる語句の組合せとして最も適当なものを，下の①～④のうちから一つ選べ。なお，資料には，括弧と括弧内の表現を補うなど，表記を改めた箇所がある。 (21年政経本試第1日程)

資料1

(憲法第14条の平等および憲法第19条の思想良心の自由の規定は) その他の自由権的基本権の保障規定と同じく，国または公共団体の統治行動に対して個人の基本的な自由と平等を保障する目的に出たもので，もっぱら国または公共団体と個人との関係を規律するものであり，私人相互の関係を直接規律することを予定するものではない。

(出所) 最高裁判所民事判例集27巻11号

資料2

ア 的支配関係においては，個人の基本的な自由や平等に対する具体的な侵害またはそのおそれがあり，その態様，程度が社会的に許容しうる限度を超えるときは，これに対する立法措置によってその是正を図ることが可能であるし，また，場合によっては， イ に対する一般的制限規定である民法1条，90条や不法行為に関する諸規定等の適切な運用によって，一面で イ の原則を尊重しながら，他面で社会的許容性の限度を超える侵害に対し基本的な自由や平等の利益を保護し，その間の適切な調整を図る方途も存するのである。

(出所) 最高裁判所民事判例集27巻11号

① ア 公　イ 団体自治　② ア 公　イ 私的自治
③ ア 私　イ 団体自治　④ ア 私　イ 私的自治

問2 [答] ④

ア：「私」があてはまる。**資料1**で，自由や平等の保障のあり方を2つに分けて論じている。一つは国・地方公共団体と個人との間における関係であり，もう一つは私人間(しじんかん)の関係である。**資料1**によれば，憲法の自由権的基本権は後者 (私人間の関係) に直接適用されない旨(むね)が述べられている。**資料2**をみると，ア 的支配関係における権利侵害については，「立法措置によってその是正を図ることが可能」とし，憲法ではなく，立法措置，すなわち法律によって是正すべき事柄であるとしている。この点から，ここで述べられているのは，私人間の私的支配関係ということになる。

イ：「私的自治」があてはまる。空欄には私人間の関係において「尊重」される「原則」があてはまる。「私的自治」は「私人相互の関係を直接規律する」私法の原則の一つであるのでこれが空欄にあてはまる。「団体自治」は，地方自治の本旨(ほんし)の一つであり，文脈に合わない。なお，「民法90条」の一般的制限規定とは公序良俗に反する法律行為の無効を定めている規定である。

以上のことから，組合せとして最も適当なものは，④となる。

問3 裁判に関心をもつ生徒Xは，元裁判官の教授による「市民と裁判」という講義にも参加した。講義後，Xは，図書館で関連する書籍などを参照して，日本の裁判員制度とその課題についてまとめた。次の文章中の空欄［ア］～［ウ］に当てはまる語句の組合せとして最も適当なものを，下の①～⑧のうちから一つ選べ。 （21年政経本試第1日程）

裁判員制度は，一般市民が［ア］の第一審に参加する制度である。制度の趣旨として，裁判に国民の声を反映させることや，裁判に対する国民の理解と信頼を深めることなどがあげられる。裁判員は，有権者の中から［イ］に選任され，裁判官とともに評議し，量刑も含めた判断を行う。

裁判員制度が始まって10年以上経過した現在，裁判への参加をよい経験だったとする裁判員経験者の声や，市民の感覚が司法に反映されたとの意見など，肯定的な評価がある。だが，裁判員に［ウ］課せられる守秘義務や辞退率の高さなど，いくつかの課題も指摘されている。

① **ア** 重大な刑事事件 **イ** 事件ごと **ウ** 任務中のみ
② **ア** 重大な刑事事件 **イ** 事件ごと **ウ** 任務終了後も
③ **ア** 重大な刑事事件 **イ** 年度ごと **ウ** 任務中のみ
④ **ア** 重大な刑事事件 **イ** 年度ごと **ウ** 任務終了後も
⑤ **ア** 刑事事件および民事事件 **イ** 事件ごと **ウ** 任務中のみ
⑥ **ア** 刑事事件および民事事件 **イ** 事件ごと **ウ** 任務終了後も
⑦ **ア** 刑事事件および民事事件 **イ** 年度ごと **ウ** 任務中のみ
⑧ **ア** 刑事事件および民事事件 **イ** 年度ごと **ウ** 任務終了後も

問3 ［答］ 

ア：裁判員裁判は「重大な刑事事件」の第一審のみに適用。

イ：裁判員は「事件ごと」に選任される。

ウ：裁判員は評議の秘密や職務上知り得た秘密については守秘義務を「任務終了後も」生涯にわたって負(お)う。

以上のことから，組合せとして最も適当なものは，②となる。

問4 日本の選挙制度に関する次の文章を読んで，下の(1)・(2)に答えよ。（21年政経本試第2日程）

現在，衆議院の選挙制度は，小選挙区とブロック単位の比例区とを組み合わせた小選挙区比例代表並立制を採用し，465人の定数のうち，小選挙区で289人，比例区で176人を選出することとなっている。いま，この選挙制度を変更するとして，小選挙区比例代表並立制と定数を維持した上で，次の二つの変更案のどちらかを選択することとする。なお，この変更により有権者の投票行動は変わらないものとする。

変更案a：小選挙区の議席数の割合を高める。
変更案b：比例区の議席数の割合を高める。

(1) まず，あなたが支持する変更案を選び，変更案aを選択する場合には①，変更案bを選択する場合には②のいずれかをマークせよ。
なお，(1)で①・②のいずれを選んでも，(2)の問いについては，それぞれに対応する適当な選択肢がある。

(2) (1)で選択した変更案が適切だと考えられる根拠について，選挙制度の特徴から述べた文として適当なものを次の記述ア～エのうちから二つ選び，その組合せとして最も適当なものを，下の①～⑥のうちから一つ選べ。

ア この変更案の方が，多様な民意が議席に反映されやすくなるから。
イ この変更案の方が，二大政党制を導き政権交代が円滑に行われやすくなるから。
ウ もう一つの変更案だと，政党の乱立を招き政権が安定しにくくなるから。
エ もう一つの変更案だと，少数政党が議席を得にくくなるから。

① アとイ　② アとウ　③ アとエ
④ イとウ　⑤ イとエ　⑥ ウとエ

問4 ［答］ (1)で①を選択 (2)は④　(1)で②を選択 (2)は③

(1)で①を選択：(2)は④が正解。小選挙区制の特徴として，大政党に有利で二大政党制を生みやすいというものがある。この点から，**イ**が小選挙区の割合を高めることの根拠となる。比例代表制には小党乱立により政権が不安定になるという難点がある。この点から，**ウ**が小選挙区の割合を高めることの根拠となる。

(1)で②を選択：(2)は③が正解。比例代表制の特徴として，多様な民意を反映しやすいというものがある。この点から，**ア**が比例区の割合を高めることの根拠となる。また，小選挙区制には大政党に有利で少数政党が議席を獲得することが困難であるという難点がある。この点から，**エ**が比例区の割合を高めることの根拠となる。

31 資本主義体制の成立・発展と変容

1 経済活動

✤**資源配分と財の希少性**…生産に必要な労働・資本・土地・鉱物資源などの生産資源は，存在量に限りがある**希少な資源**である。そのため，**適切な資源配分の仕方**を考えていかなければならない。市場経済は，市場における取引を通じて資源配分の最適化を実現しようとするのに対し，計画経済は，政府が資源配分を計画的にコントロールしてその適正化を図ろうとする。

✤**トレードオフ**…一方を追求しようとすると他方を犠牲にしなければならないという**両立不可能な経済的な関係**のこと。時間という有限な資源を例にとる。2時間を勉強に費やした場合，その2時間をほかのことにあてることができない。

✤**機会費用**…ある経済活動（生産や消費）で，あるものを選択した場合，選択されずに**放棄された（犠牲にされた）もののうち，最大の便益のこと**。

✤**分業**…財やサービスの生産の増大は，社会全体の豊かさや満足度（経済厚生）を増やす。アダム・スミス(1723～1790)が指摘しているように，生産工程をいくつかの段階に分け，労働者がそれぞれの工程を分担して生産する分業を行うと，生産性が向上し，1人当たりの生産量を増加させることができる。

2 資本主義の成立と特徴

✤**資本主義の確立**…1760年頃から1830年頃にかけてイギリスで産業革命が推進され，それまでのマニュファクチュア（工場制手工業）に代わって，機械制大工業（工場制機械工業）が成立し，工業社会（産業社会）の時代を迎えた。

✤**資本主義経済の特徴**

①**生産手段の私的所有制度**…生産設備や原材料などの生産手段の社会的所有制度を原則とする社会主義と異なり，生産手段の**私的所有制度を原則**とする。

②**市場経済**…生産が政府によって計画的に行われる社会主義とは異なり，経済活動の自由が保障されており，市場機構(メカニズム) [☞p.166] を通じて，資本・労働・土地などの資源の配分が最適化される。

3 資本主義の発展

資本主義は産業資本主義（自由競争的資本主義）から独占資本主義へ，そして，混合経済（修正資本主義）へと発展してきた。

✤**産業資本主義**…資本主義の初期の段階では，市場がもつ資源配分の調整機能に信頼が置かれ，国内的には自由競争，対外的には自由貿易，政府の経済政策としては**自由放任主義（レッセ・フェール）**が主張された。この考え方の正しさを主張した経済学者としてアダム・スミスがいる。

✤**独占資本主義**…19世紀後半に起こった大規模な技術革新（イノベーション）を通じて大量生産方式が導入され，大量生産・大量消費の時代を迎えた。**資本の集積**・**資本の集中**を通じて，企業は巨大化し，**寡占市場**（かせん）が成立した。また，先進工業国は，原材料の供給地と製品の販路を求めて植民地獲得競争を繰り広げ（帝国主義），それが一因となって2度にわたる世界大戦が勃発した。

✤**混合経済（修正資本主義）**…1929年の大恐慌は，自由放任主義の限界を露呈し，資本主義の変容をもたらした。イギリスの経済学者**ケインズ**（1883〜1946）は自由放任主義の放棄を主張し，**政府の市場への積極的介入の必要性**を説いた。また，アメリカではこうした考え方に基づく**ニューディール政策**が実施された。

①**ケインズの有効需要（創出）政策**…ケインズは，**有効需要**（貨幣支出を伴（ともな）う消費需要と投資需要からなる需要）が不足して不況に陥っている場合，政府が積極的に公共投資を拡大するなどして有効需要の創出を図る政策を推進することが，**完全雇用**（働く意思と能力のある人が全員雇用される状態の実現）につながると主張した。

②**F.ローズベルトのニューディール政策**…アメリカ大統領F.ローズベルト（在任1933〜1945）は，**ニューディール政策**を推進し，TVA計画などを通じて公共投資の拡大を図った。

③**混合経済（修正資本主義）**…それまでの自由放任主義を放棄し，政府が景気の調整を図ったり，社会保障制度を整備し国民の福祉の向上を図ったりするなど，**政府が経済に積極的に介入するようになった**。このような政府部門の役割が増大した現代の経済体制を**混合経済**（修正資本主義）と呼ぶ。

4 「大きな政府」と「小さな政府」

✤**「大きな政府」批判**…第二次世界大戦後，先進諸国はケインズ政策を採用し，政府の経済的役割が大きくなった。しかし，1970年代には第一次石油危機の影響などでスタグフレーション（不況下のインフレのこと）が起こり，1970年代後半頃から，先進諸国の財政赤字が拡大してくると，政府の経済活動の肥大化がインフレや財政赤字のおもな原因であるとし，**小さな政府**を求める声が高まった。その理論的支柱となったのが**マネタリズム**[☞p.155]の経済学者**フリードマン**（1912〜2006）の考え方である。

✤**フリードマン**…ケインズは，市場機構には限界があるため，政府が有効需要の増減を裁量的に調整する必要があると説いた。これに対し，フリードマンは，新自由主義の立場から，政府の経済への介入を批判し，政府が行う経済政策は**経済成長に見合うように貨幣の供給量を一定に保つことに限るべき**だと主張した。

✤**「小さな政府」の政策**…国営企業の**民営化，政府規制の緩和，減税政策と財政支出の削減，福祉政策の必要最小限度への抑制**などである。

ここが共通テストのツボだ!!

ツボ 1 機会費用

生産や消費という経済活動において，人々はいくつかある選択肢の中から最善のものを選択しようとする。あるものを選択するということは，それ以外のものを放棄することになる。経済学では，その放棄されたものを費用（コスト＝犠牲）と考え，複数ある放棄されたものから得られる**利益・便益のうち最大のもの**を**機会費用**と呼ぶ。例をあげる。あるケーキ屋さんには，ケーキをもう一つつくる分だけの材料が残っている。ケーキ1個から得られる利益はモンブラン（200円）＞ショートケーキ（180円）＞エクレア（150円）＞ガトーショコラ（120円）であるとする。そのケーキ屋さんは最大の利益が得られるモンブランをつくることにした。このモンブランの機会費用は，放棄されたモンブラン以外のケーキのうち，最大の利益をもたらすショートケーキをつくった場合に得られる180円となる。また，大学進学か就職かの2つのうち大学進学を選択した場合の機会費用は，もし就職したとすれば獲得できたであろう4年間の収入を，4年間大学で学ぶことの機会費用と考えることができる。

機会費用とは選択されず放棄されたもののうち最大の便益・利益のこと

ツボ 2 「大きな政府」から「小さな政府」への流れを整理する

1929年の大恐慌以後，先進各国は**混合経済体制**を採用し，**政府が積極的に経済に介入するとともに，福祉国家への道を歩み始めた。**第二次世界大戦後，各国の歳出に占める社会保障支出の増加とともに，国民の租税負担や社会保障負担も増加していった。

しかし，1970年代に**スタグフレーション**や**財政赤字**の拡大に直面して，ケインズ政策を柱とする「大きな政府」に対する批判が高まった。政府の経済への介入をできるだけ少なくし，**市場原理に基づく経済運営と，社会保障支出の削減を求める「小さな政府」への転換を求める主張**が高まったのである。

大恐慌
⇒混合経済＝「大きな政府」（政府の経済への積極的な介入，福祉国家化の推進）
⇒1970年代，スタグフレーション・財政赤字の拡大という事態に直面
⇒「小さな政府」論台頭

基礎力チェック問題

問1 経済学ではある選択に対してさまざまな費用がかかると考えられている。いま，1,500円の料金を支払ってカラオケで遊ぶことができる。同じ時間を使って，アルバイトで1,800円の給与を得ることや，家事を手伝うことで1,000円の小遣いを得ることもできる。この三つの選択肢のうち一つしか選べない場合，機会費用を含めたカラオケで遊ぶ費用はいくらになるか。正しいものを，次の①〜④のうちから一つ選べ。 (17年追試)

① 1,500円　② 2,500円　③ 3,300円　④ 4,300円

問2 資本主義経済に関連する記述として最も適当なものを，次の①〜④のうちから一つ選べ。 (10年本試)

① リカードは，雇用を創出するためには，民間企業の自発的な創意工夫に基づいた技術革新が必要であると強調した。
② 有効需要政策とは，政府が積極的に経済に介入し，総需要を創出して景気回復を図る政策である。
③ リストは，経済を発展させるためには，規制を緩和して市場での自由な取引に任せることが必要であると強調した。
④ ニューディール政策とは，1930年代の不況期に，アメリカで導入された金利自由化を基本とする金融政策である。

問3 小さな政府への転換を目指す動きに沿った政策の例として最も適当なものを，次の①〜④のうちから一つ選べ。 (08年追試)

① 証券業への参入規制を強化する。
② 国民所得に対する税収の割合を高める。
③ 通貨供給量の弾力的な調整により有効需要の管理を強化する。
④ 公共サービスの民間企業への委託を拡大する。

問1 [答] ③

機会費用は，放棄されたアルバイトの給与1,800円と家事手伝いの小遣い1,000円のうち大きいほうの1,800円となる。これにカラオケの料金1,500円を足した③3,300円が解答となる。

問2 [答] ②

② **適当**：「総需要」とは一国全体の有効需要のことである。
① **不適当**：民間企業の技術革新(イノベーション)の重要性を指摘した経済学者としてはシュンペーターが有名[☞p.155]。リカードは比較生産費説の立場から自由貿易のメリットを強調[☞p.258]。
③ **不適当**：リストは，自国の幼稚産業を育成するためには保護貿易が必要であると主張[☞p.258]。
④ **不適当**：ニューディール政策は，財政支出の拡大を柱とする不況脱出政策。

問3 [答] ④

④ **適当**：民間に任せられるものは民間へ，という政策は「小さな政府への転換」につながる。
① **不適当**：参入規制の強化は「小さな政府への転換」に反する。むしろ規制緩和が適当。
② **不適当**：税に関しては，減税政策が「小さな政府への転換」につながる。
③ **不適当**：有効需要の管理を強化する政策は「大きな政府」につながる。

32 社会主義経済の成立と変容および経済学説

1 社会主義経済

資本主義の進展とともに，貧富の格差や階級対立が激化し，資本主義の矛盾が顕在化した。19世紀の思想家マルクス(1818〜1883)は経済体制を変革する必要があると主張し，社会主義を提唱した。

✤**社会主義経済の特徴**

①**生産手段の社会的所有**…生産手段の私的所有制度と利潤追求を原則とする資本主義とは異なり，**生産手段を国有や集団所有とし，富の公平な分配をめざす**。

②**計画経済**…市場を通じて資源配分を調整する資本主義とは異なり，**政府が計画的に資源配分を行う**。

✤**社会主義の成立**…1917年の**ロシア革命**により歴史上はじめて社会主義国家が誕生し，1922年にはロシアを中心とした連邦国家のソ連が成立した。ソ連は1928年から第一次5か年計画を開始し，**計画経済**と**農業の集団化**を推進した。社会主義は，第二次世界大戦後，東欧諸国や中国に広がった。

2 社会主義の改革と市場経済への移行

✤**ソ連と東欧諸国**…1960年代に入ると，計画経済に起因する効率の悪さから，ソ連・東欧諸国の経済停滞が目立つようになった。こうした事態を改善するため，ソ連では1960年代に**利潤方式**が導入されたり，1980年代半ばから**ゴルバチョフ**(1931〜2022)政権の下で**ペレストロイカ(改革)**が推進されたりしたが，成功しなかった。その後，東欧革命(1989年)やソ連の崩壊(1991年)を経て，旧ソ連・東欧諸国は，社会主義を放棄し市場経済へと移行した。

✤**中国とベトナム**…政治的には社会主義体制を維持しながら，経済的には市場経済化を進めている。

①**中国**…1970年代後半から改革・開放政策を採用するようになった中国は，1990年代には市場経済化を推進するなどして，著しい経済発展を遂げてきた。中国の1970年代後半以降の歩みとしては次の事柄が重要である。

〈1970年代後半から80年代〉

経済特区の設置…中国では，深圳(シェンチェン)，珠海(チューハイ)，汕頭(スワトウ)など沿岸地域に**経済特区**を設置し，外国の資本・技術の導入を推進した。

〈1990年代〉

社会主義市場経済…「社会主義市場経済」を憲法上の理念として掲げ，市場原理の導入を図っている。

一国二制度…中国は，イギリスからの香港の返還（1997年），ポルトガルからのマカオの返還（1999年）に際して，両地域については，一定期間，高度な自治を保障し，**資本主義体制を維持**することを約束した。

〈2000年代〉

WTO（世界貿易機関）への加盟…著しい経済成長を遂げている中国は，2001年にWTOに加盟した。

人民元の切上げ…多額の対中貿易赤字を抱えるアメリカなどからの圧力があり，中国政府は通貨の**人民元を切り上げた**（2005年）。

GDP（国内総生産）世界第2位へ…中国は2010年にGDPで日本を抜いた。

②**ベトナム**…ドイモイ（刷新）政策を掲げ，市場経済化を推進している。

3 経済学説

✤絶対主義の時代の経済理論

①**重商主義**…**貿易から得られる利益（輸出－輸入）を拡大することが国家の富の増大につながる**と主張し，絶対王政の下での経済政策を擁護した。代表的理論家に『外国貿易によるイギリスの財宝』を著したトマス・マン（1571～1641）がいる。

②**重農主義**…18世紀後半のフランスの経済思想で，**一国の富の源泉は農業生産にある**と考えた。代表的理論家に『経済表』を著したケネー（1694～1774）がいる。

✤産業革命期および産業資本主義の時代の経済学

①**古典派経済学**…重商主義や重農主義とは異なり，古典派経済学は**労働が富の源泉である**とした。代表的理論家に『諸国民の富（国富論）』を著したイギリスの経済学者アダム・スミスがいる。スミスは**分業のメリットや自由貿易**も主張した。

②**マルクス**…資本主義の矛盾を解決するためには，生産手段の私的所有制度の廃棄をし，社会主義・共産主義へと移行することが必要であると主張し，社会主義運動を指導した。主著に『資本論』がある。

✤現代の経済学

①**ケインズ**…主著『雇用・利子および貨幣の一般理論』で，社会全体の経済活動の水準は，貨幣の支出を伴（ともな）う投資需要と消費需要からなる有効需要の大きさによって決まる，という有効需要の原理を提唱した[☞p.151]。

②**シュンペーター**（1883～1950）…『経済発展の理論』などを著し，経済発展の原動力は，企業家によるイノベーション（技術革新，新機軸）にあると主張した。

③**マネタリズム**…市場原理を重視する「小さな政府」の立場から，政府の経済への積極的介入を求めるケインズ経済学の立場を批判した。代表的理論家に『資本主義と自由』を著したアメリカの経済学者フリードマン[☞p.151]がいる。

ここが共通テストのツボだ!!

ツボ 1 社会主義経済の特徴をまとめる

社会主義は，**生産手段の社会的所有と計画経済を柱として，経済的平等の実現をめざしてきた**。しかし，1989年の**東欧革命**[☞p.238]を契機に，旧ソ連・ロシアや旧東欧諸国は政治的には**複数政党制**を導入し，経済的には**市場経済**に移行した。

一方，中国とベトナムは共産党の一党支配の下で，開放経済・市場経済化を進めている。市場経済化のスローガンは，中国は**社会主義市場経済**，ベトナムは**ドイモイ（刷新）**政策である。

社会主義経済の特徴 ⇒ 生産手段の社会的所有と計画経済
ロシアと旧東欧諸国 ⇒ 政治的には複数政党制，経済的には市場経済化
中国とベトナム ⇒ 中国は社会主義市場経済，ベトナムはドイモイの推進

ツボ 2 経済学説は思想内容の対立軸に注目する

①アダム・スミスとケインズ

スミスは，各人の利己的な経済活動が，結果として神の「みえざる手」[☞p.167]に誘導されて，国の富の増大と調和をもたらすので，**政府は経済に介入すべきではない**と主張した。それに対し，**ケインズ**は，有効需要不足を解消し完全雇用を実現するためには，**政府は公共事業などを拡大し有効需要の創出に努めるべき**だと主張した。

②ケインズとマルクス

ケインズは，恐慌などの資本主義の問題点を**資本主義の枠内で解決**しようとしたのに対し，**マルクス**は，**社会主義・共産主義に移行**しなければ解決できないとした。

③ケインズとフリードマン

ケインズは，景気の安定化を図るために，政府が財政政策などを通じて**有効需要を裁量的に調整**する必要があると主張したのに対し，**フリードマン**は，政府が行う経済政策は，**経済成長に見合うように貨幣の供給量を一定に保つことに限るべき**だと主張した。

自由放任主義のスミス vs 政府の経済への積極的介入を主張するケインズ
資本主義の修正をめざすケインズ vs 資本主義の廃棄をめざすマルクス
大きな政府の立場のケインズ vs 小さな政府の立場のフリードマン

基礎力チェック問題

問1 20世紀末に生じた社会主義諸国の市場経済化をめぐる記述として正しいものを，次の①～④のうちから一つ選べ。（03年追試）

① 中国では，改革・開放政策への転換以降，急速に貿易が拡大し，1990年代後半に大幅な貿易収支黒字を実現した。
② 1990年代の東欧諸国は，コメコン（経済相互援助会議）のもとで地域的経済協力を進めながら市場経済化を推進した。
③ 1990年代後半に，北朝鮮は「ドイモイ（刷新）」政策をスローガンに掲げて，集権的管理体制の是正に乗り出した。
④ ロシアでは，1990年代末，プーチン大統領が，共産党一党支配を維持したまま市場経済化を進めた。

問2 アダム・スミスの学説とは言えないものを，次の①～④のうちから一つ選べ。（13年追試）

① 製造業において，生産工程をいくつかに分け，各工程に特化した労働者を配置することで，生産効率を向上させることができる。
② 国家が配慮すべき義務は，国防，司法など，必要最小限のものに限定されるべきである。
③ 生産手段の社会的所有と，計画経済を行うことによって，失業や景気循環をなくすことができる。
④ 市場では，多数の売り手と買い手が，それぞれ自己の利益を追求して活動することによって，需給が調整される。

問3 経済思想の歴史について述べた次の文章中の空欄［ア］・［イ］に当てはまる人名の組合せとして最も適当なものを，下の①～④のうちから一つ選べ。（17年本試）

18世紀後半に産業革命が起きて資本主義経済が確立するのと並行して，工場などの生産手段を所有する資本家階級と，労働力を商品として資本家に販売する労働者階級との分化が進行した。そうしたなか，［ア］は，資本家が労働者から搾取することのない社会の実現を主張した。

20世紀に入ると，公共事業の増大や社会保障制度の拡充など，政府が経済へ積極的に介入するようになった。これに対し，政府が過度に介入すると資源配分の効率性を損なうという批判が生じた。たとえば［イ］は，個人の自由な選択を重視し，政府による裁量的な政策をできる限り少なくすることを主張した。

① **ア** マルクス　**イ** ガルブレイス
② **ア** マルクス　**イ** フリードマン
③ **ア** マルサス　**イ** ガルブレイス
④ **ア** マルサス　**イ** フリードマン

問1　[答] ①

① **正文**：中国は「世界の工場」とも呼ばれ，2000年代半ば以降，貿易収支の黒字幅をいっそう拡大させてきた。
② **誤文**：コメコンは冷戦の終結を受けて**1991年に解体**された[☞p.238]。
③ **誤文**：ドイモイは**ベトナムの経済政策**。
④ **誤文**：ロシアは**複数政党制**に移行している。プーチンがはじめて大統領に就任したのは2000年5月のこと。

問2　[答] ③

③ **不適当**：これは**社会主義経済**の特徴。スミスは国家が経済に介入する社会主義的な経済のあり方ではなく，**自由放任主義**を説いた。
① **適当**：スミスは**分業**のメリットを主張した。
② **適当**：スミスは「**安価な政府**」の立場をとった。
④ **適当**：スミスは市場がもつ需給の不均衡を調整するメカニズムを，神の「**みえざる手**」と表現した[☞p.167]。

問3　[答] ②

ア：空欄のあとの記述から**社会主義**を提唱した人物が入るとわかる。その立場をとる思想家はマルクス。マルサスは『人口論』を著した古典派経済学の思想家。
イ：空欄のあとの記述から**小さな政府論**を提唱した人物が入るとわかる。その立場をとる思想家はフリードマン。ガルブレイスは「依存効果」[☞p.211]を指摘したことで知られる経済学者。

第2部 第3章 経済主体となる私たち

33 経済主体と経済循環

1 経済の三主体

国民経済は消費の中心である家計，生産の中心である企業，公共的な目的のために活動する政府の3つの経済主体が相互に結びついて営まれている。

2 各経済主体の活動と経済循環

✤**家計**…家計は労働力を企業や政府に提供し，その対価として賃金を得たり，企業に資本・土地を提供し，その対価として利子・配当・地代を得たりする。こうして得た所得のうち，政府に納める租税(直接税)や社会保険料を除いた所得部分を可処分所得という。**可処分所得は，その一部が消費にあてられ，残りが貯蓄される**。

可処分所得＝所得－(租税＋社会保険料)

可処分所得＝消費支出＋貯蓄

✤**企業**…利潤の追求だけでなく，社会的貢献や社会的責任も求められている。

①**企業活動の目的**…企業は利潤の最大化を求めて財やサービスを生産し，それを市場で販売する。利潤とは一定の会計期間の売上から原材料費や人件費などの生産費(コスト)を差し引いた部分である。

②**利潤の最大化に向けた企業活動**…企業は利潤の最大化のために，設備投資や合併と買収(M＆A)などを通じて事業規模を拡大したり，研究開発(R＆D)を通じて技術革新(イノベーション)や新製品の開発を行ったりしている。

③**企業の資金調達**…生産に必要な資金は，内部留保(企業の利益から配当や役員賞与などを除いた社内に留めおくことのできる利益部分)，減価償却積立金などの内部資金や，株式・社債の発行や銀行からの借入などで得た外部資金があてられる。

- 内部資金(内部金融により調達)―内部留保(社内留保)，減価償却積立金
- 外部資金(外部金融により調達)
  - 直接金融：株式・社債の発行 [☞p.174]
  - 間接金融：銀行からの借入 [☞p.174]

○ 自己資本と他人資本

自己資本とは，株式発行によって調達した資金や内部留保，減価償却積立金から構成され，自己の所有に属し返済の義務を負(お)わない資金である。他人資本(負債)とは，社債の発行によって得た資金や銀行からの借入金で構成され，返済の義務のある資金である。

④**企業の業績を示す財務指標**…企業の業績は，企業の売上げと費用を基に**一定期間の利潤**を示す**損益計算書**や，過去から現在に至るまでに**蓄積された資産や負債の状態**を示す**貸借対照表（バランスシート）**（下の表）から判断できる。

資　　産			負債・純資産	
資産	流動資産 〔現金など〕	6億円	**負債** 〔銀行借入金，社債など〕	12億円
	固定資産 〔建物・機械など〕	14億円	**純資産** 〔資本金，内部留保など〕	8億円
総　資　産		20億円	総　資　本	20億円

- 表の右側の**負債**・**純資産**は，企業がどのようにして資金を集めたかを示し，表の左側の**資産**は，集めた資金をどのように活用したかを示している。たとえば，銀行から3億円の融資を受け，工場を建設したとすると，負債のうちの銀行借入に3億円，資産のうちの建物に3億円が計上される。
- 資本金は株式会社の場合，株式の発行などにより調達される。
- 総資産と総資本の額は一致する。
- 負債は他人資本，純資産は自己資本である。
- 自己資本比率を求める式は，自己資本÷総資産（総資本）×100　である。
  →上記の例では自己資本比率は，8億÷20億×100＝40%

⑤**企業の社会的貢献と社会的責任（CSR）**…近年，企業にも社会的貢献や社会的責任を求める声が高まってきた。

a)**企業による社会的貢献活動**…この例としては，**メセナ**（企業による芸術・文化活動への支援）や**フィランソロピー**（企業による慈善的活動）がある。

b)**環境への配慮**

- **ゼロエミッション**…ある工場からの排出物を別の工場の原材料として使用するなどして，**全体で廃棄物をゼロにすること**をいう。
- **ISO14000シリーズ**…**環境に配慮した経営を行っていることを国際的に認証する規格**をいう。その取得をめざしている企業も多い。
- **グリーン購入・調達**…日本では**グリーン購入法**により，国などの公的機関は環境への負荷の少ない物品の購入の推進を義務づけられている。

c)**企業倫理の確立**…原産地偽装問題など，企業の法令違反が度重なる中で，**コンプライアンス**（法令遵守）を求める声が企業内外から強まっている。

d)**ソーシャルビジネス**…ビジネスを通じて，貧困，環境，まちづくりなどの社会的課題の解決に取り組む企業のこと。貧困者を対象とする小口の融資であるマイクロファイナンスを行うグラミン銀行（ノーベル平和賞受賞団体）はその例。

✤**政府**…政府は企業や家計から**租税や社会保険料を徴収し，それを元手にして，公共財・公共サービスを提供したり，社会保障給付などを行ったりしている**。また，家計から労働力の提供を受け，その対価として賃金を支払っている。

ここが共通テストのツボだ!!

ツボ 1 企業の資金調達の仕組みを整理する

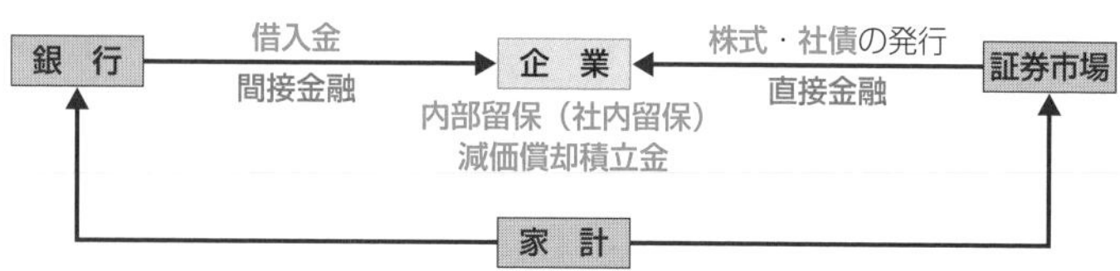

企業は，設備投資などに必要な資金を内部資金でまかなうほか，外部から調達することもある。上の図では，外部からの調達に関しては，余剰資金を有する代表的な経済主体である家計から企業に資金が流れる２つのルートが示されている。左側の銀行ルートが**間接金融**，右側の証券市場ルートが**直接金融**である。

①**内部資金と外部資金の区別**，**直接金融と間接金融の区別**を押さえよう。

内部資金：内部留保（社内留保），減価償却積立金

外部資金
- 直接金融で得た資金：株式や社債の発行によって得た資金
- 間接金融で得た資金：銀行からの借入金

②**自己資本と他人資本の区別**を押さえよう。

自己資本：内部留保，減価償却積立金，株式の発行によって得た資金

他人資本：借入金や社債の発行によって得た資金

> 自己資本と他人資本の区別は，返済が必要か必要でないかで押さえる
> ⇒ 内部資金（内部留保と減価償却積立金）は自分のカネなので自己資本
> ⇒ 株式の発行により得た資金は返済不要のものだから自己資本
> ⇒ 社債の発行により得た資金と借入金は借金なので他人資本

ツボ 2 企業の社会的貢献をまとめる

フィランソロピーは，医療・教育などさまざまな分野における，**社会のために行う慈善的活動**をいう。それに対して，同じように企業の社会的貢献活動でも，メセナは，**芸術・文化活動への支援**に限定される。

> **フィランソロピー** ⇒ 慈善的貢献活動
> **メセナ** ⇒ 芸術・文化活動への支援

基礎力チェック問題

問1 家計，企業，政府という三つの経済主体に関して，次の説明A～Cのうち，正しいものはどれか。当てはまる説明をすべて選び，その組合せとして最も適当なものを，下の①～⑦のうちから一つ選べ。（19年本試）

A　家計は，保有する株や土地などの価格が上がると消費を増やす傾向があり，これは資産効果といわれる。

B　企業は，生産が一定の地域で集中的に行われることにより生産および流通に必要な経費を節約できることがあり，これは集積の利益といわれる。

C　政府は，必要な資金が不足する場合に公債を発行して中央銀行に直接引き受けてもらうことがあり，これは公債の市中消化といわれる。

① A　② B　③ C　④ AとB
⑤ AとC　⑥ BとC　⑦ AとBとC

問1　[答] ④

A：**正文**。資産効果の定義として正しい。1980年代後半の日本のバブル期にその現象がみられた。

B：**正文**。集積の利益の定義として正しい。関連企業が隣接することによって相互に利益を得ることができるコンビナートがその例。

C：**誤文**。「公債の市中消化」とは，中央銀行に直接引き受けてもらわずに，金融機関や一般企業あるいは家計がもつ市中の資金でもって公債を買い取ってもらうことをいう。

問2 企業の資金調達方式についての記述として正しいものを，次の①～④のうちから一つ選べ。（06年本試）

① 同じ企業集団に属するメインバンクからの借入れによる資金調達は，直接金融である。

② 証券会社を通して家計が購入した新規発行株式による資金調達は，間接金融である。

③ 利益の社内留保によって調達された資金は，自己資本である。

④ 株式発行によって調達された資金は，他人資本である。

問2　[答] ③

③ **正文**：社内留保は内部資金で自己資本である。

① **誤文**：メインバンクからのものであっても銀行からの借入れによる資金調達は間接金融。

② **誤文**：株式発行による資金調達は直接金融。

④ **誤文**：株式発行によって得た資金は自己資本。

問3 コンプライアンス（法令遵守）を推進するために企業が行う方策として最も適当なものを，次の①～④のうちから一つ選べ。（06年本試）

① 企業倫理に配慮した経営を行っている企業に投資する。

② 従業員が留意すべき事項を明記した行動指針を作成する。

③ 障害者が暮らしやすいようなバリアフリーのまちづくりに取り組む。

④ 芸術団体の活動に対して資金援助や施設の提供を行う。

問3　[答] ②

② **適当**：従業員が遵守すべき規則を定めることはコンプライアンス推進策の一環といえる。

① **不適当**：企業向け投資のあり方の基準であって，自社の経営のあり方や企業活動の倫理基準ではないのでコンプライアンス推進策とはいえない。

③ **不適当**：このような活動への寄付やボランティアとしての支援はフィランソロピーの一環。

④ **不適当**：これはメセナの例。

34 現代の企業

1 企業の種類

企業は，民間が出資する**私企業**，国・地方公共団体が出資する**公企業**，民間と政府が共同出資する**公私合同企業**に大別できる。私企業は個人企業と法人企業（共同企業）に分けられ，法人企業は，さらに，生活協同組合や農業協同組合などの組合企業と，株式会社などの会社企業に分けられる。

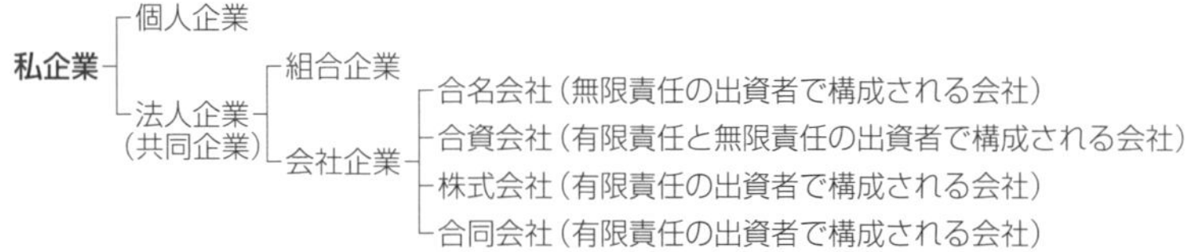

公企業…地方公営企業など
公私合同企業…日本銀行，第三セクターなど

✤**会社法**…2005年に制定された会社法によるおもな制度改革は，**有限会社**制度の廃止（ただし既存の有限会社は存続可能であるが，法律上は株式会社となる），株式会社の**最低資本金**制度の撤廃，株式会社とは異なり出資比率に関係なく利益の配分を定款（ていかん）で自由に決められる**合同会社**という企業形態の新設，などである。

> ○ **有限責任と無限責任との違い**
>
> 有限責任は，会社の債務に対する責任が出資額の範囲に限られるのに対し，無限責任は，そうした限定がない。すなわち，会社の財産だけでは債務の弁済ができない場合，無限責任の出資者は，会社債務に対して出資額を超えて自己の財産から弁済しなければならないが，有限責任の出資者は，出資額を超えた部分については弁済の義務はない。

✤**第三セクター**…**政府と民間が共同出資して運営する企業形態**のこと。バブル経済期に，観光・レジャー分野で盛んに設立された。

2 株式会社

✤**株式会社の特徴**

①**資本金**…会社の設立・運営のための資金。株式を発行して広く資金を集める。

②**出資者（株主）の権利**…株式会社の所有者は株主。株主は，原則として，株主総会で**1株につき1票の議決権**と，所有する株式数に応じて，会社の利益の一部から**配**

当を受け取る権利をもつ。株式は証券市場で自由に売買できる。

③**有限責任制度**…株主は，全員，有限責任の出資者である。

④**所有（資本）と経営の分離**…株式会社では，株主（出資者）が，株主総会で取締役（経営者）を選任し，経営をこれに委(ゆだ)ねる。このように，会社の所有者である出資者と業務を執行する経営者は，制度上，分離されている（所有（資本）と経営の分離）。企業規模の拡大や経営の複雑化に伴(ともな)って，株主とは限らない専門的経営者に経営を委ねる傾向が強まり，実態としても**所有（資本）と経営の分離がいっそう進んだ**。

✤**株式会社の組織**…監査役を設置するタイプの株式会社の仕組みを示しておく。

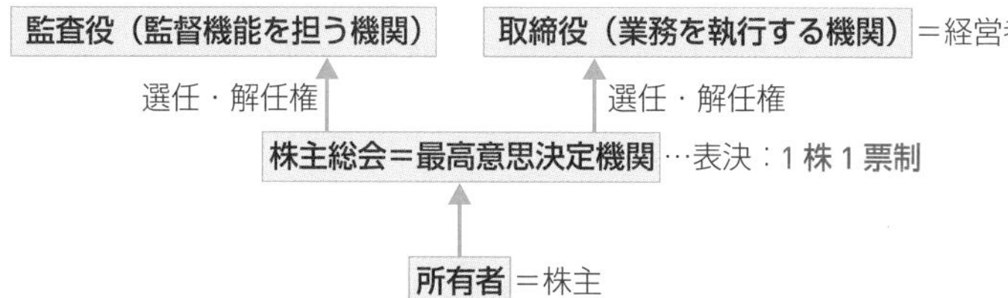

3 現代の日本の株式会社の特徴と課題 ★☆☆

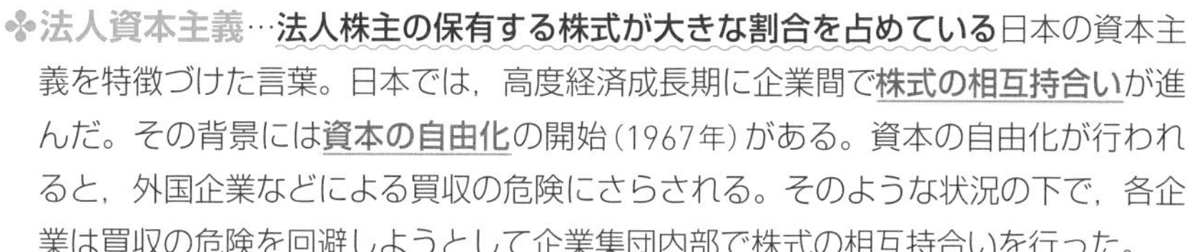

✤**法人資本主義**…**法人株主の保有する株式が大きな割合を占めている**日本の資本主義を特徴づけた言葉。日本では，高度経済成長期に企業間で株式の相互持合いが進んだ。その背景には資本の自由化の開始（1967年）がある。資本の自由化が行われると，外国企業などによる買収の危険にさらされる。そのような状況の下で，各企業は買収の危険を回避しようとして企業集団内部で株式の相互持合いを行った。

◎ **六大企業集団**

三井・住友・三菱(みつびし)・芙蓉(ふよう)・第一勧銀・三和(さんわ)の6つの企業集団をいう。高度経済成長期に，銀行を中核として，株式の相互持合いなどを通じて結束を強化した企業グループが形成された。バブル崩壊後は，株式の相互持合い解消の動きが生じるなど，その姿を変えつつある。

✤**コーポレート・ガバナンス（企業統治）の確立**…不正会計など，経営者の不祥事が相次ぐ中で，近年，従来のような経営者支配のあり方を変え，公正で効率的な企業経営，すなわちコーポレート・ガバナンスの確立を求める声が高まってきた。**社外取締役の導入，監査役の機能強化，企業の経営情報の公開（ディスクロージャー）などの推進がコーポレート・ガバナンスを強化する取組みの例**である。

4 現代の巨大企業 

✤**多国籍企業**…本社をある国に置き，多数の子会社を海外に有する世界企業のこと。売上高が1国のGDPを上回るものもある。

✤**コングロマリット（複合企業）**…自社とまったく関連がないか，関連の薄い業種の企業を吸収合併し，自社の一部門とし多角的経営をめざす企業をいう。

ここが共通テストのツボだ!!

ツボ 1 株式会社で重要な4つのポイント

①株式と社債

社債は会社の借金だから，**利息をつけて債権者に返済**しなければならない。**株式**は借金ではないので返済不要だが，**会社の利益の一部を株主に配当金**として分配する。

②株主総会の表決方法

株主総会は，1人1票制ではなく，**1株1票制**を採用している。大株主に有利な議決の仕組みとなっている。

③取締役と株主

企業の巨大化・経営の複雑化に伴って**所有（資本）と経営の分離**が進み，取締役（経営者）が**必ずしも大株主とは限らない**傾向が一般化している。

④株主は全員有限責任を負う

株式会社の株主は全員が**有限責任の出資者**である。したがって，株主は，企業が倒産してもその負債に対して，出資額を超えた責任を問われることはない。

> **社債は借金，株式は利益の一部を分配，株主総会は1株1票制，所有と経営の分離の進行，株主は有限責任を負う**

ツボ 2 株式の相互持合いとコーポレート・ガバナンス（企業統治）との関連

1967年から日本は**資本の自由化**を進めた。それにより外国人による日本への投資の拡大が見込まれた。日本企業は外国企業や海外投資家による企業買収の危険を回避するために，**企業集団内部で株式の相互持合いを進めた**。そのため企業の経営に無関心な法人株主が増え，**株主総会**は形骸化していった。その結果，**経営者支配**が強まり，経営者の暴走を許す土壌が形成された。

こうした中で，近年，経営者の不祥事が頻発するようになり，**経営者を監視する仕組みを整え，経営の効率性と公正を確保し，株主の利益にも配慮する経営**を求める声が高まった。こうした声を受けて**コーポレート・ガバナンス**の見直しが進められている。

> **コーポレート・ガバナンス** ⇒ { 目的例…企業経営の効率化と公正の実現
手段例…社外取締役の設置，監査役の機能強化，経営情報の公開 }

基礎力チェック問題

問1 企業についての記述として正しいものを，次の①～④のうちから一つ選べ。 (17年本試)

① 日本の会社法に基づいて設立できる企業に，有限会社がある。
② 企業の経営者による株主の監視を，コーポレート・ガバナンスという。
③ 日本の中央銀行である日本銀行は，政府全額出資の企業である。
④ 企業による芸術や文化への支援活動を，メセナという。

問1 [答] ④

④ **正文**：メセナに関する正しい記述[☞p.159]。
① **誤文**：有限会社の新設はできない。
② **誤文**：「企業の経営者による株主の監視」は誤り。コーポレート・ガバナンスは，経営者を監視し，公正で効率的な企業経営の実現を図ること。
③ **誤文**：日本銀行は，政府と民間が出資する公私合同企業である。

問2 株式会社についての記述として最も適当なものを，次の①～④のうちから一つ選べ。 (05年本試)

① 株式会社は，経営に参加する無限責任社員で構成されており，有限責任社員はいない。
② 株式会社の最高議決機関は，株主総会である。
③ 株主総会では，所有株数にかかわらず，株主に対して一人一票の議決権が与えられる。
④ 株式会社では，監査役が日常の経営の主な決定を行う。

問2 [答] ②

② **適当**：株式会社の最高意思決定機関は株主総会である。
① **不適当**：株主は全員が有限責任社員。なお，「社員」とは出資者の意味で，この場合は株主のこと。
③ **不適当**：株主総会の議決方式は1株1票制である。
④ **不適当**：経営は取締役が行い，監査役がこれを監視する。

問3 日本における株式会社についての記述として正しいものを，次の①～④のうちから一つ選べ。 (14年本試)

① 独占禁止法の下では，事業活動を支配することを目的として，他の株式会社の株式を保有することが禁止されている。
② 会社法の下では，株式会社の設立にあたって，最低資本金の額が定められている。
③ 株式会社のコーポレート・ガバナンスに関しては，バブル経済の崩壊以降，株主の権限の制約が主張されている。
④ 株式会社の活動によって生じた利潤は，株主への配当以外に，投資のための資金としても利用されている。

問3 [答] ④

④ **正文**：内部留保などの利潤は，投資のために用いることができる。
① **誤文**：「事業活動を支配することを目的として，他の株式会社の株式を保有する」会社とは持株会社のことである。持株会社の設立は解禁されている[☞p.171]。
② **誤文**：会社法で，株式会社の最低資本金制度は撤廃された。
③ **誤文**：コーポレート・ガバナンスの下，株主の利益にも配慮した経営が求められるようになった。

35 市場機構

1 市場の働き

市場経済では，売り手にも買い手にも自由な経済活動が保障されている。そのため，売り手が市場に供給している財やサービスの量（供給量）と買い手が購入しようとしている量（需要量）とが均衡するとは限らない。しかし，市場にはその過不足（不均衡）を解消する仕組みが備わっている。**その仕組みを市場機構（メカニズム）あるいは価格機構（メカニズム）という**。以下はその不均衡の解消の仕組みである。

買い手が多いにもかかわらず市場に少ししか財が売りに出されていない状態，すなわち，需要量が供給量を上回っている超過需要の場合を想定する。超過需要の場合，価格（市場価格）は上昇する。その上昇に伴（ともな）って，新たにこの財の市場に参入する業者もあり，供給量が増加する。逆に買い手には，安い他の財に乗り換える者もあり，需要量は減少する。その結果，需要量と供給量が均衡するようになる。

これとは逆に，大量の財が市場に売りに出されているのに買い手があまりいない状態，すなわち，供給量が需要量を上回っている超過供給の場合には，上とは逆の過程を経て不均衡が解消される。このように**市場には，需給の不均衡を解消して，その財を生産するのに必要となる資本・労働・土地・原材料などの資源を最適に配分する仕組みが備わっている**。これを市場機構・価格機構という。

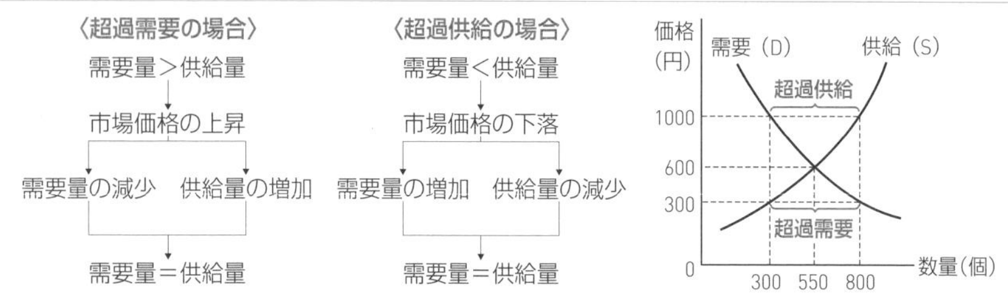

まず，右上の図の**右下がりの曲線が需要曲線**である。これは価格が高いと購入量が少なくて，価格が下がるにしたがって購入量を増やす買い手の行動を示している。もう1つの**右上がりの曲線が供給曲線**である。これは価格が高いとたくさん財を市場に供給し，価格が下がるにしたがってその量を減らす売り手の行動を示している。

次に，グラフ上で需給の不均衡を解消する市場機構の働きを確認しよう。価格が1000円のとき，需要量は300個で供給量が800個である。この場合，500個の売れ残り，すなわち，超過供給が生じている。このような場合には価格が下がる。価格の下落に伴って，需要量が増加し，供給量が減少していることを確認しよう。価格が600円のときに，需要量も供給量も550個となり，均衡している。このように需給量が均衡しているときの価格を均衡価格という。

また，価格が300円のときには需要量が800個で供給量が300個である。この場合，500個の品不足，すなわち，**超過需要**が生じている。このような場合には，価格は上昇する。価格の上昇に伴って需要量が減少し，供給量が増加していることを確認しよう。そして，均衡価格の600円のときに，需給量がともに550個となり均衡している。

財が不足している場合でも過剰な場合でも，価格が上下することにより，その不均衡が解消される。このような需給の不均衡を解消する価格の働きを**価格の自動調節機能**という。アダム・スミス[☞p.150]はこれを神の**「みえざる手」**と呼んだ。こうした機能が十分に働く市場は，売り手も買い手も多数存在する**完全競争市場**である。

〈完全競争市場が成立する条件〉

①売り手も買い手も多数存在すること。
②商品の質に差異がないこと。
③商品についての完全な情報を市場参加者がもっていること。
④市場への参入・退出が自由であること。

2 需要曲線・供給曲線のシフト（移動）

✤**需要曲線が移動する場合**…所得が増加すると，予算に余裕ができるため，需要量は以前よりも増える。たとえば，600円のときの需要量500個が700個に増えたとしよう。需要曲線はその点を通るように**右方向にシフト（移動）**する。その結果，均衡価格は**上昇**し，取引量は**増加**する。所得増加のほか，需要曲線が右方向にシフトするものとしては**流行の発生**などがある。逆に，左方向にシフトするものとしては，**所得の減少**，**流行の終了**などがある。

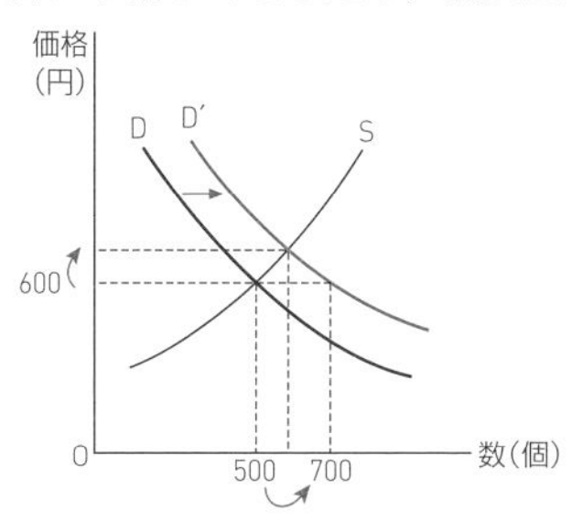

✤**供給曲線が移動する場合**…生産性の上昇や原材料費の低下などによる**コスト（生産費）の低下**は，**供給曲線を下方にシフト**させ，その結果，**価格は低下**し，**取引量は増加**する。一方，**コストの上昇**は，**供給曲線を上方にシフト**させ，その結果，**価格は上昇**し，**取引量は減少**する。コストの低下の場合を例にとり説明する。一単位当たりの生産費が200円低下した場合を想定する。価格を200円引き下げても以前と同じ利潤が得られるので，供給曲線は200円分下方にシフトする。その結果，需要曲線と供給曲線の交点（均衡点）は，eからe′に移り，均衡価格は500円，均衡取引量は600個となる。

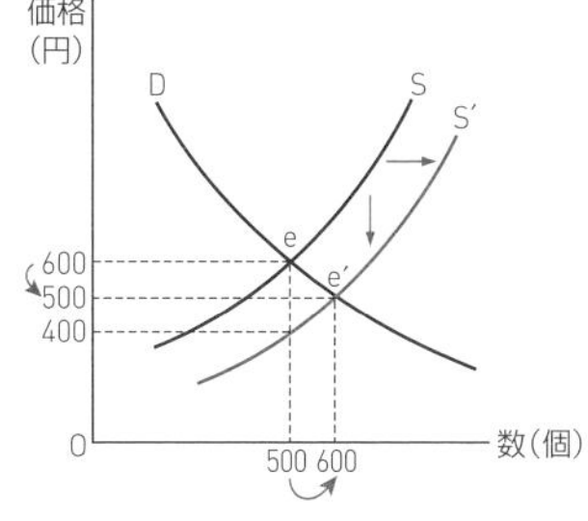

ここが共通テストのツボだ!!

ツボ 1 需要と供給のグラフ問題のタイプを整理する

①金融市場（借り手が需要，貸し手が供給）

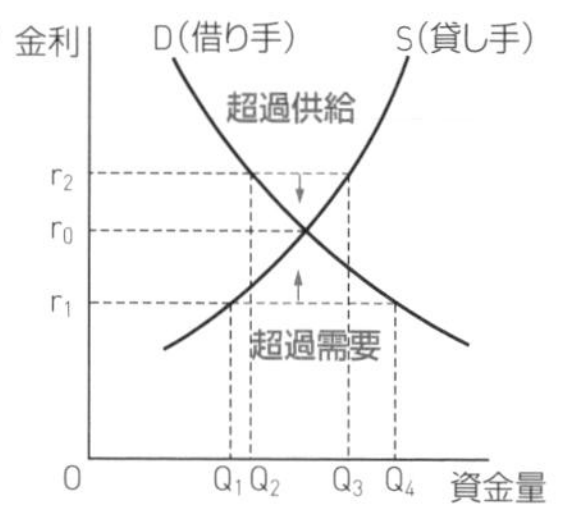

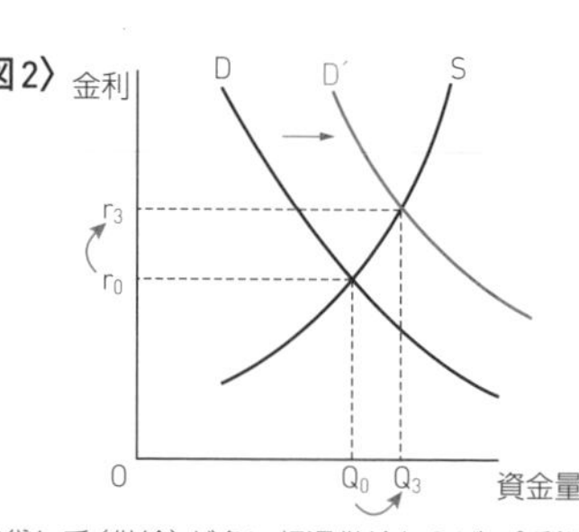

〈図1〉r_2のときのように，借り手（需要）に比べて貸し手（供給）が多い超過供給ならば，金利は低下。逆に，r_1のときのように，貸し手に比べて借り手が多い超過需要ならば，金利は上昇。

〈図2〉政府が資金を借りるために国債の大量発行を行うと，資金需要が増えるので需要曲線は右方向にシフト（D′）する。その結果，**金利はr_3に上昇し資金の取引量もQ_3に増加する。**

②貿易の自由化

国内で完全自給されていた財が，国内価格以下の国際価格で自由に輸入されるようになったとき，国内生産量と輸入量がどのようになるかを確認してみよう。

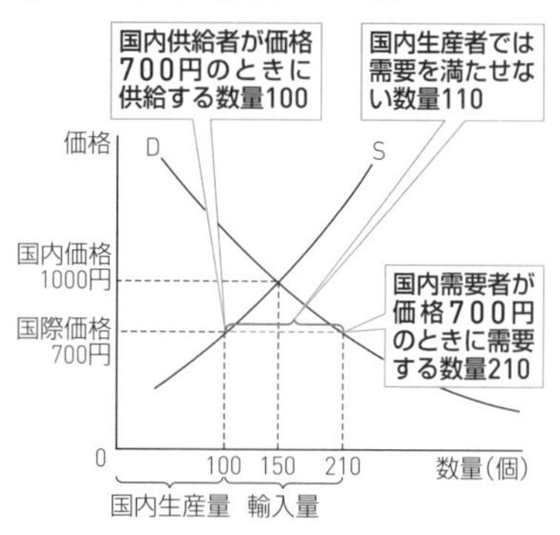

輸入自由化以前は価格（国内価格）1000円，数量150個で均衡していた。この財の国際価格は700円で，この価格で，関税なども賦課せずに自由に輸入することができるようになった。700円の価格のとき，国内の供給業者はこの財を100個しか供給しようとしないが，この財の需要者は210個購入したいと考えている。その差（210－100）の110個が輸入されることになる。

③間接税の賦課

間接税が賦課されると，企業は以前と同じ利潤を確保するため，その分を上乗せして販売する。右の図ではt円と書かれた部分がそれである。その結果，供給曲線は上方にシフト（S′）し，**価格はP_1に上昇・取引量はQ_1に減少。**

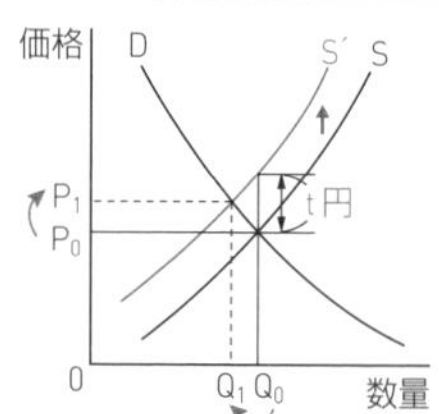

金融市場：超過供給⇒金利低下，超過需要⇒金利上昇
貿易の自由化：輸入量を押さえよう
間接税の賦課：供給曲線が上方にシフトし，価格は上昇・取引量は減少

基礎力チェック問題

問1 次の図は，ある財の市場における需要曲線と供給曲線を実線で示しており，また，価格P_0で需給が均衡することを示している。いま，政府によってこの財の価格の上限がP'に規制されたとき，取引される財の数量についての記述として最も適当なものを，下の①～④のうちから一つ選べ。 (17年本試)

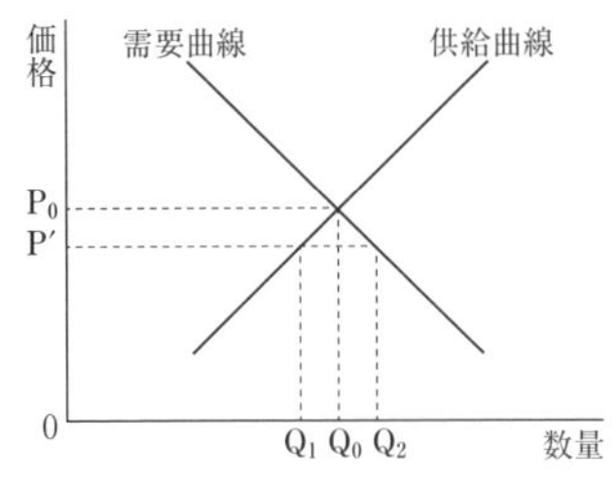

① 取引される財の数量はQ_0になる。
② 取引される財の数量はQ_1になる。
③ 取引される財の数量はQ_2になる。
④ 取引される財の数量は0になる。

問2 資金もまた市場を通じて取引されるが，金利(利子率)は市場での需要と供給により次の図のように決まるとする。経済全体で企業にとって収益性の高い設備投資の機会が増えるとき，金利と貸借される資金量とに生じる変化についての記述として正しいものを，下の①～④のうちから一つ選べ。 (02年追試)

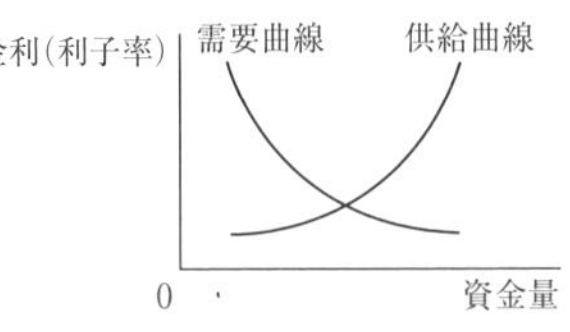

① 金利は上昇し，貸借される資金量は増加する。
② 金利は上昇し，貸借される資金量は減少する。
③ 金利は下落し，貸借される資金量は増加する。
④ 金利は下落し，貸借される資金量は減少する。

問3 次の図はガソリンの需要曲線と供給曲線を表したもので，当初の均衡点がAであることを示している。出荷に際しガソリンに炭素税を課す場合，消費者の事情に変化がないとすれば，課税後の新たな均衡点はどこになるか。最も適当なものを図中の①～⑥のうちから一つ選べ。(10年本試)

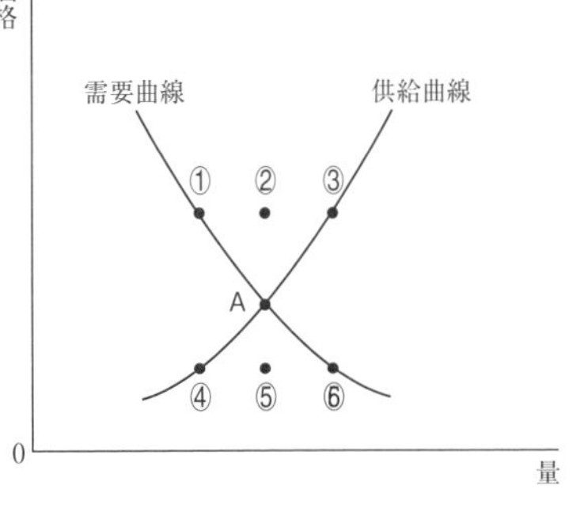

問1 ［答］②

② **適当**：取引価格は上限のP'となる。このとき，需要量はQ_2であるが，供給量はQ_1なので，取引量はQ_1となり，Q_2-Q_1の分は品不足(超過需要)となる。

問2 ［答］①

① **正文**：設備投資のための資金需要が増加するので，需要曲線は右方向にシフトする。その結果，金利は上昇し，貸借される資金量は増加する。

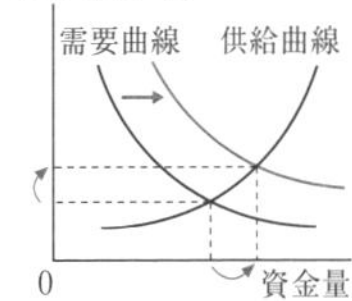

問3 ［答］①

① **正しい点**：間接税の賦課の例で考える。間接税が賦課されると，供給曲線は上方にシフトする。「消費者の事情に変化がない」とされているので，需要曲線はもとのまま変化しない。新たな均衡点は，需要曲線と上方にシフトした供給曲線との交点ということになる。

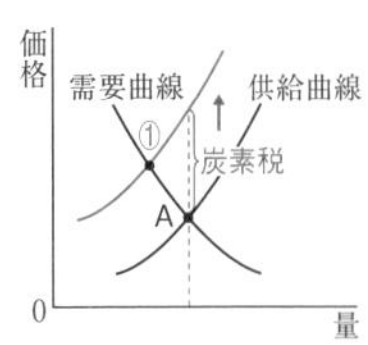

第2部 第3章 経済主体となる私たち

36 市場の寡占化と市場の失敗

1 寡占市場

自動車，鉄鋼など，巨大な資本設備を必要とする重化学工業などでは，少数の企業が市場を支配する寡占(かせん)市場が成立しやすい。なお，1社で占められている市場を独占市場という。

✤**企業結合の三形態**…寡占市場が成立すると，市場を独占する3つのタイプの企業結合がみられるようになった。

①**カルテル**…同一業種の複数の企業が共同で価格・生産量などを決める行為のこと。現在日本では，独占禁止法に基づいて禁止されている。

②**トラスト**…同一業種内部で独占的大企業を設立するために合併すること。現在日本では，独占禁止法に基づいて制限されている。なお，コングロマリット[☞p.163]のように，異種産業の企業間の合併は，トラストにあたらない。

③**コンツェルン**…中心となる企業(たとえば財閥本社の持株会社)が，異なった業種にまたがる多数の企業を子会社化し，その傘下(さんか)におさめる巨大な独占企業集団のこと。戦前の日本の財閥はこれにあたる。現在日本では，独占禁止法により事業支配力が過度に集中する戦前のような財閥の復活が行われないように予防されている。

✤**寡占市場の特徴**…寡占市場には一般に次のような特徴がある。

①**価格面での特徴**

a)**管理価格**…価格支配力を有する企業(プライス・リーダー)が設定した価格に他社が追随して形成される価格を管理価格という。寡占市場でしばしばみられる価格形成のあり方(価格先導制，プライス・リーダーシップ)である。

b)**価格の下方硬直性**…寡占市場では価格が下がりにくいという傾向をもつ。ただし，寡占市場でも技術革新が著しい，情報機器などのような**競争的な寡占市場では，価格競争が行われることもある**。

②**非価格競争**…寡占市場では，品質・性能・デザインなどの面で他社の製品との違い(製品差別化)をアピールし，マーケットシェア(市場占有率)の拡大を図る激しい競争が行われている。これを非価格競争という。

〈寡占市場の特徴のまとめ〉 ※完全競争市場の特徴については167ページを参照

①管理価格の形成　②価格の下方硬直性　③非価格競争の激化

✤**寡占の弊害への対応**

①**寡占市場の弊害と政府の対応**…生産性が上昇しても価格が下がりにくいなど，寡

占市場にはさまざまな弊害がある。そのため，各国は独占禁止政策を採用し，公正な競争と取引を確保しようとしている。日本で**独占禁止法**を運用している行政機関は**公正取引委員会**である。

②日本の独占禁止法の注意事項

a)合理化カルテル・不況カルテルの禁止…1999年の独占禁止法の改正で合理化カルテルと不況カルテルも禁止され，カルテルは全面的に禁止となった。

b)持株会社の原則解禁…持株会社（特定の事業を行わず，株を保有することによってほかの企業の事業支配をめざすことのみを行う会社）が，1997年の独占禁止法の改正で，原則解禁された。**金融持株会社も設立されている**。

c)再販売価格維持制度（メーカーが，卸売価格や小売価格を指定できる制度）…新聞や本は，どこで買っても同一の価格である。これは，独占禁止法によって**著作物に限って再販売価格維持制度が認められている**からである。

2 市場の失敗

市場機構では解決できない市場の限界を，市場の失敗という。

✤**公共財**…一般道路，消防などの**公共財（公共サービス）**は，その利用者から**料金を取ることが困難**なため，民間企業は提供できず，過少供給となる。

✤**自然独占**…電力，鉄道事業などのように，規模の利益が大きな産業，すなわち企業規模を拡大するほどコストが低下する産業では，企業は規模を拡大しようとするため，**独占**が形成されやすい（自然独占）。市場が独占されるとその財の価格は適正な価格よりも高くなるため，**公共料金**として価格規制を行う必要がある。

✤**市場の寡占化・独占化**…市場が寡占化されると，価格の自動調節作用が適切に機能しなくなり，効率的な資源配分ができなくなる。

✤**外部効果**…**外部効果**とは，ある経済主体の行動が市場を経由せずにほかの経済主体に影響を与えることである。**公害**のように，マイナスの影響を与えるものを**外部不経済**という。これに対し，ある人が庭に樹木をたくさん植えれば近隣の人は環境改善の恩恵を受けるという例のように，プラスの影響を与えるものを**外部経済**という。外部不経済の場合には，市場の当事者が「マイナスの影響」分の費用（外部費用）を負担せずにすむので，社会的に望ましい水準よりも**過剰に供給される**ことになる。これに対し，外部経済の場合には，費用を回収できないので，当該の財は社会的に望ましい水準よりも**過少に供給される**ことになる。

✤**情報の非対称性**…買い手がもっていない情報を売り手がもっている場合，本来の価値よりも高い価格で売りつけることがある。このように，売り手・買い手のいずれか一方が商品について十分な情報をもっていない場合や，売り手と買い手のもつ情報に格差がある場合，円滑な取引が成立せず，効率的な資源配分をそこなう可能性がある［☞p.211］。

ここが共通テストのツボだ!!

ツボ 1 寡占市場についての注目点

①企業結合の三形態

カルテルとトラストは**同一業種の企業間でのみ成立**。それに対し，コンツェルンは**異業種の多数の企業を支配下に置く**というもの。

次に，カルテルが成立するためには**同一業種の複数の企業による合意が必要であること**，カルテルは日本では全面禁止であることに注意。また，トラストに関しては，日本では市場占有率が一定割合を超える合併は認められないなどの**制限があること**，コンツェルンに関しては，**持株会社を頂点とする資本結合である**ことに注意。

②寡占市場の特徴

寡占市場では，**管理価格**が形成されると，価格競争が阻害され価格が下がりにくくなる傾向があるが，**非価格競争**は激しく展開される。ただし，技術革新が著しい分野などでは，価格競争が行われる場合がある（競争的な寡占）。

カルテル ⇒ 同一業種の企業が合意して価格などを調整。日本では全面禁止
トラスト ⇒ 同一業種の企業間での合併。日本では制限あり
コンツェルン ⇒ 持株会社による異業種企業の資本支配
寡占市場の価格 ⇒ 管理価格→価格の下方硬直性。ただし，非価格競争あり

ツボ 2 公共財がもつ2つの性質をつかむ

①**非排除性**…特定の人の消費（利用）を妨げることができないという財の性質のこと。パンなどの通常の商品（私的財）の場合，料金を支払わない人の消費を排除できる。しかし，消防のような公共財（公共サービス）の場合，**料金を払わない人の利用を排除することは困難である**。このため，市場に委（ゆだ）ねると**過少供給**になる。

②**非競合性**…ある人がその財を消費しても他の人がその財を消費できる量は変わらないという財の性質のこと。私的財の場合，複数の人で消費すると，1人で消費する場合に比べ，満足度は低下する。しかし，一般道路のような公共財の場合，（混雑しない限り）**複数の人が同時に利用しても，満足度は低下しない**。

公共財の特徴 ⇒ 非排除性と非競合性

基礎力チェック問題

問1 寡占市場がもつ特徴についての記述として適当でないものを，次の①〜④のうちから一つ選べ。 （15年本試）

① 管理価格とは，市場メカニズムによらずに，価格支配力をもつプライス・リーダーが人為的に決定する価格のことである。
② 価格の下方硬直性とは，生産技術の向上などで生産コストが低下しても，価格が下方に変化しにくくなることである。
③ 非価格競争とは，デザイン，広告・宣伝といった手段を用いて，価格以外の競争が行われることである。
④ カルテルとは，資本の集中・集積が進み，同一産業内での企業合併が起こることである。

問2 外部不経済の例として最も適当なものを，次の①〜④のうちから一つ選べ。 （19年本試）

① 猛暑が続き，飲料メーカーの売上げが上昇した。
② ある企業の財務情報の不正が発覚し，その企業の株価が下落した。
③ 新しい駅の建設によって駅周辺の環境整備が進み，不動産価格が上昇し，不動産所有者の資産の価値が増加した。
④ 大規模娯楽施設の建設によって交通量が増え，近隣住民は住宅の防音対策をしなければならなくなった。

問3 市場メカニズムが適切に働かないと考えられる場合の例A〜Cと，それらに対応するための政府の施策の例ア〜ウとの組合せとして最も適当なものを，下の①〜⑥のうちから一つ選べ。 （09年本試）

A　市場が寡占状態にある場合
B　財の生産に外部不経済が伴う場合
C　財が公共財の性質をもつ場合

ア　生産の制限
イ　政府による供給
ウ　新規参入の促進

① A－ア　B－イ　C－ウ　　② A－ア　B－ウ　C－イ
③ A－イ　B－ア　C－ウ　　④ A－イ　B－ウ　C－ア
⑤ A－ウ　B－ア　C－イ　　⑥ A－ウ　B－イ　C－ア

問1 ［答］④

④ **不適当**：カルテルは，同一産業内の複数の企業が共同で，価格や生産量を決める行為のこと。「同一産業内での企業合併」はトラスト。
① **適当**：寡占市場では管理価格がみられる。
② **適当**：寡占市場では，価格が下がりにくい傾向をもつ。競争的な寡占市場では下がることもある。
③ **適当**：寡占市場では，非価格競争がしばしばみられる。

問2 ［答］④

④ **適当**：大規模娯楽施設建設が市場の取引相手ではない近隣住民に経済的不利益を与えているので，外部不経済の例となる。
① **不適当**：天候を要因とする需要増加の結果であって，市場の失敗ではなく市場メカニズムの下での現象。
② **不適当**：不祥事を原因とする株の需要減少の結果であって，市場の失敗ではなく市場メカニズムの下での現象。
③ **不適当**：駅の建設が市場の取引相手ではない不動産所有者に経済的利益をもたらしているので，外部経済の例となる。

問3 ［答］⑤

A：寡占市場の弊害を除去するためには，新規参入を促進して，公正な競争を確保する必要がある。
B：外部不経済の場合は財が過剰供給となるので，政府は，市場における取引にかかわっていない第三者が受けた経済的損失である外部費用を市場参加者に負担させるなどして生産を制限する必要がある。
C：公共財には非排除性という性質があるため過少供給となる。そのため政府が供給の調整を行う必要がある。

37 金融の基礎と現代日本の金融

1 資金の循環と金融市場

✤貨幣の役割と通貨制度

①**貨幣の役割**…貨幣の機能には，価値尺度機能，価値の貯蔵手段，交換手段，(債務の)支払手段がある。

②**通貨の分類**…通貨は**現金通貨**と**預金通貨**に分類できる。

現金通貨：日本銀行券(日本銀行が発行)と硬貨(政府が発行)。

預金通貨：普通預金，当座預金のようにすぐ引き出せる要求払い預金(流動性預金)。

③**通貨制度**…資本主義が成立すると，各国は**金本位制度**を採用したが，1929年の大恐慌後の30年代に，各国は**管理通貨制度**を採用するようになった。

a)**金本位制度**…この制度の下では，銀行券は金との兌換(だかん)が義務づけられている(**兌換銀行券**)ので，通貨を自由に発行することはできず，通貨量が政府の保有する金の量によって規定されていた。

b)**管理通貨制度**…この制度の下では，銀行券は金との兌換の必要がない(**不換銀行券**)ので，通貨量を通貨当局の政策的判断で増減できる。そのため，通貨当局は通貨の増減を通じて景気の調整ができるようになった。

✤金融市場(資金の取引を行う市場)と金融機関

①**金融市場**…金融市場には，貸借期間が1年以内の短期金融市場と1年超の長期金融市場(証券市場)がある。**銀行間の短期金融市場**は**コール市場**と呼ばれている。

②**金融機関**…金融機関には，**預金業務を行える銀行・信用金庫・信用組合**や，**預金業務を行えない証券会社・保険会社・ノンバンク**などがある。

③**利子率(金利)**…**金利は金融市場における資金の需給関係で決まる**。借り手が必要としている資金の需要量が，貸し手が提供する資金の供給量を上回っている**超過需要の場合，金利は上昇**する。逆の場合は，金利は下落する[☞p.168]。

④**直接金融と間接金融**…企業が生産活動に必要な資金を**株式・社債の発行**を通じて証券市場から調達することを**直接金融**といい，**銀行からの借入れ**で調達することを**間接金融**という[☞p.158]。

⑤**銀行の業務**

預金業務(受信業務)…個人や企業などの顧客から資金を預かる。

貸出業務(与信業務)…預かった預金を元手に資金を貸し出す。

為替(かわせ)業務…振込，振替による送金や，手形・小切手を使った決済を行う。

✤**信用創造**…銀行は預金の受入れ・貸出しを通じて，最初に受け入れた預金（本源的預金）の数倍の預金（預金通貨）を生み出す。これを**信用創造**という。

◯ **信用創造の計算問題**

本源的預金を100万円，預金準備率が10%のとき，本源的預金を含めた預金総額は1000万円（100万÷0.1＝1000万）となる。本源的預金を元手に新たに生み出された信用創造額は，預金総額から本源的預金を差し引いた900万円である。この900万円は，本源的預金を元手に貸し出された総額と等しい。

預金総額＝本源的預金÷預金準備率　　信用創造額（貸出総額）＝預金総額－本源的預金

2 中央銀行の役割と金融政策

✤**日本銀行の三大機能**…日本の中央銀行は日本銀行（日銀）である。**日本銀行には，唯一の発券銀行・政府の銀行・銀行の銀行という機能がある。**

①**唯一の発券銀行**…日銀は銀行券を発行する唯一の銀行である。

②**政府の銀行**…日銀は国庫金の出納などを行っている。

③**銀行の銀行**…日銀は市中銀行との間で預金の受入れ，資金の貸出しを行っている。

✤**金融政策**…日銀は，金融政策を通じて，物価の安定や景気の安定を図っている。**物価や景気を抑制したい場合**には，**マネーストック**（日銀，金融機関以外の民間部門などが保有する通貨の総量）**を減少**させ，逆に，**物価や景気を上向かせたい場合**には，**マネーストックを増加**させる。前者を金融引締め，後者を金融緩和という。

①**公開市場操作**…市中銀行との間で国債や手形などの有価証券を売買することにより，コール市場の資金量を増減させて，**政策金利（無担保コール翌日物金利）**を調節する。金融緩和のためには，日銀が市中銀行から有価証券を購入する**資金供給オペレーション（買いオペレーション）**を行う。そうすると，**コール市場の資金量が増え，政策金利が低下し**，その結果，市中金利も低下しマネーストックが増加する。逆に，金融引締めのためには，市中銀行に有価証券を売却する**資金吸収オペレーション（売りオペレーション）**を行う。そうすると，**コール市場の資金量が減り，政策金利が上昇し**，その結果，市中金利も上昇しマネーストックが減少する。

②**金利政策（公定歩合操作）**…日銀が市中銀行に貸し出す際の金利（**基準割引率および基準貸付利率**，これは以前，公定歩合と呼ばれていた）を上下させてマネーストックを調節する。金融緩和のためには公定歩合を引き下げ，金融引締めのためには公定歩合を引き上げる。金融の自由化が進んだため，公定歩合と市中金利が連動しなくなり，金融政策の手段としてこの操作は行われなくなった。

③**預金準備率操作（支払準備率操作）**…市中銀行が日銀に預金の一定割合を支払準備金として預ける割合（預金準備率）を上下させてマネーストックを調節する。金融緩和のためにはその割合を引き下げ，金融引締めのためにはその割合を引き上げる。金融政策の手段としてこの操作も現在行われていない。

ここが共通テストのツボだ!!

ツボ ① 日本銀行の三大機能に注目する

日本銀行の三大機能のうち，「政府の銀行」と「銀行の銀行」に注意しよう。日本銀行は，「政府の銀行」として政府の国庫金の出納や，また，「銀行の銀行」として市中銀行からの預金の受入れ・市中銀行への資金の貸出しなどは行うが，**一般の事業会社や家計とは取引を行わない。**

日銀の三大機能 ⇒ 唯一の発券銀行，政府の銀行，銀行の銀行
⇒ 一般の事業会社や家計とは取引がない

ツボ ② 公開市場操作を通じた政策金利の調整に注目

物価や景気を抑制したい場合を例にとろう。

日本銀行は，手形・国債などの有価証券を市中銀行に売り，市中銀行の手持ちの資金を吸収する（売りオペ）。そうすると，コール市場における資金の供給が減少するので，無担保コール翌日物金利（政策金利）が上昇する［☞p.168］。政策金利が上昇すれば，銀行が家計や企業に貸し出す際の金利も上昇するので，銀行からの家計・企業への貸出し量は減少する。その結果，マネーストックも減少し，政策目標が達成できる。物価や景気を浮揚させたい場合は逆の操作を行う。下図の青矢印は資金の動きを示している。

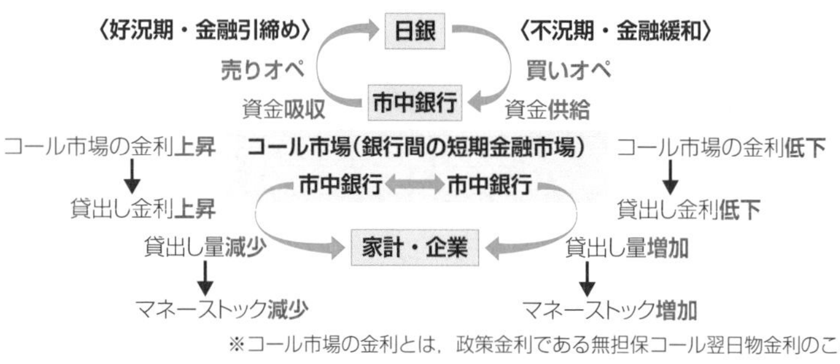

※コール市場の金利とは，政策金利である無担保コール翌日物金利のこと

売りオペ⇒資金吸収⇒コール市場の金利の上昇⇒貸出し金利の上昇
⇒貸出し量の減少⇒マネーストックの減少
買いオペ⇒資金供給⇒コール市場の金利の低下⇒貸出し金利の低下
⇒貸出し量の増加⇒マネーストックの増加

基礎力チェック問題

問1 金本位制と比べた管理通貨制の特徴についての記述として最も適当なものを，次の①～④のうちから一つ選べ。 (05年本試)

① 通貨政策において，国際協力や国際協定の締結を行う必要がなくなった。
② 金準備に拘束されることなく，国内の金融政策の発動が可能になった。
③ 国際商取引を，自国通貨により最終的に決済することが常態となった。
④ 兌換(だかん)銀行券が流通して，インフレーションが激しくなった。

問1 [答] ②

② **適当**：管理通貨制では，金準備（政府が保有する金の量）に拘束されることなく通貨量を決めることができる。
① **不適当**：スミソニアン協定やプラザ合意などの締結の例がある。
③ **不適当**：「自国通貨」ではなく，ドルなどの国際通貨が正しい。
④ **不適当**：「兌換銀行券」ではなく，不換銀行券が正しい。

問2 金融についての記述として正しいものを，次の①～④のうちから一つ選べ。 (17年本試)

① 日本では，家計の金融資産のうち現金・預金の占める割合が最も大きい。
② 日本では，グローバル化をうけて直接金融から間接金融への移行が進んでいる。
③ ノンバンクとは，預金業務と貸出業務を行う金融機関である。
④ 信用創造とは，企業が金融機関に債務を滞りなく返済することで追加的な資金調達が可能になることをいう。

問2 [答] ①

① **正文**：家計の金融資産では，日本は現金・預金の割合が高く，アメリカは株式・出資金の割合が高い。
② **誤文**：「直接金融」と「間接金融」を入れ替えれば正文となる。企業の資金調達は，高度経済成長期には間接金融中心であったが，その後，直接金融のウェイトが高まってきた[☞p.200]。
③ **誤文**：ノンバンクは，預金業務を行うことができない。
④ **誤文**：信用創造とは銀行が預金の受入れ・貸出しを繰り返すことにより新たな預金通貨を創出すること。

問3 中央銀行が実施する政策や業務についての記述として正しいものを，次の①～④のうちから一つ選べ。 (16年本試)

① デフレーション対策として，国債の売りオペレーションを行う。
② 自国通貨の為替レートを切り下げるために，外国為替市場で自国通貨の売り介入を行う。
③ 金融緩和政策として，政策金利を高めに誘導する。
④ 金融機関による企業への貸出しを増やすために，預金準備率を引き上げる。

問3 [答] ②

② **正文**：「為替レートを切り下げる」とは，円相場でいえば，円安方向に誘導すること。そのためには，日銀は外国為替市場で円売り介入を行う。
① **誤文**：デフレ対策としては，買いオペレーションを行いマネーストックの増加を図る[☞p.175, 176 ツボ❷]。
③ **誤文**：金融緩和のためには政策金利を低めに誘導する。
④ **誤文**：企業への貸出しを増やしたい場合，預金準備率の引下げを行う。

38 財　　政

1 財政の機能

政府は財政を通じて3つの公共的な機能を果たしている。

✤**資源配分の調整**…政府は，市場では適切に供給できない道路・公園・国防・治安などの公共財（公共サービス）を供給し，資源配分の調整を行っている。

✤**所得の再分配**…所得格差を是正するために，所得の高い人に対して高率の税金を課す（累進課税）一方，所得の低い人に対して雇用保険や生活保護などの社会保障制度を通じて給付を行い，所得格差の是正を図っている。

> 目的：所得格差の是正
> 手段：累進課税制度と社会保障制度を通じた所得移転

✤**景気の安定化**…政府は裁量的に財政支出を増減させることを通じて景気の安定化を図っている。これをフィスカル・ポリシー（裁量的財政政策，補整的財政政策）という。また，財政制度自体のうちにも景気を安定化させる仕組みが内在している。これをビルト・イン・スタビライザー（自動安定化装置）という。

①**フィスカル・ポリシー**…政府は，**景気過熱期には，増税や公共事業の縮小により，有効需要を減らし，景気の抑制を図る**。景気低迷期には逆の政策を行う。

> 景気の過熱を抑制する政策：増税＋公共事業の縮小⇒有効需要の減少
> 景気の浮揚を図る政策：減税＋公共事業の拡大⇒有効需要の増大

②**ビルト・イン・スタビライザー**…累進課税制度と社会保障制度には景気を自動的に安定化させる働きがある。たとえば，景気が過熱している場合，一般に所得は増加する。累進課税制度では所得が高くなれば税率も上昇するので，**増税効果をもたらす**。また，景気過熱時には失業者が減少し，失業給付などの社会保障給付も減少する。これは**財政支出の縮小につながり，公共事業の縮小と同様の効果をもたらす**。

> 景気過熱期：所得の増加→累進課税により適用税率の上昇
> 　　　　　　＋失業者の減少などによる社会保障給付の減少⇒有効需要の抑制
> 景気低迷期：所得の減少→累進課税により適用税率の低下
> 　　　　　　＋失業者の増加などによる社会保障給付の増加⇒有効需要の拡大

2 日本の財政 ★★★

✤**予算と財政投融資**…国の予算は**一般会計**(国の基本的な活動を行うのに必要な歳入と歳出を経理する会計)と**特別会計**(一般会計から分離して歳入と歳出を経理する会計)からなる。このほかに政府系金融機関の予算である政府関係機関予算がある。また，予算ではないが，「第二の予算」と呼ばれている**財政投融資**がある。

①**本予算と補正予算**…新年度から実施される基本となる予算を**本予算(当初予算)**という。本予算成立後，経済状況の変化などにより追加の財政支出が必要になった場合などに，**補正予算**が組まれることもある。

②**一般会計**…歳入の中心は**租税**である。不足分は**国債(公債)**を発行して補う。現在，歳入に占める国債発行額の割合(**国債依存度**)が高い水準となっている。現在の歳出の構成比をみると，**社会保障関係費が最も高く，次いで国債費，地方交付税の順**となっている。

③**財政投融資**…政府は，**財投債**を発行して得た資金を元手に，中小企業支援や住宅・道路などの社会資本整備のために，財投機関(公庫・自治体など)に出資・融資を行っている。これを**財政投融資**という。この制度は，以前，郵便貯金・年金積立金などを原資としていたが，2001年度に改革され，財投機関は**財投機関債**を発行して市場から資金を自主調達し，不足分を国の財政投融資で補うという形に改められた。

✤租税

①**租税法律主義**…政府が国民に租税を課す場合，日本国憲法に規定(第84条)されているように，国会が定める法律によらなければならない。

②**直接税と間接税**…直接税は，所得税のように，租税を負担する人(**担税者**)と納税の義務を負(お)う人(**納税者**)とが同一の税をいう。それに対し間接税は，消費税のように，担税者と納税者が異なる税をいう。

③**直間比率**…**シャウプ税制改革**(1949・50年)により日本の税制は間接税中心主義から**直接税中心主義**へと変更された。しかし，消費税の導入(1989年)やその税率の引上げなどにより間接税の比重が増し，国税では，5：5に近づいている。

④**租税の原則**…租税原則の一つに公平性の確保がある。租税の公平には垂直的公平と水平的公平がある。**垂直的公平**は，より高い経済力・負担能力をもつ個人は重い税負担をすべきとする原則である。累進課税は垂直的公平を求めたものである。一方，**水平的公平**は，同じ所得ならば同じ税負担であるべきとする原則である。

✤国債

①**国債の種類**…国債は歳入不足を補うための**赤字国債(特例国債)**と，公共事業費の不足分を補うための**建設国債**に大別できる。赤字国債は財政法で発行が禁止されているため，**赤字国債を発行するには特例法を制定する必要がある**。

②**市中(しちゅう)消化の原則**…財政法は，新規発行の国債を日銀が直接引き受けることを，禁じている。

ここが共通テストのツボだ!!

ツボ 1 財政についての頻出事項を整理する

①消費税

累進課税の所得税と社会保障制度には**所得の再分配機能**や**ビルト・イン・スタビライザーの機能**があるが，税率が一定の**消費税にはそのどちらの機能も期待できない**。

②国債

建設国債はその発行が認められているが，**赤字国債は財政法によりその発行が禁止されている**ので，赤字国債を発行する場合には**特例法**の制定が必要。

国債を新規に発行する場合，**日本銀行の引受けは禁止**されており，市中で消化するのが原則（**市中消化の原則**）とされている。

消費税 ⇒ 所得再分配やビルト・イン・スタビライザーの機能がない
国債 ⇒ 日本銀行の引受け禁止。赤字国債の発行には特例法の制定が必要

ツボ 2 税の公平の原則を攻略する

①水平的公平

同じ所得ならば税負担は同じであるべき，というのが水平的公平。この原則に反するのが**クロヨン**（9・6・4）**問題**。これは，所得の種類によって，実際の所得と税務当局が捕捉（ほそく）している所得とにズレがある，という税負担の不公平をいう［☞p.183］。たとえば，**給与所得**の場合，源泉徴収なのでほぼ完全に税務当局に所得が捕捉されている（9割捕捉）が，申告納税の**事業所得**（6割捕捉）や**農業所得**（4割捕捉）の場合，その捕捉の割合が低くなりがちである。

②垂直的公平

垂直的公平は，所得格差がある場合，負担能力の高い高所得者には高率の税を課し，低所得者には低率の税を課すというように，**負担能力に応じて課税すべきという原則**をいう。**累進課税**はその原則に則（のっと）った税である。

水平的公平 ⇒ 同じ所得ならば同じ税負担
垂直的公平 ⇒ 負担能力に応じた課税

基礎力チェック問題

問1 日本の予算に関する記述として正しいものを，次の①～④のうちから一つ選べ。（15年本試）

① 特別会計の予算は，特定の事業を行う場合や特定の資金を管理・運用する場合に，一般会計の予算とは区別して作成される。

② 国の予算の一つである政府関係機関予算については，国会に提出して，その承認を受ける必要はないとされている。

③ 財政投融資の見直しが行われ，現在では郵便貯金や年金の積立金は一括して国に預託され，運用されるようになっている。

④ 補正予算とは，当初予算案の審議の最中に，その当初予算案に追加や変更がなされた予算のことである。

問1 [答] ①

① **正文**：特別会計の一つに，保険料収入などを財源として年金給付を行う事業の収支を経理する年金特別会計がある。

② **誤文**：一般会計・特別会計・政府関係機関予算のいずれも，国会の議決が必要。

③ **誤文**：郵便貯金・年金の積立金の預託制度は，2001年度に行われた改革により，廃止された。

④ **誤文**：補正予算は，当初予算(本予算)が成立したのちに，追加・変更が必要になった場合に組まれる予算のこと。

問2 租税についての記述として正しいものを，次の①～④のうちから一つ選べ。（17年本試）

① 日本における国税は，租税法律主義の原則の下で，国会で議決された法律に基づいて定められている。

② タックス・ヘイブンとは，投機的な金融活動の抑制を目的に国際的な資本取引に課税する構想のことである。

③ 税負担の逆進性とは，所得が低くなるに従って所得に占める税の負担率が低くなることである。

④ 日本の税務当局による所得捕捉率は，農業者は高く自営業者は中程度で給与所得者は低いといわれていることから，クロヨンと呼ばれている。

問2 [答] ①

① **正文**：租税法律主義に関する正しい記述である[☞p.179]。

② **誤文**：「タックス・ヘイブン」をトービン税に替えれば正文となる。タックス・ヘイブンは租税回避地のこと[☞p.274]。

③ **誤文**：逆進性とは所得の低い者ほど所得に占める税負担率が高くなること[☞p.183]。

④ **誤文**：クロヨンの説明が誤り。正しくは，「農業者は低く自営業者は中程度で給与所得者は高い」である[☞p.180 ツボ❷, 183]。

問3 景気対策に関連する記述として最も適当なものを，次の①～④のうちから一つ選べ。（00年追試）

① 輸出補助金の給付は，好況期の景気の過熱を抑制する。

② 雇用保険の給付は，不況期の有効需要の減少を緩和する。

③ 投資優遇税制の導入は，好況期の景気の過熱を抑制する。

④ 消費税率の引上げは，不況期の有効需要の減少を緩和する。

問3 [答] ②

② **適当**：雇用保険の給付には消費需要の落ち込みを防ぐ効果があるため，有効需要の減少を緩和する。

① **不適当**：輸出補助金の給付は輸出の増加をもたらすので，景気拡大につながる。

③ **不適当**：投資優遇税制導入は投資の増加をもたらすので，景気拡大につながる。

④ **不適当**：消費税率の引上げは消費需要の減少をもたらすので，有効需要の抑制につながる。

39 現代日本の財政と金融の動向

1 財政改革と日本の税制の問題点

✤財政改革

①**石油危機後の財政危機と財政改革**…第一次石油危機後の景気低迷期に，財政支出の不足分を補うために，政府は1975年度から赤字国債を継続的に発行するようになった。バブル景気に沸いた1980年代後半には税収が増加するなどして，1990年代前半には一時的に**赤字国債の発行をゼロにすることができた**。

②**1990年代以降の財政問題**…バブル崩壊後，**1994年度から再び赤字国債を発行**するようになり，財政状況が悪化した。国債依存度が高水準となり，国債残高も増え続けた。**国と地方を合わせた債務残高はGDPの2倍を超えている。**

③**財政再建に向けた動き**…政府は，国と地方を合わせたプライマリーバランス(基礎的財政収支)の黒字化をめざしている。プライマリーバランスとは公債発行で得た資金を除いた歳入から，公債費を除いた歳出を差し引いた収支，すなわち，{(歳入－公債金)－(歳出－公債費)} のことである。プライマリーバランスが黒字化すれば，政府の債務残高が減少することが期待できる。

◦**2023年度の国の一般会計予算**(通常分＋臨時・特別の措置)(政府案，単位兆円)(『日本の財政関係資料』〈令和5年4月〉)

歳入(114)	公債金以外の歳入(79)	公債金(35)
歳出(114)	公債費以外の歳出(89)	公債費(25)

(注) 兆円未満を切り捨て。

2023年度の国のプライマリーバランス…10兆円の赤字
(114－35)－(114－25)＝－10 (兆円)
2023年度の国債依存度…35÷114×100≒31 (%)

✤国債発行の問題点

①**財政の硬直化**…国債の大量発行は，国債の返済にあてる費用(国債費)を増大させ，社会保障など他の経費にあてる財源の不足を生み，**財政の自由度を失わせる**。

②**世代間の不公平**…財政を国債発行に依存する状況は，国債の返済にあてる財源は将来世代の租税でまかなわれるため，現在世代は負担をすることなく社会保障給付などの**便益を受ける**一方，将来世代は便益を受けずに**負担のみ強いられる**という世代間の不公平を招く。

③**民間資金需要の圧迫(クラウディング・アウト)**…政府が国債を発行して市場で資金を得ようとすれば，その分，資金需要が増大し**金利の上昇を招く**。金利が上昇すれば，**民間企業の借入が困難になる**。このように国債発行は民間資金需要を市場から締め出すことにつながる。

✤日本の税制の問題点

①**所得の捕捉率の問題**…給与所得，事業所得，農業所得など所得の種類によって税務当局が捕捉している所得の割合が異なり，税負担に不公平がある[☞p.180]。

②**消費税の逆進性**…消費税には，所得の低い人ほど，所得に占める負担割合が高くなる，という逆進的な性格がある。消費税の逆進性は，低所得者ほど所得に占める貯蓄の割合が低く，**消費支出の割合が高くなる**ことから生じる。

③**消費税の税率**…消費税は1989年に税率３％で導入され，その税率が1997年に５％に，2014年に８％に，そして2019年には10%に引き上げられた。

2 現代日本の金融の動向

✤バブル崩壊と金融システムの動揺

①**大手銀行の経営破たん**…バブル崩壊後，日本の銀行は大量に不良債権を抱えて経営が悪化した。大手銀行の中にも経営破たんに追い込まれるものがあった。

②**貸し渋り**…自己資本比率が低下した銀行は，国際業務を行うのに必要な国際規制（**自己資本比率が８％以上必要**）を確保するために，貸出しに慎重になった（貸し渋り）。そのため，政府は銀行に資本注入を行って銀行の自己資本比率の向上を図った。

③**ペイオフの凍結と解除**…**預金の元本1000万円とその利息までを保証するという制度をペイオフという**。銀行の経営が不安定化した1996年にペイオフが凍結され，預金の全額が保証されるようになった。しかし，2000年代に入って銀行の経営も安定化したため，2005年から利息のつかない一部の預金を除いて，ペイオフの凍結が解除され，元本1000万円とその利息までしか保証されない制度に戻った。

✤金融の自由化と日本版金融ビッグバン

①**金融の自由化**…護送船団方式と呼ばれてきた，従来の金融機関を保護する政策を転換し，公正な競争を促そうとした金融制度改革。

a)**金利の自由化**…預金金利の自由化は，1990年代前半に**完了**した。

b)**業務分野の自由化**…業務分野の自由化が進められ，銀行，証券会社などが**子会社を通じて相互の業務に参入**できるようになった。

c)**資本取引の自由化**…1997年に外国為替管理法が改正され外国為替法となり，**外国為替業務の大幅な自由化**が行われた。

②**日本版金融ビッグバン**…金融のグローバル化を背景に，東京市場の「金融の空洞化」を避け，国際金融市場としての地位を回復するために，**1990年代後半から，金融制度の規制緩和が推進されてきた**。この改革は，イギリスのサッチャー政権によるビッグバン（証券制度の大改革）にちなんで**日本版金融ビッグバン**と呼ばれた。

✤近年の金融政策…日本経済は1990年代末頃からデフレ状況に陥った。それが景気回復の足を引っ張ると判断した日本銀行は，**マネーストックの拡大を図りデフレから脱却するために**，**ゼロ金利政策**や**量的緩和政策**を実施し，さらに，2013年からは**量的・質的金融緩和政策**を，2016年からは**マイナス金利政策**を実施した。

ここが共通テストのツボだ!!

ツボ 1 財政の現状や国債発行の影響および民営化の動向をまとめる

①**国債発行の動向**…1965年度に**戦後初の国債発行**。1975年度から89年度にかけて赤字国債を継続発行。90年代前半は一時的に**赤字国債発行ゼロ**。

国債依存度は，1980年代は**バブルなどもあり低下傾向，景気が低迷した90年代は上昇傾向となり**，2008年の**リーマン・ショック直後には上昇した。**

②**国債大量発行の問題点**…**財政の硬直化，世代間の不公平，民間資金需要の圧迫（クラウディング・アウト）**などが指摘されている。

③**民営化の動き**…1980年代には，第二次臨時行政調査会の答申に基づいて，**三公社**（**電電公社，専売公社，国鉄**）の民営化が行われた。2000年代に入ると，2005年に**日本道路公団**が分割民営化され，2007年には**日本郵政公社**が民営化された。

予算 ⇒ 赤字国債発行ゼロの時期あり。国債依存度は経済動向と関連づける
民営化 ⇒ 三公社の民営化，道路公団と郵政の民営化が大切

ツボ 2 1990年代末以降の日本銀行のおもな金融政策のポイントを整理

日本銀行は，デフレ傾向の続く状況からの脱却のために，1990年代末以降，金融緩和政策を推進してきた。

1999～2000	**ゼロ金利政策**	**無担保コール翌日物金利をゼロに誘導**
2001～2006	**量的緩和政策**	**日銀当座預金残高の増加**を政策目標とする
2013 開始	**量的・質的金融緩和政策**	物価上昇率の目標を設定。その実現のために日銀が供給する通貨の増加を図る
2016～2024	**マイナス金利**付き量的・質的金融緩和政策	日銀当座預金の一部に事実上の**マイナス金利**を適用する政策
2016～2024	長短金利操作付き量的・質的金融緩和政策	短期金利はマイナスを維持しつつ，10年物国債の金利を0%となるよう誘導する政策

近年の金融政策は，目標とそのための手段を押さえる
政策目標⇒マネーストックを増大させてデフレからの脱却をめざす
手段
⇒ゼロ金利政策では，無担保コール翌日物金利を誘導目標に設定
⇒量的緩和政策では，金利ではなく日銀当座預金残高を誘導目標に設定
⇒マイナス金利政策では，日銀当座預金の一部にマイナス金利を適用

基礎力チェック問題

問1 財政難に関連して，日本では基礎的財政収支（プライマリーバランス）が赤字であることが問題となっている。次のA，Bは歳入に関する政策の例であり，ア，イは歳出に関する政策の例である。他の歳入額と歳出額については変化がないとき，A，Bとア，イとの組合せのうち，基礎的財政収支の赤字を歳入と歳出の両面から縮小させるものとして最も適当なものを，下の①～④のうちから一つ選べ。（16年本試）

A　国債発行額を増やして国債収入を増やす。
B　消費税を増税して租税収入を増やす。
ア　国債の利払い費を抑制して国債費の金額を減らす。
イ　公共事業を縮小して，国債費を除く支出の金額を減らす。

① A－ア　② A－イ　③ B－ア　④ B－イ

問1　[答] ④
A・B：与えられた条件の下で，歳入面からプライマリーバランス（PB）を改善するためには，**租税等の収入を増やし国債収入（公債金）を減らす**必要がある。したがって，Bが正しく，Aは誤り。
ア・イ：与えられた条件の下で，歳出面からPBを改善するためには，**国債費を増やして，その他の支出金額を減らす必要**がある。したがって，イが正しく，アは誤り。

問2 金融に関連する記述として誤っているものを，次の①～④のうちから一つ選べ。（19年本試）

① デリバティブは，株式や債券から派生した金融商品で先物取引やオプション取引がある。
② ヘッジファンドによる短期の国際的な資金移動は，為替レートを変動させる要因となる。
③ 日本銀行の量的緩和政策は，金融政策の主たる誘導目標を政策金利として金融緩和を進めようとするものである。
④ 日本の短期金融市場には，金融機関がごく短期間の貸借で資金の過不足を調整するコール市場がある。

問2　[答] ③
③ **誤文**：量的緩和政策は，政策金利を誘導目標とするものではなく，**日銀当座預金残高を誘導目標**として，マネーストックの増大を図ろうとするものである。
① **正文**：デリバティブ（金融派生商品）の説明として正しい。
② **正文**：為替レートの変動の要因の一つとして正しい。
④ **正文**：短期金融市場の説明として正しい。

問3 日本の金融機関に関連する記述として最も適当なものを，次の①～④のうちから一つ選べ。（10年本試）

① 巨額の不良債権を抱え込んだ結果，1990年代後半に破たんが相次いだ。
② 破たんした銀行の普通預金の預金者は，その預金元本については，いかなる場合でも全額払戻しを受けることができる。
③ 銀行は，コール市場において手形，国債，株式の売買を行っている。
④ バブル崩壊後，経営再建のために護送船団方式が採用された。

問3　[答] ①
① **適当**：[☞p.183]
② **不適当**：「いかなる場合でも全額」という点が誤り。**ペイオフ制度**により，**元本1000万円とその利息を限度として保証**される。
③ **不適当**：コール市場は，銀行，保険会社，証券会社などの**金融機関相互間の短期資金の貸借市場**であって，手形などを取引する手形売買市場ではない[☞p.174]。
④ **不適当**：**護送船団方式はすでに放棄**され，金融の自由化が進められてきた。

40 国民所得と経済成長

1 フローとストック

経済規模を測る指標には，ストックの概念とフローの概念がある。

✤**ストックとフローの違い**…**ストック**はある時点に存在する経済量（資産・負債の残高）をいう。**フロー**は一定期間の経済活動量（財やサービスの生産額）をいう。

✤**国富**…国富とはストックの概念で，家屋，生産設備，社会資本（道路，橋など），土地，地下資源，漁場などの**国内非金融資産と対外純資産の合計額**である。対外純資産は，日本人が海外に保有する資産から，外国人が日本に保有している資産を差し引いたものをいう。なお，預金などの国内の金融資産は，国富には算入されない。

国富＝国内非金融資産＋対外純資産

2 国民所得の諸概念と経済成長

✤**国民所得の諸概念**（これらはフロー）

①**国内総生産（GDP）**…これは1年間に国内で生産された粗(gross)付加価値の合計額である。これは次のようにして求められる。

国内総生産＝国内での生産総額－中間生産物の価額

②**国民総所得（GNI）**…国民総生産（GNP）を分配面からみたものが国民総所得（GNI）で，三面等価の原則から，その額は国民総生産と等しくなる。国民総所得は1年間に国民（居住者）が得た所得の合計額で，次のようにして求められる。

国民総所得＝国内総生産＋海外からの純所得＊

＊海外からの純所得とは，国民（居住者）が海外の生産活動で得た雇用者報酬や利子・配当などの所得（海外からの所得）から外国人（非居住者）が国内の生産活動で得た所得（海外に対する所得）を差し引いた額をいう。式で示すと，**海外からの純所得＝海外からの所得－海外に対する所得**となる。

※国民総所得（国民総生産）と国内総生産の関係は，次のように示すこともできる。

国内総生産＝国民総所得－海外からの純所得

③**国民総生産（GNP）**…これは国民（居住者）が1年間に生産した粗(gross)付加価値の合計額である。これは次のようにして求められる。

国民総生産＝国民の生産総額－中間生産物の価額

④**国民純生産（NNP）**…これは国民（居住者）が1年間に生産した純(net)付加価値の合計額である。これは次のようにして求められる。

国民純生産＝国民総生産－固定資本減耗（減価償却費）

固定資本減耗（減価償却費）

機械設備などの固定資本は時間の経過とともに価値が下がっていき，いずれ買い替える必要が生じる。商品の価格にはそのための費用が含まれているが，それを固定資本減耗（減価償却費）という。この部分は新たに生産されたものではないので，純粋に1年間に生産された付加価値の合計額（NNP）を求める場合には，**固定資本減耗を差し引かなければならない。**なお，付加価値のうち，固定資本減耗が含まれているものを粗付加価値といい，それを含まないものを純付加価値という。

⑤**国民所得（NI）**…NNPから間接税を差し引き，政府の補助金を加えて求められる。

国民所得＝国民純生産－間接税＋補助金

✤国民所得の三面等価の原則

国民所得は生産・分配・支出の3つの面から捉（とら）えることができる。その額は3つとも等しくなる。

生産国民所得	＝	**分配国民所得**	＝	**支出国民所得**
・第一次産業（1）		・雇用者報酬（73）		・民間最終消費支出（56）
・第二次産業（25）		・財産所得（7）		・政府最終消費支出（22）
・第三次産業（74）など		・企業所得（20）		・国内総資本形成（27）
				・輸出等－輸入等（－4.1）など

（**国民総生産（GNP）　＝　国民総所得（GNI）　＝　国民総支出（GNE）**
国内総生産（GDP）　＝　国内総所得（GDI）　＝　国内総支出（GDE））

※（　）内の数字は，2022年度の日本における国民所得（生産・支出国民所得については国内総生産）に占めるおおよその割合（%）である。

✤国民所得と福祉

国民所得には家事労働や余暇など，市場で取引されないものは算入されず，また，公害防除費用が算入されるなど，国民の福祉を示す指標としては限界がある。そのため，その限界を補う指標としてNNW（国民純福祉）が提唱された。

✤経済成長

経済成長は，通常，GDPの増加率で示される。これには名目経済成長率と実質経済成長率がある。名目経済成長率は，その時々の物価水準で測った名目GDPの増加率で示される。実質経済成長率は，物価変動の影響を除去したもので，基準年の物価水準で計算し直した実質GDPの増加率で示される。

$$\text{名目経済成長率}=\frac{\text{比較年の名目GDP}-\text{基準年の名目GDP}}{\text{基準年の名目GDP}}\times 100$$

$$\text{実質経済成長率}=\frac{\text{比較年の実質GDP}^{*}-\text{基準年の実質GDP}}{\text{基準年の実質GDP}}\times 100$$

＊実質GDPの求め方は192ページを参照。

ここが共通テストのツボだ!!

ツボ 1 ストックとフローの違いを押さえる

国の経済規模を測るときに国富や国内総生産などの指標が用いられる。**国富はストックの概念で，国内総生産はフローの概念**。たとえば，賃金所得は，1年間単位の年収，1か月間単位の月収のように，それを測る期間で額が変わってしまう。このように期間によって額が変化するものがフローで，**一定期間に生み出した所得や生産額**がその例である。一方，ストックは**一定時点における資産・負債の残高・存在量**に着目したものである。家屋，公共施設，預貯金（国内金融資産はストックを表す数量だが国富には算入されない）などの資産や，国債やローンなど負債の残高はストックを表す数量になる。

フロー ⇒ 一定期間の所得・生産額
ストック ⇒ 一定時点における資産・負債額

ツボ 2 GDP（国内総生産）とGNI（国民総所得）の関係を整理する

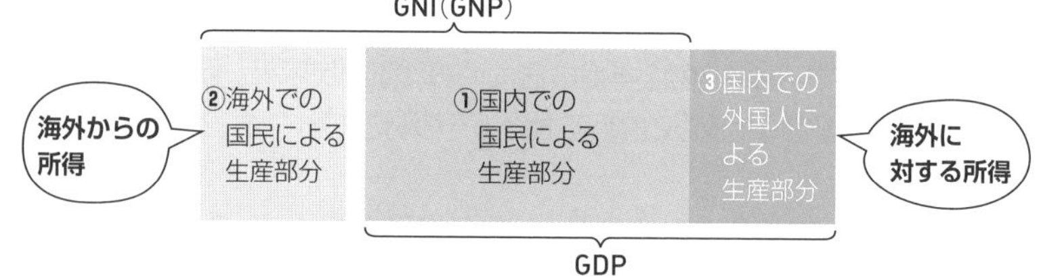

図中の①は，**国内で国民**による生産活動で得た所得部分。**輸出は①に算入**される。したがって，**輸出が増えれば，GDPもGNI（GNP）も増える**。輸入品は外国で外国人が生産したものなので，**輸入はGDPにもGNI（GNP）にも算入されない**。

図中の②は，当該国民が海外から受け取る利子・配当・雇用者報酬部分。したがって，**この受取りが増えると，その分GNI（GNP）は増加**する。

図中の③は，外国人に支払う利子・配当・雇用者報酬部分。**この支払いが増えると，その分GDPが増加**する。

GNI（GNP）＝①＋②の合計額
GDP＝①＋③の合計額
輸出はGDP・GNIに算入されるが，輸入はどちらにも算入されない

基礎力チェック問題

問1 GDP(国内総生産)に関する記述として最も適当なものを，次の①～④のうちから一つ選べ。(17年追試)

① GDPに海外から受け取った所得を加え，海外へ支払った所得を差し引いたものが，NNP(国民純生産)である。
② 一国の経済規模を測るGDPは，ストックの量である。
③ GDPに家事労働や余暇などの価値を加えたものは，グリーンGDPと呼ばれる。
④ 物価変動の影響を除いたGDPは，実質GDPと呼ばれる。

問1 [答] ④

④ **適当**：実質GDPに関する正文[☞p.187]。
① **不適当**：「NNP(国民純生産)」を「GNP(国民総生産)」とすれば適当な文になる。NNPはGNPから固定資本減耗を差し引いたものである。
② **不適当**：GDPは**フローの量**を表す指標である。
③ **不適当**：「グリーンGDP」を「**NNW(国民純福祉)**」に替えれば適当な文となる。グリーンGDPは，環境の悪化を考慮に入れたGDPのことである。

問2 所得を把握するための諸指標に関する記述として誤っているものを，次の①～④のうちから一つ選べ。(15年本試)

① 分配面からみた国民所得(NI)の要素には，雇用者報酬が含まれる。
② 支出面からみた国民所得の要素には，民間投資と政府投資が含まれる。
③ 国民総所得(GNI)は，国民純生産(NNP)から，固定資本減耗を差し引いたものである。
④ 国民総所得は，国民総生産(GNP)を分配面からとらえたものであり，両者は等価である。

問2 [答] ③

③ **誤文**：「国民総所得(GNI)」と，「国民純生産(NNP)」を入れ替えれば正文になる。なお，GNIとGNPは同額である。
① **正文**：分配国民所得の構成要素として正しい[☞p.187]。
② **正文**：支出国民所得には，**民間投資**，**政府投資**，**民間消費**，**政府消費**，**輸出等－輸入等**が含まれる。
④ **正文**：**三面等価の原則**から正しい[☞p.187]。

問3 投資という言葉は，金融資産に対する投資だけではなく，設備投資などのGNE(国民総支出)に計上される投資という意味でも使われる。後者の投資の例として最も適当なものを，次の①～④のうちから一つ選べ。(08年本試)

① 運送会社が配達で使用するために新車を購入した。
② 証券会社が顧客に債券を販売した。
③ 銀行が自治体に資金を貸し付けた。
④ 会社員が一人暮らしをするためにマンションを賃借した。

問3 [答] ①

① **適当**：**支出(需要)は，消費と投資に分けられる**。GNEに計上される投資とは将来得られるであろう**収益を目的**として，物的財の購入に資金を支出することを意味する。①は運送業で収益を上げるために車を購入したものなので，**投資に該当**し，GNEに計上される。
②③ **不適当**：販売や貸し付けは支出ではない。つまり，消費でも投資でもない。
④ **不適当**：家賃の支払いは，消費(欲望を満たすために財やサービスを利用したり消耗したりすること)のための支出である。

41 景気変動と物価

1 景気変動

✤景気変動(景気循環)の4局面

好況→後退(恐慌)→不況→回復

好況…一般に投資と消費が拡大し,利潤と所得も拡大し,商品の価格が上昇する。また,雇用の拡大もみられる。

後退…一般に投資と消費が縮小し,商品の価格が下落に転じる。

不況…投資と消費が落ち込み,企業の倒産や失業者が増大するなど経済が停滞する。

回復…投資と消費が拡大に転じる。

※景気の後退が急激に生じるとき,これを恐慌という。

✤景気変動の種類…景気変動の種類は,その発見者の名前にちなんだ次の4つが有名である。

	周期	要因
コンドラチェフの波	50〜60年周期	技術革新
クズネッツの波	15〜20年周期	建築投資
ジュグラーの波	8〜10年周期	設備投資
キチンの波	約40か月周期	在庫投資

2 物価

✤物価

さまざまな商品の価格を総合的にみた平均値をいい,これには消費者物価と企業物価がある。消費者物価は消費者が購入する最終生産物の物価で,企業物価は企業間で取引される原材料の物価である。

✤インフレーションとデフレーション

物価が持続的に上昇することをインフレーション(インフレ)といい,逆に,物価が持続的に下落することをデフレーション(デフレ)という。**インフレーションが続くと貨幣価値は下落する**。たとえば,物価が上昇すれば,以前は1万円で買えた商品が買えなくなるなど,貨幣の購買力(貨幣1単位でどれだけの財・サービスが購入できるか,という面からみた貨幣の能力)は低下する。逆に**デフレーションが進行すると貨幣価値は上昇する**。

✤インフレーションの要因

インフレの要因には次の2つがある。

①**需要インフレ(ディマンド・プル・インフレーション)**…経済全体の総需要が拡大するなど，需要の増大が原因となるインフレ。

②**費用インフレ(コスト・プッシュ・インフレーション)**…原材料価格や人件費の高騰など，生産費の上昇が原因となるインフレ。

✤インフレーションの程度による分類

①**ハイパーインフレーション**…超インフレーションと訳され，極端に高い上昇率を示すものをいう。

②**ギャロッピングインフレーション**…駆け足インフレーションと訳され，年率数十%という高い上昇率が続くものをいう。

③**クリーピングインフレーション**…忍び寄るインフレーションと訳され，年率数%の低率で物価が緩やかに上昇し続けるものをいう。

✤インフレの社会的影響

- インフレが進行すると，貨幣の購買力が低下(**貨幣価値**が下落)する。
- インフレ下では，預金の実質的価値の減少(預金の目減り)や，債務者利得(債務者の負担の軽減)が生じる。
- インフレは年金生活者などの定額所得者の生活を圧迫する。

✤日本経済の発展と物価問題

日本経済の発展の過程で，次の3つの物価問題が注目された。

①**生産性格差インフレ**…産業部門間に生産性の格差があることから生じるインフレのことで，日本では高度経済成長期にみられた。高度経済成長期には企業物価(当時は卸売物価といった)は全般的に安定していたが，消費者物価は緩やかに上昇していた。消費者物価が企業物価に比べ高い上昇率となった要因は，消費者物価の対象となる商業部門などの場合，製造業部門に比べて生産性が低かったため，**賃金の上昇を生産性の上昇でカバーできなかった**ことにある。

②**スタグフレーション**…これは**景気の停滞(不況)とインフレが同時に進行すること**をいう。第一次石油危機(1973年)後にみられた。

③**デフレスパイラル**…1990年代末頃からデフレが継続し，デフレスパイラルが懸念された。これは，**物価下落と不況との悪循環**のことである。物価が下落すると企業収益が悪化する。企業収益の悪化は，企業の投資を縮小させるだけでなく，労働者の賃金を低下させ消費の低迷をもたらす。こうして投資需要・消費需要が減少することにより，いっそう物価が下落する。こうした事態をデフレスパイラルという。日本銀行は，デフレーションからの脱却を図るために，ゼロ金利政策や量的緩和政策，そして量的・質的金融緩和政策，マイナス金利政策を実施してきた[☞p.183, 184 ツボ❷]。

ここが共通テストのツボだ!!

ツボ 1 物価変動と名目値・実質値の関係を攻略しよう

①実質値を使うことの意味

物価が変動すると貨幣価値も変動する。そこに，**物価変動の影響を除去した実質値**を使うことの意味がある。賃金を例にとって説明しよう。たとえば，去年の賃金（1月あたり，以下同）が50万円，今年の賃金が55万円（**名目賃金**）の場合，名目賃金は10%増加している［(55万円－50万円)÷50万円×100］。しかしこの間，物価が20%上昇しているとすれば，去年50万円で購入できた財貨の価格は1.2倍の60万円となっている。そのため名目賃金の55万円では去年の賃金分の財貨を購入できないことになり，賃金は実質的に下落したことになる。すなわち，去年との比較でいえば賃金は実質的に50万円よりも低いことになる。この去年（基準年）の物価水準でみた値を**実質値**という。物価が1.2倍となった場合の名目値と実質値の関係は次の比例式で表すことができ，この式から実質値が計算できる。

名目値：1.2＝実質値：1

上の場合の実質賃金を x とすると，x は［55万円：1.2＝x：1］で解くことができ，実質賃金は約45.8万円（55万円÷1.2）となる。

②インフレ時とデフレ時における名目値と実質値の関係

◎**インフレ時**…**インフレ**の場合，**名目値の方が実質値よりも大きくなる**。なぜなら，名目値はインフレで高くなった物価水準で測ったものなのに対し，実質値は物価が上がる前の基準年の物価水準に直して計算したものだからである。

◎**デフレ時**…デフレの場合，**名目値の方が実質値よりも小さくなる**。なぜなら，名目値はデフレで低くなった物価水準で測ったものなのに対し，実質値は物価が下がる前の基準年の物価水準に直して計算したものだからである。

インフレ時：名目値＞実質値 デフレ時　：名目値＜実質値

③インフレ時の経済的影響（デフレ時は下の逆となる）

・去年（基準年）に比べ今年（比較年）は10%物価が上昇した場合を想定

・預金や負債の元本100万円の実質的価値は，100万円÷1.1≒90.9万円となる

⇒預金者にとっては**預金の目減り**

⇒債務者にとっては債務の実質的負担が軽くなり**債務者利得**が生じる

インフレ時：名目値＞実質値
デフレ時　：名目値＜実質値

基礎力チェック問題

問1 さまざまな景気循環の類型についての説が存在する。次の類型A～Cと，それぞれの循環を引き起こす原因についての記述ア～ウとの組合せとして正しいものを，下の①～⑥のうちから一つ選べ。（09年本試）

A　短期波動(キチンの波)
B　中期波動(ジュグラーの波)
C　長期波動(コンドラチェフの波)

ア　技術革新や大規模な資源開発
イ　設備投資の変動
ウ　在庫投資の変動

① A－ア　B－イ　C－ウ　　② A－ア　B－ウ　C－イ
③ A－イ　B－ア　C－ウ　　④ A－イ　B－ウ　C－ア
⑤ A－ウ　B－ア　C－イ　　⑥ A－ウ　B－イ　C－ア

問1　[答] ⑥
A：**キチンの波**は**在庫投資**の変動によるものである。
B：**ジュグラーの波**は**設備投資**の変動によるものである。
C：**コンドラチェフの波**は**技術革新**などによるものである。

問2 物価の変動に関する記述として正しいものを，次の①～④のうちから一つ選べ。（17年本試）

① スタグフレーションとは，不況とデフレーションとが同時に進行する現象のことである。
② デフレスパイラルとは，デフレーションと好況とが相互に作用して進行する現象のことである。
③ コスト・プッシュ・インフレーションは，生産費用の上昇が要因となって生じる。
④ ディマンド・プル・インフレーションは，供給が需要を上回ることにより生じる。

問2　[答] ③
③ **正文**：コスト・プッシュ・インフレーションの説明として正しい[☞p.191]。
① **誤文**：スタグフレーションは**不況とインフレーションが同時進行**する現象。
② **誤文**：デフレスパイラルは，**デフレーションと景気悪化が相互に作用して進行**する現象。
④ **誤文**：ディマンド・プル・インフレーションは**需要が供給を上回る**ことで生じる。

問3 物価に関連する記述として正しいものを，次の①～④のうちから一つ選べ。（16年追試・改）

① インフレーションの下では，貨幣の価値は上昇する。
② デフレーションの下では，債務を抱える企業や家計にとって債務返済の負担は重くなる。
③ 自国通貨の為替相場の下落は，国内の物価を引き下げる効果をもたらす。
④ GNPの実質成長率は，名目成長率から物価変動の影響を取り除いたもので，インフレ率が高まると，この二つの成長率の差は小さくなる。

問3　[答] ②
② **正文**：**デフレーション**の下では，債務(借金)の元本の実質値は名目値よりも大きくなるので，**債務者の負担**が**重くなる**[☞p.191, 192]。
① **誤文**：**インフレーション**の下では，**貨幣価値は下落**する。
③ **誤文**：**為替相場の下落**は，自国通貨で表示した輸入品価格の上昇をもたらすので**物価上昇要因**となる[☞p.259]。
④ **誤文**：**インフレ率が高まる**と，比較年の名目GDPと実質GDPとの差が拡大するので，**成長率の差**も**拡大**する。

チャレンジテスト⑥（大学入学共通テスト実戦演習）

問1 日本では，1990年代初頭にバブル経済が崩壊した後，銀行の不良債権処理や貸し渋りの問題に対処するため，公的資金が投入された。生徒たちは，銀行のバランスシート（貸借対照表）の動きを表した次の模式図を用いて，不良債権処理と貸し渋りの問題について考えることにした。なお，簡略化のため，銀行の負債はすべて預金，純資産は資本金のみとする。この図では，銀行の貸出債権が経済不況時に不良債権化し，その不良債権が処理されるまでの流れが示されている。不良債権となっている資産を最終的に消滅させるために費用が発生し，その費用が大きければ損失が発生し資本金を減少させることがある。その減少が多額であれば，資本金を増やすために公的資金が投入されることもある。以上の説明と次の模式図を踏まえて，不良債権問題に関連する記述として最も適当なものを，下の①～④のうちから一つ選べ。 （21年政経本試第1日程）

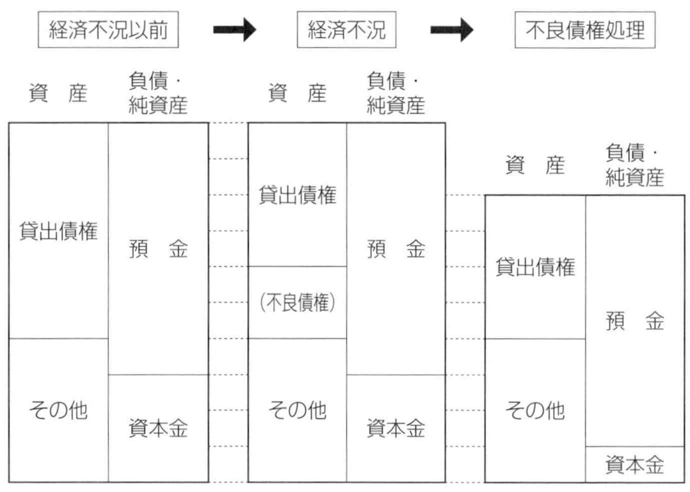

① 不良債権処理によって貸出債権を含む総資産に対する資本金の比率が低下すると，新たな貸出しが抑制される傾向がある。
② 貸出債権の一部を不良債権として資産から取り除く結果，経済不況以前と比べて貸出債権の残高が減少することを貸し渋りという。
③ 不良債権処理によって資本金が減少する場合，預金に対する自己資本の比率に関するBIS規制の遵守のため，資本金を増やす必要がある。
④ 貸出債権の一部を不良債権として資産から取り除くと，預金に対する貸出債権の比率が高くなるため，貸出債権を減らす必要がある。

問1 ［答］ ①

正誤の判定をする上で前提として次のことを理解している必要がある。**貸借対照表（バランスシート）**についての基本事項の理解，および，銀行に対する**自己資本比率規制（バーゼル規制，BIS規制）と貸し渋りとの関係**についての理解である（本書183ページ②②貸し渋りで説明した「国際業務を行うのに必要な国際規制」とは，この自己資本比率規制のことである）。まず，貸借対照表について以下のことを押さえたい。左側の「資産」の合計額（総資産）と右側の「負債・純資産」の合計額（負債＋純資産＝総資本）は一致するということ。自己資本とは「純資産」のこと（本問では簡略化のため純資産＝資本金としている）であるということ。自己資本比率とは総資産（総資本）に対する自己資本の割合である（$自己資本比率＝\frac{自己資本}{総資産（総資本）}\times 100$）ということ。次に，銀行に対する自己資本比率規制について以下のことを押さえたい。自己資本比率規制とは，国際業務を行う銀行に課されている国際的な規制で，銀行の総資産に占める自己資本の比率が8%以上でなければならないこと。自己資本比率の低下は，貸し渋りにつながるということ。自己資本比率の低下が貸し渋りにつながる理由は，新規の貸出しは分母の総資産を増やすことになり，自己資本を増やさない限り自己資本比率のいっそうの低下をもたらすからであること。

①が正解。「総資産に対する資本金の比率」とは自己資本比率のことである。その低下が「新たな貸出しが抑制される」こと，すなわち，貸し渋りの要因となるとしている。

②「貸し渋り」の説明が誤り。貸し渋りとはすでにある「貸出債権の残高が減少すること」ではなく，新規の貸出しを控えることをいう。③「BIS規制」の自己資本比率を「預金に対する自己資本の比率」としている点に誤りがある。自己資本比率は総資産（総資本）に対する自己資本の比率である。④「預金に対する貸出債権の比率が高くなる」ことが，「貸出債権を減らす」，すなわち，貸し渋り（貸しはがしの可能性もある）を行うことの要因としている点に誤りがある。貸し渋りは，自己資本比率（総資産に対する自己資本の割合）の低下を防ぐために行われる。

問2 次の文章と図は，生徒Aが与えられたテーマ「市場とその限界」について発表するときに使用したものである。[X]・[Y]に当てはまる語句の組合せとして最も適当なものを，下の①～④のうちから一つ選べ。 (オリジナル)

市場には，各人の自由な経済活動を通じて，有限な資源の最適配分を実現する働きがあります。しかし，市場に委(ゆだ)ねていたのでは，最適配分が実現されない場合があります。このような事態を市場の失敗と呼びます。生産活動に伴って周辺住民に健康被害をもたらしている産業を例にとって，このことを説明します。市場における自由な経済活動に委ねているときのある商品の需要曲線をD，供給曲線をS，均衡価格をP_0，均衡取引量をQ_0とします。周辺住民が健康被害に伴って負担した費用は外部費用と呼ばれます。その産業では，外部費用を負担せずに生産を行っているため，社会的に望ましい水準よりも[X]生産となります。その問題を解消するための方法の一つに，外部費用を内部化するという手法があります。たとえば，その商品1単位当たりにいくらかの税金を賦課すれば，市場参加者にその費用を負担させることができ，外部費用を内部化できます。税金を賦課すると，供給曲線は[Y]へとシフトすることになります。税金のかけ方が適切ならば，資源の最適配分の実現が期待できます。

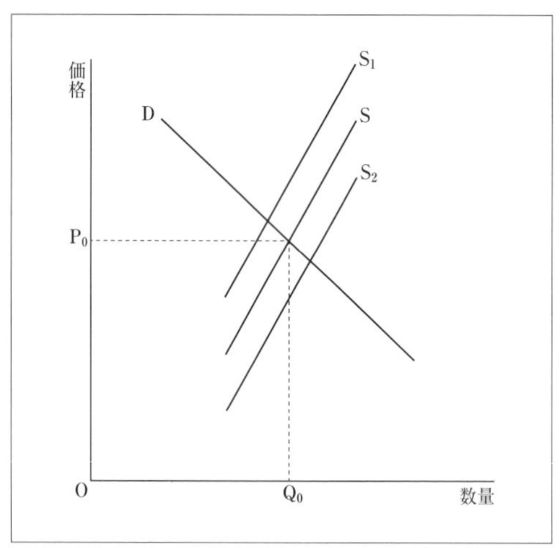

	X	Y
①	過　少	S_1
②	過　少	S_2
③	過　剰	S_1
④	過　剰	S_2

問2 ［答］ ③

X：外部不経済が発生しているとき，その商品は社会的に望ましい水準より**過剰に生産**される。このことは次のように理解しよう。生産者は外部費用を負担することなく生産しているため，それを負担した場合に比べ安い費用（コスト）で生産できる。そのため，外部費用を負担しない場合の供給曲線（S）は，外部費用を負担した場合の供給曲線（S_1）よりも下方に位置することになる。そうすると，外部費用を負担しなかった場合の取引量（Q_0）は，外部費用を負担した場合の取引量（Q_1）よりも多くなり，社会的に望ましい水準（Q_1）よりも（Q_0-Q_1）の分過剰に供給されることになる（171ページ②市場の失敗＊外部効果を参照のこと）。

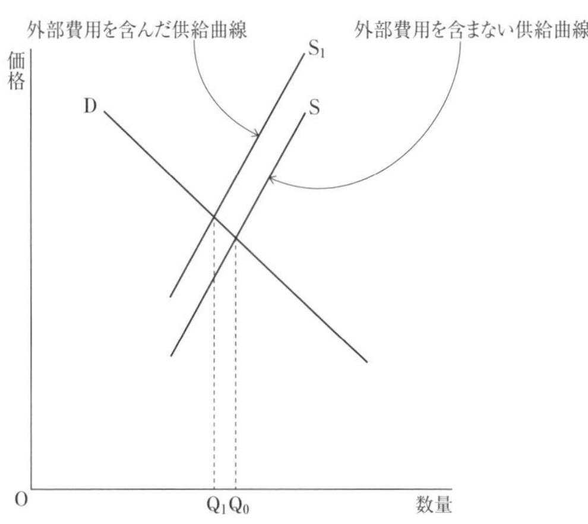

Y：1単位当たりに一定の税金を賦課すると，その分価格を引き上げないと以前と同じ利潤を獲得することはできない。そのためその税金分，**供給曲線は上方にシフト**する。したがって，S_1が正解となる。シフトの仕方は間接税の賦課と同じである（167ページ②需要曲線・供給曲線のシフト　＊供給曲線が移動する場合，および168ページのツボ❶③を参照のこと）。

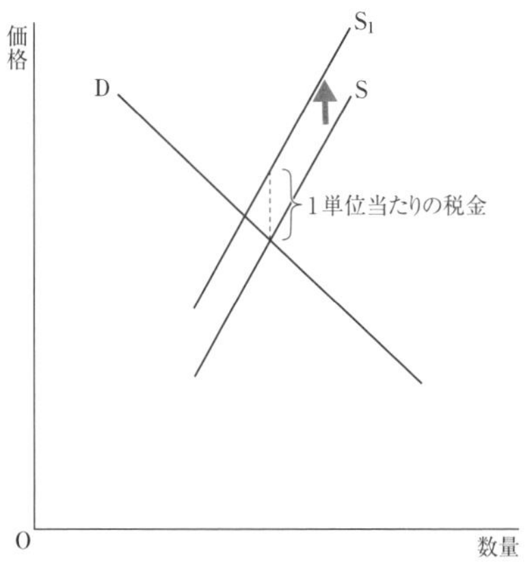

第2部 第3章 経済主体となる私たち

42 戦後復興と高度経済成長

1 経済の民主化と戦後復興

第二次世界大戦で大きな打撃を受けた日本経済の復興の過程。

✤**経済の民主化**…経済の民主化を図るために，GHQ（連合国軍総司令部）は三大改革を指令した。

①**財閥解体**…戦前の日本経済を支配していた財閥が解体された。→財閥の本社は持株会社であったが，その持株会社の解散などを通じて財閥解体が行われた。

②**農地改革**…戦前の**寄生地主制**が解体され，小作農の**自作農化**が図られた。農地改革の対象は農地に限定され，山林原野については対象外であった。

③**労働組合の育成**…労働三法［☞p.214］が制定され，労働組合の育成と労働条件の改善が図られた。

✤**戦後復興**

高度経済成長期以前の日本経済の復興は，アメリカによる資金援助（ガリオア，エロア資金）や，**傾斜生産方式**の実施に始まる。その後，**ドッジ・ライン**による景気の減速，朝鮮戦争による**特需景気**を経て，戦前の鉱工業水準を超えるに至った。

①**傾斜生産方式**…政府は，1946年に傾斜生産方式の導入を決めた。これは，**限られた資材や資金を石炭・鉄鋼などの基幹産業に重点的に投入し，その復興を図ろうとするもの**である。これを実施するため，政府は**復興金融金庫（復金）**を設立した。傾斜生産方式の導入により経済は回復したもののインフレが高進した。

②**ドッジ・ライン**…GHQの経済顧問ドッジは，日本経済の安定化と自立を図るためにドッジ・ラインを示した。その内容は，**復金融資の廃止，均衡財政の確立，1ドル360円の単一為替（かわせ）レートの設定**などである。ドッジ・ラインの実施により，インフレは収束に向かったが，景気は後退した。

③**特需景気**…朝鮮戦争に伴（ともな）う需要の増加が，景気拡大をもたらした。

2 高度経済成長

✤**高度経済成長（1955〜73年）**

日本は，20年近くにわたって，実質経済成長率が年平均10%ほどの成長を遂げた。1968年にはGNP（国民総生産）の規模がアメリカに次いで資本主義国中第2位となった。

高度経済成長は，前半期と後半期に分けることができる。

①**高度経済成長期の前半(1955〜64年)**

a)**この時期のおもな景気拡大要因**…神武景気・岩戸景気は，石油化学コンビナート建設など**民間設備投資**の拡大が，また，オリンピック景気は，東京オリンピック開催に伴う公共事業の拡大がおもな景気拡大要因であった。

b)**景気後退要因**…高度経済成長の前半期には国際収支が景気の制約要因になった。景気拡大が続くと原材料などの輸入が増大するが，輸出力が弱いため，貿易赤字が拡大し，外貨準備が減少した。そのため，やむなく景気引締め政策がとられ，景気が後退した。この時期のこうした景気後退要因を「**国際収支の天井**」という。

c)**消費ブーム**…電気冷蔵庫，電気洗濯機，白黒テレビ(**三種の神器**(じんぎ))などの耐久消費財が普及した。

②**高度経済成長期の後半(1965〜73年)**

a)**この時期の景気拡大要因**…**いざなぎ景気**は，公共投資の拡大と輸出(外需)の増加によってもたらされた。日本経済の輸出競争力が向上したため，この時期以降，日本の貿易収支の黒字が定着し，「国際収支の天井」の問題は解消した。

b)**消費ブーム**…「クーラー，カラーテレビ，乗用車」(**3C**)などの耐久消費財が普及した。

✤貿易・為替・資本の自由化

1960年代に入ると日本は貿易・為替(かわせ)・資本の自由化を進めた。

1960年　貿易，為替自由化計画大綱策定

1963年　**GATT**(ガット)**(関税と貿易に関する一般協定)の12条国から11条国に移行**
…これにより，国際収支の悪化を理由に貿易制限ができなくなった。

1964年　**IMF(国際通貨基金)の14条国から8条国に移行**
…これにより，国際収支の悪化を理由に為替制限ができなくなった。

1964年　**OECD(経済協力開発機構)に加盟**
…アジアの国ではじめて「先進国クラブ」といわれているOECDに加盟した。

1967年　**資本の自由化スタート**

✤高度経済成長の要因

高度経済成長の要因には次のようなものがある。

①アメリカなどから新技術を導入し，**技術革新**を進めた。

②民間企業が活発に**設備投資**を行った。

③国民の**高い貯蓄率**が，**間接金融**を通じて民間企業の資金需要をまかなった。

④政府による産業優先政策が推進された。→池田内閣による「**国民所得倍増計画**」の策定(1960年)。生活関連社会資本よりも産業関連社会資本の整備を優先。租税面での企業優遇政策。

⑤質の高い労働力が豊富に存在していた。

⑥高度経済成長の後半期には，1ドル＝360円の為替レートが，日本の経済力にとって割安となり，輸出の増大の要因となった。

ここが共通テストのツボだ!!

ツボ 1 高度経済成長期までの日本経済の重要事項は対比して押さえる

①**持株会社**…独占禁止法により**持株会社の設立は禁止**されたが，1997年の独占禁止法改正でその設立が**原則解禁**された[☞p.171]。

②**インフレ**…基幹産業に重点融資した**傾斜生産方式**によりインフレは高進したが，超緊縮財政を掲げた**ドッジ・ライン**によりインフレは収束に向かった。

③**高度経済成長の前半期と後半期**…前半期は，民間設備投資により景気が拡大したが，輸出力が不足していたため「**国際収支の天井**」にぶつかり景気が後退した。それに対し，後半期は，日本の輸出力が強化されたため，「国際収支の天井」が解消して景気が拡大した。

④**あこがれの耐久消費財**…高度経済成長の前半期のあこがれの耐久消費財は**三種の神器**（電気冷蔵庫，電気洗濯機，白黒テレビ）。後半期は**3C**（クーラー，カラーテレビ，乗用車）。

⑤**企業の資金調達の動向**…高度経済成長期には，企業は設備投資などの資金を主として**間接金融**を通じて調達してきた。この背景には国民が余裕資金を，証券投資に向けるのではなく，おもに銀行に預けたことがある。しかし，石油危機以降，**直接金融**のウェイトが徐々に高くなってきた。

⑥**高度経済成長期の社会資本整備**…高度経済成長期に政府は産業優先政策を推進したため，**産業関連社会資本**に比べて**生活関連社会資本**の整備は立ち遅れた。

持株会社の禁止 ⇔ 原則解禁，傾斜生産方式：インフレ進行 ⇔ ドッジ・ライン：インフレ収束，高度成長前半期：輸出力不足 ⇔ 後半期：輸出力強化，三種の神器 ⇔ 3C，間接金融中心 ⇔ 直接金融のウェイトの増大，産業関連社会資本優先整備 ⇔ 生活関連社会資本整備の立ち遅れ

ツボ 2 資本の自由化・株式の相互持合い・法人資本主義を結びつけて押さえる

1967年から日本は**資本の自由化**を開始したため，海外の投資家による買収の危険が増大した。そこで企業は，企業集団内部での**株式の相互持合い**を進め，買収の危険を回避しようとした。それが**法人株主の株式保有数の増大**につながった[☞p.163]。

資本の自由化開始 ⇒ 買収の危険の回避＝株式の相互持合い ⇒ 法人株主の株式保有数の増大

基礎力チェック問題

問1 日本の第二次世界大戦後の経済的混乱・復興期にとられた施策の記述として適当でないものを，次の①～④のうちから一つ選べ。

（10年本試）

① 産業構造を高度化し，GNP（国民総生産）の倍増を図った。
② GHQ（連合国軍総司令部）の指令の下，財閥を解体した。
③ ドッジ・ラインを実施し，インフレの収束を図った。
④ シャウプ勧告の下，直接税中心の租税体系が定着した。

問1 **[答]** ①

① **不適当**：これは高度経済成長期に策定された「**国民所得倍増計画**」（1960年）のこと。
② **適当**：[☞p.198]
③ **適当**：[☞p.198]
④ **適当**：[☞p.179]

問2 高度経済成長期の日本の経済社会についての記述として最も適当なものを，次の①～④のうちから一つ選べ。

（18年本試）

① この期の後半に出現した大型景気は神武景気と呼ばれる。
② 「三種の神器」と呼ばれる耐久消費財が普及した。
③ IMF8条国への移行に伴って，為替管理が強化された。
④ コンビナートが内陸地域を中心に建設された。

問2 **[答]** ②

② **適当**：高度経済成長期の前半には**三種の神器**，すなわち，電気冷蔵庫，電気洗濯機，白黒テレビが普及した[☞p.199]。
① **不適当**：**神武景気**は高度経済成長期の前半の景気。後半の大型景気は**いざなぎ景気**である[☞p.199]。
③ **不適当**：為替管理の**規制緩和**が正しい。日本は1964年に**IMF8条国**に移行し，国際収支の悪化を理由に**為替管理のできない国**になった[☞p.199]。
④ **不適当**：コンビナートは，四日市の石油化学コンビナートのように，**沿岸地域**を中心に建設された。

問3 高度経済成長についての記述として誤っているものを，次の①～④のうちから一つ選べ。

（16年追試）

① 高度経済成長期の前半には，景気が拡大すれば経常収支が赤字となり，景気を引き締めざるをえないという，国際収支の天井問題が生じた。
② 高度経済成長期には，日本のGNP（国民総生産）はアメリカに次ぐ資本主義国第二位となった。
③ 高度経済成長期に池田内閣が掲げた国民所得倍増計画は，当初の目標であった10年間よりも短い期間で達成された。
④ 高度経済成長期に1ドル＝360円で固定されていた為替レートは，日本が輸出を増加させるのに不利な条件となった。

問3 **[答]** ④

④ **誤文**：「不利な条件」は**有利な条件**の誤り[☞p.199]。
① **正文**：高度経済成長期前半の景気拡大の制約要因である「**国際収支の天井**」に関する正しい記述[☞p.199]。
② **正文**：**1968年の出来事**である。
③ **正文**：実質GNPを10年間で倍にするとした**国民所得倍増計画**では，実質経済成長率を7%と想定したが，実際は10%ほどであり，10年かからずに目標が達成された。

43 石油危機以降の日本経済と産業構造の変化

1　安定成長期

✤石油危機…1973年秋の第一次石油危機により，高度経済成長が終わった。1974年には戦後はじめて実質経済成長率がマイナス(マイナス成長)に転じる中，物価が著しく上昇(狂乱物価)して，日本経済はスタグフレーション[☞p.191]に陥った。

✤第一次石油危機後の景気悪化への政府と企業の対応

①**政府の対応**…政府は，インフレを抑制するため総需要抑制策をとったが，1975年度から赤字国債を発行して財政支出を拡大し，景気の浮揚を図った[☞p.182]。

②**企業の対応**…企業は減量経営と呼ばれる合理化を進めるとともに，マイクロエレクトロニクス(ME)技術の導入を積極的に行い，生産工程の自動化(FA化)や事務作業の自動化(OA化)を推進した(ME革命)。

③**安定成長**…財政支出の拡大と輸出の増大によって，1970年代後半以降，日本経済は，実質経済成長率が4～5%の安定成長の時代に入った。

✤貿易摩擦の深刻化…日本の景気回復や1980年代前半のアメリカのドル高政策もあり，日本の輸出が拡大し，欧米との間で貿易摩擦が深刻化した[☞p.275]。

2　プラザ合意とバブル経済

✤プラザ合意…1985年，G5(先進5か国財務相・中央銀行総裁会議)が開かれ，G5諸国が，ドル高を是正するために，外国為替(かわせ)市場に協調介入することに合意した。

✤プラザ合意の影響…協調介入の結果，ドル安・円高が進行し，日本の輸出産業は大きな打撃を受けた。日本経済は景気が後退し，円高不況に陥った。

✤平成景気(バブル経済)

①**バブル経済の発生**…日本銀行は，低金利政策をとり，景気の拡大を図った。アメリカなどから内需拡大政策を求められたこともあり，日銀の低金利政策(金融緩和政策)は長期にわたった。この間，余剰資金が土地や株式への投資に向けられ，地価・株価の高騰を招いた。土地や株などの資産価格の上昇もあり，国内の消費や投資が拡大し，1986年から91年まで景気の拡大が持続した。この景気拡大は，実体経済からかけ離れて資産価格が上昇したのでバブル経済ともいわれる。

②**バブル経済下の日本経済**

a)資産格差の拡大…地価・株価が高騰したため，資産格差が拡大した。

b)物価の安定…地価・株価は高騰したものの，物価は比較的安定していた。

c)**財テクブーム**…土地や株への投資(財テク)に走る企業も多かった。

d)**リゾート開発ブーム**…スキー場などのリゾート開発が盛んになった。

✤バブル経済崩壊後の日本経済

①**バブル経済の崩壊**…日銀は低金利政策を転換し，公定歩合を引き上げた。そのため土地や株への投資が減少し，**地価・株価の急落を招きバブルがはじけた**。企業の業績も悪化し，銀行には回収できない債権(**不良債権**)が大量に発生した。

②**バブル経済崩壊後の経済状況**

a)**銀行の経営破たん** [☞p.183]

b)**リストラ(事業の再構築)**…業績回復をめざし，企業はリストラを推進した。

c)**失業率の上昇**…完全失業率が5%を超える年もあった。

d)**デフレ傾向**…1990年代末頃からデフレーションに陥った。

e)**マイナス成長**…1998年や2001年など，マイナス成長となる年もあった。

✤2000年代以降の日本経済の動向

①**実感なき景気拡大**…2002年から始まった景気拡張期が2008年まで続き，経済成長率は低かったが，景気拡張期間では，高度成長期最長のいざなぎ景気を超えた。

②**金融危機の影響**…アメリカのサブプライムローン問題に端を発するリーマン・ショック，世界金融危機の影響を受けて，2008・09年は**マイナス成長**となった。

③**東日本大震災・福島第一原子力発電所事故(2011年)**…地震による大津波と原発事故は多くの人命を奪うとともに，日本経済に打撃を与えた。

④**貿易赤字**…燃料輸入・製品輸入の拡大や輸出の低迷などにより，**2011年から15年にかけて貿易収支が赤字**となった。2020年代にも赤字の年がある。

3 産業構造の変化

✤**産業構造の高度化**…経済が発展すると，第一次産業が衰退し，第二次・第三次産業の経済に占める比重が高くなる。これを**ペティ・クラークの法則**という。

✤**日本の主力産業の変遷**…日本の製造業の主力の産業も時代とともに変化してきた。

高度経済成長期	安定成長期以降
鉄鋼業，造船業，石油化学工業	自動車・家電・エレクトロニクス産業
資本集約型産業	知識・技術集約型産業
素材型産業	加工組立型産業
重厚長大型産業	軽薄短小型産業
資源・エネルギー多消費型産業	省資源・省エネ型産業

✤**経済のサービス化・ソフト化の進行**…経済に占める**第三次産業のウェイトの増大**や，**知識や情報の生産の増大**という現象(**経済のサービス化・ソフト化**)が，日本でも，安定成長期の1970年代半ば以降，顕著になってきた。

ここが共通テストのツボだ!!

ツボ ① バブル経済の発生と不良債権を関連づける

プラザ合意後に生じた円高不況への対策として，日本銀行は定石(じょうせき)どおり金融緩和政策を採用し，公定歩合を引き下げた(**低金利政策**)。公定歩合が下がると，銀行の貸出金利や預金金利も下がる。そのため，余剰資金をもっている企業などは，**銀行に預金するよりも銀行から資金を借りて不動産や株式に投資する方が有利**と考え，それらへの投資を拡大した。その結果，**地価・株価が急騰**した。

しかし，日本銀行は，特に行き過ぎた地価の高騰を抑制するために，金融引締め政策に転じ，**公定歩合を引き上げた**。そのため，企業は銀行から資金が借りにくくなり，土地や株への投資が減少した。投資需要の減少により**地価・株価が暴落**し，バブル経済が崩壊した。その結果，銀行から資金を借りて土地や株式に投資していた企業は，銀行への返済が困難になり，銀行は大量の**不良債権**を抱えることになった。

バブル経済の発生 ⇒ プラザ合意→円高不況→日本銀行の低金利政策
→土地・株式への投資拡大→地価・株価の急騰
バブル経済の崩壊 ⇒ 金融引締め政策への転換→土地・株式への投資縮小
→地価・株価の急落→不良債権の大量発生

ツボ ② 内需拡大には貿易黒字を削減する効果がある

1980年代後半頃から，日本は**内需拡大政策を推進した**。これについては次の2点を押さえよう。

①アメリカが日本に対して**内需拡大**を要求した，という歴史的事実。
②アメリカが**内需拡大**を要求した経済的理由。

②については，内需の拡大は輸出の減少・輸入の拡大につながるため，**貿易黒字削減効果が期待できる**ことがその理由である。たとえば，日本の国内総生産が100で，そのうち国内で消費や投資のために買われたもの(内需)が60であれば，残りの40が外需(輸出－輸入)となる。しかし，国内総生産に変化がないという条件の下で内需が80に拡大すれば，外需は20に減少する。アメリカはこの効果をねらって，**日本に対して公共投資など内需の拡大を求めた**のである。

内需拡大 ⇒ 日本の貿易黒字削減のために，アメリカが日本に要求

基礎力チェック問題

問1 バブル経済についての記述として誤っているものを，次の①～④のうちから一つ選べ。　(12年本試)

① 日本銀行による高金利政策の採用が，景気を過熱させた。
② 企業や家計の余剰資金が株式や土地などへの投機に向けられた。
③ 資産価格が上昇しただけでなく，消費や設備投資が拡大した。
④ リゾート開発への投資が増加した。

問1　[答] ①

① **誤文**：「高金利政策」は低金利政策の誤り。
② **正文**：日本銀行の低金利政策が余剰資金を土地や株への投資に向かわせ，バブル経済を発生させる一因となった。
③ **正文**：資産価格の上昇は，消費を拡大させ，それに伴い，設備投資も増加した。
④ **正文**：バブル経済期にはリゾート開発が推進された。

問2 バブル経済崩壊後に日本企業が行った事業の再構築(リストラクチャリング)についての記述として適当でないものを，次の①～④のうちから一つ選べ。　(08年追試)

① 従業員のために，福利厚生施設として住宅を購入する。
② M&A(企業の合併・買収)によって，新規事業に進出する。
③ 中高年労働者を対象として，早期退職を奨励する。
④ 情報処理を，専門の会社に外注(アウトソーシング)する。

問2　[答] ①

① **不適当**：バブル経済崩壊後のリストラの一環として，福利厚生施設の売却処分が進められた。
②③④ **適当**：早期退職優遇制度の導入(③)や外注の推進(④)のような既存の事業の見直しだけでなく，新規事業を開拓するなど経営資源を将来性のある部門に振り向けること(②)も，リストラと呼ばれる。

問3 高度経済成長期以降の産業構造の変化に関連する記述として最も適当なものを，次の①～④のうちから一つ選べ。　(09年本試)

① 高度経済成長期における活発な設備投資を背景に，国内製造業の中心は，重化学工業から軽工業へと変化した。
② 二度の石油危機をきっかけに，エレクトロニクス技術を利用した省資源・省エネルギー型の加工組立産業が発展した。
③ プラザ合意後の円高不況と貿易摩擦の中で，国内製造業においては，労働力をより多く用いる労働集約的な生産方法への転換が進んだ。
④ バブル経済期の低金利と株価上昇を受けて，第二次産業就業者数が第三次産業就業者数を上回った。

問3　[答] ②

② **適当**：[☞p.203]
① **不適当**：国内製造業の中心は，高度経済成長期に軽工業から重化学工業へと変化した。
③ **不適当**：製造業では，人件費のウェイトが高い労働集約的な部門は，安価な労働力が利用できる開発途上国に移し，知識・技術集約型の部門を日本に残すという生産の方法が採用された。
④ **不適当**：就業者数の構成比でみると，第三次産業は1973年に50%を超え，現在7割を超えているが，第二次産業は，バブル期は3割台で，現在では3割を下回っている。

44 中小企業・農業問題

1 中小企業問題

✤中小企業の地位

①**中小企業の定義**…中小企業は，中小企業基本法で右のように定義されている(「資本金」「従業員数」のいずれか一方に該当すれば中小企業とされる)。

	資本金	従業員数
製造業・建設業・運輸業	3億円以下	300人以下
卸売業	1億円以下	100人以下
サービス業	5000万円以下	100人以下
小売業	5000万円以下	50人以下

②**中小企業の地位**…非第一次産業についてみると，中小企業は事業所数で約99%，従業員数で約70%，付加価値額で約50%を占めている。

③**大企業との格差**…**資本装備率＊・生産性・賃金を比べると，中小企業は大企業より低い**。大企業に比べて銀行の融資条件が厳しい場合があるなど，金融面でも格差がある。そこで，政府は日本政策金融公庫を通じて，中小企業向け融資を行っている。

＊資本装備率…労働者1人当たりの資本設備額のこと。

✤中小企業の形態など

①**下請け**…大企業(親企業)から委託を受けて部品などを製造・加工する中小企業のこと。親企業に従属する立場に置かれることが多い。

②**系列企業**…大企業の系列下に置かれた下請け企業のこと。親企業から資金や技術面で支援を受けることがある。

③**ベンチャー企業**…独自の技術やアイディアを生かし，大企業が参入をためらうような分野に冒険的に参入する研究開発型の中小企業のこと。

④**地場産業**…地域の伝統的な技術・資本・労働力を用いて，特産品を製造販売する産業をいう。会津の漆器，燕(つばめ)のステンレスの洋食器などが有名である。

⑤**ニッチ市場**…規模の小さい市場のこと。大量生産をする大企業よりも中小企業の方が進出しやすく，中小企業の中にはニッチ市場に参入するものもある。

✤中小企業政策の理念の転換…**1999年に中小企業基本法が改正**され，それまでの，中小企業の保護や大企業との格差是正に重点が置かれていた中小企業政策の理念が，ベンチャー企業の創業を支援するなど，**成長発展の支援へと転換**された。

2 農業問題 ★★★

✤**農業の地位**…日本経済に占める農業の地位は，戦後，低下傾向にあり，国民所得に占める比率は1%，就業者数に占める比率は3%ほどになっている。

✤**農業政策の変遷**

①**基本法農政**…1960年代の農政で，農業と工業との間の生産性・所得格差を是正することを目的とした**農業基本法**(1961年制定)に基づいて行われた。

a)**政策目標**…都市勤労者と同水準の所得が得られる**自立経営農家**の育成。

b)**基本法農政の結果**…兼業化が進み，自立経営農家を増やせなかった。

②**総合農政**…1970年代の農政で，米の生産過剰への対策として，**減反政策**(げんたん)(米の作付面積を減らす政策)，**離農の促進**などを柱としていた。なお，減反政策は2018年に廃止された。

③**新食糧法の制定とその改正**…1995年の食糧需給価格安定法(新食糧法)の施行に伴い(ともな)，米の生産・流通・価格を国家の管理下に置く**食糧管理制度**は廃止された。その後，新食糧法は改正され，米に関する政府規制は大幅に緩和している。

a)**政府が管理する米の縮小**…政府が生産量などを計画していた制度が廃止され，政府が関与するのは政府米(備蓄米，ミニマム・アクセス米)のみとなった。

b)**米の流通業への参入規制緩和**…米の卸・小売への参入が容易になった。

✤**農業の現在**

①**新農業基本法の制定**…1999年に食料の安定確保，農業の持続的発展などを目標として掲げる新農業基本法(食料・農業・農村基本法)が制定された。

②**食料自給率**…日本の食料自給率は，供給熱量自給率(カロリーベースでみた食料自給率)が40%ほどにとどまるなど，先進国中最低水準である。

③**農産物の自由化問題**…1991年から**牛肉・オレンジ**が自由化され，米に関しては，GATT(ガット)の**ウルグアイ・ラウンド**の合意に基づき1995年から**ミニマム・アクセス**(最低輸入義務)が始まり，さらに，1999年からは**関税化**がスタートした。

④**食料安全保障論**…食料の輸入自由化に反対する見解の一つ。食料を海外に依存すると，紛争・災害などの要因により，食料の輸入が途絶える恐れがあるため，国の安全保障上，**食料自給率を向上させることが必要**であるという考え方のこと。

⑤**六次産業化の推進**…第一次産業である農林水産業を，第二次産業・第三次産業と融合させ，農林水産物などの農山漁村の地域資源を有効に活用しようとする試み(六次産業化)が推進されている。農業生産者による加工・販売などがその例である。

米のミニマム・アクセスと関税化

- ミニマム・アクセス…米に関し，国内消費量の一定割合を輸入する義務。
- 米の関税化…ミニマム・アクセス分は無関税で輸入しているが，それを超える分については，関税を払えば自由に輸入できるようにすること。

ここが共通テストのツボだ!!

ツボ 1 中小企業の地位

非第一次産業では事業所数の約99%，従業員数の約70%，付加価値額の約50%が中小企業。まずはこの統計を押さえること。7割の従業員数で5割の付加価値額ということは，**大企業に比べて生産性が低い**ことを示している。生産性が低いので**賃金も低くなる**。ここに生産性･賃金の面での大企業との格差，つまり**経済の二重構造**がみて取れる。

経済の二重構造 ⇒ 大企業と中小企業の間の生産性格差・賃金格差

ツボ 2 近年の農業政策や農産物をめぐる制度を押さえる

①農地法の改正により，**株式会社が農業に参入**できるようになった。

②地域で生産された農産物を地域内で消費する**地産地消**の取組みが推進されている。地域の活性化，農産物の輸送距離短縮による環境負荷低減などの効果が期待されている。

③農産物やその加工品の生産から流通までの過程を追跡できるようにする**トレーサビリティ・システム**が，牛肉と米について法制化されている。

近年の農業政策の動向をつかむ
農業経営の法人化の推進，地産地消の推進，トレーサビリティの法制化

ツボ 3 食料自給率は高い品目と低い品目を押さえる

日本の食料自給率は，先進国中最低水準である。まず，**穀物自給率は30%弱，供給熱量自給率（カロリーベースの自給率）は約40%**。個別品目の自給率に関しては高いものと低いものを押さえよう。**高いものは米と鶏卵**。どちらも90%台半ば。**低いものは小麦と大豆**。小麦は10%台。大豆は5%ほど。国際比較では，主要国の中で供給熱量自給率が100%を超えているのは**フランスとアメリカ**。

国内 ⇒ 穀物30%弱，供給熱量自給率約40%
高いのが米と鶏卵，低いのが小麦と大豆
国際比較 ⇒ 自給率の高い農業大国はフランスとアメリカ

基礎力チェック問題

問1 日本の中小企業についての記述として最も適当なものを，次の①～④のうちから一つ選べ。(17年追試)

① 中小企業基本法は，中小企業を資本装備率によって定義した。
② 大企業と中小企業との間に存在する労働条件や生産性の格差を，経済の二重構造と呼ぶ。
③ 中小企業基本法の理念は，中小企業の多様で活力ある成長発展から大企業と中小企業との格差是正へと転換された。
④ 事業所数に占める中小企業の割合は，大企業の割合を下回っている。

問1 [答] ②

② **適当**：経済の二重構造に関する正文[☞p.208 ツボ❶]。
① **不適当**：「資本装備率」は資本金および従業員数の誤り。
③ **不適当**：「中小企業の多様で活力ある成長発展」と「大企業と中小企業との格差是正」を入れ替えれば正文となる[☞p.206]。
④ **不適当**：事業所数に占める中小企業の割合は約99%である。

問2 日本の農業についての記述として最も適当なものを，次の①～④のうちから一つ選べ。(17年追試)

① 地域の農産物をその地域内で消費する動きは，地産地消と呼ばれる。
② 環境保全や景観形成といった農業の機能を，ミニマム・アクセスという。
③ 現在，GDP(国内総生産)に占める農業の割合は1割程度である。
④ 農家戸数全体の中で最も割合が高いのは，主業農家である。

問2 [答] ①

① **適当**：地産地消に関する正文[☞p.208 ツボ❷]。
② **不適当**：「ミニマム・アクセス」は多面的機能の誤り。ミニマム・アクセスは米に関する最低輸入義務のこと。
③ **不適当**：「1割」は1%の誤り。
④ **不適当**：「主業農家」は副業的農家の誤り。販売農家のうち，主業農家(主業経営体)は22.3%であるのに対し，副業的農家(副業的経営体)は64.0%である(2020年確定値)。

問3 食品の生産・流通に関する現在の日本の政策についての記述として誤っているものを，次の①～④のうちから一つ選べ。(11年本試)

① 消費者の健康に対する影響を考慮して，遺伝子組み換え食品の販売が禁止された。
② 消費者庁は，消費者行政の一元化のために設置された。
③ 農地法は，農業への株式会社の参入を認めている。
④ 国産牛肉のトレーサビリティを確保するために，牛の個体識別のための制度が導入されている。

問3 [答] ①

① **誤文**：遺伝子組み換え食品の販売は禁止されていない。ただし，それを原料として使用した場合には，その旨の表示義務がある。
② **正文**：2009年に消費者庁が設置された[☞p.211]。
③ **正文**：2000年代に入り農地法が改正され，農地取得の規制など，農業への参入規制が緩和された。これにより，株式会社も農業に参入できるようになった。
④ **正文**：牛肉トレーサビリティ法に基づき，国産牛に関し，トレーサビリティ制度が導入されている。

第2部 第3章 経済主体となる私たち

45 公害問題と消費者問題

1 公害問題

✤**公害問題**…日本の公害は，工業化が進展した明治時代の半ばに発生し，戦後の高度経済成長期には**四大公害裁判**が大きな社会問題となった。

①**明治期の公害**…明治期に社会問題化した公害に**足尾銅山鉱毒事件**がある。衆議院議員田中正造はこの事件を告発し，反公害闘争の先頭に立った。

②**四大公害裁判**…1960年代には水俣病，新潟水俣病，イタイイタイ病，四日市ぜんそくの四大公害問題について裁判が起こされ，いずれも原告住民が勝訴した。

	発生地域	被告	原因
水俣病	熊本県水俣湾周辺	チッソ	工場廃液中の有機水銀
新潟水俣病	新潟県阿賀野川流域	昭和電工	工場廃液中の有機水銀
イタイイタイ病	富山県神通川流域	三井金属鉱業	カドミウム
四日市ぜんそく	三重県四日市市	三菱油化など6社	亜硫酸ガス

③**新しい公害**…都市化の進行とともに，ごみ・騒音問題などの**都市・生活型の公害**も目立つようになってきた。また，先端技術産業においても，地下水や土壌の汚染などの**ハイテク汚染**が生じ，新しい公害として問題になった。

✤**公害対策と環境保全**

①**公害対策の進展**

a)**基本法の制定**…1967年に**公害対策基本法**が制定され，1993年には，この法律に代わる新たな基本法として，地球環境問題も視野に入れた**環境基本法**が制定された。

b)**行政機関の整備**…1970年のいわゆる「公害国会」の翌年，**環境庁**が設置された。環境庁は，2001年の中央省庁の再編に伴(ともな)って，**環境省**に格上げされた。

c)**汚染者負担の原則(PPP)の導入**…公害防除費用や被害者救済費用を汚染発生者に負担させる仕組み(PPP)が，**公害健康被害補償法**などに導入されている。

d)**総量規制の導入**…汚染物質の排出規制は**濃度規制**を原則とするが，汚染の深刻な地域では，排出総量を定め，それを超えないように規制する**総量規制**も行える。

e)**無過失責任の制度の導入**…大気汚染防止法・水質汚濁防止法で採用されている制度で，公害被害と企業活動に因果関係があれば，**企業に過失がなくても，企業に賠償責任を負(お)わせることができる**[☞p.138]。

f) **環境アセスメント制度の導入**…1976年から自治体レベルで条例化が始まり，国レベルでも1997年に環境影響評価法が制定された[☞p.90]。

2 消費者問題

✤消費者問題

①**消費者被害**…薬品・食品被害，悪質商法による被害，ネット詐欺による被害など，消費者被害があとを絶たない。

②**消費行動をめぐる問題**…以下のように，消費行動が外部に誘発される場合がある。

a) **依存効果**…宣伝や広告の影響を受けて商品を購入したくなるなど，企業の広告や宣伝には，消費者の欲望を喚起する効果（**依存効果**）がある。

b) **デモンストレーション効果**…あの人がもっているから買うというように，消費行動は他者の消費のあり方に影響を受けること（**デモンストレーション効果**）がある。

③**情報の非対称性**…商品について，企業がもっている情報量と消費者がもっている情報量に格差があり，消費者が不利な立場に置かれることがある[☞p.171]。

✤消費者保護行政の進展

①**消費者主権**…消費者保護行政の理念となっているもので，**企業の生産のあり方を最終的に決定する権限は消費者にあるとする考え方**をいう。

②**消費者保護行政の展開**

a) **消費者保護基本法の制定**（1968年）…ケネディ米大統領の提唱した**消費者の4つの権利**（選ぶ権利，知らされる権利，安全を求める権利，意見を反映させる権利）を理念としている。同法は2004年に改正され，**消費者基本法**となった。

b) **国民生活センターの設置**（1970年）…消費者問題に関する情報の収集や提供を行っている独立行政法人。地方自治体には**消費生活センター**が設置されている。

c) **クーリング・オフ制度の導入**…訪問販売や割賦販売などで購入した商品に関し，**一定期間以内ならば，無償で契約を解除できる制度**が法制化されている。

d) **製造物責任制度の導入**…商品の欠陥が原因で被害を受けた場合，**製造者の過失の有無にかかわらず，製造者に損害賠償の責任（無過失責任）を負わせる制度**。**製造物責任（PL）法**（1994年制定）で導入された[☞p.138]。

e) **消費者契約法の制定**（2000年）…不当な契約から消費者を保護する法律。

f) **消費者庁の設置**（2009年）…消費者行政を一元的に推進するために設置された。

g) **消費者団体訴訟制度の導入**…事業者の不当な行為による消費者被害の拡大を防止するため，直接被害を受けていない消費者団体が不当な行為の差止めを裁判で求めることができる制度（**消費者団体訴訟制度**）が法制化されている。

h) **グレーゾーン金利の撤廃**…債務者が裁判所に破産を申し立て債務の免責を求める**自己破産**が増えた。出資法の上限金利が利息制限法の上限金利を上回ることで生じる**グレーゾーン金利**がその増加の一因といわれた。法改正で，**その金利は撤廃された**。

ここが共通テストのツボだ!!

ツボ 1 環境保護・保全の2つの手法を押さえる

①**直接規制**…企業や個人の権利や自由に対して**直接的に規制**を加えることにより，環境保護や保全を図ろうとする手法である。たとえば濃度規制を設け，違反企業に対して，罰則など，**経済的・社会的ペナルティを課す**といったものである。

②**経済的手法**…市場における自由な取引を利用して，環境保護や保全を図ろうとする手法である。その際，市場に参加する企業や個人に次の⑴～⑷のような**経済的インセンティブ**（誘因）を与えたり，制度を整備したりして，環境保全に向けた行為を促す。

⑴環境に負担をかける活動には，課税などのマイナスの誘因を課す。

⑵環境に配慮した活動には，補助金や減税などのプラスの誘因を与える。

⑶デポジット制（空容器を返却すればあらかじめ預かった容器代を返却する仕組み）を導入するなど，リサイクルに対して経済的インセンティブを与える。

⑷温室効果ガスの排出権取引などの売買可能排出権制度を創設する。

直接規制と経済的手法に該当する例を判別できるようにすること
直接規制 ⇒ 違反者に**ペナルティを課す**などして，環境保全・保護を図る
経済的手法 ⇒ **経済的インセンティブ（誘因）**を与え，環境保護・保全を図る

ツボ 2 公害規制・消費者問題は制度の趣旨・目的を的確に押さえる

①**環境アセスメント制度**は，**開発による環境破壊を未然に防ぐ**ための制度。

②**製造物責任（PL）法**で**無過失責任制度**が導入され，欠陥商品の被害者が裁判で製造業者の過失を立証する必要がなくなり，損害賠償請求が容易になった。

③**クーリング・オフ制度**は，**訪問販売**や**割賦販売**などで購入した商品の売買契約について，一定期間内における契約の解除を認める制度。

④**消費者団体訴訟**は，事業者の不当な行為による消費者被害の拡大を防止することが目的。そのため，直接の被害者でない**消費者団体が差止め請求**をできるようにした。

環境アセスメント制度 ⇒ 開発による環境破壊防止
製造物責任（PL）法 ⇒ 製造業者に無過失責任を負わせる
クーリング・オフ制度 ⇒ 売買契約について，一定の条件の下で契約の解除ができる
消費者団体訴訟 ⇒ 事業者の不当な行為による被害の拡大防止

基礎力チェック問題

問1 市場メカニズムを通じて環境保全の誘因を与える政策手段の例として適当でないものを，次の①～④のうちから一つ選べ。

(19年本試)

① 地球温暖化防止のため，石油など化石燃料の消費者に対し，その消費量に応じて税を課す制度

② 大気汚染防止のため，環境汚染物質の排出基準に違反した企業に操業停止を命ずる制度

③ 環境性能の優れた自動車の普及を促すため，その新車の購入時に課される税を減額する制度

④ リサイクルを促すため，一定の金額を預かり金として販売価格に上乗せし，使用済み容器の返却時に預かり金を消費者に戻すデポジット制度

問1 [答] ②

② **不適当**：「市場メカニズムを通じて環境保全の誘因を与える政策手段」とは経済的手法のこと[☞p.212 ツボ❶]。②は違反企業にペナルティを課しているので直接規制の例である。

① **適当**：環境税の賦課はマイナスの誘因の経済的手法である。

③ **適当**：減税はプラスの誘因の経済的手法である。

④ **適当**：デポジット制は経済的手法である。

問2 消費者問題に関連する記述として正しいものを，次の①～④のうちから一つ選べ。

(17年本試)

① 消費者基本法により，食品の安全性を評価する国の機関として食品安全委員会が設置された。

② 貸金業法が改正され，消費者金融などの貸金業者からの借入れ総額を制限する総量規制が撤廃された。

③ 特定商取引法では，消費者が一定期間内であれば契約を解除できるクーリング・オフ制度が定められている。

④ グリーン購入法により，消費者は環境への負荷の少ない製品を優先的に購入することが義務づけられている。

問2 [答] ③

③ **正文**：クーリング・オフ制度は特定商取引法や割賦販売法などに規定されている。

① **誤文**：食品安全委員会は食品安全基本法(2003年)に基づいて設置された。

② **誤文**：「総量規制が撤廃された」が誤り。貸金業法では，借入残高が年収の3分の1を超える場合，新規借入れができなくなるという総量規制が導入されている。

④ **誤文**：「消費者」が誤り。グリーン購入法で「グリーン購入」が義務づけられているのは国などの公的機関である[☞p.159]。

問3 国民の生活の中で重要な位置を占める消費生活に関する立法や制度の導入が行われてきた。日本でのこうした立法や制度に関する記述として正しいものを，次の①～④のうちから一つ選べ。

(16年追試)

① 製造物責任法の無過失責任制度により，製造者に対して損害賠償の請求をする際に，製品の欠陥を証明する必要がなくなった。

② 消費者契約法の消費者団体訴訟制度により，国の認定を受けた消費者団体が，被害者に代わって訴訟を起こせるようになった。

③ 食品安全基本法は，食品の需給が安定するように，国が価格や需給の管理を行うことを定めたものである。

④ 特定商取引法は，商品を購入したにもかかわらず，購入者が契約を一方的に解除することを禁止したものである。

問3 [答] ②

② **正文**：消費者団体訴訟に関する正しい記述である[☞p.211]。

① **誤文**：「製品の欠陥」は証明する必要がある。無過失責任制度で証明の必要がなくなったのは，製造者の過失である。

③ **誤文**：法律の目的が誤り。食品安全基本法は，食品の安全を確保することが目的である。

④ **誤文**：特定商取引法は，クーリング・オフ制度を定め，「購入者が契約を一方的に解除することを」認めている。

46 労働問題

1 労働運動の展開

✤**労働問題の発生の背景**…市民社会の契約関係は，本来，契約当事者間の自由意思に委(ゆだ)ねられるべきである(**契約自由の原則**)。しかし，企業と労働者との間の労働契約では，生産手段をもたない労働者が不利な労働条件を飲まされてきた。

✤**労働運動の展開**…**ラッダイト運動(機械打ちこわし運動)**や**チャーチスト運動**が19世紀のイギリスで起こるなど，各国で労働運動は高まりをみせた。1919年には，労働条件の改善を図る国際機関として**ILO(国際労働機関)**が設立された。

✤**戦前の日本の動向**…**労働組合期成会**が結成(1897年)されるなど，労働運動が展開されたが，政府は**治安警察法**や**治安維持法**などによりこれを弾圧した。

2 労働三法

✤**労働組合法**…労働三権を具体的に保障する法律。

①**労働協約**…賃金その他の雇用条件について，労働組合と使用者との間で締結する協定のこと。労働協約は文書にして署名捺印(なついん)しなければ効力を生じない。

②**民事免責・刑事免責**…正当な争議行為ならば，労働組合は民事上の責任(損害賠償責任)や刑事上の責任(刑事罰を受けること)が免除される。

③**不当労働行為の禁止**…労働組合法は，**使用者による労働組合活動の妨害行為**を**不当労働行為**として禁止している。**労働組合員に対する不利益な取扱い，労働組合経費の援助，正当な理由なしの団体交渉の拒否**などがこれにあたる。不当労働行為に対しては，労働組合は**労働委員会**に救済の申立てを行うことができる。

✤**労働関係調整法**…労働委員会による労働争議の調整について定めた法律。**その方法には，斡旋(あっせん)・調停・仲裁がある**。労働委員会が提示した調停案には，労使双方とも，必ずしもしたがう必要はないが，**仲裁裁定には，したがわなければならない**。

✤**労働基準法**…労働条件の最低基準を定める法律。

①**労働時間**…法定労働時間は1週**40時間**，1日**8時間**。使用者が従業員に時間外労働や休日労働を命じる場合，使用者と労働組合・労働者代表との間でそれに関する**労使協定を締結しておくこと**と，**割増賃金を支払うこと**が義務づけられている。

②**賃金**…直接払い，通貨払いなど，賃金支払いの原則が定められている。なお，最低賃金の決定方式を定めている法律に**最低賃金法**がある。

③**1980年代以降の改正**…改正法によりフレックスタイム制の導入，変形労働時間制

の拡大，裁量労働制の適用拡大，女子保護規定の原則撤廃などが行われてきた。

④**監督機関**…各地に**労働基準監督署**が設置され，管内の事業所を監督している。

3 労働関係の現状と課題

✤労働時間

①**労働時間**…日本の年間総実労働時間はアメリカよりは短いが，独・仏より長い。

②**年次有給休暇**…日本では年次有給休暇の取得率が低い。

③**ワークシェアリング**…1人当たりの労働時間を短縮して，雇用の確保を図ること。

✤雇用情勢…バブル崩壊後，**完全失業率**が高まり，2002年には5.4%となった。

✤雇用関係

①**雇用慣行の見直し**…バブル崩壊後，**終身雇用制**（新卒から定年までの長期雇用慣行）や**年功序列型賃金**（勤続年数に応じて賃金が上昇する賃金制度）の見直しが進み，**非正規雇用の拡大**や，**成果を重視する賃金制度への転換**が進んでいる。

②**労働組合**

a)**企業別組合**…欧米の**産業別組合**とは異なり，日本では**企業別組合**が主流である。

b)**組織率の低下**…**労働組合の組織率が低下傾向**にあり，現在，20%を割っている。

c)**労働組合の中央組織（ナショナルセンター）**…**連合**や**全労連**がある。

③**フリーター，ニート**…定職につかない**フリーター**や，通学も就業もせず職業訓練も受けていない**ニート**が増えている。

④**ワーキングプア**…フルタイムで働いても貧困状態の**ワーキングプア**が増えている。

⑤**労働審判制度**…賃金の未払いや解雇など，個々の労働者と使用者との間の労働紛争を迅速に解決するために，**労働審判制度**が設けられている[☞p.135]。

⑥**働き方改革関連法の制定**（2018年）…特別な労使協定を結んでも上回ることが認められない**時間外労働の上限規制**を設けた。また，専門職で年収の高い人を労働時間の規制の対象から外すことができる**高度プロフェッショナル制度**を導入した。

⑦**外国人材の受入れ**…新たな在留資格（特定技能1号・2号）を設け，人手が不足している分野に**外国人材を受け入れる制度が導入**された（2019年施行）。

✤女性と労働…働く女性が増加し，その雇用環境の整備が進められている。

①**男女雇用機会均等法**（1985年制定）

a)**男女の差別的取扱いの禁止**…募集・採用，配置・昇進，教育訓練，福利厚生，退職・定年・解雇などについての差別的取扱いを禁止している。

b)**間接差別の禁止**…身長を採用条件とするなど，事実上，性差別につながる恐れのある取扱いを**間接差別**とし，これを禁止している。

c)**セクシャルハラスメントの防止**…セクシャルハラスメント防止措置を講じることを使用者に義務づけている。

②**育児・介護休業法**…**男女いずれの労働者も**，一定期間，育児・介護のための休業を取得できる。その間，雇用保険から育児休業給付・介護休業給付を受けられる。

ここが共通テストのツボだ!!

ツボ 1 非正規労働者をめぐる法制度

①**非正規労働者（パート・アルバイト，派遣労働者，契約社員など）の増加**…バブル崩壊後，非正規労働者は増加傾向にある。

②**非正規労働者と労働法制**…非正規労働者も，労働基準法，最低賃金法などの労働法制の適用を受ける。

③**非正規雇用をめぐる法制度**

(1)労働者派遣法…幾度かの改正により，派遣対象業務が拡大されてきた。

(2)パートタイム・有期雇用労働法…正規労働者と非正規労働者との間の不合理な待遇差を設けることを禁止している。

(3)労働契約法…有期雇用の労働者が5年を超えて労働契約が更新された場合，本人の申出により無期雇用への転換ができることになった。

非正規雇用の増加，非正規雇用にも労働法制が適用されること，非正規雇用をめぐる法制度の動向を押さえる

ツボ 2 近年の労働時間をめぐる法制度を整理する

①**法定労働時間をめぐる注意事項**

(1)1週40時間の法定労働時間は週休2日制を義務づけているわけではない。

(2)労働時間の法的規制の適用除外の制度（高度プロフェッショナル制度）導入可能。

(3)特別の労使協定を締結しても超えることのできない時間外労働時間の上限規制あり。

②**労働基準法で認められている労働時間の弾力的運用の制度**

(1)変形労働時間制…一定期間の1週の平均労働時間が法定労働時間以内ならば，特定の週・日が法定労働時間を超えてもよいという制度。

(2)フレックスタイム制…出退社の時刻を労働者の任意とする変形労働時間制。

(3)裁量労働制…仕事に対する労働時間をあらかじめ決めておき，仕事の進め方を労働者の裁量に委(ゆだ)ね，労働時間の計算は，実労働時間ではなく，あらかじめ決めた労働時間（みなし労働時間）とする制度。

変形労働時間制 ⇒ 一定期間内で労働時間を調整
フレックスタイム制 ⇒ 出退社の時刻を任意とする
裁量労働制 ⇒ みなし労働時間を労働時間とみなす

基礎力チェック問題

問1 不当労働行為とは言えないものを，次の①～④のうちから一つ選べ。 (04年本試)

① 企業が，労働組合員であることを理由として従業員を解雇した。
② 使用者が，理由を明示せずに団体交渉を拒否した。
③ 社長が，労働組合があると会社の発展にとって良くないので組合をつくらないよう，朝礼で命令した。
④ 会社が，労働組合との団体交渉において，不況を理由として賃金引下げを提案した。

問1 [答] ④

④ **不適当**：これは労働組合活動に対する妨害行為ではないので，不当労働行為にあたらない。
① **適当**：組合員であることを理由とする不利益な取扱いは不当労働行為。
② **適当**：正当な理由なしの団体交渉拒否は不当労働行為。
③ **適当**：組合結成への妨害行為は不当労働行為。

問2 職場における男性・女性の取扱いに関する法制度についての記述として誤っているものを，次の①～④のうちから一つ選べ。 (14年本試)

① 男女雇用機会均等法は，事業主に対して，労働者にその性別にかかわらず募集及び採用について均等な機会を与えなければならないとしている。
② 男女雇用機会均等法は，事業主に対して，労働者の性別を理由として，教育訓練について差別的取扱いをすることを禁止している。
③ 労働基準法は，使用者に対して，労働者が女性であることを理由として，賃金について差別的取扱いをすることを禁止している。
④ 労働基準法は，使用者に対して，女性に深夜労働を命じてはならないとしている。

問2 [答] ④

④ **誤文**：1997年の労働基準法の改正により，女子保護規定（女性労働者を保護するための深夜労働規制・残業規制・休日労働規制）が原則撤廃されたため，男性だけでなく女性にも深夜労働を命じることが可能となった。
①②③ **正文**：男女雇用機会均等法や労働基準法の規定についての正しい記述である。

問3 日本でみられる労働問題についての記述として誤っているものを，次の①～④のうちから一つ選べ。 (16年本試)

① フルタイムで働いても最低生活水準を維持する収入を得られない，ワーキングプアと呼ばれる人々が存在している。
② 不法就労の状態にある外国人労働者は，労働基準法の適用から除外されている。
③ 過剰な労働による過労死や過労自殺が，労働災害と認定される事例が生じている。
④ 非正規労働者にも，待遇改善を求めて労働組合を結成する権利が認められている。

問3 [答] ②

② **誤文**：不法就労であるか否かを問わず，日本で就労している外国人労働者は，原則として，労働基準法などの労働法制の適用を受ける。
① **正文**：ワーキングプアに関する記述として正しい［☞p.215］。
③ **正文**：過労による突然死や自殺は労災と認定されれば労災保険の給付の対象となる。
④ **正文**：非正規労働者も，勤労者であり，団結権をはじめとする労働三権が保障される。

47 社会保障制度と福祉の充実

1 社会保障制度の発展

✤社会保障制度の発展

①**公的扶助**…生活困窮者に対して，全額公費負担により，最低限度の生活を保障する仕組み。イギリスのエリザベス救貧法(1601年)がその始まり。日本では恤救規則(1874年)がその始まり。

②**社会保険**…病気や失業などの生活不安に備えて，被保険者と事業主が拠出する保険料と公費を財源とし，該当する事態が発生したときにそこから給付を行うことにより，生活の安定を図ろうとする仕組み。1880年代にドイツ首相ビスマルクがはじめて導入し，日本では1922年の健康保険法がその始まり。

③**社会保障制度の整備**…1929年の大恐慌後，公的扶助と社会保険制度を総合した社会保障制度が整備されるようになった。アメリカの社会保障法(1935年)，「ゆりかごから墓場まで」のスローガンのもとに国民の最低生活(ナショナル・ミニマム)の保障をめざす考え方を示したイギリスのベバリッジ報告(1942年)，ILOのフィラデルフィア宣言(1944年)，社会保障の最低基準を示したILOの102号条約などが重要。

✤社会保障制度の類型…社会保障の財源構成から，次の3つに類型化できる。

①**イギリス・北欧型**…イギリスや北欧諸国は，**公費負担の占める割合が高い。**

②**ヨーロッパ大陸型**…ドイツやフランスは，**保険料負担の占める割合が高い。**

③**三者均衡型**…日本は，被保険者・事業主・公費の負担割合がほぼ等しい。

2 日本の社会保障制度

✤日本の社会保障制度…公的扶助・社会保険・社会福祉・公衆衛生の4つが柱。

①**公的扶助**…生活保護法を中心に運営されており，生活保護の扶助の種類は**生活扶助，医療扶助，教育扶助，住宅扶助，介護扶助など8つ**ある。費用は全額公費負担。

②**社会保険**…医療・年金・雇用・労災・介護の5つの社会保険制度がある。

a) **医療保険と年金保険**…「民間被用者」「公務員など」「被用者以外の人」の保険はそれぞれ異なる。

	医療保険	年金保険
民間被用者	健康保険	厚生年金と基礎年金
公務員など	各種共済保険	
自営業者など被用者以外の人	国民健康保険	国民年金(基礎年金)

※国民健康保険，国民年金の法制化により，国民皆保険・国民皆年金制度が1961年からスタート。

b)**介護保険**…要介護の認定を受けた人に介護サービスを提供。市町村・特別区が運営主体。**40歳以上の全国民が保険料を拠出し，介護費用の一部を利用者が負担**。

③**社会福祉**…老人・児童・障害者など社会的弱者の福祉の向上をめざすもの。

④**公衆衛生**…地域の衛生環境を整備したり，人々の健康増進を図ったりするもの。

✤社会保障の現状と課題

①**年金保険制度の改革**

a)**基礎年金制度の導入**…1986年に，20歳以上の全国民に加入を義務づける基礎年金制度が導入された。これは年金制度の一元化に向けた第一歩である。

b)**年金の支給開始年齢の引上げ**…2000年代に入って，厚生年金・共済年金の定額部分と報酬比例部分の支給開始年齢が**60歳から65歳へと引き上げられている**。

c)**共済年金と厚生年金の統合**…2015年に共済年金は厚生年金に一本化された。

②**医療保険制度の改革**

a)**後期高齢者医療制度の導入**…2008年に，従来の老人保健制度に代わるものとして導入。75歳以上の国民はこの制度に加入し保険料を拠出する。窓口負担あり。

b)**健康保険制度改革**…健康保険の窓口における**負担割合の引上げ，給付割合の引下げ**が行われてきた。

③**年金の財源調達方式**…年金の給付費用の財源を，在職中に拠出した保険料を積み立てて年金の原資とする積立方式から，当該年度に現役世代の拠出した保険料と公費を原資とする賦課方式へと移行し，現在，ほぼ**賦課方式**となっている。

④**負担と給付**

a)**日本の国民負担率**（租税負担と社会保障負担の合計額の対国民所得比）…日本は，高いフランスやスウェーデンと，低いアメリカとの間に位置する。

b)**社会保障給付の内訳**…日本の社会保障給付は，年金と医療のウェイトが高く，年金が45%，医療が30%，福祉その他が25%ほどである。

⑤**少子高齢化の現状**

a)**少子化の進行**…合計特殊出生率（1人の女性が生涯に産む子どもの数の平均値）が低く，人口減少期に入っている。2005年・2022年の1.26が最低水準。

b)**高齢化の進行**…人口に占める65歳以上人口の割合が1970年に7%を超え高齢化社会に入り，94年には14%を超え高齢社会となり，2013年には25%を超えた。

⑥**福祉社会の建設**

a)**ノーマライゼーション**…これは，**高齢者や障害者が健常者とともに普通の生活を送れる社会をめざそうとするもの**で，この理念に基づき，バリアフリー化の推進や，訪問介護・通所介護などの在宅福祉サービスの充実が図られている。

b)**ユニバーサルデザイン**…**すべての人ができる限り利用しやすいように，製品・施設などを設計**するユニバーサルデザインの普及も進められている。

ここが共通テストのツボだ!!

ツボ 1 社会保障の国際比較の２つのポイント

①**主要各国の社会保障制度**…社会保障の財源構成の国際比較が問われた場合には，**公費負担割合**の高い国がイギリス・北欧諸国，被保険者と使用者が拠出する**保険料の負担割合**の高い国がヨーロッパ大陸諸国と覚えておく。

②**社会保障の負担と給付の水準**…負担と給付の対国民所得比の国際比較については，その割合が高い代表的な国と低い代表的な国を押さえておく。**国民負担率**（国民所得に占める租税負担と社会保障負担の割合）でみると，その割合が70％ほどの**フランス**，50％台の**スウェーデン**，ドイツ，40％台の**日本**，イギリス，30％台の**アメリカ**。

公費負担の割合が高い ⇒ イギリス・北欧諸国
保険料負担の割合が高い ⇒ ヨーロッパ大陸諸国
社会保障の負担・給付対国民所得比 ⇒ 高いのはフランスとスウェーデン（高福祉・高負担），低いのはアメリカ（低福祉・低負担），日本は中間

ツボ 2 近年の社会保障制度の動向では医療制度と年金制度の改革が大切

①**医療保険制度改革**…1973年に **70歳以上の老人医療費の無料化が達成**された。しかし，財政悪化の影響を受けて，1980年代以降，福祉の見直しが進められた（1982年制定の**老人保健法**により，**70歳以上の老人医療費が一部有料化**，2008年に老人保健制度が廃止され**後期高齢者医療制度**〈保険料の拠出・窓口負担あり〉導入）。健康保険の被保険者の負担割合も引き上げられ，現在は**3割負担**となっている。

②**年金制度改革**…厚生年金の定額部分も報酬比例部分も，**60歳支給から段階的に65歳支給へと引き上げ**られている。

③**マクロ経済スライドの実施**…少子高齢化で，年金給付額の増大・保険料収入の減少が見込まれる中で，年金給付の抑制が図られている。この措置は**マクロ経済スライド**と呼ばれ，年金給付の上昇率を，物価や賃金の上昇率より低く抑えるものである。

医療保険制度改革 ⇒ 老人保健法の導入→老人医療費の有料化。健康保険の被保険者負担割合は引き上げられ，現在３割
年金制度改革 ⇒ 厚生年金の支給開始年齢の引上げ
年金給付額の抑制 ⇒ マクロ経済スライドの導入

基礎力チェック問題

問1 各国の社会保障の歴史についての記述として正しいものを，次の①～④のうちから一つ選べ。 (09年本試)

① イギリスでは，世界で初めて社会保険制度が設けられた。
② ドイツでは，「ゆりかごから墓場まで」をスローガンに社会保障制度が整備された。
③ アメリカでは，ニューディール政策の一環として社会保障法が制定された。
④ 日本では，国民年金法によって社会保険制度が初めて設けられた。

問1 [答] ③

③ **正文**：社会保障法は，1935年に制定された。
① **誤文**：「イギリス」はドイツの誤り。
② **誤文**：「ドイツ」はイギリスの誤り。「ゆりかごから墓場まで」という言葉はベバリッジ報告（1942年）のスローガン。
④ **誤文**：1922年制定の健康保険法が，日本の社会保険制度の始まり。国民年金法は1959年制定の法律である。

問2 日本の社会保障制度に関する記述として**誤っているもの**を，次の①～④のうちから一つ選べ。 (19年本試)

① 年金財政を長期的に安定させるため，高齢者の生活を支える基礎年金の国庫負担割合が2分の1に引き上げられた。
② 疾病や負傷，出産のときなどに必要な給付を行う医療保険では，疾病保険法の全面改正によって国民皆保険が実現した。
③ 地域住民の健康の増進や公衆衛生の向上などを図るため，地域保健法により保健所や保健センターが設置されている。
④ 生活困窮者に対して最低限度の生活を保障し，自立を助けることを目的とした仕組みとして，生活保護制度がある。

問2 [答] ②

② **誤文**：国民皆保険は国民健康保険法の改正で，1961年に実現。
① **正文**：国民年金の国庫負担割合は2009年度から2分の1に引き上げられた。
③ **正文**：保健所や保健センターに関する正しい記述。
④ **正文**：生活保護制度は公的扶助の中核である。

問3 社会問題に対処するための公的な施策の一つである日本の社会保障制度に関する記述として正しいものを，次の①～④のうちから一つ選べ。 (17年本試)

① 国民健康保険は，職域ごとに分かれていた公的医療保険を統合する制度である。
② 公的介護保険は，市町村と特別区が運営主体となっている。
③ 厚生年金保険は，その保険料の全額を事業主が負担している。
④ 国民年金は，在職中に受け取った各人の報酬に比例した額を支給する制度である。

問3 [答] ②

② **正文**：公的介護保険の運営主体（保険者）は市町村および特別区である。
① **誤文**：医療保険は統合されていない。民間被用者は健康保険，公務員・私立学校教職員は各種共済保険，自営業者などの非被用者や無業者は国民健康保険に加入する。
③ **誤文**：被用者の保険の保険料は，労働者（被保険者）と使用者が負担。ただし，労災保険のみ保険料は全額事業主が負担している。
④ **誤文**：国民年金の給付額は報酬に比例していない。国民年金は，保険料は定額，給付額は保険料の納付期間に応じて決まる仕組みである。

チャレンジテスト⑦（大学入学共通テスト実戦演習）

問1 生徒Xは，第二次世界大戦後の日本経済の歩みを調べ，次のア～ウのグラフを作成した。これらは，それぞれ1970年代，1990年代，2010年代のいずれかの消費者物価指数の変化率（対前年比）と完全失業率との推移を示したものである。グラフの横軸は「年」を表し，10年間について1年ごとの目盛り間隔となっている。このとき，これらを年代の古いものから順に並べたものとして正しいものを，後の①～⑥のうちから一つ選べ。

（22年公共・政経試作問題）

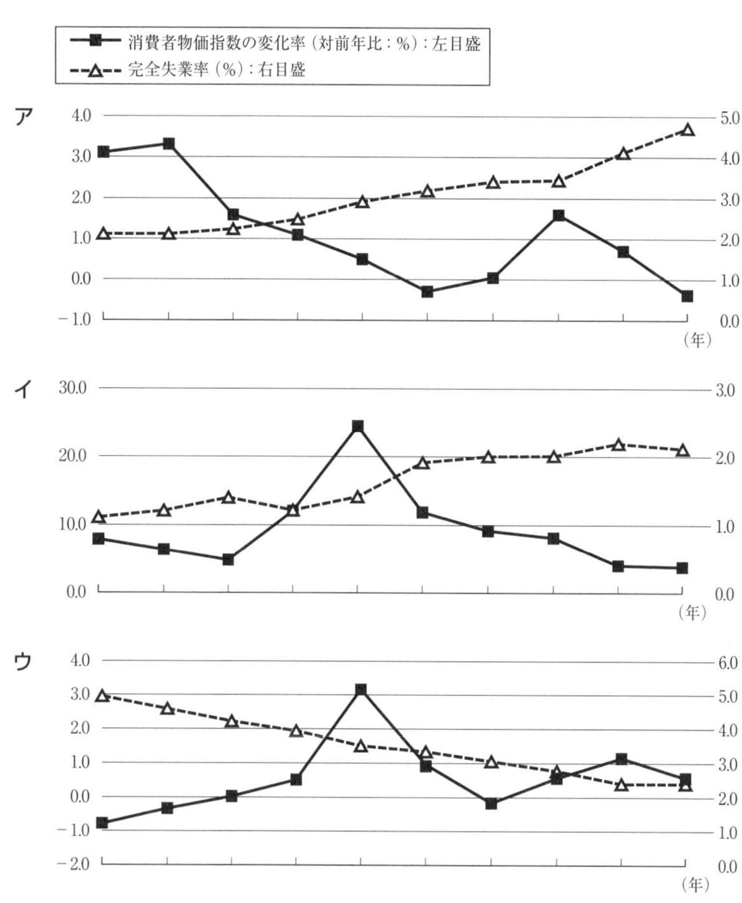

（出所） ア～ウは，いずれも総務省統計局Webページにより作成。

① ア → イ → ウ　② ア → ウ → イ
③ イ → ア → ウ　④ イ → ウ → ア
⑤ ウ → ア → イ　⑥ ウ → イ → ア

問1 [答] ③

1970年代，1990年代，2010年代の消費者物価の動向と完全失業率の推移を確認する。

【1970年代】

消費者物価の動向：1973年に**第一次石油危機**が起こり，物価が上昇し，1974年には**戦後初のマイナス成長**を記録するとともに狂乱物価と呼ばれるインフレーション（景気停滞とインフレーションの同時進行＝**スタグフレーション**）を経験した。

完全失業率の推移：1974年の戦後初のマイナス成長により景気が後退した。それに伴って完全失業率は上昇したと推測できる。

以上の動向を反映しているグラフは**イ**である。

【1990年代】

消費者物価の動向：1990年代初めにバブル経済は終焉し，物価が低水準で推移し（ディスインフレーション），1990年代末頃から物価の対前年度比がマイナスに転じる**デフレーション**に陥った。

完全失業率の推移：バブル経済が終焉し，「失われた10年」と呼ばれる長期にわたる景気停滞を経験した。完全失業率は上昇傾向にあったと推測できる。

以上の動向を反映しているグラフは**ア**である。

【2010年代】

消費者物価の動向：デフレからの脱却を図るために**量的・質的金融緩和政策**などが採用され，物価が上向きで推移した。そして，2014年には5%であった**消費税率が8%に引き上げられ**，消費者物価が上昇した。

完全失業率の推移：リーマンショックの影響で景気が低迷した2000年代末の状況から，アベノミクスなど積極的な財政政策が行われるなどして景気は上向きで推移した。そのため完全失業率は低下傾向にあったと推測できる。

以上の動向を反映しているグラフは**ウ**である。

以上のことから，古い順に並べたものとして正しいのは③となる。

問2 企業による労働改善について，生徒Xと生徒Yは，ある企業の人事担当者に聞き取り調査を行い，その結果を次のメモにまとめた。後の語句a～cのうち，メモの内容から読みとれる，この企業が取り入れている仕組みとして正しいものはどれか。当てはまるものをすべて選び，その組合せとして最も適当なものを，後の①～⑦のうちから一つ選べ。

（23年政経追試）

労働環境改善の取組みに関する聞き取り調査 2022年8月23日 1．育児や介護などを行う従業員を対象に在宅勤務制度を導入 ・Web会議システムを活用 ・専用のソフトウェアを利用して勤務状況を記録 2．残業体質からの脱却と休み方の改善 ・残業時間に上限を設定 ・朝食を無料提供し朝型勤務を促進 ・有給休暇の積極的な取得を推奨	3．従業員が出社と退社の時刻を一定の時間帯の中で自由に決められるようにする制度を導入 ・さらにコアタイム（必ず出勤していなければならない時間帯）を縮小 4．従業員の意識向上のための取組み ・ハラスメント防止講習の実施 ・従業員の相談窓口の設置 5．労働環境改善の制度を提案するプロジェクトチームを組織

a　フレックスタイム制
b　テレワーク
c　高度プロフェッショナル制度

①　a　　②　b　　③　c
④　aとb　　⑤　aとc　　⑥　bとc　　⑦　aとbとc

問2 ［答］ ④

a：3が該当する。**フレックスタイム制**とは，出退社の時刻を労働者の任意とする働き方のことをいう。フレックスタイム制を採用している企業の中には，必ず出社しなければならない時間帯（コアタイム）を設けるところもある。

b：1が該当する。**テレワーク**とは，ICT（情報通信技術）を利用し，時間や場所を有効に活用できる柔軟な働き方のことである。これには，自宅を就業場所とする**在宅勤務**，サテライトオフィスやテレワークセンターなどの施設を利用する**施設利用型**，場所にとらわれない**モバイルワーク**などのタイプがある。

c：該当するものがない。高度プロフェッショナル制度とは，労働基準法の労働時間規制（法定労働時間規制・法定休日規制）の適用から除外される働き方を認めるものである。この制度は，一定以上の年収があり，高度な専門知識を要する業務に就く労働者に限定して適用される。

以上のことから，組合せとして最も適当なものは④となる。

問3 次の文章と図は，生徒Bが「政治・経済」の授業で，格差の解消を図るための財政の役割について発表したときに使用したものである。[X]・[Y]に当てはまる語句の組合せとして最も適当なものを，下の①～④のうちから一つ選べ。 (オリジナル)

所得分配の不平等の度合いを示す図にローレンツ曲線があります。下に示した図がそれです。その図では，横軸に所得の低い人から高い人へと順番に並べた場合の人数の累積比率を，縦軸にそれらの人の所得の累積比率をそれぞれとっています。原点を通る45度の直線を均等分布線と呼びます。この均等分布線では，たとえば，所得の低い方から60%までの人々が全体の所得の60%を占めていることを示しており，所得が完全に平等に分配されている状態を示しています。不平等の度合いが[X]なるほど，ローレンツ曲線は均等分布線から遠ざかるような弧を描くことになります。累進課税制度の最高税率を引き上げたり，生活保護基準の引上げを図ったりするなどの所得の再分配政策を強化する政策には，ローレンツ曲線を[Y]に移動させる効果が期待できます。

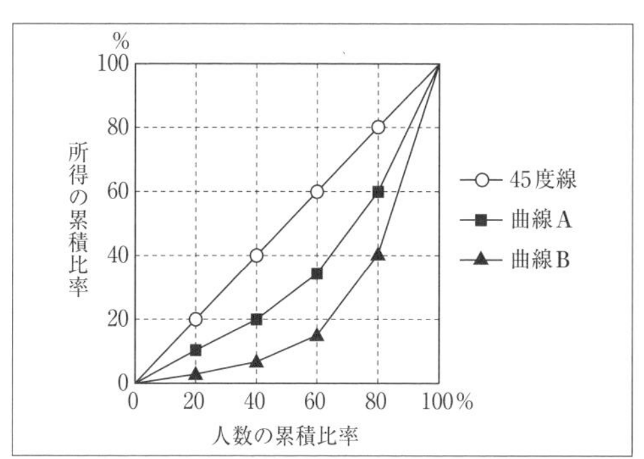

	X	Y
①	大きく	AからBに
②	大きく	BからAに
③	小さく	AからBに
④	小さく	BからAに

問3 [答] ②

[X]:「大きく」があてはまる。均等分布線に近い曲線Aと均等分布線から遠い曲線Bを比べてみよう。所得の低い方から60%までの人々が，曲線Aでは全体の所得の40%近くを占めているのに対し，曲線Bでは，20%を下回っている。このことから，均等分布線から離れれば離れるほど，所得格差が広がっていることがわかる。

[Y]:「BからAに」があてはまる。**所得の再分配政策を強化すれば所得格差を是正する効果が強まる。**そのため，その強化には，曲線Bから曲線Aに移動させる効果が期待できる。

以上のことから，最も適当な組合せは②となる。

第2部 第3章 経済主体となる私たち

48 国際社会の成立と国際連盟

1 国際社会の成立

国際社会の主要なアクター(行動主体)は**主権国家**である。近年では,NGO(非政府組織)も国連主催の会議に参加するなどして,重要なアクターとなっている。

✤**国際社会のアクターとしての主権国家の登場**…三十年戦争(1618~48年)の講和会議(ウェストファリア会議)で締結された**ウェストファリア条約**は,主権国家を構成単位とした国際社会の始まりといわれている。

✤**国際法**

①**提唱者**…オランダの法学者**グロチウス**(1583~1645)は,『戦争と平和の法』を著し,国際社会にも**自然法**に由来する国際法があり,国家はそれにしたがわなければならないと主張した。そのため,彼は「国際法の父」と呼ばれている。

②**分類**…国際法には,国家間の暗黙の合意が国際的に承認されるルールとなった**国際慣習法**(不文国際法)と,複数の国家間の合意を文書化した**条約**(成文国際法)がある。条約には,条約・議定書・規約・憲章などさまざまな形式のものがある。国際慣習法はすべての国を拘束すると考えられているが,**条約は締約国に対してのみ拘束力をもつ**。なお,国際慣習法は徐々に成文化され,条約化されている。

③**限界**…**国際法には統一的な立法機関がない**という限界がある。国内法の場合には議会の制定した法律は国内で強制的な通用力をもつが,国際社会には国内法のように強制的な通用力をもった国際法を制定できる機関がない。

④**国際法の適用対象**…国際法は,従来,国家間の関係を規律するものと考えられてきた。しかし現代では,国際人道法に違反した個人の罪を国際刑事裁判所が裁くことができるなど,**個人や企業**なども国際法が規律する対象となる場合がある。

✤**国際的平和組織の設立の提唱**…国際的平和組織を提唱した著作としては,フランスの**サン・ピエール**(1658~1743)の『永久平和論』(1713~17年)とドイツの**カント**の『永久平和のために』(1795年)が有名。しかし,本格的な国際平和組織の設立は,第一次世界大戦後の国際連盟まで待たなければならなかった。

2 国際連盟

✤**設立と組織**…アメリカ大統領**ウィルソン**(1856~1924)が「平和原則14か条」において国際平和機構の設立の必要性を訴え(そのほか東欧諸国の独立に影響を与えた民族自決の原則を提唱),第一次世界大戦後の1920年に国際連盟が設立された。主要機関は,

総会・理事会・常設国際司法裁判所・ILO(国際労働機関)である。

✤安全保障の方式…国際社会の平和を維持する方式は，従来，勢力均衡方式が採用されていた。国際連盟はこれに代えて，集団安全保障方式を採用し，世界大戦が再び起こることを防ごうとした。しかし，国際連盟の集団安全保障方式には以下の③に示した欠陥があったため，国際連盟は第二次世界大戦を防ぐことはできなかった。なお，今の国際連合も集団安全保障方式を採用している。

①**勢力均衡方式**…敵対する国あるいは国家群との軍事バランスを保つことによって，相手から攻められない状況をつくり，平和を維持しようとする方式をいう。第一次世界大戦前の三国同盟(独・伊・墺(オーストリア))と三国協商(英・仏・露)の対立は，その例である。この方式には，軍備拡張が避けがたいなどの難点がある。

②**集団安全保障方式**…敵対する国も含めて武力の不行使を約束し，その約束に違反し平和を破壊する行為を行う国に対しては，**共同して制裁を行い，平和の維持回復を図ろうとする方式**をいう。

③**国際連盟の集団安全保障方式の欠陥**

a)**大国の不参加**…提唱者であるアメリカが加盟せず，また，ソ連の加盟が認められたのは1934年のことで1939年には除名された。日本・ドイツ・イタリアが1930年代に脱退した。

b)**全会一致制の採用**…総会・理事会の議決の方式に，原則として，表決に参加する国のすべての賛成を必要とする全会一致制が採用されていたため，有効な決議の成立が困難であった。

c)**制裁の不備**…平和を破壊する国に対する制裁が経済制裁にとどまり，**武力制裁を発動することはなかった。**

d)**決議の効力の弱さ**…決議の形式が勧告という強制力のないもので，加盟国を法的に拘束することができなかった。

3 国際連合(国連)の設立

✤設立までの足取り

①**大西洋憲章**(1941年)…アメリカの大統領F.ローズベルト(1882〜1945)とイギリスの首相チャーチル(1874〜1965)が大西洋上で会談し，新たな安全保障制度の確立をめざすことに合意した。

②**ダンバートン・オークス会議**(1944年)…この会議に参加した米・英・ソ・中によって**国連憲章の草案がつくられた。**

③**サンフランシスコ会議**(1945年)…第二次世界大戦終了直前の1945年6月に，連合国の50か国が参加して，**国連憲章を採択した。**

✤設立

1945年10月に国連憲章が発効し，連合国の51か国を原加盟国として，国連が発足した。本部はニューヨーク。主要機関は，総会・安全保障理事会(安保理)・経済社会理事会・信託統治理事会・国際司法裁判所および事務局である。

ここが共通テストのツボだ!!

ツボ 1 国際社会の成立と民族自決権の問題は「はじめて」に気をつける

①「国家主権は国際連盟によってはじめて確認された」という記述は誤り。1648年に締結された**ウェストファリア条約**を契機として主権国家体制が始まったからである。

②「民族自決権はF.ローズベルト大統領によってはじめて提唱された」という記述も誤り。民族自決権については，国際連盟の設立を提唱した**ウィルソン大統領**が平和原則14か条で提唱しているからである。

民族自決権については次の2つを押さえておく。

・国際人権規約のA・B両規約に**民族自決権の規定がある**こと。

・第一次世界大戦末期にウィルソン大統領は民族自決権を提唱したが，**アジア・アフリカの諸国が独立を果たすのは第二次世界大戦後**であること。

主権国家体制の成立 ⇒ ウェストファリア条約
民族自決権 ⇒ ウィルソン大統領が提唱

ツボ 2 国際連盟の安全保障の方式とその欠陥を整理する

国際連盟は，国際平和を維持する方式として，それまでの**勢力均衡方式に代えて集団安全保障方式を採用した**。しかし，そこには欠陥があったため，結局，第二次世界大戦を防ぐことはできなかった。この欠陥については，現在の国際連合（国連）の集団安全保障方式と対比させて整理すると効率的である。

欠陥①：**大国の不参加**→現在の国連には，ほとんどの主権国家が参加している。

欠陥②：**全会一致制**→国連安保理における実質事項の表決では常任理事国に拒否権を認めているが，国連は基本的に総会も理事会も多数決制を採用している。

欠陥③：**制裁の不備**（武力制裁できず）→国連は武力制裁も決議できる。

欠陥④：**決議の効力の弱さ**（法的拘束力のない勧告）→国連安保理には加盟国のすべてを拘束する決定を行う権限が認められている。

このように現在の国連は，制度上，国際連盟の4つの欠陥をすべてクリアしている。

連盟の欠陥 ⇒ 大国の不参加，全会一致制，制裁の不備，決議の効力の弱さ

基礎力チェック問題

問1 勢力均衡方式は安全保障の一つの方法である。これについての記述として最も適当なものを，次の①～④のうちから一つ選べ。

(10年本試・改)

① 対立する国を含め，相互に侵略しないことを約束し，違反国に対しては共同で制裁を加えて戦争を防ごうとする方法である。

② 国家群の間の力関係を同盟によってほぼ対等にすることで，強力な国や国家群からの攻撃を防ごうとする方法である。

③ 国際政治において他を圧倒する唯一の超大国が，核兵器を利用した抑止力によって，戦争を防ぐ方法である。

④ 国家の権限をさまざまな国際機関に分散させることで，武力の行使を相互に抑制させる方法である。

問1 [答] ②

② **適当**：[☞p.227]

① **不適当**：これは**集団安全保障方式**についての記述である。

③ **不適当**：勢力均衡方式は，国家間あるいは国家群間の軍事バランスを保つことによる平和維持の方式であって，唯一の超大国による平和維持の方式ではない。

④ **不適当**：勢力均衡方式は，国家の権限を国際機関に分散化することではない。

問2 主権国家体制に関連する記述として誤っているものを，次の①～④のうちから一つ選べ。

(12年本試)

① ウェストファリア条約は，ヨーロッパにおいて，主権国家を構成単位とする国際社会の成立を促した。

② 主権国家の領空には，排他的経済水域の上空が含まれる。

③ 国際組織を創設することによる集団安全保障体制は，国際連盟と国際連合で採用された。

④ 国際法には，条約などの成文国際法と，慣習国際法(国際慣習法)とがある。

問2 [答] ②

② **誤文**：領空は，**領土と領海の上空**であって，排他的経済水域の上空はこれに含まれない[☞p.98]。

① **正文**：**ウェストファリア条約**(1648年)を契機として，**主権国家**を構成単位とする国際社会が成立した。

③ **正文**：国際連盟も国際連合も**集団安全保障体制(方式)**を採用した。

④ **正文**：国際法は成文国際法(条約)と不文国際法(国際慣習法)に分類できる。

問3 国際連盟と国際連合についての記述として正しいものを，次の①～④のうちから一つ選べ。

(02年追試)

① 侵略国に対する制裁として，国際連盟では武力制裁が規定されたが，国際連合では経済制裁に限定された。

② 国際連盟でも国際連合でも，集団安全保障体制が十分に機能するように，総会では全会一致制が採用された。

③ 国際連盟の理事会では全会一致制が原則とされていたが，国際連合の安全保障理事会では，五大国に拒否権を認めつつも多数決制を採用した。

④ 国際連盟の時代には常設の国際裁判所はなかったが，国際連合には国際紛争を解決するための常設の裁判所として国際司法裁判所が設立された。

問3 [答] ③

③ **正文**：国連安保理の表決の方法は，**手続事項**と**実質事項**とでは異なる点に注意[☞p.230]。

① **誤文**：「国際連盟」と，「国際連合」を入れ替えれば正文。

② **誤文**：国際連盟は**全会一致制**，国際連合は**多数決制**を採用している。

④ **誤文**：国際連盟にも**常設国際司法裁判所**があった。

49 国際連合の役割

1 国連の6つの主要機関

✤**総会**…国連の全加盟国によって構成される。

①**総会の種類**…毎年開かれる通常総会のほかに，**軍縮特別総会**や**資源特別総会**などの特別総会，および「平和のための結集」決議に基づく**緊急特別総会**がある。

②**表決の方法**…多数決制で，主権平等の原則に基づいて**1国1票制**が採用されている。**重要事項**の決定は出席し投票する国の**3分の2以上の賛成によって行われ，そのほかの決定は過半数で行われる。**

③**決定の効力**…総会は，「国際の平和と安全の維持」に関しては，加盟国を拘束する決定を行うことはできず，法的拘束力を有しない勧告を行えるにとどまる。

✤**安全保障理事会**…「国際の平和と安全の維持」に関する**第一次的責任**を負う機関。

①**安全保障理事会の構成国**…5常任理事国（米英仏ロ中）と任期2年の非常任理事国10か国の計15か国で構成。日本は非常任理事国に十数回選出されたことがある。

②**表決の方法**…表決の方法は手続事項と実質事項とで異なる。**手続事項は，9理事国以上の賛成で成立**する。**実質事項は，常任理事国の同意を含む9理事国以上の賛成で成立**する。つまり実質事項では，常任理事国の1か国でも反対すれば，決議は成立しない。常任理事国が有するこの権限を**拒否権**という。なお，棄権は拒否権の行使とはみなされない。

③**安全保障理事会の権限**…安全保障理事会は，軍事的・非軍事的強制措置の**勧告およびすべての加盟国を拘束する決定**を行うことができる。**軍事的強制措置とは武力制裁**のことで，**非軍事的強制措置とは経済制裁や国交断絶**などのことである。

④**憲章が予定する国連軍**…国連憲章では，軍事的強制措置を行う機関として国連軍を想定していたが，国連憲章に規定された常設の**国連軍は，創設されたことがない。**

⑤**「平和のための結集」決議**（1950年）…安全保障理事会は，常任理事国の拒否権が発動されると，平和を破壊する脅威が生じた場合でも，必要な措置を決めることができなくなる。そうした事態に陥った場合に，総会にその必要な措置をとることができるようにしたものが**「平和のための結集」決議**である。これは，朝鮮戦争を背景に**1950年に国連総会で採択された**。総会は，この決議に基づき，加盟国に対し，武力の使用を含む勧告まで行うことができる。

✤**経済社会理事会**…国際労働機関（ILO）や世界保健機関（WHO）などの専門機関と連携しつつ，経済的・社会的な面での国際協力を推進している。

✤**信託統治理事会**…信託統治の監督にあたる機関である。信託統治とは人民がまだ完全に自治を行うことができない地域の統治を，国連の監督の下で特定の国に委ね(ゆだ)ることである。信託統治の対象地域がなくなったため，現在は活動停止中である。

✤**国際司法裁判所**…**国家間の紛争**を裁判する機関である。国際司法裁判所には強制管轄権がないため，**当事国の同意がなければ裁判を行うことができない**。また，国際司法裁判所に**提訴できるのは国家のみ**である。なお，2003年に集団殺害犯罪，人道に対する犯罪，戦争犯罪など**個人の罪**を裁く**国際刑事裁判所**が設置された。

✤**事務局**…国連事務総長はこの事務局の最高責任者である。事務総長は現在までのところ，安全保障理事会の常任理事国以外の国から選ばれている。

2 国連改革と近年の動向

✤**常任理事国枠拡大問題**…安全保障理事会の常任理事国・非常任理事国の枠の拡大を求める動きはあるが，実現していない。日本は常任理事国入りをめざしている。

✤**国連の財政問題**…国連の活動資金は，加盟国の分担金によってまかなわれているが，分担金を滞納している国もあり，国連の財政は厳しい状況にある。なお，国連通常予算の分担金割合が最も高いのは**アメリカ**，次いで**中国**，そして**日本**である。

✤**旧敵国条項の取扱い**…国連憲章には，第二次世界大戦における連合国と敵対していた国（日本やドイツなど）に対する差別的な規定がある。これを**旧敵国条項**という。国連総会はその削除の方針は決定したが，まだ同条項は削除されていない。

✤**PKO（国連平和維持活動）の増加と活動の多様化**…PKOは，創設できなかった国連軍に代わって国連の安全保障機能を果たしてきた。PKOのポイントは以下のとおり。

- **国連憲章に規定のない活動**であること。
- 冷戦終結後，地域紛争が増加したこともあり，**PKOの設立が増加**している。
- PKOには平和維持軍，停戦監視団，選挙監視団などがある。
- 近年，紛争の鎮静化や再発防止だけでなく，人権擁護，難民帰還，復興開発など非軍事的な平和構築にまでその活動が及んでおり，**PKOの役割が拡大**している。
- 伝統的なPKOの三原則として，**紛争当事国（当事者）の同意**を得ての活動展開，**中立の維持**，**自衛のための必要最小限度の武器使用**があげられる。

✤**人間の安全保障と人権理事会の創設**

①**人間の安全保障**…国連開発計画は，「国家の安全保障」だけでなく，貧困・食糧不足など，人間の尊厳を脅かす事態を改善し，1人ひとりの安全保障（「**人間の安全保障**」）の確保の大切さを提唱した。これを受けて国連は，2015年までの目標を示した**ミレニアム開発目標**（MDGs），その後継として2016年から2030年までの目標を示した**持続可能な開発目標**（SDGs）の達成をめざしている。

②**人権理事会**…国連人権委員会を発展的に改組した**人権理事会**が，2006年に国連総会の下部機関として創設された。

ここが共通テストのツボだ!!

ツボ 1 2つのものを比較してその特徴をつかむ

①国連軍とPKO(国連平和維持活動)

国連憲章は，軍事的強制措置の要(かなめ)として国連軍の設立を想定していた。しかし，正規の**国連軍**が創設できなかったため，PKOが展開されるようになった。したがって，**PKO**については**国連憲章に規定がない**。

また，**国連軍**は軍事的強制措置，つまり相手国の同意を得ないで攻撃を行うことができる組織。他方，**PKO**は**受入国の同意**，中立維持，自衛以外での武器の不行使を原則としている。

②総会と安保理

表決方法と権限について，両者の違いに注目。

(1)**表決方法**…総会は**主権平等の原則**に基づき，その決議は**1国1票制**を採用。安保理では，**多数決制**が採用されているが，**実質事項に関しては常任理事国に拒否権が認められている**，つまり，**大国一致の原則**が採用されている。

(2)**権限**…総会は，「平和のための結集」決議に基づいて，武力の使用を含む勧告まで行うことができるが，**加盟国を拘束する決定を行うことはできない**。しかし，安保理は，**すべての加盟国を拘束する決定を行うことができる**。国際の平和と安全の維持に関して，こうした決定を行うことができる機関は，国連の中で安保理のみである。

③国際司法裁判所と国際刑事裁判所

国際司法裁判所は，**国家間の紛争を裁く**のに対し，**国際刑事裁判所**は，集団殺害犯罪，人道に対する犯罪，戦争犯罪，侵略犯罪を行った**個人を裁く**。なお，国際司法裁判所については，**紛争当事国の同意がなければ裁判を開始できない**ことや，判決には当事国を拘束する効力があることにも注意。

国連軍 ⇒ 国連憲章に規定あり，軍事的強制措置の要，創設されていない
PKO ⇒ 国連憲章に規定なし，当事国の受け入れ同意が必要，中立原則，
自衛以外での武器の不行使
総会 ⇒ 主権平等の原則，加盟国を拘束する決定はできない
安保理 ⇒ 大国一致の原則，加盟国を拘束する決定ができる
国際司法裁判所 ⇒ 国家間の紛争のみを裁判
国際刑事裁判所 ⇒ 個人の罪を裁く

基礎力チェック問題

問1 国際連合(国連)の主要機関である安全保障理事会(安保理)についての記述として誤っているものを，次の①～④のうちから一つ選べ。 (09年本試)

① 安保理の常任理事国は，手続事項以外の事項について，拒否権をもっている。
② 安保理は，国際社会の平和と安全の維持または回復に必要な軍事的措置を決定する場合には，あらかじめ総会の承認を得なければならない。
③ 国連加盟国は，安保理の決定を，国連憲章にしたがい受諾しかつ履行しなければならない。
④ 安保理は，侵略行為の中止を求める自らの決定を実施するために，国連加盟国がいかなる非軍事的措置をとるべきかを決定することができる。

問1 [答] ②

② **誤文**：「総会の承認」は不要である。国際社会の平和と安全の維持に関しては，安保理が**第一次的責任**を負っている。
① **正文**：「手続事項以外の事項」とは実質事項のことである。
③ **正文**：安保理の決定は**すべての加盟国を拘束する**。
④ **正文**：安保理は，**非軍事的・軍事的強制措置**の勧告および決定を行うことができる。

問2 国際紛争の処理について説明したものとして正しいものを，次の①～④のうちから一つ選べ。 (14年本試)

① 国際司法裁判所(ICJ)が裁判を行うには，紛争当事国双方の同意が必要とされる。
② 侵略国に対する国連の安全保障理事会の決議では，経済制裁はできない。
③ 国連のPKOは，加盟国が自発的に人員を提供するものではない。
④ 国連憲章に規定されている国連軍は，多発する地域紛争に備えて常設されている。

問2 [答] ①

① **正文**：国際司法裁判所は強制管轄権をもたないため，裁判を行うためには紛争当事国の**同意を得る必要がある**。
② **誤文**：国連安全保障理事会は，経済制裁などの**非軍事的制裁や軍事的制裁を決議**することができる。
③ **誤文**：PKOは，加盟国が**自発的に提供した要員**によって編成される。
④ **誤文**：国連憲章に規定されている**国連軍は設立されたことがない**。

問3 人間の安全保障の観点からは，脅威にさらされている個人一人一人の視点を重視する対外政策が推進される。このような対外政策の例として最も適当なものを，次の①～④のうちから一つ選べ。 (07年本試)

① 国際空港や高速道路などの基盤整備のために，ODA(政府開発援助)を供与する。
② 地域の平和と安全を確保するために，地域的取決めの締結や地域的機構の設立を推進する。
③ 貧困対策，保健医療，難民・国内避難民支援などの分野におけるプロジェクトを支援するために，基金を設置する。
④ 国際法に違反した国家に対し，より迅速かつ柔軟に軍事的措置をとるために，国連(国際連合)安全保障理事会の機能を強化する。

問3 [答] ③

③ **適当**：個々人の生存を危うくする事態の改善を図る政策は，「**人間の安全保障**」の例として適当。
① **不適当**：国際空港などの基盤整備は，**一国の産業を支援**する政策であって「個人一人一人の視点」を重視したものではない。
② **不適当**：これは，**「国家の安全保障」であって「人間の安全保障」とはいえない**。
④ **不適当**：これも「**国家の安全保障**」。

50 戦後国際政治の動向①

1 冷戦の始まり

第二次世界大戦後の国際政治は，アメリカを中心とする資本主義陣営（自由主義陣営）とソ連を中心とする社会主義陣営との対立を軸とする冷戦構造に規定されてきた。イギリスのチャーチルは，社会主義陣営の閉鎖性を「鉄のカーテン」という表現を用いて批判した（「鉄のカーテン」演説）(1946年)。

✤西側の動き（資本主義陣営）

①**トルーマン・ドクトリン（社会主義「封じ込め政策」）**…ソ連への対決姿勢を鮮明に示したアメリカの外交方針。1947年にアメリカの大統領トルーマン(1884〜1972)は，中・東欧地域で生じている社会主義化の動きの拡大を阻止する外交方針を打ち出した。

②**マーシャル・プラン（欧州復興計画）**…1947年にアメリカの国務長官マーシャル(1880〜1959)が提唱した計画で，**欧州の経済的復興と自立をアメリカが財政的に支援するというもの**である。援助の受入れ機関として欧州にOEEC（欧州経済協力機構）が設立された。なお，このOEECは1961年にOECD（経済協力開発機構）に改組された。

③**北大西洋条約機構（NATO（ナトー））の設立**…アメリカ・カナダおよび西欧諸国は，1949年に西側の集団防衛機構であるNATOを結成した。

✤東側の動き（社会主義陣営）

①**コミンフォルム（共産党・労働者党情報局）の結成**…共産党の連携強化と情報交換を目的に，ソ連・東欧諸国などにより，1947年に結成された。

②**COMECON（コメコン）（経済相互援助会議）**…マーシャル・プランに対抗するためソ連と東欧諸国は1949年にCOMECONを結成。経済的協力関係の強化を図った。

③**ワルシャワ条約機構**…西ドイツのNATO加盟などが背景となって，ソ連と東欧諸国は，1955年に東側の集団防衛機構であるワルシャワ条約機構を結成した。

✤冷戦の初期・中期における緊迫した事態…1948年にはベルリン封鎖，1950年には朝鮮戦争，1962年にはキューバ危機，1965年からのベトナム戦争へのアメリカの本格介入など，東西冷戦下において，国際社会の平和と安定にとって危機的な出来事が起こったが，**冷戦期を通じて米ソが直接交戦することはなかった**。ただし，朝鮮戦争やベトナム戦争のように，米ソの代理戦争という形の戦争はあった。

2 雪解け・平和共存からデタント（緊張緩和）時代へ

✤平和共存からデタントへ…スターリン(1879〜1953)の死去によりフルシチョフ(1894〜1971)がソ連の指導者

に就任したことで，東西の冷戦状況は改善され「雪解け」の時代と呼ばれた。この関係の好転は，1955年の**ジュネーブ4巨頭会談**（米英仏ソの首脳会談）となって現れた。さらに，フルシチョフはスターリン時代の圧政を批判し西側諸国との**平和共存政策**を提唱，1959年には**米ソ首脳会談**も開かれた。その後，1960年代には，米ソの交渉を通じて事態を収拾したキューバ危機を経て，米ソ首脳間の**ホットライン（直通電話回線）**の設置（1963年）や各種軍縮条約の締結[☞p.242]が進み，デタント（緊張緩和）の時代を迎えた。

✤**1970年代のデタントの動向**

1971年　中華人民共和国の国連における代表権を承認

1973年　ベトナム和平協定調印
　　　　東西ドイツの国連への同時加盟

1975年　**全欧安全保障協力会議**（CSCE）の設立…欧州の安全保障を話し合うための会議。欧州諸国，ソ連，アメリカ，カナダなどが参加。

1979年　米中国交正常化

3　多極化の進展

1950年代半ば頃から，米ソの二極体制から多極化に向かう動きが現れてきた。

✤**アメリカ一極集中の変容**…1966年にアメリカ主導のNATOのあり方に反発して，**フランスがNATOの軍事機構から脱退した**（2009年に復帰）。

✤**ソ連一極集中の変容**…ハンガリーでは民衆による反政府運動がソ連の軍事介入で弾圧され（**ハンガリー事件**）（1956年），チェコスロバキアでは民主化を求める動き（「**プラハの春**」）がソ連を中心とする勢力により弾圧された（**チェコ事件**）（1968年）。また，1950年代後半から中国とソ連との対立（**中ソ対立**）が激しさを増し，1969年には中ソ国境付近で武力衝突も生じた。

✤**第三世界の台頭**…第二次世界大戦後に独立を果たしたアジアやアフリカの諸国を中心に，西側の軍事同盟にも東側の軍事同盟にも参加せず，平和と安全を維持しようとする運動（**非同盟主義の運動**）が生じた。

①**周・ネール会談**（1954年）…中国の周恩来（しゅうおんらい）(1898～1976)首相とインドのネール(1889～1964)（ネルー）首相が会談し，**平和5原則**が確認された（①領土，主権の相互尊重，②相互不可侵，③相互の内政不干渉，④平等互恵，⑤平和共存）。

②**アジア・アフリカ会議**（1955年）…インドネシアの**バンドン**で開催され，**平和10原則**が採択された。バンドン会議とも呼ばれる。

③**植民地独立付与宣言**（1960年）…アフリカの多くの国が独立を果たし国連に加盟した1960年は，「**アフリカの年**」と呼ばれる。この年に国連総会は**植民地独立付与宣言**を採択した。

④**非同盟諸国首脳会議**…1961年にユーゴスラビアのベオグラードで第1回の会議が開かれた。現在，100を超える国々がこの会議に参加している。

ここが共通テストのツボだ!!

ツボ ① 出題者がよく使う手に惑わされないこと

①2つの出来事を無理やり関連づける⇒代表例はベルリン封鎖とベルリンの壁。
ベルリン封鎖は1948年に生じた出来事，**ベルリンの壁の構築**は1961年のこと。

②冷戦期に米ソが直接武力衝突をしたかのように装う⇒実際には**米ソの武力衝突はない**。

③冷戦期の出来事や政策の趣旨を偽る⇒たとえば，**ジュネーブ4巨頭会談**は東西の**緊張緩和を示す出来事**なのに，緊迫の兆候にするとか，また，**マーシャル・プラン**は**西欧諸国に対する経済支援**であったのに，東欧諸国への支援と偽るように。

> **ベルリン封鎖とベルリンの壁には直接の関連性はない**
> **冷戦期に米ソの直接的な武力衝突はない**
> **ジュネーブ4巨頭会談は平和共存の現れ**
> **マーシャル・プランは西欧諸国への支援**

ツボ ② 冷戦構造の成立は東西の動きを並行的に，多極化は3面で押さえる

①冷戦構造の成立

	西側（資本主義陣営）	東側（社会主義陣営）
1947年	トルーマン・ドクトリン（封じ込め政策） マーシャル・プラン（欧州復興計画）	コミンフォルム（共産党の連絡組織）
1949年	NATO（西側の軍事同盟）	COMECON（東側の経済協力機構）
1955年		ワルシャワ条約機構（東側の軍事同盟）

②多極化の動き

西側：アメリカに対する反発の動き→フランスがNATOの軍事機構から脱退
東側：ソ連とは異なる社会主義を求める動き→ハンガリー事件，プラハの春
ソ連に対立する有力な社会主義国の登場→中ソ対立
第三世界の登場：周・ネール会談，アジア・アフリカ会議，非同盟諸国首脳会議

> **冷戦構造の成立期は東西両陣営の動きに注目**
> **多極化の動きは東西両陣営の内部対立＋第三世界の台頭の3面から捉(とら)える**

基礎力チェック問題

問1 東西両陣営の対立する冷戦期における国際社会の動きについての記述として誤っているものを，次の①～④のうちから一つ選べ。

(09年本試)

① アジア，アフリカ，中南米の一部の国は，非同盟・中立を掲げて，外交を展開した。
② ソ連を中心とする社会主義諸国は，ワルシャワ条約機構を設立して，NATO(北大西洋条約機構)に対抗した。
③ 国連は，マーシャル・プランに基づき，米ソ間の緊張緩和をめざす努力を続けた。
④ アメリカとソ連は，戦略兵器開発競争に歯止めをかけるために，戦略兵器制限交渉(SALT)を進めた。

問2 第二次世界大戦後の国際政治に関連した記述として誤っているものを，次の①～④のうちから一つ選べ。

(10年本試)

① アメリカはトルーマン・ドクトリンなど，東側陣営を封じ込めるための政策を実施し，共産主義勢力の拡大を阻止することに努めた。
② 日本は戦争の放棄を国家理念として掲げたが，国際政治の変化の中で日米安全保障条約により警察予備隊を創設した。
③ アメリカとの緊張関係にある中で，ソ連のフルシチョフが平和共存路線を掲げた。
④ 相次いで独立を果たした旧植民地諸国はバンドン会議で「平和10原則」を発表し，内政不干渉，国際紛争の平和的解決などを主張した。

問3 アメリカやソ連および中国など諸大国間の外交についての記述として最も適当なものを，次の①～④のうちから一つ選べ。

(04年本試)

① 1950年の朝鮮戦争の際，ソ連と中国が国際連合の安全保障理事会において拒否権を行使したため，アメリカは単独で軍事行動に踏み切った。
② 1950年代半ばに「雪解け(ゆきどけ)」と呼ばれる東西間の緊張緩和の動きが見られたが，同年代末からベルリンをめぐる対立などが激化し，緊張緩和は停滞した。
③ 1960年代末にソ連の勢力圏にあったチェコスロバキアで改革運動が発生した際，アメリカはその動きを支援するために，直接の軍事介入を行った。
④ 1972年にアメリカのニクソン大統領が中国との国交樹立を実現した結果，中国とソ連との関係が悪化し，中ソ国境紛争に発展した。

問1 [答] ③

③ **誤文**：**マーシャル・プラン**は，欧州諸国の復興を図るアメリカの政策である。これを国連の政策，米ソ間の緊張緩和を図るものとする記述は誤り。
① **正文**：**非同盟主義**の運動の正しい記述である。
② **正文**：[☞p.234]
④ **正文**：**SALT I**(第1次戦略兵器制限交渉)は，1972年に弾道弾迎撃ミサイル(ABM)制限条約とSALT I暫定協定として実を結んだ[☞p.242]。

問2 [答] ②

② **誤文**：**警察予備隊**は，**1950年に創設**された。その創設は1951年に調印された日米安全保障条約に基づくものではない[☞p.246]。
① **正文**：[☞p.234]
③ **正文**：1959年の米ソ首脳会談などを通じて，**平和共存**の道が探られた。
④ **正文**：**バンドン会議**とは1955年に開催された**アジア・アフリカ会議**のことである。この会議において，「**平和10原則**」が採択された。

問3 [答] ②

② **適当**：「雪解け」を象徴する出来事は**ジュネーブ4巨頭会談**，ベルリンをめぐる緊張緩和の停滞を象徴する出来事は1961年の**ベルリンの壁の構築**。
① **不適当**：アメリカの単独軍事行動ではなく，アメリカ軍を中心とする**朝鮮国連軍**が軍事介入。
③ **不適当**：アメリカは軍事介入を行っていない。**プラハの春**の阻止のため**ワルシャワ条約機構軍が介入**。
④ **不適当**：中ソ国境紛争は**1969年**のこと。また，1972年のニクソン訪中は国交正常化の始まり。国交樹立は1979年のこと。

51 戦後国際政治の動向②

1 冷戦の終結

✤**米ソ関係の緊迫化**…1979年に始まったソ連のアフガニスタン侵攻を機に米ソ関係は急速に悪化した。たとえば，1979年に妥結したSALT II(第2次戦略兵器制限交渉)で調印された条約は，その侵攻に対するアメリカの反発により，批准が得られず発効しなかった。また，1980年代にはアメリカのレーガン政権がSDI(戦略防衛構想)を推進するなど，ソ連との対決姿勢を強めた。SDIとは，ソ連の弾道ミサイルを地上に到達する前に迎撃するシステムの研究開発の構想をいう。

✤**ゴルバチョフ政権の誕生**…ソ連にゴルバチョフ政権が誕生し(1985年)，米ソ関係が改善された。ゴルバチョフは，ペレストロイカ(改革)，グラスノスチ(情報公開)とともに，「対立から協調へ」という外交方針の転換を示す新思考外交を掲げ，国内改革と国際関係の改善を図った。その影響は，米ソ間で締結された1987年の中距離核戦力(INF)全廃条約となって現れた。これは，**核兵器を削減する方向を定めたはじめての条約**であったが，2019年にアメリカが破棄を通告し，失効した。

✤**東欧諸国の民主化(東欧革命)**…1989年には東欧諸国の共産主義政権が次々と崩壊し，東欧の民主化が進んだ。この間に1961年に建設されたベルリンの壁が崩された。こうした動きを受けて，1989年12月に米ソ首脳(ブッシュ〈父〉米大統領とゴルバチョフソ連共産党書記長)が**マルタで会談し，冷戦の終結が宣言された。**

✤**ドイツの統一とソ連の崩壊**…冷戦の終結とその後の動きを以下に示す。

1985年　ゴルバチョフ政権誕生。

1987年　中距離核戦力(INF)全廃条約調印。

1989年　東欧諸国で次々と共産主義政権崩壊，**マルタ会談**で冷戦の終結宣言。

1990年　**ドイツの統一**，全欧安全保障協力会議(CSCE)でパリ憲章が採択され，欧州通常戦力(CFE)条約が調印された。なお，CSCEは1995年にOSCE(欧州安全保障協力機構)に改組された。

1991年　**ワルシャワ条約機構およびCOMECON(コメコン)解体**，**ソ連解体**。なお，ソ連を構成していた共和国が独立後，CIS(独立国家共同体)を設立。

1994年　ASEAN(アセアン)地域フォーラム発足…アジア太平洋地域の安全保障問題を討議する機構。ASEAN諸国，アメリカ，日本，中国，EUなどで構成。

1999年　チェコ，ハンガリー，ポーランドがNATO(ナトー)に加盟した(NATOの東方拡大)。2004年にも旧社会主義国のブルガリアなど7か国が加盟した。

2 地域紛争 ★★★

✤中東情勢

- 中東戦争（パレスティナ紛争）…イスラエルとアラブ諸国との間の戦争・紛争。1993年に**パレスティナ暫定自治協定**が結ばれたが，紛争状態が続いている。
- 湾岸戦争（1991年）…**イラクのクウェート侵攻**に端を発した戦争。国連の武力行使容認決議を受けてアメリカを中心とする**多国籍軍**が編成されイラクを攻撃した。
- イラク戦争（2003年）…大量殺戮(さつりく)兵器を隠しもっているという理由で，米英を中心とする**多国籍軍**がイラクを攻撃。イラクの**フセイン政権が崩壊**した。
- クルド人問題…トルコ，イラン，イラクなど複数の国に居住しているクルド人は，民族の独立を求めて運動を展開している。

✤旧ユーゴスラビア連邦をめぐる情勢

- ボスニア・ヘルツェゴビナ紛争…連邦からの独立に伴(ともな)う紛争。1995年和平成立。
- コソボ紛争…コソボ自治州のセルビアからの独立をめぐる紛争。NATOが軍事介入し，紛争は終結した（1999年）。2008年，コソボは独立を宣言。

✤アジア情勢

- カシミール紛争…ヒンドゥー教徒の多いインドとイスラーム教徒の多いパキスタンとの間の**カシミール地方の帰属をめぐる紛争**。
- 東ティモール紛争…インドネシアからの分離独立をめぐる紛争。2002年に独立。

✤アフリカ情勢

- ルワンダ内戦…多数派のフツの政権と少数派のツチとの間の内戦。
- ダルフール紛争…スーダン西部のダルフール地域で内戦が深刻化した。
- スーダン内戦…北部のアラブ系住民と南部のアフリカ系住民との間の紛争。2011年に住民投票を経て南部が独立し，南スーダンが成立。国連にも加盟。

✤旧ソ連をめぐる情勢

- チェチェン紛争…チェチェン共和国のロシア連邦からの分離独立をめぐる紛争。
- 南オセチア紛争…南オセチア自治州のジョージアからの分離独立をめぐる紛争。
- ウクライナ・クリミア危機…2014年にロシアが，ウクライナ南部のクリミアを併合した。これに対し，欧米諸国はロシアに対し経済制裁を実施した。
- ロシアによるウクライナ侵攻…2022年にロシアがウクライナに侵攻した。国連は緊急特別総会を開き，ロシアに撤退を求める決議を採択した。

3 国際的に活動するNGO（非政府組織）

NGOの中には，国連経済社会理事会と協議資格をもち，国連と連携するものもある。代表的なNGOには，死刑廃止運動などの人権擁護活動で知られている**アムネスティ・インターナショナル**，国際的な環境保護活動を行っている**グリーンピース**，危機にひんした人々への緊急医療救援活動を展開している**国境なき医師団**がある。

ここが共通テストのツボだ!!

ツボ 1 冷戦終結後の組織変更をグループ別にして整理する

①東西冷戦終結後に解体された組織・国

ワルシャワ条約機構・**COMECON**(経済相互援助会議)…1991年に解体

COCOM(対共産圏輸出統制委員会)…1994年解散

ソ連…1991年に解体，旧ソ連の諸国により**CIS**(独立国家共同体)結成

ユーゴスラビア…コソボを含め7つの共和国に解体

②東西冷戦終結後に拡大した組織

NATO(北大西洋条約機構)の東方拡大…中・東欧の旧社会主義諸国が新規に加盟

EU(欧州連合)…中・東欧の旧社会主義諸国などが新規に加盟[☞p.266]

③東西冷戦終結後に改組した組織

CSCE(全欧安全保障協力会議)は**OSCE**(欧州安全保障協力機構)に改組

大きな方向性として，東側組織は解体，西側組織は拡大と覚える

ツボ 2 地域紛争の重要事項を3つの面から整理する

①米ソが関与した戦争…アメリカのベトナム戦争介入，ソ連のアフガニスタン侵攻

②宗教的対立を背景とした領土をめぐる紛争

カシミール紛争	カシミール	イスラーム教とヒンドゥー教	両国とも核保有国
パレスティナ紛争	パレスティナ	イスラーム教とユダヤ教	四次にわたる戦争

③分離・独立をめぐる紛争

北アイルランド紛争	イギリスからの分離独立をめぐる紛争
チェチェン紛争	チェチェン共和国のロシア連邦からの独立をめぐる紛争
旧ユーゴスラビア紛争	ユーゴスラビア連邦の解体に伴う紛争，NATOの介入あり
東ティモール紛争	東ティモールのインドネシアからの独立をめぐる紛争
南オセチア紛争	ジョージア(グルジア)からの分離独立をめぐる紛争
スーダン内戦	住民投票を経て南スーダンとして独立
ウクライナ・クリミア危機	クリミアのウクライナからの独立，ロシアへの編入

地図を絡めた出題例もあるので，地図上の位置も確認しておくこと

基礎力チェック問題

問1 冷戦終結に関連する出来事についての記述として誤っているものを，次の①～④のうちから一つ選べ。　(19年本試)

① ベルリンの壁が崩壊し，東西ドイツの統一が実現した。
② マルタで米ソ首脳会談が行われ，冷戦の終結が謳(うた)われた。
③ ハンガリー動乱が起こり，それから半年の間に東欧諸国の社会主義体制が相次いで崩壊した。
④ ソビエト連邦を構成していた大部分の共和国が独立国家共同体(CIS)を結成した。

問1　[答] ③

③ **誤文**：ハンガリー動乱は1956年に起きた事件で，冷戦期の出来事。
① **正文**：ベルリンの壁の崩壊は，1989年に起きた東欧諸国の社会主義政権の崩壊(東欧革命)の過程で起きた出来事。
② **正文**：1989年末に行われたマルタ会談で冷戦の終結が宣言された。
④ **正文**：ソ連の解体，CISの結成は1991年の出来事。

問2 NATO(北大西洋条約機構)の冷戦後の変容に関する記述として誤っているものを，次の①～④のうちから一つ選べ。　(19年本試)

① フランスが，NATOの軍事機構に復帰した。
② 域内防衛だけでなく，域外でもNATOの作戦が実施されるようになった。
③ 旧社会主義国である中東欧諸国の一部が，NATOに加盟した。
④ オーストラリアなどの太平洋諸国が，新たにNATOに加盟した。

問2　[答] ④

④ **誤文**：NATOは，アメリカ，カナダ，トルコおよび欧州諸国で構成されている。太平洋諸国で加盟している国はない。
① **正文**：フランスは1966年にNATOの軍事機構から脱退したが，2009年に復帰した。
② **正文**：1999年にコソボ紛争に軍事介入したのがその例である。
③ **正文**：1999年にチェコ，ハンガリー，ポーランドが加盟したのを皮切りに，いくつかの旧社会主義諸国がNATOに加盟した。

問3 内戦についての記述として最も適当なものを，次の①～④のうちから一つ選べ。　(19年本試)

① ボスニア・ヘルツェゴビナが，内戦によって七つの国に分裂した。
② スーダンで内戦が激化し，同国南部が分離独立を果たした。
③ ルワンダでは内戦が勃発し，現在も無政府状態が続いている。
④ 東ティモールが，マレーシアからの分離独立を果たした。

問3　[答] ②

② **適当**：スーダン内戦により，2011年に南部が南スーダンとして独立し，同年国連に加盟した。
① **不適当**：ボスニア・ヘルツェゴビナが分裂したのではなく，ユーゴスラビアが，ボスニア・ヘルツェゴビナやセルビアなど7つに分裂した。
③ **不適当**：フツとツチとの間で紛争が生じていたルワンダでは，1994年にフツの過激派が打倒されて新政権が樹立され，治安回復と民族融和が図られた。
④ **不適当**：「マレーシア」が誤り。正しくはインドネシアである。

52 国際平和の構築に向けて ―軍縮の進展と日本の役割

1 軍縮条約の進展

✤**核実験の禁止をめぐる条約**…1963年に調印された部分的核実験禁止条約(PTBT)は，地下を除いて核実験を禁止しているが，1996年に採択された包括的核実験禁止条約(CTBT)は，地下を含み核爆発を伴う核実験を全面的に禁止している。ただし，アメリカなどが批准せず，**CTBTは未だに発効していない**。

✤**核兵器の不拡散をめぐる動き**…1968年に採択された**核拡散防止条約(NPT)を無期限に延長することが，1995年に決まった**。NPTは核兵器の拡散を防止するため，この条約に加盟している**核兵器の非保有国に対して**，IAEA(国際原子力機関)による核査察の受入れを義務づけている。

✤**戦略核兵器の制限・削減をめぐる米ソ(ロ)間の条約**…戦略兵器に関する交渉・条約としては，その保有の上限を定めるSALT(戦略兵器制限交渉)(1972，79年)とその削減を定めるSTART(戦略兵器削減条約)(1991，93年)がある。SALT Ⅰでは，戦略弾道ミサイルの迎撃ミサイル配備を制限するABM(弾道弾迎撃ミサイル)制限条約も調印された。2010年には新START(プラハ条約)が調印されている。

✤**その他の大量殺戮兵器に関する条約**…1972年には生物毒素兵器禁止条約，1993年には化学兵器禁止条約が締結された。

✤**その他の軍縮条約**…1987年には中距離核戦力(INF)全廃条約が米ソ間で調印された(2019年失効)。また，NGO(非政府組織)が採択に向けて努力し，実を結んだ条約としては，1997年採択の対人地雷全面禁止条約，2008年採択のクラスター爆弾禁止条約，そして2017年採択の核兵器禁止条約(後述)がある。

✤**非核地帯条約**…域内諸国による核兵器の実験や製造・保有，および核保有国による核実験や配備・使用を禁止する条約で，2023年11月現在，中南米(トラテロルコ条約)，南太平洋(ラロトンガ条約)，東南アジア(バンコク条約)，アフリカ(ペリンダバ条約)，中央アジア(セメイ条約)の5つの地域に非核地帯条約がある。

✤**核兵器廃絶に向けた動き**…1954年に第五福竜丸がアメリカの水爆実験で被曝した事件(ビキニ事件)をきっかけに，原水爆禁止運動が世界的に広がった。また，核兵器の廃絶を求めるラッセル・アインシュタイン宣言が1955年に発表され，それに共鳴した科学者が1957年からパグウォッシュ会議を開催するようになった。オバマ米大統領は2009年に，「核兵器なき世界」をめざすと宣言した(プラハ宣言)。また，2017年には，NGOの**ICAN(核兵器廃絶国際キャンペーン)**の尽力があり，核兵器の使用や開発，実験，製造，保有などを禁止する**核兵器禁止条約**が採択された。アメリカなどの核保有国や，日本やNATO加盟国はこの条約に不参加。

2 国際社会と日本

✤日本の国際社会への復帰と日本外交の三原則

①主権の回復と西側陣営への帰属

a)**サンフランシスコ平和条約**…1951年に調印した連合国との講和条約で，これにより日本は主権を回復した。

b)**日米安全保障条約**…サンフランシスコ平和条約と同時に調印された条約で，この条約の締結により，日本はアメリカを中心とする西側陣営の一員であることを国際的に表明することになった。

②国連への加盟およびアジア諸国との関係改善

a)**日ソ共同宣言と国連への加盟**…1956年に日ソ共同宣言が調印され，**ソ連との国交が正常化した**。また，同年に日本は国連加盟を果たした。しかし，現在までのところ，**ロシアとの間で平和条約は締結されていない**。

> **国連加盟の手続き**
>
> 加盟の承認は，安保理が勧告を行い，総会が決定する。安保理は，実質事項の表決方法で勧告の決議を行う。総会は，出席し投票する国の3分の2以上の賛成により加盟を承認する。日本は日ソ共同宣言の調印まで，ソ連の拒否権発動で国連加盟が果たせなかった。

b)**日韓基本条約**(1965年)…この条約により**韓国との間で国交が正常化した**。しかし，北朝鮮(朝鮮民主主義人民共和国)との間の国交はまだ正常化していない。

c)**日中共同声明**(1972年)…この声明により日本は中華人民共和国を中国の唯一の合法政府として承認し，**中国との間で国交が正常化した**。

d)**日中平和友好条約**(1978年)…この条約により平和友好関係の強化がめざされた。

③日本の外交三原則…日本政府は，1957年に日本の外交方針として，「国際連合中心(国連中心主義外交)」，「自由主義諸国との協調」および「アジアの一員としての立場の堅持」の三原則を表明した。

✤日本の外交の課題

①領土問題…ロシアとの間の北方領土問題(択捉(えとろふ)島，国後(くなしり)島，歯舞(はぼまい)群島，色丹(しこたん)島)，中国との間の尖閣(せんかく)諸島問題(日本政府は領土問題なしと主張)，韓国との間の竹島問題がある。

②北朝鮮との国交の正常化…2002年に初の日朝首脳会談が行われたが，まだ国交の正常化は果たされていない。

③戦後補償をめぐる問題…従軍慰安婦問題などをめぐり，個人補償を求めて日本政府を訴える裁判が提起されている。

第2部 第4章 主として国際社会に関わる事項

ここが共通テストのツボだ!!

ツボ 1 核軍縮の問題はつながりのある事項を関連づけて覚える

①部分的核実験禁止条約(PTBT)(1963年)は**地下を除いて核実験を禁止**→包括的核実験禁止条約(CTBT)(1996年)は核爆発を伴う**すべての核実験**を禁止

② SALT(戦略兵器制限交渉)(1972, 79年)は**戦略兵器の保有の上限**の設定をめざしたもの→中距離核戦力(INF)全廃条約(1987年調印, 2019年失効)は**中距離核戦力の全廃**→ START(戦略兵器削減条約)(1991, 93, 2010年)は**戦略兵器の削減**をめざすもの

③核拡散防止条約(NPT)(1968年)は核の不拡散をめざす条約→その実効性を高めるためにIAEA(国際原子力機関)が核兵器の非保有国に対して核査察を行う

部分的核実験禁止条約(PTBT) ⇒ 包括的核実験禁止条約(CTBT)
SALT ⇒ 中距離核戦力(INF)全廃条約 ⇒ START
核拡散防止条約(NPT) ⇒ IAEA(国際原子力機関)の核査察

ツボ 2 日本の国連への加盟と領土問題を整理する

①国連への加盟

1956年に調印された日ソ共同宣言で日ソ間の国交が正常化したあと, 日本は国連に加盟した。なお, **日ソ共同宣言は平和条約ではないことに注意。**ソ連を継承しているロシアとの間でまだ平和条約は未締結。国連加盟については次のことも押さえる。

- 1960年にアフリカ諸国が独立を果たし国連に大量加盟したので, この年を「アフリカの年」という。
- 第二次世界大戦後, 分断国家となった東西ドイツは**1973年**に, 韓国(大韓民国)と北朝鮮(朝鮮民主主義人民共和国)は**1991年**に加盟している。
- 2002年にスイスと東ティモール, 2006年にモンテネグロ, **2011年**に南スーダンが加盟。

②領土問題

韓国との間の領土問題…竹島　中国との間の領土問題…尖閣諸島
ロシアとの間の領土問題…北方領土(択捉島, 国後島, 歯舞群島, 色丹島)

国連加盟 ⇒ 日ソ共同宣言のあとに国連に加盟
領土問題 ⇒ 韓国とは竹島, 中国とは尖閣諸島, ロシアとは北方領土

基礎力チェック問題

問1 戦略兵器削減条約(START ⅠおよびⅡ)についての記述として正しいものを，次の①～④のうちから一つ選べ。(14年本試)

① 相手国のミサイルを空中で迎撃するミサイルの配備を制限した。
② 配備済みの戦略核弾頭を削減した。
③ 中距離核戦力を全廃した。
④ 両国の保有できる戦略核弾頭数の上限を設定した。

問1 [答] ②

② **正文**：1991年に米ソ間で，93年に米ロ間で調印されたSTARTは戦略兵器の削減をめざす条約である。
① **誤文**：1972年に米ソ間で調印されたABM(弾道弾迎撃ミサイル)制限条約のこと。
③ **誤文**：1987年に米ソ間で調印された中距離核戦力(INF)全廃条約のこと。
④ **誤文**：戦略兵器の上限の設定をめざしたのは，SALT(戦略兵器制限交渉)。SALT Ⅰで1972年に暫定協定が調印された。

問2 第二次世界大戦以降におけるアメリカの対外政策についての記述として正しいものを，次の①～④のうちから一つ選べ。(12年本試)

① トルーマン大統領は，「鉄のカーテン」演説を行った。
② 地下以外での核実験を禁止する部分的核実験禁止(停止)条約に調印しなかった。
③ イラクのクウェート侵攻によって生じた湾岸危機に対して軍事行動をとらなかった。
④ オバマ大統領は，プラハで核廃絶をめざす演説を行った。

問2 [答] ④

④ **正文**：2009年にチェコのプラハで行った演説で，オバマ大統領は，「核兵器なき世界」をめざすと宣言した。
① **誤文**：「鉄のカーテン」演説を行ったのは，イギリスのチャーチルである[☞p.234]。
② **誤文**：アメリカは部分的核実験禁止条約に調印した。
③ **誤文**：湾岸危機に際して，アメリカを中心とする多国籍軍が編成され，湾岸戦争が開始された(1991年)[☞p.239]。

問3 1957年に日本が掲げた外交の三原則についての記述として適当でないものを，次の①～④のうちから一つ選べ。(18年本試)

① アジアの一員として，アジアの地位向上に努める。
② 唯一の被爆国として，核抑止体制を主導する。
③ 国際連合を平和維持の中心とし，その使命達成のために努力する。
④ 自由主義諸国と協調し，共産主義諸国に対する団結の一翼を担う。

問3 [答] ②

② **不適当**：「核抑止体制を主導する」という内容は外交の三原則に掲げられていない。
①③④ **適当**：①は「アジアの一員としての立場の堅持」，③は「国際連合中心」，④は「自由主義諸国との協調」に該当する[☞p.243]。

53 日本の平和主義

1 自衛隊と日米安全保障条約(安保条約)

平和的生存権をうたい，戦争放棄・戦力不保持・交戦権否認を規定した日本国憲法の平和主義は，冷戦が深刻化する中で，自衛隊が創設されるなど変質していった。

✤自衛隊

①**自衛隊の創設の過程**…自衛隊の創設に至る過程は1950年の朝鮮戦争を契機とした警察予備隊の設立にまでさかのぼることができる。

1950年 警察予備隊の創設…**朝鮮戦争を契機**に連合国軍最高司令官マッカーサーの要請で，警察予備隊が創設された。

1952年 保安隊・警備隊の設置…**サンフランシスコ平和条約および安保条約が発効した年**に，警察予備隊が保安隊(陸上自衛隊の前身)に改組され，海上保安庁にあった海上警備隊が警備隊(海上自衛隊の前身)となった。

1954年 自衛隊の創設…日本に防衛力の増強を求めた**MSA(日米相互防衛援助協定)が発効した年**に，陸海空の自衛隊が発足した。

②**防衛力の増強**…自衛隊は，4次にわたる防衛力整備計画，そして，その後1986年度からの中期防衛力整備計画を通じて装備の拡充が図られてきた。

✤安保条約

…日本はこの条約を締結することにより，西側(資本主義陣営)の一員であることを国際的に明らかにした。

①**アメリカ軍の基地使用**…現行の安保条約において，極東における国際の平和と安全および日本国の安全を維持するために，日本に米軍基地の設置・使用を認めている。

②**安保条約の改定**…この条約は過去に一度だけ改定された(1960年)。その改定で日米共同防衛義務が新たに付け加えられ，また，同条約に基づく交換公文に事前協議制が規定された。なお，この条約の改定をめぐっては，大規模な安保反対闘争が起こった。

a)**日米共同防衛義務**…日本および日本領域内の米軍施設が武力攻撃を受けた場合，日米が共同して防衛にあたることを定めている。アメリカが武力攻撃を受けたとしても，それが日本の領域外であれば，日本に安保条約において定められた防衛義務は生じないことに注意しよう。

b)**事前協議制の導入**…日本に駐留するアメリカ軍の日本への配置・装備における重要な変更が行われるなどの際に，**アメリカ政府が日本に対して事前に協議を申し入れることを定めたもの**だが，この協議は一度も行われたことがない。

③**安保条約をめぐるその他の事項**

a)**在日米軍駐留経費負担**…日本は在日米軍駐留経費の一部を負担している。

b)**普天間基地移設問題**…沖縄の住宅密集地帯にある普天間基地の代替施設の建設地をめぐって政治上の混乱が起きている。

c)**日米地位協定の見直し問題**…米軍兵に事実上の治外法権を認めている日米地位協定に関し，米軍兵による犯罪をめぐってその見直しを求める声が上がっている。

2 憲法第9条をめぐる現行の法制度・政府見解・司法の判断 ★☆☆

✤自衛権をめぐる現行の法制度と戦力についての政府見解

①**自衛権に関する現行の法制度**…武力行使三要件を満たせば，**個別的自衛権および集団的自衛権の行使**が可能。

> **個別的自衛権と集団的自衛権**
>
> 個別的自衛権は外部からの武力攻撃に対して自国を防衛する権利。集団的自衛権は，自国と関係の深い国が外部から武力攻撃を受けたとき，その武力攻撃に反撃する権利。

> **武力行使三要件**
>
> (1)日本に対する武力攻撃が発生したこと，または日本と密接な関係にある他国に対する武力攻撃が発生し，これにより日本の存立が脅かされ，国民の生命，自由及び幸福追求の権利が根底から覆される明白な危険があること（武力攻撃事態・存立危機事態）
> (2)国民を守るために他に適当な手段がないこと
> (3)必要最小限度の実力行使にとどまるべきこと

②**戦力をめぐる政府見解**…憲法が禁止している戦力とは，**自衛のための必要最小限度の実力**を超えるもの。それを超えない自衛力は，憲法上，保持できる。

✤憲法第9条をめぐる判例

①**安保条約と駐留米軍をめぐる判例**…**砂川事件**の**第一審**では，安保条約に基づいて**駐留する米軍**が，憲法が禁止する戦力にあたり**違憲**であるとしたが，**最高裁判所**は，駐留米軍は日本の戦力ではないため違憲ではないとし，安保条約については**統治行為論**を用いて憲法判断を行わなかった。

②**自衛隊をめぐる判例**…**長沼ナイキ基地訴訟**の**第一審**では，**自衛隊**は憲法が禁止する戦力にあたり**違憲**であるとしたが，控訴審では，統治行為論を用いて自衛隊に関する憲法判断は行わなかった。これまでに**最高裁判所が自衛隊に関して違憲・合憲の憲法判断を行ったことはない**。

> **統治行為論**
>
> 高度に政治的な国家行為は，違憲・合憲の司法審査の対象外であるとする考え方。この考え方は違憲立法審査権の限界を示すもの。

ここが共通テストのツボだ!!

ツボ ① 憲法第９条をめぐる判例では長沼ナイキ基地訴訟と砂川事件が特に大切

憲法第９条をめぐる裁判としては，砂川事件，長沼ナイキ基地訴訟，恵庭事件，百里基地訴訟がある。

①最高裁判所は自衛隊について合憲とも違憲とも判断したことはない。

②下級裁判所の中には自衛隊を違憲であるとした判決がある（**長沼ナイキ基地訴訟**の第一審）。

③長沼ナイキ基地訴訟は自衛隊をめぐり争われたもので，第一審は**自衛隊**を違憲とした。砂川事件は安保条約をめぐり争われたもので，第一審は**駐留米軍**を違憲とした。

④長沼ナイキ基地訴訟の控訴審（第二審）と砂川事件の上告審（第三審）で**統治行為論**が用いられた。前者はこれを用いて**自衛隊についての司法審査をしなかった**。後者はこれを用いて**安保条約についての司法審査をしなかった**。

長沼ナイキ基地訴訟

⇒ 第一審：自衛隊違憲→控訴審：自衛隊については統治行為論を採用して憲法判断せず

砂川事件

⇒ 第一審：駐留米軍違憲→上告審：安保条約については統治行為論を採用して憲法判断せず

ツボ ② 日米安全保障条約の要点を押さえる

①日米安全保障条約は，**サンフランシスコ平和条約**と同時に調印された。

②**日米共同防衛義務**は，**日本および日本の領域内にある米軍施設**が武力攻撃を受けた場合に，**日米が共同して防衛することを義務づける**ものであって，アメリカ本土など日本の領域外でアメリカが武力攻撃を受けた場合には，日本にこの義務は生じないことに注意。

③**事前協議制は一度も使われたことがない。**

条約上の日米共同防衛義務が生じるのは，日本の領域内への他国による武力攻撃があった場合であることに注意。

基礎力チェック問題

問1 日本の安全保障に関連する記述として最も適当なものを，次の①～④のうちから一つ選べ。（19年本試）

① 日米相互協力及び安全保障条約（新安保条約）の成立によって，自衛隊が創設された。
② 日本は，在日米軍の駐留経費を負担していない。
③ 国の一般会計予算に占める防衛関係費の割合は，2パーセントを下回っている。
④ 日本政府は，憲法第9条が保持を禁じている「戦力」は自衛のための必要最小限度を超える実力であるとしている。

問1 ［答］④

④ **適当**：戦力についての政府見解として正しい。
① **不適当**：新安保条約の成立は1960年のこと。自衛隊の創設は1954年のこと。
② **不適当**：日本は，在日米軍の駐留経費の一部を負担している。
③ **不適当**：一般会計予算に占める防衛関係費の割合は5～10%である。なお，対GNP比では2%を下回っている。

問2 日本の裁判所による違憲審査に関する記述として正しいものを，次の①～④のうちから一つ選べ。（17年本試）

① 最高裁判所は，長沼ナイキ基地訴訟において，自衛隊の存在を違憲と判断した。
② 最高裁判所は，全逓名古屋中央郵便局事件において，国家公務員の争議行為の一律禁止を違憲と判断した。
③ 内閣や国会が行う高度に政治性のある行為については裁判所の審査権が及ばず違憲審査の対象外であるとする考え方のことを，統治行為論という。
④ 裁判所が具体的事件とは無関係に法令の合憲性を審査する制度のことを，付随的違憲審査制という。

問2 ［答］③

③ **正文**：統治行為論の定義として正しい。
① **誤文**：違憲と判断したのは地方裁判所。最高裁判所が自衛隊を違憲とした判例はない。
② **誤文**：「違憲」は合憲の誤り。最高裁判所が公務員の争議行為の一律禁止を違憲とした判例はない。
④ **誤文**：「付随的違憲審査制」とは，具体的事件を解決するのに必要な限りで法令の合憲性を審査する制度をいう。日本・アメリカはこの制度を採用している。具体的事件とは無関係に法令の合憲性を審査できる制度は抽象的違憲審査制度という［☞p.54］。

問3 日米安全保障条約についての記述として誤っているものを，次の①～④のうちから一つ選べ。（14年本試）

① 砂川事件において，最高裁判所はこの条約が憲法に違反すると判断した。
② 当初の条約を，現行条約である「新安保条約」（日米相互協力及び安全保障条約）へ改定する際には，安保闘争と呼ばれる反対運動が起こった。
③ 現行条約では，日本の領域内において日本，アメリカの一方に対する武力攻撃が発生した場合，日米両国が共同で対処すると規定されている。
④ サンフランシスコ平和条約の締結と同時に，「旧安保条約」（日米安全保障条約）が結ばれた。

問3 ［答］①

① **誤文**：砂川事件では，最高裁判所は安保条約について統治行為論を用いて憲法判断を行わなかった。
② **正文**：1960年の安保改定時に大規模な安保反対闘争が起きた。
③ **正文**：日米共同防衛義務についての記述として正しい。
④ **正文**：両条約は1951年に調印され翌52年に発効した。

54 日本の安全保障をめぐる諸問題

1 日本の安全保障政策の原則

✤シビリアンコントロール(文民統制)…自衛隊を民主的な統制の下に置こうとする仕組みのこと。これは次の3つを柱としている。

①**指揮権は文民に帰属**…自衛隊の最高指揮権は，文民である内閣総理大臣がもち，また，自衛隊の隊務を直接統括する防衛大臣も文民でなければならない。

②**防衛出動には国会の承認が必要**…外国からの攻撃などに対処するための防衛出動には，国会の事前承認が必要。ただし，緊急時は事後承認でもよい。

③**国家安全保障会議**…文民である首相や関係閣僚で構成され，国防の基本方針，防衛計画の大綱，武力攻撃事態への対処に関する重要事項などについて審議する機関。

✤専守防衛

専守防衛とは，「相手から武力攻撃を受けたときにはじめて防衛力を行使し，その態様も自衛のための必要最小限にとどめ，また，保持する防衛力も自衛のための必要最小限のものに限る」とする日本の防衛戦略の姿勢のこと。

✤非核三原則

核兵器を「もたず，つくらず，もち込ませず」とする政府表明(1967年)，国会決議(1971年)。これは**国会決議などであって法律の規定ではない**ことに注意。

✤防衛予算拡大への歯止め

防衛予算はGNP(国民総生産)の1%以内とすることが閣議決定された(1976年)。この制約は1987年に撤廃されたが，防衛関係費は，現在GDP(国内総生産)の1%台の水準にある。

✤武器輸出…武器輸出は原則として禁止されてきたが，2014年に閣議決定された防衛装備移転三原則により，武器輸出に対する規制が緩和された。

2 自衛隊の活動の拡大

1991年の湾岸戦争以降，PKO(国連平和維持活動)協力法が制定され，自衛隊のPKO参加への道が整備されるなど，自衛隊の海外での活動が活発に行われるようになった。

✤自衛隊法に基づく海外派遣

湾岸戦争終了後に，ペルシャ湾に機雷の除去のために自衛隊の掃海艇を派遣。

✤PKO(国連平和維持活動)協力法(1992年制定)に基づく海外派遣

①**自衛隊が参加したPKO(派遣先)**…カンボジア，モザンビーク，シリアのゴラン

高原，東ティモール，ネパール，スーダン，ハイチ，南スーダンなど。

②**自衛隊が参加した人道的な国際救援活動（派遣先）**…ルワンダ難民救援（ザイール－現コンゴ民主共和国）など。

✤テロ対策特別措置法に基づく海外派遣

2001年にアメリカを襲った9.11同時多発テロを受けて同年に制定された**テロ対策特別措置法**に基づき，アメリカなどの艦船への給油のために**インド洋**に派遣。

✤イラク復興支援特別措置法に基づく海外派遣

イラク復興支援特別措置法（2003年）に基づき，イラク戦争終了後にイラク復興支援のために派遣。

✤自衛隊法・海賊対処法に基づく海外派遣

海賊対策として当初は自衛隊法に基づいて，**海賊対処法**制定（2009年）後は同法に基づいて，**ソマリア沖**・**アデン湾**に派遣。

3　近年の日本の安全保障政策

✤日米安全保障共同宣言（1996年）

冷戦終結後の日米安保体制の意義（安保の再定義）を確認した宣言。この宣言で，**日米安保体制の意義はアジア太平洋地域の平和と安定にあるとした。**

✤日米間で合意されたガイドライン（日米防衛協力のための指針）

1978年　日本有事の際の日米防衛協力のあり方を示したもの。

1997年　新ガイドライン。日本有事に加え**周辺有事**の際の日米防衛協力のあり方を示したもの。これに基づいて1999年に**周辺事態法**などのガイドライン関連法が制定された。

2015年　現行のガイドライン。日本周辺という枠が撤廃され，日米防衛協力の範囲が**アジア太平洋地域と，それを超えた地域にまで拡張**された。これに基づいて2015年に周辺事態法が改正され**重要影響事態法**となった（※下の平和安全法制の説明を参照のこと）。

✤有事法制

有事の際の国の管理を定めた法制度が，2003年（武力攻撃事態法などの**有事関連三法**）および2004年（国民保護法などの**有事関連七法**）に整備された。

✤平和安全法制（2015年）…武力攻撃事態法が改正され，**武力攻撃事態（個別的自衛権発動の対象となる事態）**だけでなく**存立危機事態（集団的自衛権の発動の対象となる事態）**においても武力行使が可能とされた。周辺事態法が**重要影響事態法**と改名され，重要影響事態に際して軍事行動を行っている米軍その他の軍隊への**後方支援**が**地理的限定なし**に行えるようになった。また，**PKO協力法**が改正され**駆けつけ警護**が行えるようになった。さらに，**国際平和支援法**が制定され，そのつど特別措置法を制定しなくても，国連決議に基づいて行われている外国の軍隊の軍事行動に対する後方支援を行うために，自衛隊を派遣することが可能になった。

第2部 第4章 主として国際社会に関わる事項

ここが共通テストのツボだ!!

ツボ 1 日本の安全保障政策における3つの基本方針のチェック点

①**非核三原則**…日本の安全保障政策の基本方針である**非核三原則**は政府表明，国会決議であって，憲法・法律上の規定ではない。

②**対GNP比1%枠**…防衛関係費の対GNP比1%枠に関しては撤廃されたが（1987年度），現在でも**防衛関係費は対GNP比1%台におさまっている。**

③**シビリアンコントロール（文民統制）**…自衛隊の最高指揮権は，防衛大臣ではなく**内閣総理大臣**がもつ，ということも忘れずに。

非核三原則 ⇒ 国会決議
対GNP比1%枠 ⇒ 突破例あり
自衛隊の最高指揮権 ⇒ 内閣総理大臣がもつ

ツボ 2 近年の安全保障政策における大きな変化

①**PKO（国連平和維持活動）協力法の制定**…自衛隊がPKOに参加できるようになった。参加例については，**最初の参加例であるUNTAC（国連カンボジア暫定統治機構）が大切**。そのほかの主要な派遣先も押さえよう。**モザンビーク，シリアのゴラン高原，東ティモール，ネパール，スーダン，ハイチ，南スーダン。**

②**日米協力の強化**…日米間の合意で，**日米安全保障共同宣言**（1996年），**新ガイドライン**（1997年）を経て，**現行のガイドライン**（2015年）が成立し，日本とアメリカが，アジア太平洋地域を超えて国際平和の維持確立に協力する体制が確認された。

③**自衛権行使の拡張**…**平和安全法制**により，日本に対する武力攻撃が発生した場合だけでなく，日本と関係の深い国に対する武力攻撃が発生した場合でも，所定の要件が満たされれば，法律上，武力行使が可能になった。

④**積極的な国際貢献**…**国際平和支援法**の制定により，他国の軍隊の軍事活動に対する後**方支援の体制**が整備された。

PKOへの自衛隊の参加 ⇒ カンボジアへの派遣が最初
防衛に関する法制度の整備 ⇒ 有事法制，平和安全法制
日米協力体制の強化 ⇒ 日米安全保障共同宣言，ガイドラインの改定

基礎力チェック問題

問1 日本の安全保障をめぐる法制度や政策についての記述として正しいものを，次の①～④のうちから一つ選べ。（18年本試・改）

① 2014年に政府が決定した防衛装備移転三原則によれば，武器や関連技術の輸出は全面的に禁止されている。
② 非核三原則のうち，核兵器を「もちこませず」の原則は，与党自民党の主張により，国会決議から削除された。
③ 2015年に成立した安全保障関連法によれば，日本と密接な関係にある他国に対する攻撃によって日本の存立が脅かされ，国民の権利が根底から覆される明白な危険がある場合でも，武力行使は禁止されている。
④ 安全保障に関する重要事項を審議する機関として，国家安全保障会議を内閣に設置している。

問1 [答] ④
④ **正文**：国家安全保障会議の説明として正しい[☞p.250]。
① **誤文**：防衛装備移転三原則は武器輸出を禁止するものではなく，以前よりも輸出規制を緩和するものである。
② **誤文**：削除されたという事実はない。
③ **誤文**：ここで述べられている事態は集団的自衛権行使の対象となる存立危機事態である。したがって，武力行使は可能である。

問2 PKO（国連平和維持活動）に関連して，国連の活動への日本の参加・協力についての説明として最も適当なものを，次の①～④のうちから一つ選べ。（06年追試）

① PKO協力法（国際連合平和維持活動等に対する協力に関する法律）の制定により，自衛隊が国際平和協力業務を行うことが可能になった。
② 日米安保条約（日本国とアメリカ合衆国との間の相互協力及び安全保障条約）の改正により，国連PKOへの自衛隊の参加が可能になった。
③ ソマリア復興支援のために，自衛隊が派遣された。
④ ボスニア・ヘルツェゴビナ復興支援のために，自衛隊が派遣された。

問2 [答] ①
① **適当**：PKO協力法の制定（1992年）により，自衛隊が個々の自衛隊員としてだけでなく部隊としてもPKOに参加することが可能となった。
② **不適当**：安保条約には日本のPKOに関する規定は存在しない。
③④ **不適当**：ソマリアやボスニア・ヘルツェゴビナには，自衛隊は派遣されていない。

問3 自衛隊についての記述として正しいものを，次の①～④のうちから一つ選べ。（14年本試）

① 最高裁判所は，百里基地訴訟において，自衛隊は日本国憲法第9条で禁止される「戦力」に該当せず合憲であるとの判断を明らかにしている。
② 自衛隊のイラクへの派遣は，PKO協力法（国連平和維持活動協力法）に基づき行われた。
③ 日米防衛協力のための指針（ガイドライン）の策定とその改定により，日米間の防衛協力体制が強化されてきた。
④ 防衛庁が防衛省へと移行したことに伴い，自衛隊の最高指揮監督権が内閣総理大臣から防衛大臣に委譲された。

問3 [答] ③
③ **正文**：ガイドラインの改定（1997年，2015年）で日米防衛協力の体制は地理的範囲が拡張されるなど，強化されてきた。
① **誤文**：最高裁判所は百里基地訴訟を含めすべての裁判で，自衛隊を合憲とする判断を示したことはない[☞p.247，p.248 ツボ❶]。
② **誤文**：「PKO協力法」は「イラク復興支援特別措置法」の誤り。
④ **誤文**：自衛隊の最高指揮権は現在でも内閣総理大臣がもつ。

チャレンジテスト⑧（大学入学共通テスト実戦演習）

問1 サエキさんは発表を終えた後，これまで学んだことを基に，国家間の武力紛争をどうすれば予防できるのか，二つの対照的な考え方をノートに書いた。次のノートの［ア］には後の語句A・Bのいずれかが，［イ］には後の語句P・Qのいずれかが，［ウ］には後の語句X・Yのいずれかが入る。その組合せとして最も適当なものを，後の①～⑧のうちから一つ選べ。

（23年現社追試）

ノート

【国際社会の基本構造の見方1】

諸国家が敵と味方に分かれて対立する構図があり，各国が頼れるのは自国か［ア］の軍事力だけというのが現状である。

【紛争予防策1】

対立する国家が勢力均衡を成立させることにより，武力紛争を予防する。

【異論1】

その対策は，冷戦期の［イ］のような弊害を伴うのではないか。

【国際社会の基本構造の見方2】

諸国家の間で対立はしばしば生じるが，各国は国際的なルールに基づいて問題を処理することに共通の利益を見出している。

【紛争予防策2】

国際社会全体で，武力紛争の予防につながるルールを創設・運用する。

【異論2】

その対策は，［ウ］がない現状では効果が限られるのではないか。

［ア］に入る語句

A　国連憲章で規定された国連軍

B　同盟国

［イ］に入る記述

P　北大西洋条約機構（NATO）が介入したボスニア・ヘルツェゴビナ紛争

Q　米ソ間の軍拡競争

［ウ］に入る語句

X　すべての国家を統治する世界政府

Y　軍事的な強制措置の仕組み

① ア－A　イ－P　ウ－X　② ア－A　イ－P　ウ－Y
③ ア－A　イ－Q　ウ－X　④ ア－A　イ－Q　ウ－Y
⑤ ア－B　イ－P　ウ－X　⑥ ア－B　イ－P　ウ－Y
⑦ ア－B　イ－Q　ウ－X　⑧ ア－B　イ－Q　ウ－Y

問1 [答] ⑦

ア：Bが入る。この空欄には自国の安全を確保するために頼ることができる，現実に存在する軍事力の担い手に該当するものが入る。【紛争予防策1】にある「勢力均衡を成立させる」という記述がヒントになる。**勢力均衡方式**とは，他国と同盟を結ぶなどして，敵対する国家あるいは国家群との間で軍事バランスを維持することにより相互に攻撃できない状況をつくり，国家あるいは国際社会の平和と安定を図ろうとする考え方である。勢力均衡方式では**同盟関係の形成**は主要な政策となる。A「国連憲章で規定された国連軍」は「現状」では存在しないので，「ア の軍事力だけというのが現状である」と述べている「現状」という表現に適合しない。

イ：Qが入る。この空欄には，勢力均衡方式の弊害に該当するものであることと，冷戦期にみられた現象であることという2つの条件を満たすものが入る。この方式の難点の一つに軍事的エスカレーションの避けがたさがある。軍事的エスカレーションとは，勢力の均衡を保つために，敵対する国家群が同盟国を増やせば，自国側も同盟国を増やし，敵対する国家群が核兵器の保持のような軍備の高度化を図れば，自国側もそれと釣り合う軍備の高度化を図るといった行動のことである。「米ソ間の軍拡競争」はその例であり，また，実際に冷戦期にみられた現象である。P「ボスニア・ヘルツェゴビナ紛争」は，冷戦終結後に勃発した紛争なので，「冷戦期の イ のような弊害」に該当しない。

ウ：Xが入る。この空欄には現状では存在しないものが入る。「すべての国家を統治する世界政府」は，現状においては存在しない。国際連合は，「世界政府」とはいえない。主権国家で構成される国際組織であり，国家の上に立つ組織ではないからである。Y「軍事的な強制措置の仕組み」は，国連憲章上で定められ，現状において存在する仕組みである。

以上のことから，組合せとして最も適当なものは⑦である。

問2 α国の紛争は深刻化し，国際連合で安全保障理事会（安保理）会合が開催された。だが決議案はまだ採択されていない。ニュースを聴いた生徒Xと生徒Yは，当初の決議案とそれに対する安保理理事国の反応や意見を調べ，資料1，2のようにまとめた。数日後，資料3のような修正決議案が安保理で出された。そこで，XとYは資料1，2に3を加え，修正決議案に対し各理事国はどう反応し，修正決議案は採択されうるかどうか，考えた。ただし，各理事国は独立して判断するものとする。このとき，三つの資料を踏まえたXとYの分析として最も適当なものを，後の①～④のうちから一つ選べ。　（22年政経追試）

資料1　当初の決議案と各理事国の反応

(1)　紛争当事者に即時停戦と人権侵害の停止を要求する。
(2)　要求に従わない場合には軍事的措置を実施する。

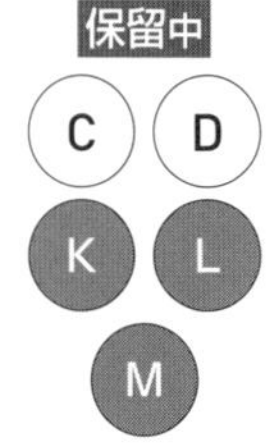

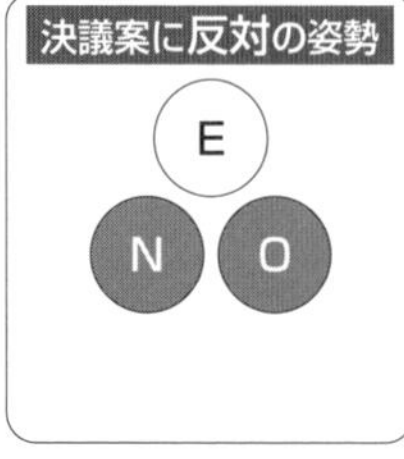

（注）白のマルで描かれた国は常任理事国，グレーのマルで描かれた国は非常任理事国を表す。

資料2　各理事国の意見

常任理事国A，B	常任理事国C，D	常任理事国E
「軍事的措置の実施が望ましいが，いまは決議を速やかに採択することが最重要だ。」	「制裁はすべきだが，軍事的措置は逆効果だ。経済的にダメージを与える策で進めるべきだ。」	「軍事的措置は紛争当事者を打倒するもので容認できない。武力に頼らないなら賛成に回る。」
非常任理事国G，H	**非常任理事国F，I，J，K，L，M**	**非常任理事国N，O**
「軍事的措置なしの決議は紛争地の人々を見殺しにするようなものだ。経済制裁にとどめるくらいなら反対に回る。」	「掛け声だけに終わる決議に意味はない。少なくとも，経済制裁を含め，実効力のある決議を，早急に採択しなければならない。」	「制裁措置には反対だ。内容に関わらず，制裁を加えたからといって本件の紛争地の状況が改善すると思えない。」

資料3　修正決議案

(1)　紛争当事者に即時停戦と人権侵害の停止を要求する。
(2)　要求に従わない場合には実効力のある経済制裁を実施する。

① 修正決議案によってEが賛成に回っても，A，Bは反対する。修正決議案に対する他の理事国の反応も考えると，修正決議案は採択されないのではないか。

② 修正決議案によってEやK，L，Mが賛成に回っても，N，Oは反対のままである。修正決議案に対する他の理事国の反応も考えると，修正決議案は採択されないのではないか。

③ 修正決議案によって賛成すると思われたK，L，Mが仮に保留の立場を維持しても，全常任理事国は賛成する。よって，修正決議案に対する他の理事国の反応も考えると，修正決議案は採択されるのではないか。

④ 修正決議案によってEやK，L，Mが賛成に回っても，G，Hは反対する。だが，修正決議案に対する他の理事国の反応も考えると，修正決議案は採択されるのではないか。

問2 [答] ④

設問では安全保障理事会における実質事項の表決が想定されている。この想定の下で決議案が採択されるためには，**常任理事国が拒否権を行使せず**，**常任理事国の同意を含む9理事国以上の賛成**が必要である。なお，修正決議案の内容は，経済制裁の実施である。

正解は④である。常任理事国と非常任理事国の賛否を分けて整理する。まず，常任理事国5か国（A，B，C，D，E）を検討する。A，Bは軍事的制裁が望ましいとしつつも決議の採択を優先するという立場なので，修正決議案に賛成する。C，Dは経済制裁に賛成しているので，修正決議案に賛成する。Eは軍事的制裁でないならば賛成するという立場なので，修正決議案に賛成する。したがって，**常任理事国は5か国とも賛成し，拒否権を行使する国は存在しない**。次に，非常任理事国10か国（F，G，H，I，J，K，L，M，N，O）を検討する。G，Hは経済制裁にとどめるならば反対という立場なので，修正決議案に反対する。N，Oはいかなる制裁にも反対という立場なので，修正決議案に反対する。F，I，J，K，L，Mは，経済制裁を含め制裁の実施に積極的なので，修正決議案に賛成する。したがって，**非常任理事国10か国中賛成は6か国，反対は4か国となる**。以上のことから，常任理事国の5か国と非常任理事国の6か国が賛成するので，修正決議案は採択される。

①は次の2点で不適当。まず，「A，Bは反対する」としている点。次に，「修正決議案が採択されない」としている点。②は「EやK，L，Mが賛成に回っても」修正決議案が採択されないとしている点で不適当。③は保留の立場であったF，I，J，K，L，Mのうち「K，L，Mが仮に保留の立場を維持」した場合を想定している。この想定の下では，常任理事国の5か国と，非常任理事国のF，I，Jの3か国の賛成しか得られず，修正決議案は採択されない。

55 貿易と国際収支

1 国際分業と貿易

✤**国際分業**…国際分業には垂直分業と水平分業がある。

①**垂直分業**…**原材料の生産と製品の生産との分業関係**のこと。一般に開発途上国と先進国との間でみられる分業関係。

②**水平分業**…**製品相互間の生産の分業関係**のこと。一般に先進国間でみられる分業関係。

✤**自由貿易と保護貿易**…貿易理論には自由貿易論と保護貿易論がある。

①**自由貿易論**…リカードは比較生産費説に基づいて，自由貿易のメリットを主張した。それによれば，各国は，**相対的に安く生産できる比較優位の財に生産を特化**して，生産費が高いものは貿易を通じて獲得した方が，各国にとって利益となる。

②**保護貿易論**…リストは，関税の賦課など保護貿易政策を通じて，**未熟な発展段階にある自国の産業（幼稚産業）の保護・育成を図るべき**であると主張した。

2 国際収支と外国為替

✤**国際収支**…一定期間に貿易や国際資本移動などの経済的取引によって行われた貨幣の受払を記録したもの。経常収支では，**輸出・受取はプラス値で計上，輸入・支払いはマイナス値で計上**。

①**国際収支の主要項目**…国際収支は経常収支，資本移転等収支，金融収支，誤差脱漏の4つの大項目からなる。

大項目	中項目	小項目	内容
経常収支	貿易・サービス収支	貿易収支	財貨の輸出入
		サービス収支	**海外旅行**，輸送，金融などにおける受払
	第一次所得収支	雇用者報酬	**賃金**の受払
		投資収益	**利子・配当**の受払
		その他第一次所得	
	第二次所得収支		国際機関への拠出金，送金，消費財向けの無償の援助の受払
資本移転等収支			資本財向けの無償の援助
金融収支	直接投資		**子会社の設立や合併・買収**などによる資産・負債の増減
	証券投資		**債券や株式の購入**などによる資産・負債の増減
	外貨準備		政府や日銀が保有する外貨準備の増減
	その他		
誤差脱漏			統計上の誤差の調整

以下は項目の具体例。計上される項目と，プラスとマイナスの扱いに注意。

- **旅行費用**として，外国人旅行客が日本で100万円の支出，日本人旅行客が外国で150万円の支出をした場合，**サービス収支に**，100万円の**受取はプラスで計上**，150万円の**支払いはマイナスで計上**。この場合**サービス収支**は50万円の赤字。
- **配当**として，日本人が外国から150万円受け取り，外国人に日本が100万円支払った場合，**第一次所得収支（投資収益）に**，150万円の**受取はプラスで計上**，100万円の**支払いはマイナスで計上**。この場合**第一次所得収支**は50万円の黒字。

②日本経済と国際収支

- 貿易収支は，1960年代半ば以降**黒字基調**であったが，福島第一原発事故以来の燃料輸入の増大などにより，暦年では，**2011年から2015年にかけて赤字となった**。2022年・23年も円安による輸入額の膨張や資源価格の高騰により赤字となった。
- 第一次所得収支の黒字幅が増加し，2005年には貿易収支の黒字を上回った。これは，海外から受け取る利子・配当の増加による。

✣**外国為替（かわせ）**…自国通貨と外国通貨の交換の割合を**外国為替相場（レート）という**。

①固定為替相場制と変動為替相場制

a）**固定為替相場制**…為替相場の変動を一定幅に収まるように義務づける制度。

b）**変動為替相場制**…為替相場を為替の需給関係に委（ゆだ）ねる制度。

②円高と円安…たとえば，1ドル＝200円から1ドル＝100円になるように，円の**対外的価値が上昇**することを円高という。逆が円安。

③外国為替相場の変動要因…外国為替相場は各国通貨の需給関係によって変動する。

> - ドルと円の関係では，外国為替市場でドルの供給が増えるとドル安・円高となる。
> - ドルと円の関係では，外国為替市場でドルの需要が増えるとドル高・円安となる。

ポイントは，円の対ドル相場でいえば，日本に**流入するドルはドル供給**，**日本から流出するドルはドル需要**ということをつかむこと。日本に流入するドルは，円に換えるため外国為替市場で売られるから供給側。日本から流出するドルは，円と引換えに外国為替市場で買われるから需要側。たとえば，日本の貿易収支が黒字の場合，**日本に流入するドル＞日本から流出するドル**となるから，**ドル供給＞ドル需要**，すなわち，**ドルの超過供給**となる。その結果，ドル安・円高となる。

④為替相場への影響…円高・円安が進んだ場合に貿易に与える影響は以下のとおり。

> - 円高の進行は，輸出量を減少させ，輸入量を増加させる要因となる。
> - 円安の進行は，輸出量を増加させ，輸入量を減少させる要因となる。

たとえば，1ドルが200円から100円へと**円高が進行**したとする。その場合，1万円の日本製品は，1ドルが200円のときにはドル建（だ）てで50ドルであるが，100円へと円高になると100ドルになり，**日本製品の売れ行きは落ちる**。逆に，100ドルの輸入品は，1ドルが200円のときには円建てで2万円であるが，100円へと円高が進行すると，1万円となり，**輸入品の売れ行きは増加する**［☞p.264］。

第2部 第4章 主として国際社会に関わる事項

ここが共通テストのツボだ!!

ツボ① 比較優位にある財の見分け方

そのポイントは，**機会費用**[☞p.150]**の低い財に比較優位がある**ということ。次の表はA国とB国の半導体と果物を各1単位生産するのに必要な労働者数を示している。

	半導体	果物
A国	9人	3人
B国	2人	8人

半導体の機会費用を考える。A国では半導体を1単位生産するのに必要な労働者数は9人。半導体1単位を生産すれば，その9人で生産できた果物3単位(9÷3)の生産の機会を放棄することになる。したがって，**A国の半導体1単位の機会費用は果物3単位**。B国では半導体1単位の生産には2人の労働力が必要。半導体1単位を生産すれば，その2人で生産できた果物4分の1単位(2÷8)の生産の機会を放棄することになる。したがって，**B国の半導体1単位の機会費用は果物4分の1単位**。以上のことから，半導体については**機会費用が低いB国に比較優位**がある。果物についても同様に考えると，A国の果物1単位の機会費用は半導体3分の1単位。B国の果物1単位の機会費用は，半導体4単位。したがって，果物については**機会費用が低いA国に比較優位**がある。

機会費用の低い財に比較優位がある

ツボ② 外国為替相場の変動は外国為替の需給関係で決まる

円とドルでいえば，ポイントは日本に**流入するドルはドル供給**，日本から**流出するドルはドル需要**ということ。ドルの供給が需要を上回れば，超過供給となり，**ドル安・円高**となる。逆に，ドルの需要が供給を上回れば，超過需要となり，**ドル高・円安**となる。

①**貿易収支が黒字の国の通貨は高くなる**…黒字の国は**外貨の流入量(供給量)が流出量(需要量)を上回る**ので，**外貨が下落し自国通貨**(黒字の国の通貨)**が上昇**する。

②**金利の高い国の通貨は高くなる**…金利の高い国ではその国への投資が拡大するため，**外貨が流入する**。したがって，**外貨が下落し自国通貨**(金利の高い国の通貨)**が上昇**する。

③**インフレの国の通貨は安くなる**…インフレの国では安価な外国製品の輸入が拡大し，割高な自国製品の輸出が減少することにより，**外貨の流出が拡大する**。したがって，**外貨が上昇し自国通貨**(インフレの国の通貨)**が下落**する。

国内に流入する外貨 ⇒ 外貨の供給　**国外へ流出する外貨** ⇒ 外貨への需要

基礎力チェック問題

問1 国際分業に関する基礎理論である比較生産費説について考える。次の表は，A国，B国で，電化製品と衣料品をそれぞれ1単位生産するのに必要な労働者数を示している。現在，A国とB国は，ともに電化製品と衣料品を1単位ずつ生産している。A国の総労働者数は50人，B国の総労働者数は10人である。これらの生産には労働しか用いられないとする。また，各国の労働者は，それぞれの国のこの二つの財の生産で全員雇用されるとし，両国間で移動はないとする。この表から読みとれる内容として正しいものを，下の①～④のうちから一つ選べ。 (19年本試)

	電化製品	衣料品
A国	40人	10人
B国	2人	8人

① いずれの財の生産においても，A国に比べてB国の方が労働者一人当たりの生産量は低い。
② いずれの国においても，衣料品に比べて電化製品の方が労働者一人当たりの生産量は低い。
③ A国が電化製品の生産に特化し，B国が衣料品の生産に特化すれば，特化しない場合に比べて，両国全体で両財の生産量を増やすことができる。
④ A国が衣料品の生産に特化し，B国が電化製品の生産に特化すれば，特化しない場合に比べて，両国全体で両財の生産量を増やすことができる。

問1 [答] ④

④ **正文**：A国・B国のそれぞれの商品の機会費用は以下のとおり。

	電化製品	衣料品
A国	4	1/4
B国	1/4	4

A国は衣料品を10人で1単位生産できる。特化後は50人で5単位生産できる。B国は電化製品を2人で1単位生産できる。特化後は10人で5単位生産できる。全体で両財とも特化前の2単位から5単位へと増えた。

① **誤文**：A国とB国の1人当たりの生産量は以下のとおり。「低い」は「高い」の誤り。

	電化製品	衣料品
A国	1/40	1/10
B国	1/2	1/8

② **誤文**：B国では衣料品の方が低い。
③ **誤文**：特化後，A国は電化製品を1.25単位，B国は衣料品を1.25単位生産できる。特化前の2単位よりも減少する。

問2 経常収支についての記述として正しいものを，次の①～④のうちから一つ選べ。 (15年本試)

① 経常収支には，旅行や輸送によって生じる収支が含まれる。
② 経常収支に，雇用者報酬は含まれない。
③ 経常収支に，消費財の無償の援助は含まれない。
④ 経常収支には，直接投資が含まれる。

問2 [答] ①

① **正文**：経常収支中のサービス収支に計上される。
② **誤文**：経常収支中の第一次所得収支に計上される。
③ **誤文**：経常収支中の第二次所得収支に計上される。
④ **誤文**：経常収支ではなく，金融収支に計上される。

問3 ドルに対する円の為替相場を上昇させる要因として最も適当なものを，次の①～④のうちから一つ選べ。 (06年本試)

① 日本からアメリカへの輸出が増加する。
② アメリカの短期金利が上昇する。
③ 日本銀行が外国為替市場で円売り介入を行う。
④ 投資家が将来のドル高を予想して投機を行う。

問3 [答] ①

① **適当**：輸出の増加はドル供給の増加。その結果，ドル安・円高となる。
② **不適当**：金利の高い国の通貨は高くなるので，ドル高・円安となる。
③ **不適当**：円売り介入を行えば，円の供給が増えるので，円安要因。
④ **不適当**：ドルへの投機の増加はドル買い（ドルの需要）の増加なので，ドル高・円安となる。

56 戦後国際経済の動向

1 戦後国際経済の復興

✤**金本位制度の崩壊とブロック経済化の進展**…1929年の大恐慌後の30年代の不況期に，イギリスが金本位制度を離脱しポンド・ブロックを形成したのを皮切りに，主要国は相次いで金本位制度を離脱し，それぞれ**ブロック経済化**を進めた。

✤**1930年代の経済政策**…各国は，ブロック経済化を推し進めるとともに，**為替(かわせ)ダンピング（平価切下げ）を行い，高関税政策も採用した**。為替相場の切下げには，輸出を拡大し輸入を縮小する効果がある（円安には日本の輸出拡大と輸入縮小の効果があるのと同じこと）。また，高関税政策は輸入の抑制のために採用された。

✤**大戦後の国際経済体制の課題**…上で述べた1930年代の経済政策が国際経済の混乱を招き，第二次世界大戦の要因になった。その反省を踏まえ，戦後国際経済秩序の立て直しのために，**国際通貨体制と自由貿易体制の確立が課題となり**，**IMF**（国際通貨基金）の創設と**GATT**(ガット)（関税と貿易に関する一般協定）の締結が行われた。

2 IMF体制の成立から崩壊へ

✤**ブレトンウッズ体制**

①**ブレトンウッズ協定**（1944年）…IMFとIBRD（国際復興開発銀行）の設立。
　a)IMF…為替相場の安定化と**短期資金**の融資をおもな目的として設立された。
　b)IBRD…復興や開発のための**長期資金**の融資をおもな目的として設立された。

②**ブレトンウッズ体制**…**ドルを基軸通貨**とし，**金1オンス＝35ドル**の比率で金とドルとの交換が保証され，**固定為替相場制**を採用した。

③**ブレトンウッズ体制の動揺**…1960年代に入るとアメリカの国際収支が悪化し，ドルの信認が低下した。そのためドルを金に交換する動きが強まり，アメリカから大量に金が流出した（**ドル危機**）。

> **詳説**　**アメリカの国際収支悪化には3つの要因**がある。まず，①日本・欧州が経済復興を遂げ，アメリカへの輸出を増大させたこと，すなわち，アメリカの**貿易収支の悪化**。②アメリカ企業が多国籍企業化し，アメリカからの**資本輸出が増加したこと**。③最後に，ベトナム戦争などへの**対外軍事支出や開発途上国への経済援助が増加したこと**。

④**ブレトンウッズ体制の崩壊**…1971年8月にアメリカ大統領ニクソン（在任1969～1974）は，金とドルとの交換の停止を宣言した（**ニクソン・ショック**）。これにより，固定為替相場制

が崩れ，ブレトンウッズ体制は終わった。

✤スミソニアン体制

①**スミソニアン協定**(1971年)…固定為替相場制への復帰が図られた。

②**スミソニアン体制**…金の公定価格が金1オンス＝38ドルとなり，ドルは金に対して切り下げられた。また，多国間通貨調整も行われ，円は1ドル＝360円から308円となり，ドルに対して切り上げられた(ドルは円に対して切り下げられた)。

③**スミソニアン体制の崩壊**…1973年の初めには，主要各国は変動為替相場制に移行し，スミソニアン体制は崩壊した。1976年のキングストン合意で**変動為替相場制への移行が追認され，SDR(特別引出権)の役割の拡大が決まった**。

✤G5，G7と為替相場の安定

①**プラザ合意**…1985年のG5によるドル高是正の合意。

②**ルーブル合意**…1987年のG7によるドルの安定化の合意。

✤アジア通貨危機とIMF

ヘッジファンドの投機的な資金移動などによりアジア諸国の通貨が暴落し，アジア経済が混乱した[☞p.274]。これに対し，IMFは融資条件をつけて緊急融資を行った。

✤2008年の金融危機と金融サミット

2008年に起こったリーマン・ショックに端を発する世界的な金融危機に対処するために，中国，ブラジルなどの新興国を含む20か国(G20)の首脳が集まり，対応策が練られた(G20サミット〈20か国・地域首脳会議〉)[☞p.274]。

3 GATT(関税と貿易に関する一般協定)とWTO(世界貿易機関) ★★★

✤GATT…1947年に調印，48年に発効

①**GATTの理念**…**自由・無差別・多角を理念とし**自由貿易の拡大をめざしてきた。

②**無差別原則**…「無差別」の理念にたつ原則に，最恵国待遇と内国民待遇がある。

a)**最恵国待遇**…最も有利な貿易条件を他のすべての加盟国に適用するというものである。開発途上国に対する一般特恵関税[☞p.270]はこの原則に反するが，GATT・WTO(世界貿易機関)では承認されている。

b)**内国民待遇**…輸入品に対して国内産品と同様の扱いをするというものである。

③**多角的貿易交渉(ラウンド)**…GATTはラウンドを行い，自由貿易を推進してきた。

a)**ケネディ・ラウンド**(1964～67年)…関税が大幅に引き下げられた。

b)**東京ラウンド**(1973～79年)…関税の引下げだけでなく，輸入数量制限などの非関税障壁の軽減も交渉の対象となった。

c)**ウルグアイ・ラウンド**(1986～94年)…知的財産権の保護，サービス貿易のルールづくりが新たに交渉の対象となった。また，WTOの設立が決まった。

✤WTO(世界貿易機関)…GATTの継承・発展をめざす組織として1995年に発足。紛争処理機能の強化などが図られた。2001年には中国，2012年にはロシアも加盟した。

ここが共通テストのツボだ!!

ツボ 1 為替相場の変動と為替差益・為替差損の関係をつかもう

為替相場が変動すると，それによって得をする人と損をする人がいる。この変動によって生じた利益を**為替差益**といい，損失を**為替差損**という。

1ドル＝200円から100円へと**円高・ドル安**が進んだ場合に，ドルを売って円を買う人と，円を売ってドルを買う人とを比較し，これをつかもう。

ドルを売って円を買う人：100ドルの外貨預金をしている人が，元本の100ドルを円に換える場合，1ドル＝200円ならば2万円を受け取ることができたが，1ドル＝100円になると，1万円しか受け取れない。**円高差損**が生じたのである。

円を売ってドルを買う人：ある輸入品を，100ドルで購入する契約を結んだ輸入業者が，支払いにあてる100ドルを円と交換する場合，1ドル＝200円ならば2万円必要であるが，1ドル＝100円になったら，1万円ですむ。**円高差益**が生じたのである。

このように**円高・ドル安**が進むと，同じ100ドルでも，円に換算した場合の額は減る。したがって，**円を受け取る人は損をし，円で支払う人は得をする。**

※円・ドル間の換算は，比で計算すると楽。左辺にドル：円の為替相場，右辺に求めたいものをxとし，ドル：円の順番に置いて計算する。1ドル＝200円のときの1万円は，1(ドル)：200(円)＝x(ドル)：10000(円)を計算し，x＝50(ドル)となる。

円高・ドル安：ドルを円に換える人 ⇒ **円の受取りが減る**
円高・ドル安：円をドルに換える人 ⇒ **円の支払いが減る**

ツボ 2 GATTとWTOの無差別原則の2つの柱を整理しよう

- **最恵国待遇**…最も有利な貿易条件をすべての加盟国に適用するということ。ただし，開発途上国に対する特恵関税や自由貿易協定(FTA)などの関税優遇措置は，GATTでもWTOでも，一定の条件の下で，認められている。最恵国待遇と，特定の国・国家群に対して関税上有利となる待遇を与える特恵関税とを混同しないこと。
- **内国民待遇**…輸入品が国産品と比べて不利にならないように，平等に法令を適用すること。

最恵国待遇と特恵関税を混同しないこと

基礎力チェック問題

問1 国際経済体制についての記述として誤っているものを，次の①～④のうちから一つ選べ。（18年本試）

① 1930年代には，為替切下げ競争やブロック経済化が起こり，世界貿易が縮小し，国際関係は緊張することとなった。

② IMF(国際通貨基金)は，各国通貨の対ドル交換比率の固定化により国際通貨体制を安定させることを目的として設立された。

③ アメリカの国際収支の悪化により，1960年代にはドルに対する信認が低下するドル危機が発生した。

④ スミソニアン協定は，ドル安是正のための政策協調を目的として合意された。

問1 ［答］④

④ **誤文**：スミソニアン協定は固定為替相場制への復帰をめざした協定。また，「ドル安是正」というのも誤り。ドルは，金に対して切り下げられ，主要国通貨に対しても切下げの方向で調整された。

① **正文**：1930年代の状況として正しい記述である［☞p.262］。

② **正文**：IMFは，当初，固定為替相場制により為替の安定化をめざした。

③ **正文**：ドル危機に関する正しい記述である［☞p.262］。

問2 プラザ合意についての記述として最も適当なものを，次の①～④のうちから一つ選べ。（03年追試）

① ドル高が世界経済の不安定要因となる懸念が強まったので，為替相場を是正するためにプラザ合意が結ばれた。

② ルーブル合意が失敗したのを受けて，新たにプラザ合意が結ばれた。

③ アメリカで資金を運用していた日本の生命保険会社は，プラザ合意による円高のため，巨額の為替差益を得た。

④ プラザ合意後，アメリカの貿易収支は黒字へと転じた。

問2 ［答］①

① **適当**：G5はアメリカ経済を立て直すために，ドル高是正に合意した［☞p.202, 263］。

② **不適当**：ルーブル合意は，プラザ合意の2年後の1987年［☞p.263］。

③ **不適当**：プラザ合意による円高で円高差損［☞p.264 ツボ❶］を被った。

④ **不適当**：アメリカの貿易収支はプラザ合意後も赤字が続いている(2022年現在)。

問3 WTOの基本原則は，自由，無差別，多角の三つであり，無差別は最恵国待遇と内国民待遇とに分けられる。これらのうち内国民待遇の原則に反する行動の例はどれか。最も適当なものを，次の①～④のうちから一つ選べ。（16年追試）

① あるWTO加盟国から輸入される自動車に3パーセントの関税をかけ，別のWTO加盟国から輸入される自動車に5パーセントの関税をかける。

② 国産ビールに5パーセントの酒税をかけ，外国産ビールに10パーセントの酒税をかける。

③ 国内の牛肉生産者を保護するため，外国から輸入される牛肉の数量を制限する。

④ ある国との貿易自由化を促進するため，その国と自由貿易協定(FTA)を締結する。

問3 ［答］②

② **適当**：国産品に比べ輸入品を不利に取り扱っているので内国民待遇に反する［☞p.263］。

① **不適当**：加盟国の間で関税に差を設けているので，最恵国待遇に反する。

③ **不適当**：数量制限は非関税障壁に該当し，「自由」貿易の原則に反する。

④ **不適当**：FTAは最恵国待遇に反するが，WTOでは一定の条件の下に承認されている。

57 経済統合の進展

1 EU(欧州連合)

✤ECの設立への歩み

①**ECSC(欧州石炭鉄鋼共同体)の設立**…石炭・鉄鋼の共同市場の創設と共同管理を目的に，1952年に，フランス・西ドイツ・イタリア・ベネルクス三国(ベルギー・オランダ・ルクセンブルク)によって設立された。

②**EEC(欧州経済共同体)とEURATOM(ユーラトム)(欧州原子力共同体)の設立**…加盟国間の関税障壁の撤廃などをめざすEECと，原子力産業の育成・発展をめざすEURATOMが，**ローマ条約**(1957年締結)に基づいて，1958年に設立された。

③**EC(欧州共同体)の誕生**…1967年に，**ECSC・EEC・EURATOMの3つの共同体の主要機関が統合**され，ECが誕生した。ECは共同市場の完成をめざした。

✤ECの拡大と統合の進展

①**加盟国の拡大**…フランス・西ドイツ・イタリア・ベネルクス三国を原加盟国とするECは，1973年にイギリス・アイルランド・デンマークが加盟し，1980年代以降も，ギリシャ・スペイン・ポルトガルが加盟するなど，拡大を続けた。

②**統合の進展**…1968年には**域内を無関税とし，対外的には共通関税とする関税同盟**を発足させるなど，統合が進む面もあったが，資本や労働力の自由な移動など，市場統合の完成への道のりは平坦ではなかった。しかし，**単一欧州議定書**が1986年に調印され，1992年末までに市場統合を完成する目標が掲げられ，**1993年1月から市場統合がスタートした**。これにより，財貨・サービス，資本，労働力が，原則として，域内で自由に取引移動ができるようになった。

✤EUの設立・拡大と統合の進展

①**マーストリヒト条約(欧州連合条約)の発効**…目標としてきた市場統合を完成させたEC加盟国が，次に向かう目標を定めた条約が**マーストリヒト条約**(1992年調印，93年発効)である。この条約の発効によりECはEUと呼ばれるようになった。この条約は，**単一通貨の導入(通貨統合)，共通安全保障・外交政策などを目標として掲げている**。EUはこの条約に基づき政治的な統合に向けて歩み始めた。

②**統合の進展**

a)**通貨統合**…1999年にユーロが導入され，2002年にはユーロ紙幣・硬貨が流通するようになった。2024年3月現在，デンマークなどを除く20か国が自国通貨を放棄し，ユーロを導入している。なお，1998年に**欧州中央銀行**が設立された。

b)**新たな基本条約の発効**…2009年に新たな基本条約である**リスボン条約**が発効した。この条約に基づき，**EU大統領**や**EU外相**に相当するポストが新設された。

c)**加盟国の増加**…EUの加盟国は，旧社会主義国の中欧・東欧諸国が加わるなど増加した。なお，ロシアやトルコが加盟していないことに注意（2024年3月現在）。

2 その他の経済統合・地域的経済協力機構の動き

✤EFTA（欧州自由貿易連合）

EECに対抗するために，1960年に**イギリスが中心となって設立した**組織。現在，スイス・ノルウェー・アイスランド・リヒテンシュタインの4か国が加盟。

✤USMCA（アメリカ・メキシコ・カナダ協定）

1994年に発効した**NAFTA（北米自由貿易協定）**に代わる，アメリカ・メキシコ・カナダの3か国間の新たな協定（2018年署名）。

✤AFTA（ASEAN自由貿易地域）

1993年に発足した自由貿易協定（FTA）で，現在，ASEAN加盟10か国間で関税が撤廃され非関税障壁の軽減も進められている。ASEANはAFTAをさらに進化・高度化した**ASEAN経済共同体（AEC）**を2015年に発足させた。

✤MERCOSUR（南米南部共同市場）

ブラジル・アルゼンチン・ウルグアイ・パラグアイの4か国は，1995年に域内無関税・対外共通関税の関税同盟として，MERCOSURを発足させた。

✤APEC（アジア太平洋経済協力会議）

「開かれた地域主義」をスローガンにして1989年に発足した組織で，現在，日本やアメリカを含むアジア・太平洋の20を超える国・地域で構成されている。

✤CPTPP（環太平洋パートナーシップに関する包括的及び先進的な協定）

TPP11協定とも呼ばれ，2018年発効した。オーストラリア，ブルネイ，カナダ，チリ，日本，マレーシア，メキシコ，ニュージーランド，ペルー，シンガポール，ベトナムの11か国による協定。2023年に新たにイギリスの加盟が承認された。

✤RCEP（地域的な包括的経済連携）協定

2022年発効。ASEAN10か国と日本，韓国，中国，オーストラリア，ニュージーランドによる協定。

✤日本のEPA（経済連携協定）

日本は**2000年代に入ってEPAを締結**するようになった。2002年に**シンガポール**との間で締結したEPAがその第一号。日本が結んだEPAは20を超えている。

FTAとEPA

FTAが，財貨に賦課される関税やサービス貿易の障害を除去して財貨やサービスの貿易の自由化をめざすのに対し，EPAは，それらに加え，投資ルールの整備，知的財産権の保護，人的交流の拡大など，より広範な経済協力関係の強化をめざす。

ここが共通テストのツボだ!!

ツボ 1 EC・EUは市場統合から政治統合へと発展している

①**ECの目標**…1967年に創設された**EC**（欧州共同体）は，統一市場の形成により，市場規模を拡大し経済の活性化を図ることなどをめざしていた。ECは1968年に**関税同盟**を締結し，関税の面では1つの国と同じになった。さらに**1993年には財貨・サービス，資本，労働力の自由な移動が保障される市場統合を完成させた。**

②**EUの目標**…通貨統合・共通安全保障・外交政策を目標として掲げた**マーストリヒト条約**が1993年に発効し，ECは**EU**（欧州連合）と呼ばれるようになった。EUは，**マーストリヒト条約に基づき，政治面でも統合をめざすこととなった。**

> 市場統合をめざしたEC ⇒ 政治統合をもめざすこととなったEU

ツボ 2 アジアNIES，ASEAN諸国，中国の経済発展の動向をつかもう

①**アジアNIES（シンガポール，韓国，台湾，香港）**…1960年代頃から**輸出志向型工業化政策**（外資や外国の技術の導入・輸出中心の工業化政策）を採用し，**1980年代に急速な経済成長**を遂げる。**韓国はアジア通貨危機（1997年）で経済的打撃**を受けた。

②**ASEAN（東南アジア諸国連合）**

(1)結成と加盟国の拡大…1967年インドネシア・マレーシア・フィリピン・シンガポール・タイの5か国で結成。その後，加盟国が拡大し，**冷戦終結後には，ベトナムなど社会主義国も加盟し，2024年3月現在10か国で構成。**

(2)ASEAN4（アセアン・フォー）（シンガポールを除く原加盟国の4か国）…この4か国は**1980年代後半から輸出志向型工業化政策で経済成長**を遂げてきたが，**アジア通貨危機**で**一時的に減速**。

(3)**AFTA**の創設（1993年）…域内関税の撤廃などをめざしてきた。

(4)**AEC**の創設…経済関係のより緊密な協力体制構築のために2015年創設。

③**中国**

(1)1970年代末頃から**改革・開放政策**を採用した。

(2)**2001年WTOに加盟**し，中国への直接投資増大。**2010年にはGDPで世界第2位。**

> アジア経済の動向のポイントは2つ ⇒ ①工業化は，アジアNIESが先行し，その後，ASEAN 4，中国がそれに続いた。②工業化の進展に伴（ともな）って，先進国からの直接投資も増加

基礎力チェック問題

問1 欧州連合(EU)についての記述として誤っているものを，次の①～④のうちから一つ選べ。 (14年本試)

① 加盟国間で関税だけでなく，非関税障壁の撤廃も進めている。
② 21世紀に入ってからも，加盟国が増加している。
③ 政治統合を先行させ，次に経済統合を進展させている。
④ 経済通貨同盟の下で，共通通貨を発行している。

問1 [答] ③

③ **誤文**：「政治統合」「経済統合」を入れ替えれば正しい文となる。経済統合とは，関税同盟，市場統合，通貨統合などのこと。
① **正文**：新規加盟国との間でも関税・非関税障壁の撤廃が進められている。
② **正文**：21世紀に入っても加盟国は増えている。
④ **正文**：経済通貨同盟はマーストリヒト条約に盛り込まれたもの。これは通貨統合や統一的な金融政策を内容としている。

問2 経済統合についての記述として最も適当なものを，次の①～④のうちから一つ選べ。 (12年本試)

① FTA(自由貿易協定)は，二国間や地域で自由貿易をめざすもので，投資や知的財産権に関する協定を含む経済統合の最高度のものである。
② EEC(欧州経済共同体)で導入された関税同盟は，域内関税と域内輸入制限を撤廃し，域外共通関税を設定するものである。
③ 単一欧州議定書による市場統合は，非関税障壁を撤廃してモノの移動を自由化し，サービス・カネの移動について加盟国の規制を残すものである。
④ マーストリヒト条約で計画された経済通貨同盟は，加盟国の経済政策を調整し，固定相場を維持することを目的とするものである。

問2 [答] ②

② **適当**：関税同盟(域内無関税，域外共通関税)は1968年に発足。なお，EECは1993年までECを構成する共同体として存続していた。
① **不適当**：FTAはEPA(経済連携協定)と異なり，「投資や知的財産権に関する協定」を含まない。
③ **不適当**：「市場統合」は，サービスやカネ(資本)の移動の自由化も含む。
④ **不適当**：「固定相場を維持」は「単一通貨や統一的な金融政策を導入」の誤り。

問3 1980年代以降の東・東南アジア地域にみられた動向についての記述として誤っているものを，次の①～④のうちから一つ選べ。 (10年本試)

① 高い経済成長を遂げ，世界経済の成長センターと呼ばれるようになった。
② 地域経済統合が進展し，域内の複数の国で共通の通貨が使用されるようになった。
③ 民主化を求める運動が活発になり，いくつかの国において開発独裁体制が崩壊した。
④ ASEAN(東南アジア諸国連合)が拡大し，加盟国が10か国になった。

問3 [答] ②

② **誤文**：共通通貨を導入している地域経済統合はEUのみである。
① **正文**：シンガポール，韓国，台湾，香港のアジアNIESが先行して工業化を進展させ，次いで，ASEAN4・中国の工業化が進んだ。
③ **正文**：インドネシアをはじめ，いくつかの国で開発独裁体制が崩壊した[☞p.63]。
④ **正文**：1967年に5か国で発足したASEANは，現在10か国で構成されている。

58 南北問題と国際経済における日本の役割

1 南北問題

✤南北問題と国際社会の取組み

①**南北問題**…**北半球に多くある先進国と，南半球に多くある開発途上国との間の経済格差をめぐる諸問題を南北問題という。**開発途上国が植民地時代から先進国に強いられたモノカルチャー経済構造から脱却できないことが，この格差の大きな要因となってきた。

②**モノカルチャー経済**…少数の一次産品（加工を経ていない，あるいは加工度の低い農産物や鉱山資源）の輸出に頼る経済構造をいう。

一次産品は価格が不安定で，工業製品に比べて交易条件（輸出品1単位と交換できる輸入品の数量を示す両者の交換比率）が悪化することが多く，先進国との経済格差が拡大する要因となっている。

③**UNCTAD（アンクタッド）（国連貿易開発会議）の設立**…国連は，南北問題について討議する機関として，UNCTADを設立した。UNCTADは，初代事務局長のプレビッシュが提出した報告書に基づいて次の3つの目標を掲げ，南北問題の改善に取り組んでいる。

a)**一次産品の価格の安定化**…価格が低下しやすい一次産品の価格の安定化を図り，開発途上国の交易条件の改善を図ること。

b)**一般特恵関税の開発途上国への供与**…開発途上国からの輸入品に対して，関税を撤廃したり低率の関税を適用するなどして，開発途上国の貿易の振興を図ること。

c)**経済協力の推進**…先進国に対して，GNI（国民総所得）の一定割合の援助を求めている。

✤資源ナショナリズムと石油危機

①**資源ナショナリズムの高揚**…1970年代に入ると，開発途上国では，先進国の多国籍企業に支配されてきた**天然資源を国有化して，自国の経済開発に役立てようとする資源ナショナリズムが高揚した。**

②**第一次石油危機**（1973年）…資源ナショナリズムの高揚を背景に，産油国で構成されるOPEC（オペック）（石油輸出国機構）が，先進国の巨大石油会社（国際石油資本，メジャー）から石油に関する決定権（主権）を奪い返し，原油の価格を大幅に引き上げた。

③**NIEO（ニエオ）（新国際経済秩序）の樹立宣言**…1974年に開催された国連資源特別総会において，NIEOの樹立宣言が採択され，天然資源に対する保有国の恒久主権，多国籍企業に対する規制や監視，一次産品の価格の安定化などがこれに盛り込まれた。

✤累積債務問題と南南問題

①**累積債務問題**…1980年代に，メキシコやブラジルなどラテンアメリカ諸国を中心に，先進国から借り入れた資金が返済できなくなるという**累積債務問題**が発生した。この問題に対して債権者である先進国側は，債務返済の繰延べ（**リスケジューリング**）を認めるなどの対応をとった。

②**南南問題**…石油危機以降，南の開発途上国間でも経済格差が次第に目立ってきた。石油などの資源を保有する国や，アジアNIES（ニーズ）（新興工業経済地域）のように，工業化に成功した国は，国民所得が向上した。その一方で，アフリカを中心に絶対的貧困に悩む国（後発開発途上国，LDC）が多く存在している。この南の国々の間にみられる経済格差を**南南問題**という。

③**新興国の台頭**…2000年代に入って，著しい経済成長を遂げる開発途上国も現れた。特に，ブラジル，ロシア，インド，中国，南アフリカは**BRICS**（ブリックス）と呼ばれ，毎年，首脳会議を開催し，G20サミットに参加している。なお，2024年にサウジアラビアなど5か国が新たにBRICSに加盟した。

2 日本の国際協力

日本は経済大国として，開発途上国への経済協力が求められている。

✤開発協力大綱

①**開発協力大綱**…政府は1992年にODA（政府開発援助）大綱を閣議決定し，2003年にその改定を行った。さらに，2015年にそれまでのODA大綱に代わるものとして**開発協力大綱**を閣議決定した。

②**開発協力大綱の内容**

・開発協力の目的として，国際社会の平和と安定に貢献するとともに，**国益の確保**に貢献することを掲げた。

・基本方針として，**非軍事的協力によって平和と繁栄に貢献**すること，**人間の安全保障を推進**することなどを掲げた。

✤ODAの構成

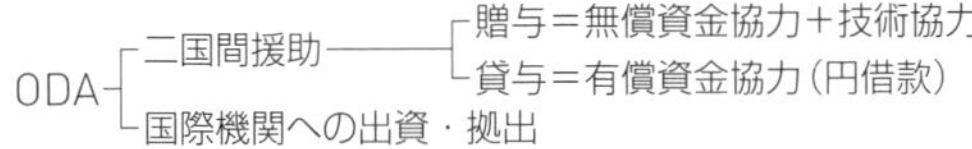

✤日本のODAの特徴

①総額では，DAC（ダック）（開発援助委員会，OECD〈経済協力開発機構〉の下部機関）加盟国中上位を占めているが，その額は，GNI比0.4%（2022年）ほどで，国連が国際目標として定めている**0.7%**をクリアしていない。

②援助に占める贈与の割合（贈与比率）が低い。

③二国間援助の供与先はアジア諸国が大きな割合を占めている。

④日本政府は，開発途上国で開発事業を行っている**NGO（非政府組織）に対し**，ODAの一環として，無償資金協力という形で資金を供給している。

ここが共通テストのツボだ!!

ツボ 1 南北格差是正・貧困問題解決に向けた取組み

①UNCTAD(国連貿易開発会議)の3本柱

(1)**一次産品の価格の安定化**…一次産品の価格の低下を防ぎ，交易条件(輸出品1単位と交換できる輸入品の数量を示す両者の交換比率)の改善を図る。

(2)**先進国による開発途上国への一般特恵関税の供与**…先進国が開発途上国からの輸入品に対して低い関税率を適用するなどして開発途上国からの輸入の増加を図る。

(3)**経済協力の推進**…ODAに関しては，先進国に対し，GNI(国民総所得)の0.7%の供与を目標として課している。

②南南協力の推進

南南協力…開発途上国間の開発協力のことで，開発の進んでいる開発途上国が別の開発途上国の開発を支援することをいう。国連でも推進している取組みである。

③民間レベルでの取組み

(1)**フェアトレード**…開発途上国との貿易において，開発途上国の人々の生活を改善するために，開発途上国産の原料や製品について公正な価格で継続的に取引すること。

(2)**マイクロファイナンス(マイクロクレジット)**…貧しい人々に対し**無担保で少額の融資**を行うことで，零細事業の運営に役立て，経済的自立や貧困からの脱出を促そうとする**貧困層向け金融サービス**のことをいう。ソーシャル・ビジネスの一例。

UNCTADの3本柱 ⇒ 一次産品の価格の安定化，先進国による開発途上国への一般特恵関税の供与，経済協力の推進
②・③の開発支援の用語の概念を押さえる

ツボ 2 日本のODA(政府開発援助)の特徴をまとめる

日本は，ODAの総額ではDAC(開発援助委員会)加盟国の中で上位である。しかし，国際社会の目標値である対GNI(国民総所得)比0.7%には遠く及ばず，**0.4%**ほど。また，ODA総額に占める**贈与の比率が低く**，借款(貸与)の比率が高い。二国間援助に関しては**アジア諸国向けが多い**ことも日本の特徴である。

日本のODAの特徴 ⇒ 総額は多いが，対GNI比の国際目標には到達していない。贈与比率が低い。アジア諸国向けが多い

基礎力チェック問題

問1 国家間格差に関する記述として最も適当なものを，次の①～④のうちから一つ選べ。 (18年本試・改)

① 国連総会において，先進国の資源ナショナリズムの主張を盛り込んだ新国際経済秩序樹立宣言が採択された。

② 国連貿易開発会議は，南南問題の解決を主目的として設立された。

③ 日本の政府開発援助は，必ず返済しなければならない。

④ 現地生産者や労働者の生活改善や自立を目的に，開発途上国の原料や製品を適切な価格で購入するフェアトレードが提唱されている。

問1 [答] ④

④ **適当**：[☞p.272 ツボ❶]

① **不適当**：「先進国」が誤り。**資源ナショナリズム**を主張したのは，おもに，資源保有国などの開発途上国である。「国連総会」とは国連資源特別総会(1974年)のこと。

② **不適当**：「南南問題」は南北問題の誤り[☞p.270]。

③ **不適当**：ODAのうち**貸与(有償資金協力)**は返済の義務を負うが，**贈与(無償資金協力)**は返済の必要はない。

問2 次の図は日本，韓国，中国，ブラジルのGDP(国内総生産)の実質成長率の推移を表したものである。図中のA～Dのうち，ブラジルのGDPの実質成長率を示すものとして正しいものを，下の①～④のうちから一つ選べ。 (15年本試)

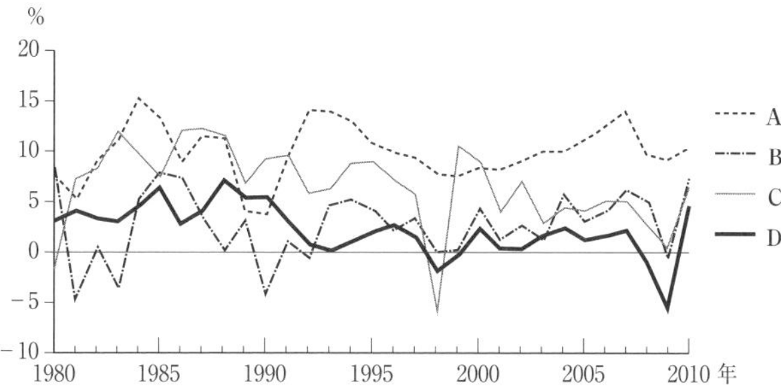

(資料) IMF, *World Economic Outlook Database*, April 2013 Edition (IMF Webページ)により作成。

① A　② B　③ C　④ D

問2 [答] ②

② **正しい**：ブラジルは，1980年代に**累積債務問題**を引き起こすほど経済が悪化した[☞p.271]。この点から，**80年代にマイナス成長**があるBが該当する。

①③④：Aは4か国の中で**最も高水準の成長率**を維持していることから中国とわかる。Cは1998年に急激に成長率が落ち込んでいることから**アジア通貨危機**(1997年)で**IMFの緊急支援**を受けるほど経済が悪化した韓国とわかる[☞p.263]。Dは1980年代後半に高い成長率，90年代以降低成長率となっていることから**バブル経済とその崩壊後の日本経済の動き**を示しているとわかる。

問3 日本のODAについての記述として最も適当なものを，次の①～④のうちから一つ選べ。 (09年本試・改)

① 開発途上国に対する資金援助を目的としているため，専門家派遣などの技術協力は含まれない。

② 開発途上国における経済発展の支援を目的としているため，資金の返済を必要とする円借款は含まれない。

③ 援助額の対象地域別割合をみると，中南米地域に対するものが最大となっている。

④ ODA総額のGNIまたはGNP(国民総生産)に対する比率は，国連が掲げる目標水準を下回っている。

問3 [答] ④

④ **適当**：国連が掲げる目標値の0.7%を下回り，**0.4%**ほどにとどまっている。

① **不適当**：**技術協力**もODAに含まれる。

② **不適当**：**円借款(有償資金協力)**もODAに含まれる。

③ **不適当**：二国間援助の供与先として大きな割合を占めているのは，**アジア諸国**である。

59 国際経済と日本経済

1 経済のグローバル化

✣資本取引の拡大

①**直接投資と間接投資**…国境を越えて行われる投資は，直接投資と間接投資に区分できる。直接投資はM&A（合併と買収）のように，**経営権の取得をめざすもの**をいい，間接投資（証券投資）は**経営参加を目的としない利子・配当目当てのもの**をいう。

②**金融の自由化**…1980年代に先進各国で金融の自由化が大幅に進展したことなどを背景に，**国際的な資本取引が拡大**し，ヘッジファンドや投資銀行の経済活動が活発化した。これらの投資行動が，世界的な金融危機を引き起こす事例もみられるようになった。

- **ヘッジファンド**…特定の顧客から巨額の資金を預かり，短期間で高い運用益をめざす基金のこと。アジア通貨危機（1997年）では，ヘッジファンドの投資行動が**通貨危機を引き起こす要因**となった。
- **リーマン・ショック**…低所得者向け住宅ローンのサブプライムローンで巨額の損失を出したアメリカの投資銀行が破たんした（リーマン・ショック）。これを機に世界的な金融危機が生じた。これに対処するため，2008年に，**新興国を含む20か国・地域**の首脳が会合を開き，対応策が練られた（G20サミット）。
- **EU財政危機**…2010年頃から，ギリシャ，ポルトガル，アイルランドなどユーロ参加国の一部の国の財政が悪化した。この財政危機がユーロの信認低下に発展することを抑えるために，**IMFやEUがこれらの国に緊急融資を行った**。

③**グローバルスタンダード**…財・サービス・資金が国境を越えて大量に取引されるようになり，グローバルスタンダード（世界標準）の適用の必要性が増してきた。

④**多国籍企業とタックス・ヘイブン（租税回避地）**…多国籍企業の中には，法人税がきわめて低い国・地域（タックス・ヘイブン）に拠点を置いて，税負担の軽減を図ろうとするものもある。

2 日本経済の国際経済への復帰と経済の開放化の推進

①**経済面での国際復帰**…日本は，1952年にIMFおよびIBRDに加盟し，1955年にはGATT（ガット）にも加盟し，経済面での国際復帰を果たした。

②**経済の開放化の推進**…1960年代に入ると**貿易の自由化，為替（かわせ）の自由化，資本の自由化をスタートさせた**[☞p.199]。

3 経済摩擦と企業の行動

✣経済摩擦

1970年代の2度の石油危機のあと，日本の国際競争力が一段と強化された。それに伴って，日本の貿易黒字は増大し，経済摩擦も深刻化するようになった。

①**経済摩擦の対象品目**…まず，**繊維品**が日米間で摩擦の対象品目となった。これは1972年の日米繊維協定で一応決着がついた。1960年代末頃から70年代にかけて**鉄鋼**，1970年代後半には**カラーテレビ**をめぐって摩擦が生じた。1980年代に入ると**自動車**が，80年代後半には**半導体**が摩擦の対象品目となった。

②**前川レポート**…1986年に**前川レポート**が提出された。これは貿易面での日本の大幅黒字・アメリカの大幅赤字の不均衡を是正するために，輸出主導型経済から**内需主導型経済への転換を提言**したものである。これを受けて，1980年代後半，政府は規制緩和を進め，日本銀行も低金利政策を継続させ，内需拡大政策を推進した。

③**日米間の協議**…1989年に**日米構造協議**が，1993年には**日米包括経済協議**が開かれた。これらの協議を通じて，アメリカは，日本に内需の拡大，大規模小売店舗法の見直し，系列取引の縮小などを要求した。

> **大規模小売店舗立地法**
>
> アメリカの要求もあり，大規模小売店舗法による規制は緩和された。1998年には，この法律に代わる法律として，大規模小売店舗を設置する者に対して，駐車場整備など**周辺地域の生活環境保持などを求める**，大規模小売店舗立地法が制定された。

✣工場の海外移転の加速

1985年のプラザ合意以降の円高や貿易摩擦の深刻化，90年代以降の急速なグローバル化の進展などを背景として，**日本企業の工場の海外移転が増加**した。このような企業の海外進出の拡大は，現地の雇用を増やしたり，進出先の技術水準を高めたりするメリットがあるが，その一方で，国内では**産業の空洞化**をもたらす可能性がある。産業の空洞化とは，工場の海外移転により，国内の製造業の衰退や雇用機会の減少などが生じることをいう。

4 日本の貿易

✣日本の貿易

①**貿易収支の悪化**…2011年から2015年にかけて，**貿易収支は赤字**[☞p.259]。福島第一原発事故に伴う燃料輸入の増加，機械・機器の輸出の減少などがその要因。

②**世界貿易に占める日本の地位**…世界の輸出貿易に占める日本の割合は低下傾向にあり，2022年では5位である。上位3か国は中国，アメリカ，ドイツ。

③**日本の貿易相手国**…日本の貿易相手国は，輸出と輸入を合わせた貿易総額でみると，中国が第1位，アメリカが第2位となっている。

ここが共通テストのツボだ!!

ツボ ❶ プラザ合意以降の海外現地生産の拡大の背景と円高が貿易に与える影響

プラザ合意以降，**日本企業の海外現地生産が拡大した**。その要因は，**円高デメリットの回避**，**海外進出費用の軽減**，**貿易摩擦の回避**の3つである。日米関係を例に説明しよう。

①**円高デメリットの回避**…259ページで示したとおり，円高・ドル安が進むと，ドル建て（ドル表示）でみた日本の輸出製品の価格が上昇し，日本の輸出製品の国際競争力が低下する。そうした円高デメリットを回避するために，自動車や家電など輸出産業の中には，アメリカなどに進出し，現地で生産する動きを強めるものも現れた。

②**海外進出費用の軽減**…円高が進むと，海外に進出するための費用が軽減される。たとえば，1ドルが200円から100円へと円高・ドル安が進行した場合，1 m^2 100ドルのアメリカの土地の購入費用は次のようになる。1ドル＝200円の場合，1：200＝100：xを解けばよい[☞p.259，264 ツボ❶]。これを解くと1 m^2 2万円となる。これが1ドル＝100円へと円高・ドル安が進行すると，1 m^2 1万円へと低下する。

③**貿易摩擦の回避**…日本から輸出すると，日本の貿易黒字の拡大要因となり，日米間の貿易摩擦は深刻化する。輸出を現地生産に切り替えれば，現地の失業者の雇用拡大や日本からの輸出量の減少につながり，貿易摩擦を軽減する効果を生む。

1980年代後半の現地生産の拡大
⇒ 円高デメリットの回避，海外進出費用の軽減，貿易摩擦の回避

ツボ ❷ 貿易摩擦の対象品目の推移をまとめる

日本の貿易摩擦の対象品目は，まず，**繊維品**から始まった。これは1972年の日米繊維協定で一応の決着をみた。その後，1960年代末頃から70年代にかけて**鉄鋼**をめぐる摩擦が深刻化し，1970年代に入って**カラーテレビ**などが対象品目となり，80年代に入ると**自動車**，80年代後半には**半導体**が摩擦の対象品目となった。

貿易摩擦対象品目の歴史的推移
⇒ 繊維品→鉄鋼→カラーテレビ→自動車→半導体

基礎力チェック問題

問1 経済のグローバル化を特徴づける現象として正しいものを，次の①～④のうちから一つ選べ。（15年本試）

① 製造業企業が，複数の国に子会社や系列会社を設置するという，世界的規模での間接投資を展開している。

② ヘッジファンドが世界的規模で大口資金を集め，投機的な性格の強い投資を展開している。

③ 海外で事業展開するため，自社と同じ事業範囲の海外企業を買収する，企業のコングロマリット化が進行している。

④ 貿易の自由化を世界中で推進するための国際機関として，WTO（世界貿易機関）とともにGATT（関税及び貿易に関する一般協定）が設立されている。

問2 企業活動のグローバル化についての記述として適当でないものを，次の①～④のうちから一つ選べ。（15年本試・改）

① 企業が海外展開を進めることにより，その企業の本国では産業の空洞化が生じる場合がある。

② 企業の海外進出によって技術が伝わり，進出先の国で生産力や所得が増大する場合がある。

③ 多国籍企業の中には，その売上高が日本のGDPを上回る企業がみられるようになった。

④ 多国籍企業による開発途上国の資源に対する支配は，資源ナショナリズムが高まるきっかけの一つとなった。

問3 貿易・経済摩擦の例として，また，これをめぐる日米間の協議の内容として誤っているものを，次の①～④のうちから一つ選べ。（08年本試）

① 1960年代には，繊維製品をめぐって日米間で貿易摩擦があった。

② 1970年代には，鉄鋼製品をめぐって日米間で貿易摩擦があった。

③ 日米構造協議では，日本経済の制度，慣行，規制が議論の対象とされた。

④ 日米包括経済協議では，日本によるコメの輸入開始が合意された。

問1 [答] ②

② **正文**：ヘッジファンドの正しい説明[☞p.274]。

① **誤文**：「間接投資」は，「直接投資」の誤り。間接投資は経営参加を目的としない国境を越えた投資のこと。

③ **誤文**：「コングロマリット化」の説明が誤り。「自社と同じ事業範囲」を「自社と関連がないか，関連の薄い事業範囲」とすれば正しくなる[☞p.163]。

④ **誤文**：1995年にGATTはWTOへと発展的に継承された[☞p.263]。

問2 [答] ③

③ **不適当**：多国籍企業の中には，その売上高が，たとえば先進国のオーストリアのGDPを上回るものはあるが，日本のGDPを上回るものはない。

① **適当**：企業の海外進出の増加と産業の空洞化の関連についての正しい記述[☞p.275]。

② **適当**：企業の海外進出と技術移転についての正しい記述[☞p.275]。

④ **適当**：第一次石油危機につながる資源ナショナリズムの高揚を想起すること[☞p.270]。

問3 [答] ④

④ **誤文**：「日米包括経済協議」が誤り。「コメの輸入開始」は，GATTのウルグアイ・ラウンドで合意された[☞p.207]。

① **正文**：繊維製品の摩擦は1972年の日米繊維協定で一応の決着がついた。

② **正文**：鉄鋼をめぐる摩擦は，1960年代末から70年代にかけて深刻化した。

③ **正文**：日米構造協議での交渉の対象は，日本の取引慣行（系列取引）や独占禁止法の運用などに及んだ。

60 地球環境問題と資源・エネルギー問題

1 地球環境問題

✤地球環境をめぐる諸問題

①**地球の温暖化**　**a)被害**…海面の上昇による環境難民の発生，生態系への影響など。

b)原因…二酸化炭素(CO_2)などの温室効果ガス。

c)対策…主要な国際条約は，1992年の気候変動枠組み条約，97年の京都議定書，2015年のパリ協定。京都議定書は，2008年から12年にかけての温室効果ガス削減数値目標を**先進国のみに課し**，また，先進国間で排出枠の取引を行う排出権取引を認めた。パリ協定は，平均気温上昇を産業革命以前に比べて2℃より低く保つことを目標として設定している。

d)温室効果ガスの排出…世界最大の排出国は中国，第2位がアメリカ。

②**オゾン層の破壊**　**a)被害**…皮膚がん・白内障の増加，生物への被害など。

b)原因と対策…フロンガスが原因。1985年にウィーン条約が締結され，87年にモントリオール議定書が締結された。1996年から特定フロンの新たな製造・使用は禁止されている。

③**酸性雨**　**a)被害**…湖沼(こしょう)の生物の死滅，森林の枯死，歴史的建造物の溶解など。

b)原因…窒素酸化物(NO_x)，硫黄酸化物(SO_x)。

④**砂漠化の進行**　**a)被害**…農業生産力の低下，飢餓・栄養不足人口の増加など。

b)原因と対策…過放牧，過伐採などが原因。砂漠化対処条約(1994年採択，96年発効)。

⑤**熱帯林の減少**　**a)被害**…生物種の減少，土壌の流出，温暖化進行の加速。

b)原因…焼き畑農業，先進国向けの商業伐採など。

✤国際的取組み

①**国連人間環境会議**…「かけがえのない地球」を理念として，1972年にスウェーデンのストックホルムで開催された。人間環境宣言が採択され，また，国連環境計画(UNEP(ユネップ))設立の方針が決められた。

②**国連環境開発会議**…1992年にブラジルのリオデジャネイロで開催された。「持続可能な開発」をうたったリオ宣言，リオ宣言の行動計画であるアジェンダ21が採択され，また，気候変動枠組み条約，生物多様性条約の署名が開始された。

③**環境開発サミット**…2002年に南アフリカ共和国のヨハネスブルグで開催され，ヨハネスブルグ宣言が採択された。

✤その他の条約…その他の条約としては，水鳥とその生息地である湿地の保全をめざすラムサール条約（1971年採択），絶滅の恐れのある野生動植物の種の国際取引を禁止するワシントン条約（1973年採択），有害廃棄物の国境を越える移動と処分を規制するバーゼル条約（1989年採択）が重要である。

2 資源・エネルギー問題 

✤**資源**…資源には再生可能なものと再生不可能なものとがある。再生可能な資源には，太陽光・太陽熱，風力をはじめとする自然エネルギーなどがある。再生不可能な資源には，化石燃料（石炭・石油・天然ガス）などがある。

✤**循環型社会形成に向けた日本の資源・エネルギー政策**

①エネルギー政策

- **一次エネルギー供給構成の変化**…一次エネルギー（加工を経ていないエネルギー）供給構成をみると，石油危機以降，石油の割合は低下し（2021年度現在35%ほど），天然ガスの割合は上昇傾向（2021年度現在20%ほど）にある。
- **再生可能エネルギー固定価格買取制度**…2012年に，再生可能エネルギー（太陽光，風力，中小水力，地熱，バイオマス）で発電された電気を，電力会社が一定期間，固定価格で買い取る制度が導入された。
- **地球温暖化対策税**…化石燃料の利用に対して課す税が導入されている。
- **カーボンニュートラル宣言**…政府は2050年までに温室効果ガスの排出を実質ゼロにする，カーボンニュートラルをめざすことを宣言（2020年）。実質ゼロとは，温室効果ガスの実際の排出量から，植林などによる吸収量と，地中への貯留などによる除去量を差し引いた値がゼロとなるようにすることを意味する。

②資源の有効利用…廃棄物の削減（リデュース）・再使用（リユース）・再生利用（リサイクル）を促進するなど，循環型社会づくりがめざされている。その中心法規が循環型社会形成推進基本法（2000年制定）である。具体的なリサイクルを促進する法律として，容器包装リサイクル法，使用ずみ家電のリサイクルをメーカーなどに義務づける家電リサイクル法などがある。なお，家電リサイクル法では使用ずみ家電の回収・処理費用を消費者に求めることができると規定されている。

③日本の電力政策（電力の小売の自由化の推進）…2016年に電力小売の自由化が完了し，電力消費者は自由に事業者を選んで電力を購入できるようになった。

✤**原子力**

- **日本における原子力の利用**…一次エネルギー供給に占める原子力の割合は2011年の福島第一原発事故以前は10%ほどであったが，その後，低下した。
- **フランスとドイツの原子力の利用**…フランスは一次エネルギー供給に占める原子力の割合が高く，30〜40%ほどである。ドイツは2023年に原子力発電所稼働を完全停止し，脱原発を実現した。

ここが共通テストのツボだ!!

ツボ 1 環境問題で見落としがちな項目をチェックする

①**地球環境問題に関する国際会議**…国際会議に関しては，1992年の国連環境開発会議において，環境保全を優先する**先進国**と，開発を阻害する環境対策を避けたい**開発途上国**との対立があった，という事実に注意しよう。

②**京都議定書とパリ協定**…京都議定書に関しては，開発途上国には温室効果ガスの削減の義務づけはないこと，また，**削減率は一律ではなく国・地域によって異なる**ことに注意。パリ協定に関しては，**2020年以降の温室効果ガス削減のための国際的枠組み**であること，開発途上国も含め，**全締約国**に削減努力を義務づけていることに注意。

国連環境開発会議 ⇒ 先進国と開発途上国との間の対立
京都議定書 ⇒ 開発途上国に義務づけなし。削減率は一律ではない

ツボ 2 温室効果ガス削減の経済的手法を押さえよう [☞p.212]

①**排出権取引**…排出者ごとに排出許容枠を割り当て，それを超えた排出者が，下回った排出者から排出枠を購入する仕組みを導入し，排出総量を抑制するもの。

②**炭素税の賦課**…汚染物質排出量に応じて課税するというもの。税金が賦課されると，その分，供給曲線は**左上方にシフト**する。その結果，汚染物質が削減できる。

●**排出権取引**

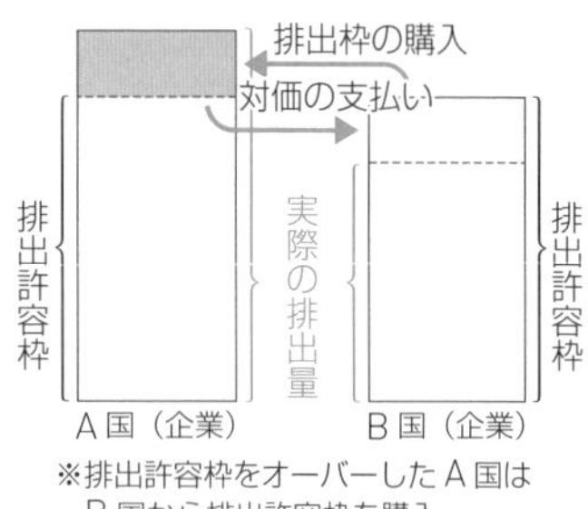

※排出許容枠をオーバーしたA国はB国から排出許容枠を購入。

●**炭素税の賦課**

[168ページの間接税の賦課と同じ]

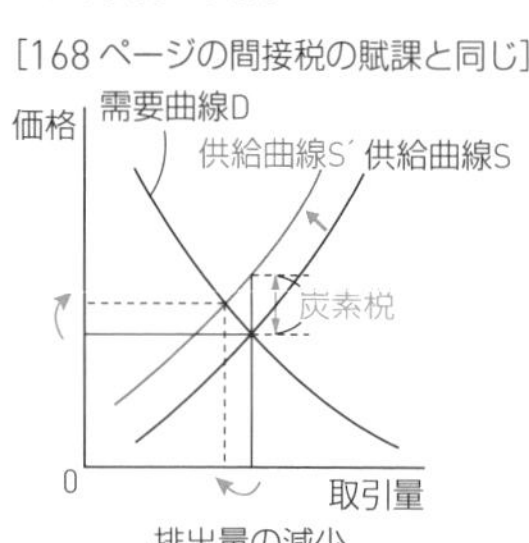

炭素税を賦課すると，供給曲線は左上方にシフト

基礎力チェック問題

問1 環境の整備や保全に関する取組みとして誤っているものを，次の①～④のうちから一つ選べ。（19年本試）

① 生物多様性条約とは，生物多様性の保全とその持続可能な利用，生物のもつ遺伝資源の利用から生じる利益の公正な配分を目指す条約である。
② 日本では，廃棄物の排出が抑制され資源の循環利用が促進される循環型社会の形成を目的として，循環型社会形成推進基本法が制定された。
③ バーゼル条約とは，渡り鳥など水鳥の保護を目的に，生息地として国際的に重要な湿地を保護することを義務づける条約である。
④ 日本では，大規模開発を実施する際に環境保全について適正な配慮がなされるように，環境アセスメント法が制定された。

問1 [答] ③

③ **誤文**：「バーゼル条約」を「**ラムサール条約**」に替えれば正文となる。**バーゼル条約**は，有害廃棄物の越境移動とその処分を規制する条約。
① **正文**：生物多様性条約の目的として正しい。
② **正文**：リデュース，リユース，リサイクルの3Rを盛り込んだ法律（2000年制定）。
④ **正文**：大規模開発に際して，事前に開発が環境に与える影響を評価する制度を定めた法律（1997年制定）。

問2 地球温暖化の防止が国際的な課題となっている。その手法の一つであると考えられている炭素税（環境税）についての記述として誤っているものを，次の①～④のうちから一つ選べ。（12年本試）

① 排出権取引と同様に，経済的動機づけによって二酸化炭素の排出抑制を図る手法である。
② 化石燃料から非化石燃料への発電源の転換を抑制する効果がある。
③ この税による税収額は，排出量当たりの税率が一定であれば排出量の削減に応じて減少する。
④ ヨーロッパにおいては導入している国がある。

問2 [答] ②

② **誤文**：「抑制」は「促進」の誤り。排出者は炭素税の負担軽減を望むため，「発電源の転換」の増加が期待できる。
① **正文**：環境税も排出権取引も，費用をなるべく少なくしたいという各排出者の思いを利用して，温室効果ガスの削減をめざすものである。
③ **正文**：「排出量当たりの税率が一定であれば」，排出量の減少に伴って，税収も減少する。
④ **正文**：**北欧諸国**などで早くから導入され，日本も地球温暖化対策税の名称で2012年に導入した。

問3 電力についての記述として誤っているものを，次の①～④のうちから一つ選べ。（18年本試）

① スマートグリッドは，情報通信技術を使って需要側と供給側の双方から電力をきめ細かく制御する機能をもつ電力網である。
② 日本では，運転差止めを命じる裁判所の仮処分決定に基づいて，原子力発電所で運転中の原子炉が停止したことがある。
③ 日本では，一般家庭への電力の小売は自由化されていないが，工場など大口消費者については自由化されている。
④ 風力発電は，風を利用して発電するため発電量が気象条件に左右されるというデメリットがある。

問3 [答] ③

③ **誤文**：**一般家庭向けの電力小売の自由化**は**2016年に開始**されている。
① **正文**：**スマートグリッド**には，通信技術を利用した制御により，**電力の需要と供給のバランスをとる**ことで，再生可能エネルギーの有効利用や電力の安定供給が図れるというメリットがある。
② **正文**：関西電力高浜原発3・4号機の運転の差止めを認めた例がある。
④ **正文**：風力発電のデメリットとして正しい。

チャレンジテスト⑨（大学入学共通テスト実戦演習）

問1 生徒Xは，日本の地球温暖化対策に関心をもち，次の資料を作成した。資料中の空欄［ア］には後の記述aかb，空欄［イ］には後の記述cかd，空欄［ウ］には資料中の図eか図fのいずれかが当てはまる。空欄［ア］～［ウ］に当てはまるものの組合せとして正しいものを，後の①～⑧のうちから一つ選べ。 （23年政経本試）

政府は，2020年10月，2050年までに二酸化炭素などの温室効果ガスの排出を日本全体として実質ゼロにすると宣言した。この宣言の意味は，化石燃料に替わる新たなエネルギーや新技術の開発などを進めることにより［ア］ということであった。

日本のこれまでの温室効果ガス排出削減対策をみると，2012年に固定価格買取制度が導入された。この制度は，［イ］を対象としている。その影響を調べるために，2012年以降の発電電力量のデータをもとに次の**図e**と**図f**を作成した。**図e**と**図f**はそれぞれ，2012年と2019年のいずれかのものである。

図e

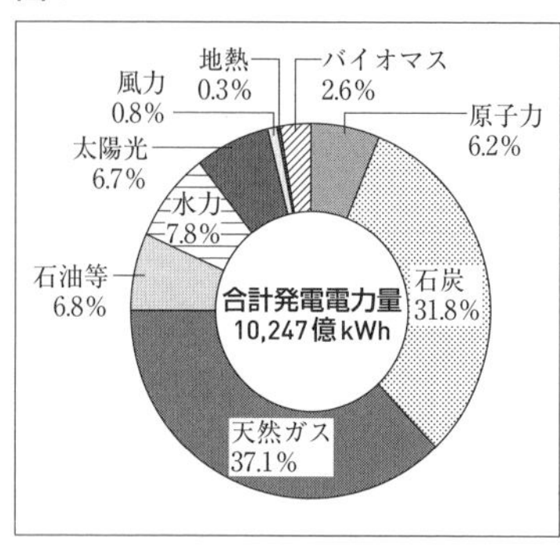

図f

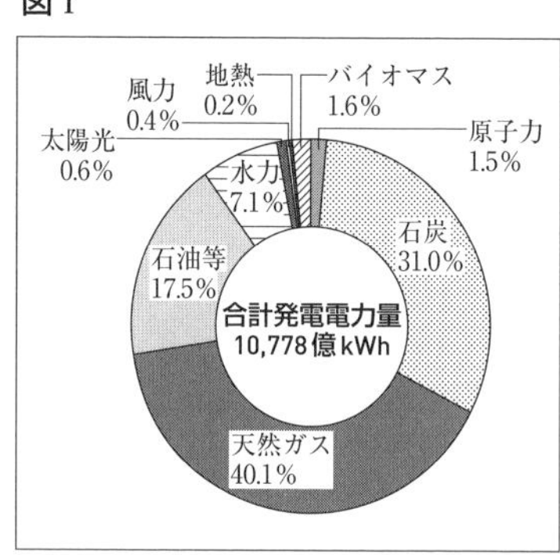

（出所） 経済産業省Webページにより作成。

これらの**図**から，化石燃料による発電電力量の比率が合計発電電力量の75%以上も占めていることがわかる。さらに，電力以外のエネルギー利用からの温室効果ガス排出も含めて考えると，政府目標を達成する道のりはけわしいといえる。ただし，固定価格買取制度の影響は，電源別発電電力量の比率から読みとることができる。2019年の**図**は［ウ］となる。

ア に当てはまる記述

a　温室効果ガスを排出するエネルギーの使用をゼロにする

b　温室効果ガスの排出量と植物などによる吸収量との間の均衡を達成する

イ に当てはまる記述

c　再生可能エネルギーによる発電

d　原子力エネルギーによる発電

① ア－a　イ－c　ウ－図e　② ア－a　イ－c　ウ－図f

③ ア－a　イ－d　ウ－図e　④ ア－a　イ－d　ウ－図f

⑤ ア－b　イ－c　ウ－図e　⑥ ア－b　イ－c　ウ－図f

⑦ ア－b　イ－d　ウ－図e　⑧ ア－b　イ－d　ウ－図f

問1 **[答]** ⑤

ア：bがあてはまる。「二酸化炭素などの温室効果ガスの排出を日本全体として実質ゼロにする」というのは**カーボンニュートラル**のこと。これは，aのように非現実的な「温室効果ガスを排出する」石油などの「エネルギーの使用をゼロ」にするということではなく，温室効果ガスの排出量と，植物などによる吸収量と地中への貯留などによる除去量とを均衡させ，**実際の排出量－(吸収量＋除去量)＝0**をめざすということである[☞p.279]。

イ：cがあてはまる。「固定価格買取制度」というのは，cにあるように，太陽光発電などの**再生可能エネルギーにより発電した電気**を，電力会社が一定価格で一定期間買い取ることを国が約束する制度をいう。dにあるような原子力エネルギーにより発電した電気を対象とするものではない。

ウ：図eがあてはまる。固定価格買取制度の対象は再生可能エネルギーによって発電した電気である。図中で固定価格買取制度の対象となる再生可能エネルギーに該当するのは，太陽光，水力（図では大規模水力も含まれている），風力，地熱，バイオマスである[☞p.279]。そのうちの太陽光を例にとっても，図fでは0.6%なのに対し，図eでは6.7%となっており，著しい増加を示している。この増加の要因は固定価格買取制度の導入にあると考えられる。

以上のことから，組合せとして正しいものは⑤となる。

問2 生徒Xと生徒Yが，授業後に経済連携について議論した。次の会話文中の空欄［ア］・［イ］に当てはまる語句の組合せとして最も適当なものを，後の①～④のうちから一つ選べ。

（22年政経本試）

X：最近は，世界のいろんな地域での経済連携についての話題が，ニュースで取り上げられることが多いね。

Y：そうだね。経済分野では最近，FTA（自由貿易協定）やEPA（経済連携協定）のような条約を結ぶ動きがみられるね。日本も2018年には，EU（欧州連合）との間にEPAを締結したし，［ア］に参加したね。［ア］は，アメリカが離脱した後に成立したものだよ。

X：でも，このような動きは，WTO（世界貿易機関）を中心とする世界の多角的貿易体制をかえって損ねたりはしないかな。GATT（関税及び貿易に関する一般協定）は，ある締約国に貿易上有利な条件を与えた場合に他の締約国にもそれを適用する［イ］を定めているよ。このような仕組みを活用して，円滑な貿易を推進した方がいいような気がするなあ。

Y：本当にそうかな。FTAやEPAといったそれぞれの国や地域の実情に応じたきめの細かい仕組みを整えていくことは，結果として世界の自由貿易の促進につながると思うよ。これらは，WTOを中心とする世界の多角的貿易体制を補完するものと考えていいんじゃないかな。

① **ア** TPP11（環太平洋パートナーシップに関する包括的及び先進的な協定）
　イ 最恵国待遇原則
② **ア** TPP11（環太平洋パートナーシップに関する包括的及び先進的な協定）
　イ 内国民待遇原則
③ **ア** APEC（アジア太平洋経済協力会議）
　イ 最恵国待遇原則
④ **ア** APEC（アジア太平洋経済協力会議）
　イ 内国民待遇原則

問2 ［答］ ①

ア：「TPP11（環太平洋パートナーシップに関する包括的及び先進的な協定）」があてはまる。**TPP11協定（CPTPP）**は2018年に日本を含む11か国が署名し同年発効した。日本は，発効当初からこれに参加している。**APEC（エイペック）（アジア太平洋経済協力会議）**は，1989年に発足し，日本やアメリカはこれに発足当初から参加している。したがって，APECは「2018年に……参加」「アメリカが離脱した後に成立」という条件に合わない。

イ：「最恵国待遇原則」があてはまる。空欄［イ］の前にある定義に該当するのは**最恵国待遇**である。これはGATT（ガット）の基本原則であり，GATTが基本理念とする**無差別原則**を適用したものである。**内国民待遇**は，税の適用などに関し国内産品と同様の待遇を輸入産品にも与えることを意味し，これもGATTの基本原則の一つで，無差別原則を適用したものである。

以上のことから，組合せとして最も適当なものは①となる。

第３部

現代の諸課題を探究する学習活動

第３部は，これまで学習してきた知識を活用しながら，現実社会で生じている課題を発見し，その課題解決に向けた探究学習活動を進めていく上での手順やツールを学ぶことをねらいとしている。

まずは，課題解決に向けた探究学習活動のプロセスの流れを押さえよう。そして，そのそれぞれの段階で使えるツール・仕組みの習得を図ろう。たとえば，探究学習活動に適した情報収集の方法や，探究学習活動で得た知見を他者と共有するために有効なグラフを選定できるように，本書を読み込んでもらいたい。

実際の共通テストの問題では，現代社会が抱えている具体的な課題がとり上げられ，その解決に向けた探究学習活動の場面の設定の下で，受験生にとって初出の資料・情報が提示され，その処理能力が試される。そうした問題に対応できる力をつけるためには，問題演習が欠かせない。繰り返しになるが，本書を学習し終えたら，問題演習に取り組むとよい。

61 課題探究学習活動の方法

1 課題探究学習活動

✤**課題探究学習活動とは**…次のような一連の活動をいう。関心のあるテーマを決め，そこでの課題（問い）と仮説（仮の答え）を設定する。→情報を収集し読み取りや分析，論点の整理を行う。→自分の主張をまとめ，探究学習活動の成果を他者と共有するために発表（アウトプット）を行う。→振り返りを行う。

2 課題探究学習活動のプロセス

✤**課題・仮説の設定**…自分の関心のある社会問題の中から課題を発見し，その課題が発生する要因やその発生要因から考えられる課題解決に向けた仮説を立てる。グループなどで課題・仮説の設定を考える場合の手法の一つにブレインストーミングがある。

> ◯ **ブレインストーミング**
>
> 一定の課題について，参加者各人が自由に自分のアイデアを出し合うことを基本とする集団的思考方法のこと。他人の意見を評価したり批判したりしないことがブレインストーミングのルールとされる。

✤**情報の収集，読み取り，分析・論点整理**…資料を読み取るなどして情報を分析・整理する。情報はさまざまな手段を通じて収集することができる。

①**図書館のレファレンス・サービスの利用**…図書館で必要な資料や情報を集める。その際，図書館のレファレンス・サービスを利用することもできる。レファレンス・サービスとは資料や情報を求めている人に対して，必要な資料・情報を案内する図書館のサービスのことである。

> ◯ **日本十進分類法（NDC）**
>
> 図書館では，一般的に，日本十進分類法に従って蔵書を体系的に配列している。日本十進分類法とは，本を内容によって1類から9類までに分類し，どれにもあてはまらないものを「0総記」として，全部で10のグループ（類）に分け，さらにそれぞれのグループを10（綱）に分け，さらにその綱を10（目）に細分化していくという分類法である。

②**インターネットの利用**…検索エンジンを用いて必要な情報を入手することができる。

◯ **ファクトチェック（事実の検証）**

インターネットを通じて入手する情報の中には，フェイクニュース（虚偽報道）など，虚偽のものもあるので，利用する場合には，ファクトチェックを行うなど，注意を払う必要がある。

情報リテラシー

必要な情報を選択・収集し，適切に活用できる能力のこと。

③社会調査

a)**アンケート法**（質問紙法）…あらかじめ作成した質問項目に回答を求めて，データを集める手法。これには，調査の対象（母集団）の全数に回答を求める**全数調査**と母集団から抽出（サンプリング）された集合に回答を求める**標本調査**がある。

b)**インタビュー法**（面接法）…調査対象者と対面し，直接その人と対話することを通じて情報を得る手法。

c)**フィールドワーク**…実際に現地で観察したり調査したりすること。

✤**自分の主張のまとめ・アウトプット**…論拠を基に自己の主張を組み立て，課題探究学習活動の成果を他者と共有するために発表を行う。その際，自己の主張の根拠となる統計データを示す図表や論争点を整理したレジュメなどを活用することもある。発表の形式には，レポート（報告書），プレゼンテーション，ディスカッション，ディベートのほか，行政や議会への提案など社会に向けた発信などがある。

①図表の活用…グラフには，棒グラフ，折れ線グラフ，円グラフ，帯グラフ，レーダーチャート，散布図などがある。伝えたい目的に応じて適切なグラフを選択する必要がある［☞p.288 ツボ❶］。

②発表の形式

a)**プレゼンテーション**…複数の聴き手に対して，印刷資料やプレゼンテーション用ソフトを活用した映像データを利用するなどして，学習・研究の成果や自分の意見などを発表することをいう。その際，発表内容を簡単にまとめたレジュメ（要約）を配付することもある。

b)**ポスターセッション**…プレゼンテーションの一形式で，発表内容をポスターにまとめ，そのポスターを前に発表，質疑応答などを行う。

c)**ディベート**…ディベートとは，ある論題に対して肯定派と否定派，そして中立的な第三者（審判員）に分かれて，肯定派と否定派が討論を行い，討論を聞いた審判員が勝ち負けを判定する討論ゲームのことである。

d)**シンポジウム**…特定のテーマについて数人の報告者がそれぞれ見解を述べ，それを基に聴衆と質疑応答を行う集団討議の一形式である。

e)**社会へ向けての発信**…マスメディアへの投稿，行政機関への陳情など

✤**振り返り**…課題探究学習活動を通じてわかったこと（成果）や，やり残した課題などを整理する。

ここが共通テストのツボだ!!

ツボ 1 グラフの種類と使い分け―目的に適ったグラフを選ぶ

棒グラフ	折れ線グラフ
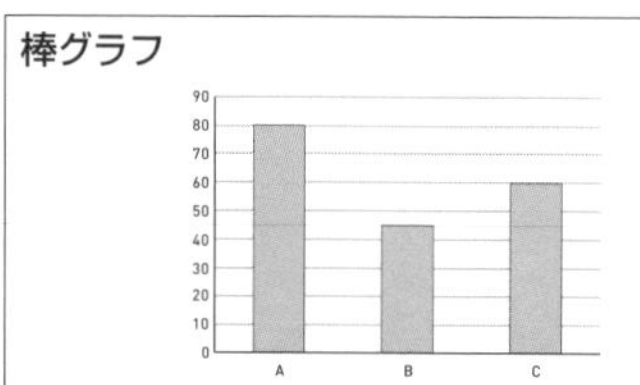 データの大小を比較するのに適している。	80% 70% 60% 50% 40% 30% 20% 10% 0% 1990年 2000年 2010年 2020年 時系列など連続的変化を示すのに適している。
円グラフ	**100パーセント帯グラフ**
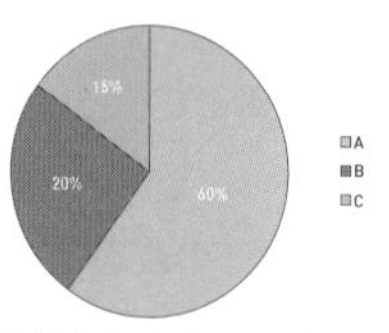 全体に占める割合を示すのに適している。	 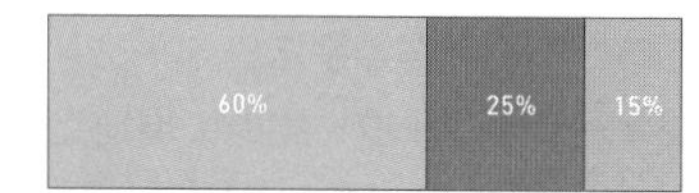 全体に占める割合を示すのに適している。
レーダーチャート	**散布図**
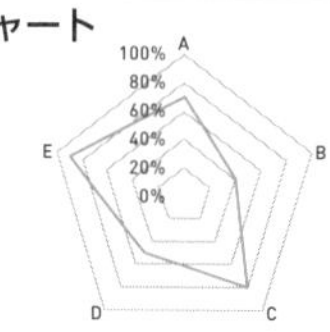 複数の項目についてデータをまとめて表示し，全体のバランスや傾向を示すのに適している。	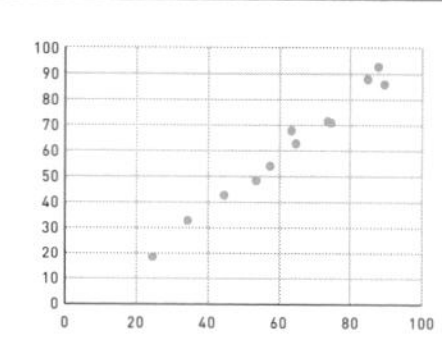 2つのデータの相関関係を示すのに適している。

ツボ 2 散布図の相関関係の3つのタイプをつかもう

散布図では，2つのデータに関して，一方のデータの値が増加すると他方のデータの値も増加する場合，**正の相関関係**にあるといい，逆に，一方のデータの値が増加すると，他方のデータの値が減少する場合，**負の相関関係**にあるという。両者のデータの間に，そうした関係がみられない場合，**相関関係がない**という。

正の相関関係	負の相関関係	相関関係がない
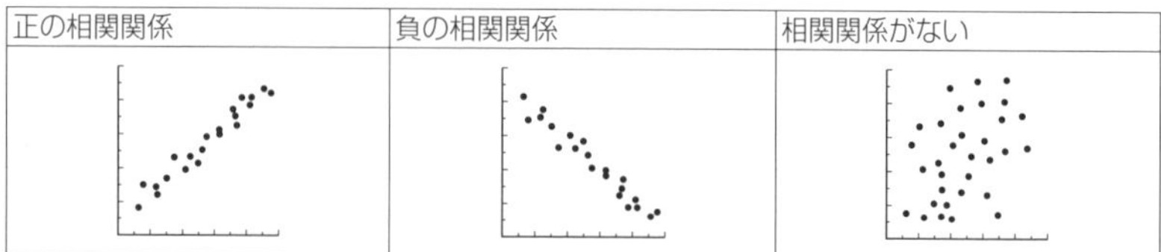		

右上がりが正の相関関係，右下がりが負の相関関係

基礎力チェック問題

問1 社会的課題について調べたり発表したりする際の活動内容に関する記述ア〜ウと，その内容を表す名称A〜Dとの組合せとして最も適当なものを，下の①〜⑧のうちから一つ選べ。 (17年本試)

ア 森林のゴミ問題を解決するために地域住民でできるボランティア活動について，批判せずに自由にアイデアを出し合う。

イ 森林をテーマにした環境教育を実践する市民団体がどのような活動をしているのかを知るため，その団体の代表者と直接会って，詳しく話を聞く。

ウ 森林で放置される間伐材を有効に活用する方法について研究した結果を，他の人たちの前で報告する。

A インタビュー　B ロールプレイ
C プレゼンテーション　D ブレインストーミング

① ア－A　イ－B　ウ－C　② ア－A　イ－C　ウ－D
③ ア－B　イ－A　ウ－C　④ ア－B　イ－C　ウ－D
⑤ ア－C　イ－A　ウ－B　⑥ ア－C　イ－D　ウ－A
⑦ ア－D　イ－A　ウ－C　⑧ ア－D　イ－B　ウ－A

問1 [答] ⑦

ア：「批判せずに自由にアイデアを出し合う」ということから**ブレインストーミング**とわかる。
イ：「団体の代表者と直接会って，詳しく話を聞く」ということから**インタビュー**とわかる。
ウ：「他の人たちの前で報告する」ということから**プレゼンテーション**とわかる。
以上のことから正解は⑦。ロールプレイ（役割演技法）とは，現実に近い場面を設定し，参加者に特定の役割を演技させることによって，実際に起こりうる事柄への適切な対応を学習させる方法。

問2 レポートにおいて，次の項目ア〜ウについてグラフを用いて示す場合，グラフの特色を最もいかして説明するには，それぞれどの種類のグラフを用いるのが最も良いか。項目ア〜ウとグラフの種類A〜Cの組合せとして最も適当なものを，下の①〜⑥のうちから一つ選べ。 (14年本試)

ア 世論調査における政党支持率の時間的な変化

イ 選挙における全得票数に占める各政党の得票数の割合

ウ 各閣僚の指導力や情報発信力，安定感など，複数の項目に関する，数値による評価

A 折れ線グラフ　B レーダーチャート　C 帯グラフ

① ア－A　イ－B　ウ－C　② ア－A　イ－C　ウ－B
③ ア－B　イ－A　ウ－C　④ ア－B　イ－C　ウ－A
⑤ ア－C　イ－A　ウ－B　⑥ ア－C　イ－B　ウ－A

問2 [答] ②

ア：「時間的な変化」のように，**時系列分析**に適したグラフは折れ線グラフ。
イ：「各政党の得票数の割合」のように，**構成比**を示すのに適したグラフは帯グラフや円グラフ。
ウ：「複数の項目に関する，数値による評価」のように，複数の項目についてデータをまとめて表示し，**全体のバランスや傾向**を示すのに適したグラフはレーダーチャート。
以上のことから正解は②。

チャレンジテスト⑩（大学入学共通テスト実戦演習）

問1 表1は，日本の相対的貧困率の状況，表2は，子どもの相対的貧困率の国際比較であり，経済協力開発機構（OECD）加盟国のうち3か国とOECD平均の状況を示している。メモと表1・表2から読み取れることとして最も適当なものを，後の①～④のうちから一つ選べ。（23年現社本試）

メモ

貧困には絶対的貧困と相対的貧困がある。絶対的貧困とは，人として最低限の生活を送ることが難しい状態を指す。例えば，その日の食べるものに困ったり，住む場所が無かったりする状態が当てはまる。

相対的貧困とは，それぞれの国の生活水準において，相対的に貧しい状態にあることを指す。多くの人にとっての標準的生活を送ることができない状態であり，社会問題として注目を集めている。OECDの基準では，等価可処分所得の中央値の半分を貧困線とし，貧困線に満たない等価可処分所得しか得ていない者の割合を相対的貧困率としている。

等価可処分所得とは，税金・社会保険料等を除いた手取り収入を世帯員数の平方根で割ったものである。この計算により，各世帯の人員数による生活上のコストの違いを調整している。

表1 日本における相対的貧困率（2012年，2015年，2018年）

	相対的貧困率(%)	子どもの相対的貧困率(%)	中央値(万円)	貧困線(万円)
2012年	16.1	16.3	244	122
2015年	15.7	13.9	244	122
2018年	15.4	13.5	253	127

（注） 子どもの相対的貧困率とは，子ども（17歳以下の者）全体に占める，等価可処分所得が貧困線に満たない世帯で生活する子どもの割合を示している。

厚生労働省「国民生活基礎調査」（厚生労働省Webページ）により作成。

表2 子どもがいる現役世帯における相対的貧困率の国際比較

	大人が一人（%）	大人が二人以上（%）
デンマーク	9.7	3.5
日本	48.3	11.2
アメリカ	45.7	14.9
OECD平均	31.9	9.4

（注1） OECD加盟国のうち，デンマーク，日本，アメリカ，OECD平均のみを掲載した。

（注2） OECD平均は，OECD加盟国の入手可能な最新の値の平均値である（2021年8月時点）。デンマークとアメリカは2017年の数値であり，日本は2018年の数値である。

（注3） 子どもがいる現役世帯の相対的貧困率は，17歳以下の子どもがいる現役世帯（世帯主が18歳以上65歳未満）に属する世帯員全体に占める，等価可処分所得が貧困線に満たない世帯の世帯員の割合を示している。

OECD, *Family Database*（OECD Webページ）により作成。

① 日本では，相対的貧困率は2012年，2015年，2018年いずれも15.0%を超えている。また2018年の相対的貧困率の15.4%という値は，等価可処分所得が253万円に満たない者の比率で算出されている。

② 日本では，2012年に比べて2015年，2015年に比べて2018年の子どもの相対的貧困率は低くなっている。2018年には，10人に1人未満の子どもが貧困線に満たない世帯で生活している。

③ 子どもがいる現役世帯の相対的貧困率は，アメリカでは「大人が一人」の世帯員と「大人が二人以上」の世帯員の差が，30ポイント以上である。一方，デンマークでは，両類型の世帯員の相対的貧困率の差が，10ポイント以下である。

④ 子どもがいる現役世帯の相対的貧困率は，日本では，「大人が二人以上」の世帯員は，OECD加盟国の平均との差が5ポイント以下である。一方，「大人が一人」の世帯員の相対的貧困率は，OECD加盟国の平均より10ポイント以上低い。

問1 **[答]** ③

表2から，「大人が一人」の世帯員と「大人が二人以上」の世帯員の相対的貧困率の差は，アメリカは30.8ポイント（45.7－14.9）であるが，デンマークは6.2ポイント（9.7－3.5）であることがわかる。

①2018年の相対的貧困率の値を，等価可処分所得が「253万円に満たない者の比率で算出」としている点が誤り。正しくは，「127万円に満たない者の比率で算出」である。**メモ**では，相対的貧困率を，「等価可処分所得の中央値の半分を貧困線とし，貧困線に満たない等価可処分所得しか得ていない者の割合」としている。**表1**にあるように，2018年の「貧困線」は，「中央値」の253万円の半分の127万円である。②貧困線に満たない世帯で生活している子どもが「10人に1人未満」としている点が誤り。**表1**の（注）に子どもの相対的貧困率は「等価可処分所得が貧困線に満たない世帯で生活している子どもの割合」とある。2018年の子どもの相対的貧困率は，13.5%である。したがって，2018年では100人に13.5人，**10人に1.35人**が「等価可処分所得が貧困線に満たない世帯で生活している」ことになる。④「大人が一人」の世帯員の相対的貧困率についての日本とOECD加盟国平均の差が「10ポイント以上低い」という記述は誤り。日本が48.3%でOECD平均が31.9%なので，16.4ポイント高い。

問2 ハヤシさんは，新聞記事の内容について理解を深めようと思い，子どもを支援している団体の代表，市役所の福祉課の職員，大学の社会福祉学部の先生を訪ね，聞き取り調査を行った。そして，聞き取った内容を次の図にまとめた。

図中の［ a ］には【問題1】に対応した取組みが，［ b ］には【問題2】に対応した取組みが入る。［ b ］に当てはまる取組みを，後のア～エからすべて選んだとき，その組合せとして最も適当なものを，後の①～⑨のうちから一つ選べ。　（23年現社本試）

図　聞き取り調査のまとめ

【相対的貧困の背景】

2000年代以降，所得格差が広がり相対的貧困が深刻化している。

【相対的貧困の深刻化により子どもに生じている問題】

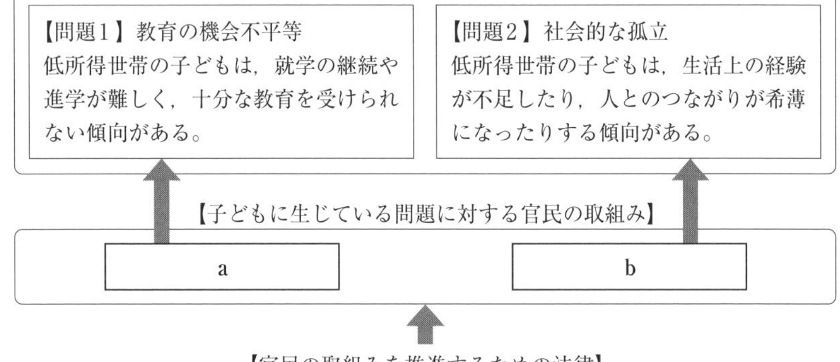

【問題1】教育の機会不平等
低所得世帯の子どもは，就学の継続や進学が難しく，十分な教育を受けられない傾向がある。
【問題2】社会的な孤立
低所得世帯の子どもは，生活上の経験が不足したり，人とのつながりが希薄になったりする傾向がある。
【子どもに生じている問題に対する官民の取組み】
a
b

【官民の取組みを推進するための法律】

子どもの貧困対策法（2013年に制定）
子どもの将来が，生まれ育った環境によって左右されないよう，教育の支援，生活の支援，就労の支援，経済的支援等の施策の推進を目的としている。

ア　低所得世帯のなかには，家事や家族の世話，介護に追われ，友達や周囲の人との関係が疎遠になり，誰にも頼ることができない子どもがいる。この問題に対処するため，日常的に家事や家族の世話，介護を行う子ども（ヤングケアラー）を支援する活動として，訪問相談を行う自治体がある。

イ　部活動の練習が忙しいため，放課後に勉強の時間を思うように確保することができず，志望する学校への進学が見込めない子どもがいる。この問題に対処するため，希望する子どもを対象に，休日に有料の補習を行い，学力の向上を支援する学校がある。

ウ　多くの子どもは，生活のなかで旅行や遊園地に行ったことがある。しかし費用を捻出できず，学校行事以外で旅行や遊園地に行ったことがない子どもがいる。この問題に対処するため，NPOが自治体の助成金を活用しキャンプを開催したり，企業が社会貢献として遊園地へ招待したりしている。

エ　十分な学力があるにもかかわらず，経済的理由により自分が住んでいる都道府県外の大学への進学を諦める子どもがいる。この問題に対処するため，ある県では，低所得世帯の子どもを対象に，県外の大学に進学した場合の給付型奨学金制度を設けている。

① アとイとウ　② アとイとエ　③ アとウ
④ イとエ　⑤ ウとエ　⑥ ア
⑦ イ　⑧ ウ　⑨ エ

第3部 現代の諸課題を探究する学習活動

問2 [答] ③

ア：bにあてはまる。「家事や家族の世話，介護に追われ，友達や周囲の人との関係が疎遠」になりがちな低所得世帯の子どもに対する支援として，「訪問相談を行う自治体」の取組みは，【問題2】にある「人とのつながりが希薄」になる傾向にある低所得世帯の子どもが置かれている状況に対応したものである。

イ：低所得世帯の子どもを対象とした取組みではないので，a・bのいずれにもあてはまらない。

ウ：bにあてはまる。「学校行事以外で旅行や遊園地に行ったことがない」低所得世帯の子どもに対する支援として，自治体の助成金を活用してNPOが行うキャンプの開催や，社会貢献の一環として企業が行う遊園地への招待などの取組みは，【問題2】にある「生活上の経験が不足」する傾向にある低所得世帯の子どもが置かれている状況に対応したものである。

エ：aにあてはまる。「経済的理由により自分が住んでいる都道府県外の大学への進学を諦める」低所得世帯の子どもに対する支援として，「給付型奨学金制度」を設けるある県の取組みは，【問題1】にある「就学の継続や進学が難しく，十分な教育を受けられない傾向」にある低所得世帯の子どもが置かれている状況に対応したものである。

以上のことから，最も適当な組合せは③となる。

索 引

欧文略語

あ

お

か

き

く け

さ

し

す せ そ

た

ち

つ て と

へ

ほ

まみ

むめも

わ

別 冊

大学入学
共通テスト

公共, 政治・経済 集中講義 五訂版

必携

一問一答
問題集

旺文社

本書の利用法 ✤ もくじ

ページの左段に問題文，右段に解答・解説がある形の一問一答問題集です。
赤セルシートで解答・解説を隠すことができるので，何度も繰り返し学習することが可能です。

1 現代社会に生きる青年

本冊 P.10

1 正誤 大人への仲間入りの儀礼である成人式など，個人の人生の節目に行われる儀礼は，通過儀礼と呼ばれる。正か誤か。

1 ○
通過儀礼には「成人式」のほか，お宮参り，入学式，還暦，葬式などがある。

2 正誤 アイデンティティの確立がうまくいかず，自分がどのように生きていきたいのかなどを見失っている状態は，アイデンティティの拡散と呼ばれる。正か誤か。

2 ○
アイデンティティの拡散は青年期にしばしばみられる心理的危機。

3 正誤 ルソーは，我々はいわば二度生まれ，青年期には存在するだけではなく生活するために自覚的に生まれると指摘し，この時期を第二反抗期と呼んだ。正か誤か。

3 ×
「第二反抗期」が誤り。ルソーが青年期を特徴づけた言葉ではない。正しくは「第二の誕生」。第二反抗期は青年期の初期に顕著に現れる。青年は，しばしば，親や既成の価値体系への反抗，拒絶などを示す。

4 正誤 レヴィンは，青年が子どもから大人への過渡期にあり，その両者の中間的な位置に存在すると考え，青年を境界人と呼んだ。正か誤か。

4 ○
境界人はマージナル・マンのことで，周辺人・境界人と訳される。

5 正誤 エリクソンは，社会のなかでの自らの連続性や一貫性の感覚を獲得するアイデンティティの確立を，青年期の課題として挙げた。正か誤か。

5 ○
エリクソンはライフサイクル（人生周期）を8つの発達段階に分け，それぞれに発達課題があるとした。青年期の発達課題はアイデンティティの確立である。

6 正誤 時代や社会が変化しても，青年期の開始および終了の時期は，一定であるとされる。正か誤か。

6 ×
青年期の時期に変化がないとする記述は誤り。伝統社会では青年期はないか短いとされ，今日の先進国では青年期が長期化しているといわれる。

7 正誤 若者が好む音楽やファッションなどには，社会や大人の権威に対して反抗を示す内容がしばしば含まれている。正か誤か。

7 ○
青年文化（若者文化）がもつカウンターカルチャー（対抗文化）としての側面のことである。

8 性的欲求などが満たされない場合に，芸術など社会的に価値ある行動によってこれを解消しようとする防衛機制を何というか。

8 昇華
防衛機制の一つ。社会的に承認されない衝動や性的エネルギーを社会的価値あるものに置き換えることをいう。

☐9 正誤 生徒や学生が職業選択の参考にするなどの目的で，企業などで一定期間業務を体験することは，インターンシップと呼ばれている。正か誤か。

9 ○
インターンシップとは生徒や学生が就職前に就業体験を行うことをいう。

☐10 正誤 職業生活をはじめとして，家庭生活や学校生活，余暇生活などを含めた人々の経歴全体は，広い意味でのキャリアとされる。正か誤か。

10 ○
キャリアは過去の職業的経歴を意味するだけでなく，家庭や学校での生活，地域社会における活動などを含む個人の生き方の履歴を意味する。

2 社会的な関係の中で生きる人間

本冊 P.14

☐1 正誤 日本では，日本以外の国や地域の出身者とその子孫に対する不当な差別的言動を解消するための取組みについて定めた法律が，制定されている。正か誤か。

1 ○
ヘイトスピーチ解消法（2016年制定）のこと。同法には，ヘイトスピーチに対する禁止規定や罰則規定が存在しないことに注意。

☐2 正誤 カントは，個人の自由は，他者に危害を加えない限り，最大限尊重されるべきであると唱えた。正か誤か。

2 ✕
この自由についての考え方は他者危害の原則と呼ばれ，ミルが唱えたものである。カントは実践理性の命じる道徳法則に自律的に従うことが自由であるとした。

☐3 正誤 パターナリズムとは，人は自分の生命や身体の扱いについて自分で決定することができるという原則である。この原則に基づいて，医療の現場では，患者の同意を得たうえで治療を行うことが重視されるようになった。正か誤か。

3 ✕
「パターナリズム」を「自己決定権」に替えれば正文となる。パターナリズムは，優位にある者が，本人の利益の保護という理由から，劣位にある者の行動の自由を制限することを認める考え方である。

☐4 正誤 ハーバーマスは，人は，互いに合意に至ることを可能にするような理性をもっている。したがって，対等な立場が保障されたうえで，そのような理性を使用するならば，万人が同意することができる社会のルールを発見できると考えた。正か誤か。

4 ○
ハーバーマスは，対話的理性を駆使すれば，各人が同意できる社会統合のルールを形成できると考えた。

☐5 正誤 アーレントは，人間にとって他者と共同体を営む活動が重要であるとし，「古代ギリシャのポリス」をモデルにした公共性の意義について論じた。正か誤か。

5 ○
アーレントは，公共性の領域を形成する人間の営みを「活動」と呼んだ。

6 正誤 柳田国男は，独立した個人である人間同士が，ともに社会の新たな規範を創造していくところに，間柄的存在としての人間のあるべき姿があると主張した。正か誤か。

6 ×
人間を間柄的存在と捉えたのは柳田国男ではなく和辻哲郎である。

7 正誤 和辻哲郎は，日本の「常民」の生活文化を明らかにしようとして，日本民俗学を創始したが，地域の多様な文化に関心を示し，伝統的習俗の調査のために全国各地を旅した。正か誤か。

7 ×
和辻哲郎ではなく柳田国男についての記述である。

8 正誤 丸山真男は，「何となく何物かに押されつつ，ずるずると」開戦に至り，戦争をやめることができなかった戦前・戦中の日本社会に，無責任の体系を見いだし，批判的な検討を加えた。正か誤か。

8 ○
丸山真男の「無責任の体系」に関する記述として正しい。

9 次の文章の______に入れるのに適当な語句は「ハレ」か「ケ」か。
非日常を創り出し，気分の昂揚(こうよう)をもたらす______の行事として，盆踊りや夏祭りがある。

9 ハレ
人々の生活のうち，「ハレ」とは祭りなど特別なもののことであり，「ケ」とは普段の日常的なもののことである。

10 正誤 ベネディクトは，日本人の行動様式を欧米人と比較し，日本の文化を「罪の文化」であるとした。正か誤か。

10 ×
「罪の文化」を「恥の文化」に替えれば正文となる。

第2章 公共的な空間における人間のあり方・生き方—共に生きるための倫理

3 選択・判断の手掛かりとなる考え方

本冊 P.22

1 正誤 ベンサムは，人間はもともと利他的であるから，刑罰による法律的な制裁よりも，良心に訴える内的な制裁の方が重要であると考えた。正か誤か。

1 ×
ベンサムは法律的制裁（政治的制裁）などの外的制裁を重視。「良心のとがめ」といった内的制裁を重視したのはミル。

2 正誤 ベンサムは，功利主義を批判する立場から，政府は社会的基本財の公正な分配原理に基づき，最も恵まれない人々の便益を最優先すべきだと説いた。正か誤か。

2 ×
「ベンサム」を「ロールズ」に替えれば正文となる。ベンサムは功利主義の哲学者。

3 正誤 ミルによれば，「満足した豚であるより，不満足な人間である方がよい」のは，精神的快楽のような高次の快楽の追求が人間の幸福に不可欠な要素だからである。正か誤か。

3 ○
快楽には質の差がなく量的に比較可能と考えたベンサムに対し，ミルは快楽には質の違いがあるとし，肉体的快楽よりも精神的快楽を重視した。

4 正誤 カントは，道徳法則が我々自身の理性によって立てられるものであり，それに自ら従うことが自律的であると考えた。正か誤か。

4 ○
カントは，自己の実践理性の命じる道徳法則に自ら進んで従うこと（自律）のうちに自由があるとした。

5 正誤 カントによれば，人間の道徳的な行為は，よい結果がもたらされたかどうかによって評価されるべきではなく，善意志が動機になっているかどうかで評価されるべきである。正か誤か。

5 ○
ベンサムが善悪の道徳的評価を行為がもたらす結果によって評価すべきだと考えたのに対し，カントは行為の動機が善意志にあるかどうかによって評価すべきだと考えた。

6 正誤 ロールズは，人々が合意するであろう公正としての正義を提唱するために，原初状態(無知のベール)を想定した推論を用いた。正か誤か。

6 ○
ロールズは，原初状態という仮説的な視点を取り入れて，公正としての正義の考え方を示した。

7 正誤 ロールズは，恵まれない人々の状況が改善されるという条件のもとでのみ，生まれつき恵まれた人々がその利益を得ることが許容されるという考え方を示した。正か誤か。

7 ○
ロールズは，恵まれた人々とそうでない人々との間の格差は，それが恵まれない人々の境遇を改善するものである限りにおいて許容されると主張する。

8 正誤 センによれば，生き方の幅としての「潜在能力」を改善し，各人が自分の達成できる状態・活動をより自由に実現できるようにすることが福祉の目標であり，財はこの目的のために分配されなければならない。正か誤か。

8 ○
センは，福祉の実現のためには生き方の幅としての潜在能力（ケイパビリティ）を広げる必要があると説いた。

9 正誤 アリストテレスによれば，習性的徳は，思慮が示す中庸を繰り返し選ぶことで形成される。正か誤か。

9 ○
中庸とは，知性的徳の一つである思慮が示す過度と過少という両極端を避けた適度な状態のこと。

10 正誤 アリストテレスは，理性を人間に固有の能力とみなし，人間にとっては理性に基づく魂の優れた活動こそが最高善であると考えた。正か誤か。

10 ○
「人間にとって」の「理性に基づく魂の優れた活動」とは観想的生活のこと。アリストテレスはこの観想的生活こそが最高善であり幸福を実現した生活であると説いた。

4 環境倫理，生命倫理・医療倫理

本冊 P.26

1 正誤 人間中心主義を見直し，自然にもそれ自体の価値を認めようという考え方から，自然の生存権が主張されるようになった。正か誤か。

1 ○
「自然の生存権」とは，地球上の多様な生物と，それをはぐくむ生態系自体に固有の価値があり，生存の権利があるとする考え方である。

☐2 正誤 世代間倫理という考え方によれば，現在世代の活動とまだ生まれていない将来世代の活動とは互いに密接に絡み合っているので，両世代の人々は相互に責任や義務を負わなければならない。正か誤か。

2 ✕
「両世代の人々は相互に責任や義務を負わなければならない」という記述は誤り。世代間倫理は，現在世代がまだ生まれていない将来世代に対し，一方的に負うべき責任や義務があるとする考え方である。

☐3 正誤 他の生物に対する優越的地位を人類が共有するという発想に基づいて，人々が動物を食糧や実験台として搾取することを，共有地の悲劇と呼ぶ。正か誤か。

3 ✕
「共有地の悲劇」の説明として誤り。共有地の悲劇とは，有限な天然資源をめぐって各人が自由に個人的利益を追求し続けると，やがては全員の最大損失という悲劇的結果を招くことをいう。

☐4 正誤 自然環境を維持するため，自国の国民から集めた募金を元手に景勝地を買い取って保護する活動のことを，グリーン・コンシューマー運動と呼ぶ。正か誤か。

4 ✕
「グリーン・コンシューマー運動」を「ナショナルトラスト運動」に替えれば正文となる。グリーン・コンシューマーは，環境に配慮した消費活動を行う消費者のことをいう。

☐5 正誤 循環型社会形成推進基本法では，廃棄物等の処理の優先順位が定められており，優先順位の高い順に発生抑制，再使用，再生利用，熱回収，適正処分としている。正か誤か。

5 ○
「発生抑制」とはリデュースのこと，「再使用」とはリユースのこと，「再生利用」とはリサイクルのことである。「熱回収」とは廃棄物を焼却するなどして熱エネルギーを回収すること。

☐6 正誤 胎児の障害や遺伝病の有無などを調べる出生前診断は，異常が認められた場合に生命を選別することにつながるため，日本では法律で禁止されている。正か誤か。

6 ✕
出生前診断が法律で禁止されているとしている点が誤り。出生前診断は使われ方次第では生命の選別につながるという指摘は正しい。

☐7 正誤 iPS細胞は，様々な細胞に分化する可能性をもち，再生医療への応用が期待されているが，人の受精卵や胚を破壊して作製されることから，倫理的な問題が指摘されている。正か誤か。

7 ✕
「iPS細胞」を「ES細胞」に替えれば正文となる。iPS細胞は皮膚や血液など，採取しやすい体細胞を使って作ることができる。

☐8 正誤 クローン技術を使って，全く同一の遺伝子をもつクローン個体を作り出すことが可能になっているが，日本ではヒトクローン技術規制法によってクローン人間を作ることは禁止されている。正か誤か。

8 ○
ヒトクローン技術規制法は2000年に制定された。

9 正誤 SOL(生命の尊厳)を重視する立場によれば，延命治療に関して患者が事前に表明した意思(リヴィング・ウィル)が尊重されるべきであり，医師はそうした患者の意向に従わなければならない。正か誤か。

9 ×
SOLを重視する立場によれば，尊厳死を望むことを記したリヴィング・ウィルがある場合でも，医師としてはできる限り延命に努めるべきである。

10 正誤 現行の臓器移植法においては，脳死者が移植のための臓器提供の意思を示していない場合，医師がその者の臓器を摘出することは，家族の書面による承諾があっても，認められていない。正か誤か。

10 ×
臓器移植法は，臓器提供に関する脳死者の意思が不明な場合でも，家族の書面による承諾があれば，「医師がその者の臓器を摘出すること」を認めている。

5 先哲の思想① 哲学と人間としてのあり方・生き方，世界三大宗教

本冊 P.30

1 ソクラテスは「 A 」とし，それを深く追究することが哲学であるとした。
文中の A に入れるのに最も適当なものを，次の①～④のうちから一つ選べ。
① 人間にとって最高の生は，観想的生活である
② 人間の人格は，それ自体として，絶対的な価値を持つ
③ 満足した豚であるよりは，不満足な人間である方がよい
④ 人間にとって大切なことは，単に生きることではなく，善く生きることである

1 ④
ソクラテスによれば，「善く生きること」を実現するためには魂をできるだけ優れたものにしようとする「魂への配慮」が必要である。①は観想的生活を送ることが幸福であるとしたアリストテレスの，②は自律的自由の主体を人格と捉えたカントの，③は精神的快楽を重視したミルの考え方である。

2 正誤 ソクラテスは，よく生きるためには，「汝自らを知れ」という格言に従って，対話を通じて自らの無知を自覚し，魂に配慮して生きよと説いた。正か誤か。

2 ○
ソクラテスは，無知の知を出発点として，魂を優れたものにするために，善や正とは何かを探究すべきだと主張した。

3 正誤 プラトンは，国家を構成する統治者階級，軍人階級，生産者階級がそれぞれ知恵の徳，勇気の徳，節制の徳を発揮するとき，正義が成立し，調和のとれた理想国家が実現すると主張した。正か誤か。

3 ○
哲人政治がプラトンにとって理想の国家のあり方。

4 正誤 プラトンは，人々が自然権をもちながらも国家が存在しないような自然状態のことを，「万人の万人に対する闘争」と呼んだ。正か誤か。

4 ×
「プラトン」を「ホッブズ」に替えれば正文となる。プラトンは自然状態を想定していない。

☐5 正誤 アリストテレスは，取引や裁判などにおいて，各人の利害や得失の不均衡を公平になるように是正する配分的正義を説いている。正か誤か。

5 ✕
「配分的正義」が誤り。正しくは調整的正義。配分的正義は名誉や財貨などを配分する際の公平の考え方で，能力や働きに応じて差を設けて配分すべきだとするもの。

☐6 正誤 アリストテレスは，人は本来的に共に生きる存在である「社会的動物」であるとし，人々が共に生きる上では正義が重要であると考えた。正か誤か。

6 ○
アリストテレスは人間を「社会的動物」（ポリス的動物）と捉えた。

☐7 正誤 イエスは，すべての人に平等にそそがれる，神の無条件の愛である慈悲と，それに基づく積極的な隣人愛を説いた。正か誤か。

7 ✕
「慈悲」を「アガペー」に替えれば正文になる。慈悲は仏教が重視する愛のあり方で，慈悲の慈は他者をいつくしんで楽しみを与えようとする心，悲は他者を憐れんで苦を取り除こうとする心を意味する。

☐8 正誤 ブッダによると，もろもろの煩悩は苦しみや悲しみを引き起こすが，その根本原因は，無常や無我に関する無知にある。それゆえ，この世を貫く理法を正しく悟ることによって，煩悩から解放されることになる。正か誤か。

8 ○
「この世を貫く理法」とは縁起の法のことである。

☐9 正誤 イスラーム教では，アッラーへの内面的信仰が何よりも大切であり，日常生活にかかわる法は重要でないと考えられている。正か誤か。

9 ✕
イスラーム教では日常生活を規律する法，すなわちクルアーンに根拠をもつイスラム法（シャリーア）に従うことが厳しく求められる。

☐10 正誤 キリスト教，仏教，イスラーム教は，世界三大宗教と呼ばれ，この三つのなかで最後に確立した宗教はキリスト教である。正か誤か。

10 ✕
世界三大宗教の中で最後に確立したのはイスラーム教である。

6 先哲の思想② 中国の思想，日本の思想

本冊 P.34

☐1 正誤 孔子は，仁の基盤として，親や祖先への愛である孝や，兄や年長者への愛である悌があると考えた。正か誤か。

1 ○
孔子は家族にみられる自然な愛情（孝悌）を様々な人間関係に広げていくことが仁の実践となると考えた。

☐2 正誤 孟子は，荀子の性善説を批判し，性悪説の立場から礼による人間の教化を目指す礼治主義を唱えた。正か誤か。

2 ✕
「孟子」と「荀子」を入れ替えれば正文となる。孟子は性善説，荀子は性悪説を唱えた。

☐3 中国の思想家が述べた，あるべき実践や修養についての次の記述**ア**～**ウ**のうち，朱子の考えを示したものを一つ選べ。

ア 万物に恵みを与えながらそのことを誇らない水のように，世間的な欲望を抑え，あるがままに自然に振る舞う生き方がよい。

イ 自己中心的でわがままな欲望に流されることなく，社会的に通用している規範である礼に自覚的に従うのがよい。

ウ ものごとに内在する道理を正しく把握し，つつしみをもって振舞うのがよい。

3 ウ
「道理を正しく把握」とは窮理のこと。「つつしみをもって振舞う」とは居敬のこと。居敬窮理は朱子が提唱する学問修養の方法。アは老子の考え方。「あるがままに自然に振る舞う生き方」とは無為自然のこと。イは孔子の考え方。克己復礼を説明した文である。

☐4 正誤 王陽明によれば，心に本来そなわっている良知を発揮していくことが仁を実践する正しい生き方である。正か誤か。

4 ○
「心に本来そなわっている良知を発揮していくこと」とは到良知のこと。良知とは生まれながらに備わっている善悪是非を判断する能力のこと。

☐5 正誤 空海は，各人の能力や資質によって到達できる悟りに違いがある，とする考え方を批判し，生あるものは等しく成仏し得る，と説いた。正か誤か。

5 ×
「空海」を「最澄」に替えれば正文となる。「生あるものは等しく成仏し得る」とは一切衆生悉有仏性のこと。空海は即身成仏を説いた。

☐6 正誤 親鸞は，ひたすら坐禅に打ち込むという修行こそがそのまま悟りであるとする修証一等を唱えた。正か誤か。

6 ×
「親鸞」を「道元」に替えれば正文となる。親鸞は絶対他力の立場をとり，悪人正機の教えを説いた。

☐7 正誤 荻生徂徠は，古代中国の聖人が制作した儀礼･音楽･刑罰･政治などの制度こそが，天下を安んずるための「道」であると主張した。正か誤か。

7 ○
「儀礼・音楽・刑罰・政治などの制度」とは礼楽刑政のことであり，そうした制度を整えた「古代中国の聖人」の統治のあり方が先王の道である。荻生徂徠は，その先王の道こそが安天下の道，経世済民の道であると説いた。

☐8 正誤 中江兆民は，恢復(かいふく)(回復)的民権を恩賜的民権へと育てていくべきだと説いた。正か誤か。

8 ×
「恢復(回復)的民権」と「恩賜的民権」を入れ替えれば正文となる。

☐9 正誤 福沢諭吉は，人間は生まれながらに平等であるとしながらも，現実の人間には貴賤(きせん)上下の差があることを認めた。このような差は生まれついてのものではなく，学問するか否かによって生じると考えた。正か誤か。

9 ○
「人間は生まれながらに平等である」とする福沢諭吉の考え方は天賦人権論と呼ばれる。

10 次の文章は夏目漱石の「現代日本の開化」の一部である。その文章中の＿a＿・＿b＿に入れるのに最も適当な組合せを，後の①～④のうちから一つ選べ。

それで現代日本の開化は前に述べた一般の開化とどこが違うかというのが問題です。もし一言にしてこの問題を決しようとするならば私はこう断じたい，西洋の開化（すなわち一般の開化）は＿a＿であって，日本の現代の開化は＿b＿である。

① a 内発的 b 外発的
② a 外発的 b 内発的
③ a 恩賜的 b 回復的
④ a 回復的 b 恩賜的

10 ①
夏目漱石は日本の文明開化を外発的開化と呼んで批判した。

7 先哲の思想③ 西洋の近現代思想

本冊 P.38

1 正誤 ピコ・デラ・ミランドラは，人間は，自然界の中では最も弱い存在であるが，自分のその弱さを知っている，という点に人間の偉大さを見出した。正か誤か。

1 ×
「ピコ・デラ・ミランドラ」ではなくパスカルについての記述である。パスカルは，人間を「考える葦」と捉えた。

2 正誤 パスカルは，人間は，自由な意志によって，自分自身のあり方を決めることができる，という点に人間の尊厳を見出した。正か誤か。

2 ×
「パスカル」でなくピコ・デラ・ミランドラについての記述である。ピコ・デラ・ミランドラは，自由意志をもつことに人間の尊厳があると主張した。

3 正誤 デカルトは，権威によることなく経験や実験によって帰納的に真理を探求することの重要性を説いた。正か誤か。

3 ×
「デカルト」ではなくベーコンについての記述である。ベーコンは，帰納法が正しい学問の方法であるとした。

4 正誤 ベーコンは理性を演繹（えんえき）的に用いた論証によって真理を見いだせるとした。正か誤か。

4 ×
「ベーコン」ではなくデカルトについての記述である。デカルトは，演繹法が正しい学問の方法であるとした。

5 正誤 カントは，人々が，他人を自分のための手段とのみ見なして行為することなく，お互いに人格として尊重しあって生きる社会を目的の王国と呼び，それが理想の社会であると主張した。正か誤か。

5 ○
カントは，理想の社会を人々が相互に人格として尊重し合う社会であるとし，これを目的の王国と呼んだ。

☐6 正誤 ヘーゲルによれば，国家は，家族がもつ共同性と市民社会的な個人の自立性とがともに生かされた人倫の最高段階である。正か誤か。

6 ○
ヘーゲルは，人倫を，家族，市民社会，国家の三段階に分け，国家を人倫の最高段階であるとした。

☐7 正誤 キルケゴールは，自由には全人類に対する責任が伴うとし，自己を広く社会へとかかわらせることの大切さを説いた。正か誤か。

7 ×
「キルケゴール」ではなくサルトルについての記述である。サルトルはアンガジュマン（社会参加）の大切さを説いた。キルケゴールは，単独者として生きる宗教的実存において本来の自己を回復できると考えた実存主義の哲学者。

☐8 正誤 マルクスは，物質的な生産のあり方が土台となって，それが法律や政治などを規定し，歴史を動かすという唯物史観を示した。正か誤か。

8 ○
唯物史観はマルクスの歴史観。

☐9 正誤 リースマンは，自由の重荷に耐えられない人々が自分を拘束する権威を求めることで，ファシズムの発展が促されたことについて，著書『自由からの逃走』のなかで論じている。正か誤か。

9 ×
「リースマン」ではなくフロムについての記述である。リースマンは現代人の社会的性格を他人指向型と呼んだことで知られる。

☐10 正誤 マザー・テレサは，愛と奉仕の精神に基づき，インドのコルカタ（カルカッタ）を拠点に，ハンセン病患者や貧困者などの救済に尽力した。正か誤か。

10 ○
マザー・テレサは，インドのコルカタ（カルカッタ）に「死を待つ人々の家」を設立し，そこを拠点に弱者のために尽力した。

第3章 公共的な空間における基本原理

8 公共空間における協働と民主主義

本冊 P.46

☐1 正誤 多数決による決定ではなく，意見の異なる政治勢力の間の合意を重視する民主政治のあり方を，多数者支配型民主主義という。正か誤か。

1 ×
「多数者支配型民主主義」を「合意型民主主義」に替えれば正文となる。

☐2 正誤 政治指導者が大衆迎合的な政策を掲げて世論を動員しようとすることを，直接民主制と呼ぶ。正か誤か。

2 ×
「政治指導者が大衆迎合的な政策を掲げて世論を動員しようとする」政治手法はポピュリズムと呼ばれる。「直接民主制」は構成員が直接政治のあり方を決定する民主制のこと。

☑3 正誤 アメリカの一部で植民地時代から実施されてきたタウンミーティングは，直接民主制の一つの形態である。正か誤か。

3 ○
タウンミーティングはアメリカのニューイングランドの一部の地域社会で行われてきた全住民の参加の下で開かれた会議で，最高意思決定機関。

☑4 正誤 少数者の横暴から多数者の権利を守るための多数決原理は，あらゆる人権侵害事件の解決の際に適用される民主主義の基本原則である。正か誤か。

4 ×
「多数決原理」は多数者の専制に陥る危険がある。現代の民主主義国家では，多数者の横暴から少数者の権利を守るために，「人権侵害事件の解決の際に」，裁判所に違憲審査を行う権限を与えている。

☑5 正誤 多数者支配型の政治では，少数派の意見が考慮されない政治運営となる可能性がある。正か誤か。

5 ○
多数者支配型の政治の問題点の指摘として正しい。

9 民主政治の確立と社会契約説

本冊 P.50

☑1 正誤 近代市民革命は，私的所有制度の廃棄を求めて，労働者や農民が起こした革命である。正か誤か。

1 ×
これは社会主義革命のこと。市民革命の担い手は新興市民階級であり，彼らは私的所有制度を肯定した。

☑2 正誤 絶対王政は，その権力の正当性を人民の同意に求めた。正か誤か。

2 ×
絶対王政を支えた王権神授説は国王の権力の正当性を神に求めた。

☑3 正誤 ブラクトンやコークは国王の絶対的支配権を擁護した。正か誤か。

3 ×
2人とも国王も法にしたがうべきだと考えていた。

☑4 正誤 王権神授説は，国王の権力は神の意思以外の何ものにも拘束されないとする説である。正か誤か。

4 ○
国王の権力は絶対であるとした。

☑5 ロックが社会契約説を主張した著作を答えよ。

5 『統治二論』（『市民政府二論』）

☑6 ホッブズは自然状態をどのように特徴づけたか。

6 「万人の万人に対する闘争」状態

☑7 ロックは自然権をどのような権利であるとしたか。

7 生命・自由・財産を所有する権利

☐8 正誤 ロックは，人民の同意によって設立された政府の命令は絶対的であり，人民はそれに服従しなければならないと考えた。正か誤か。

8 ×
人民に抵抗権を認めた。

☐9 ロックは，統治の形態として，直接民主制と間接民主制のどちらをよいと考えたか。

9 間接民主制

☐10 正誤 ルソーは，自然状態を理想の状態と考えた。正か誤か。

10 ○

☐11 正誤 ルソーは，一般意志に基づく政治を主張し，人民の代表機関である議会に立法権があると主張した。正か誤か。

11 ×
ルソーは，直接民主制を支持し，立法権は人民にあると主張した。

☐12 正誤 社会契約説によれば，各人の権利は憲法によってはじめて付与される。正か誤か。

12 ×
社会契約説は，各人には生まれながらに自然権があるとした。

☐13 正誤 社会契約説の思想家の中には，自然権を譲り渡すことができると考えている者はいない。正か誤か。

13 ×
ホッブズは，社会契約により各人は自然権を主権者に全面的に譲渡すると考えている。

☐14 正誤 ホッブズ，ロック，ルソーの3人とも，人民には抵抗権があるとしている。正か誤か。

14 ×
ロックは抵抗権を認めているが，ホッブズは原則として認めていない。

10 法の支配と立憲主義

本冊 P.54

☐1 エドワード・コークは，13世紀の法律家ブラクトンの「国王といえども______の下にある」という言葉を引用して法の支配の考え方を示した。

1 神と法

☐2 正誤 日本国憲法が，憲法を国の最高法規とし，「天皇又は摂政及び国務大臣，国会議員，裁判官その他の公務員」に対して憲法尊重擁護義務を課しているのは，法の支配の現れといえる。正か誤か。

2 ○
この規定は為政者を法によって拘束し国民の権利を確保しようとしている点で法の支配の考え方に立脚している。

☐3 正誤 イギリスの国王ジェームズ1世は法の支配を積極的に擁護しようとした。正か誤か。

3 ×
ジェームズ1世は「人の支配」の考え方にたつ。

4 ドイツで発達した法治主義は，______の支配を否定する点では法の支配と同じ考え方にたつ。

4 人
法治主義も法の支配も為政者の恣意的支配を否定するという点では同じ立場。

5 正誤 明治憲法は権利を永久不可侵のものとしている点で法の支配の考え方にたっていた。正か誤か。

5 ✕
明治憲法での権利は法律により制限可能なものとされていた(法律の留保)。

6 正誤 アメリカは日本と同様に，具体的事件がなければ法令の憲法適合性を審査できない。正か誤か。

6 ○
日米とも付随的違憲審査制度である。

7 正誤 イギリスの裁判所は，法の支配を実現するために，積極的に違憲審査権を行使し，法令の憲法適合性を審査している。正か誤か。

7 ✕
イギリスの裁判所には違憲審査権がない。

8 正誤 ロックは，立法権・行政権・司法権の三権を厳格に分立する権力分立制を主張し，その考え方はアメリカ大統領制に大きな影響を与えた。正か誤か。

8 ✕
これはモンテスキューの権力分立論。ロックは立法権(議会)優位の分立制を主張した。

9 モンテスキューが権力分立論を主張した著作を答えよ。

9 『法の精神』

10 正誤 三権分立の考え方を厳格に適用した政治制度はアメリカ大統領制である。正か誤か。

10 ○
アメリカ大統領制は厳格な三権分立制。

11 人権保障の発達

本冊 P.58

1 正誤 マグナ・カルタは13世紀イギリスにおける，国王とバロン(諸侯)らとの封建的契約である。正か誤か。

1 ○
マグナ・カルタは近代的人権ではなく，封建貴族などの特権を確認した文書。

2 正誤 ヴァージニア権利章典では，人は，生来の権利として，生命と自由を享受する権利をもつと述べられている。正か誤か。

2 ○
ヴァージニア権利章典は，自然権の理念を表明した初の人権宣言。

3 正誤「人間に値する生活」の保障を国家に求める権利は，市民革命期に強く要求され，フランス人権宣言などにおいて規定されてきた。正か誤か。

3 ✕
ここで述べられている権利は社会権のこと。社会権は20世紀的基本権である。フランス人権宣言は18世紀末の文書で，社会権の規定なし。

☐4 「権利の保障が確保されず，権力の分立が定められていないすべての社会は憲法をもつものではない」と述べ，立憲主義の考え方を示した18世紀の宣言は何か。

4 フランス人権宣言

☐5 国家の役割を，国防や治安の維持などの必要最小限度に限定しようとする19世紀的国家(政府)観は何と呼ばれるか。

5 夜警国家(消極国家，安価な政府)

☐6 積極的に経済に介入するなどし，社会権の保障をめざすべきとする20世紀的国家(政府)観は何と呼ばれるか。

6 福祉国家(積極国家，大きな政府)

☐7 社会権をはじめて保障した憲法は何憲法か。

7 ワイマール憲法(ドイツ共和国憲法)

☐8 正誤 明治憲法では，「法律の範囲内」で団結権や教育を受ける権利などの社会権を保障していた。正か誤か。

8 ×
明治憲法には社会権の規定はない。

☐9 正誤 国際人権規約は国連加盟国のすべてを法的に拘束する。正か誤か。

9 ×
批准の手続きを終えた締約国に対してのみ拘束力をもつ。

☐10 正誤 国際人権規約のA規約は自由権規約で，B規約は社会権規約である。正か誤か。

10 ×
A規約は社会権規約，B規約は自由権規約。

☐11 日本が批准していない条約を，次の①～④のうちから一つ選べ。

① 難民条約　　② 人種差別撤廃条約
③ 死刑廃止条約　　④ 子どもの権利条約

11 ③
①は1981年に，②は1995年に，④は1994年に批准した。

☐12 正誤 難民条約は経済難民を保護の対象としている。正か誤か。

12 ×
経済難民は保護の対象外。

12 世界の主要な政治体制

本冊 P.62

☐1 正誤 イギリスでは，上院(貴族院)が重要な役割を担っており，首相の指名は上院が行う。正か誤か。

1 ×
上院に首相の指名権はなく，下院第一党の党首が国王により首相に任命される。

☐2 正誤 イギリスでは，内閣の存立は下院(庶民院)の信任に基づいており，日本国憲法にもそれと同様の制度が規定されている。正か誤か。

2 ○
「それと同様の制度」とは議院内閣制のこと。

☐3 正誤 イギリスでは，下院は比例代表制によって，上院は小選挙区制によって，議員が選出される。正か誤か。

3 ×
下院議員は小選挙区制で選出されるが，上院議員は非民選。

☐4 まとまった成文の憲法典をもたない国を，次の①～④のうちから一つ選べ。
①ドイツ　②アメリカ　③ロシア　④イギリス

4 ④
イギリスの憲法は不文憲法である。

☐5 正誤 イギリスでは普通選挙の確立後に議院内閣制が定着した。正か誤か。

5 ×
普通選挙の確立は20世紀前半だが，議院内閣制は18～19世紀頃に定着。

☐6 正誤 アメリカでは，各州から2名ずつ選出される議員からなる上院が置かれ，条約締結における同意権など，重要な権限が付与されている。正か誤か。

6 ○
上院には政府高官任命同意権もある。

☐7 正誤 アメリカの違憲審査制度は，判例によって確立された。正か誤か。

7 ○
アメリカの違憲審査制度は憲法に明文の規定をもたない。

☐8 正誤 アメリカの連邦議会は，大統領に対する不信任決議権をもつ。正か誤か。

8 ×
議会には不信任決議権はなく，大統領には議会解散権がない。

☐9 正誤 アメリカ大統領は，連邦議会に法律案を提出することができる。正か誤か。

9 ×
大統領には法律案の提出権はない。

☐10 正誤 連邦議会を通過した法律案でも，アメリカ大統領が拒否権を行使した場合には，必ず廃案となる。正か誤か。

10 ×
拒否権が行使された法案でも，上下各院で，3分の2以上で再可決すれば成立する。

☐11 正誤 中国など社会主義の国では，経済的な平等を実現するために，権力の分立制が採用されている。正か誤か。

11 ×
社会主義の国では，民主的権力集中制が採用されている。

13 日本国憲法の制定とその基本原理

本冊 P.70

☐1 正誤 第二次世界大戦前の日本では，外見上は権力分立制がとられていたが，天皇が統治権を総攬（そうらん）するものとされていた。正か誤か。

1 ○
立法・行政・司法の三権は天皇に帰属。

☐2 正誤 明治憲法では，言論・出版の自由などの権利が天賦人権として保障されていた。正か誤か。

2 ×
天賦人権ではなく，天皇によって与えられたものとみなされていた。

3 正誤 日本では，1925年に大審院が治安維持法を違憲と判断した。正か誤か。

3 ×
明治憲法下では違憲立法審査制度はなかった。

4 正誤 日本の帝国議会における貴族院は，憲法制定議会と呼ばれることになった第90回帝国議会で，日本国憲法草案を審議した。正か誤か。

4 ○
衆議院と貴族院での審議を経て，日本国憲法が制定された。

5 正誤 明治憲法下では一貫して政党の結成が禁止されていた。正か誤か。

5 ×
政党の結成が認められており，政党政治が実現した時期もあった。

6 天皇の国事行為を，次の①～④のうちから一つ選べ。
① 恩赦の決定　② 法律の公布
③ 条約の承認　④ 外交関係の処理

6 ②
①と④は内閣，③は国会の権限。

7 天皇の国事行為には＿＿＿の助言と承認が必要である。

7 内閣

8 明治憲法において，明文で保障されていた権利を，次の①～④のうちから一つ選べ。
① 信教の自由　② 学問の自由
③ 思想・良心の自由　④ 勤労権

8 ①
②③④は日本国憲法ではじめて保障されるようになった権利。

9 正誤 日本国憲法は，国民投票により内閣総理大臣を罷免できる制度を採用した。正か誤か。

9 ×
日本国憲法が採用しているリコール（国民解職）の制度は最高裁判所裁判官に対する国民審査のみ。

10 正誤 日本国憲法制定以前に男女の普通選挙が実現した。正か誤か。

10 ○
日本国憲法の公布（1946年11月3日）以前の1946年4月の総選挙で，男女の普通選挙がはじめて実施された。

14 基本的人権と新しい人権① 平等権，自由権（精神の自由）

本冊 P.74

1 正誤 明治憲法の下では華族制度が存在していた。正か誤か。

1 ○
華族制度は日本国憲法により廃止された。

2 正誤 日本国憲法の下で，栄典の授与に特権が伴うことはない。正か誤か。

2 ○
日本国憲法第14条で廃止が規定された。

3 正誤 日本政府は，政府関係の審議会委員を男女同数にすることを法的に義務づけられている。正か誤か。

3 ×
女性の割合の向上をめざしているが，法的義務づけはない。

4 正誤 日本において，労働者が女性であることを理由として，使用者が賃金において差別的取扱いをすることは，法的に禁じられている。正か誤か。

4 ○
労働基準法で禁止されている。

5 日本の最高裁判所が，法律の規定を憲法第14条の法の下の平等に違反すると判断した判例として，適当でないものを，次の①～④のうちから一つ選べ。
① 在外邦人選挙権制限違憲判決
② 衆議院議員定数不均衡違憲判決
③ 国籍法婚外子差別規定違憲判決
④ 婚外子法定相続分規定違憲決定

5 ①
①は日本国憲法第15・43・44条の選挙権の規定に違反。

6 政教分離の原則が日本の最高裁判所で争われた事件として正しいものを，次の①～④のうちから一つ選べ。
① 砂川市空知太神社訴訟　② 免田事件
③ 堀木訴訟　④ 三菱樹脂事件

6 ①
②は死刑囚の再審請求に関する事件。③は生存権をめぐる訴訟事件。④は思想・良心の自由をめぐる訴訟事件。

7 正誤 公立学校以外の学校において，宗教教育の一環として宗教行事を行うことは日本国憲法に違反しない。正か誤か。

7 ○
宗教的活動が禁止される「国及びその機関」に該当するため公立学校では憲法違反となるが，公立学校以外の学校では憲法違反とはならない。

8 正誤 表現の自由は，民主主義にとって必要不可欠の権利なので，日本国憲法下において，その権利の行使が制約されることはない。正か誤か。

8 ×
他者の人権との調整を図るために，公共の福祉の観点から制約されることがある。

9 正誤 日本国憲法の下で，報道機関が提供する報道内容の正確さを高めることが目的ならば，公的機関がその内容を事前に審査することができる。正か誤か。

9 ×
日本国憲法は検閲を禁止している。

10 正誤 日本の最高裁判所は，学問の自由は学生のサークル活動についてはその保障の対象とはならない，という判断を示したことがある。正か誤か。

10 ○
東大ポポロ劇団事件で，学問の自由の保障の対象とはならないという判断を示した。

11 第二次世界大戦前の学問の自由への弾圧事件としては，1933年の＿①＿事件や35年の＿②＿事件がある。

11 ①滝川(京大)
②天皇機関説

15 基本的人権と新しい人権② 自由権(人身の自由と経済の自由)

本冊 P.78

1 正誤 国選弁護人制度は，刑事裁判の被告人にも民事裁判の被告にも適用される。正か誤か。

1 ×
民事裁判の被告には適用されない。この制度は刑事被告人(被疑者)の権利を保障するもの。

2 正誤 刑事被告人は，いかなる場合も，資格を有する弁護人を依頼できる。正か誤か。

2 ○
日本国憲法第37条で認められている権利である。

3 正誤 裁判官の発する，逮捕の理由となっている犯罪を明示した令状がなければ，現行犯として逮捕されることはない。正か誤か。

3 ×
現行犯逮捕に令状は不要である。

4 正誤 無罪の判決が確定した行為について，再び刑事上の責任が問われることはない。正か誤か。

4 ○
日本国憲法第39条の一事不再理の原則がその根拠。

5 正誤 被告人に不利益な唯一の証拠が自白のみの場合には，刑罰が科されることはない。正か誤か。

5 ○
日本国憲法第38条3項がその根拠。

6 正誤 日本の最高裁判所は，死刑は憲法が禁止する残虐な刑罰にあたり違憲である，という判断を示したことがある。正か誤か。

6 ×
最高裁判所は現行の死刑制度を合憲としている。

7 正誤 社会規範を著しく逸脱する行為に関しては，事後に制定された法律によって処罰することができる。正か誤か。

7 ×
日本国憲法第39条は事後法による処罰を禁止している(遡及処罰の禁止)。

8 経済的自由権の侵害を理由とする最高裁判所の違憲判決の例として適当なものを，次の①～④のうちから二つ選べ。
① 郵便法免責規定違憲判決
② 森林法共有林分割制限規定違憲判決
③ 愛媛玉串(たまぐし)料違憲判決
④ 薬事法薬局距離制限違憲判決

8 ②④
②は財産権を保障する日本国憲法第29条に，④は職業選択の自由を保障する同法第22条に違反。なお，①は国家賠償請求権を保障する同法第17条に，③は政教分離の原則を定める規定に違反。

9 正誤 私有財産は正当な補償の下に公共のために利用することができる。正か誤か。

9 ○
日本国憲法第29条3項がその根拠。

10 正誤 日本国憲法では，奴隷的拘束および苦役からの自由は，経済的自由権と位置づけられている。正か誤か。

10 ×
人身の自由に位置づけられている。

16 基本的人権と新しい人権③ 社会権

本冊 P.82

1 日本国憲法が保障する権利のうちで社会権と考えられるものを，次の①～④のうちから一つ選べ。
①法律の制定を請願する権利
②国家賠償を求める権利
③能力に応じた教育を受ける権利
④刑事補償を求める権利

1 ③
①は請求権あるいは参政権。②④は請求権。

2 日本の最高裁判所は，憲法第25条の生存権は，個々の国民に直接具体的権利を保障することを定めたものではなく，国家に対しその実現に努めるべき目標を示したものであるとする考え方を表明した。この考え方を何というか。

2 プログラム規定説

3 前の**2**の考え方を示した判例を二つ答えよ。

3 朝日訴訟
堀木訴訟

4 正誤 最高裁判所は，教科書の検定制度を，憲法が禁止する検閲にあたるとともに，国民の教育を受ける権利を侵害するとして，違憲であると判断した。正か誤か。

4 ×
最高裁判所は教科書の検定制度を合憲としている。

5 正誤 日本では，障害者雇用促進法に基づいて，国・地方自治体等および民間企業は，職員数・従業員数の一定割合を，障害者の雇用にあてることを義務づけられている。正か誤か。

5 ○
この制度は，勤労権の保障の一環である。

6 正誤 日本国憲法は，勤労の権利は規定しているが，勤労の義務は規定していない。正か誤か。

6 ×
勤労の義務も規定している。

7 正誤 日本国憲法は，児童の酷使を禁止するとともに，賃金，就業時間，休息その他の勤労条件を詳細に規定している。正か誤か。

7 ×
日本国憲法は児童の酷使を禁止しているが，賃金などの勤労条件の詳細については，労働基準法などの法律で規定されている。

8 正誤 日本国憲法は，勤労者に職業選択の自由，団結権，団体交渉権の労働三権を保障している。正か誤か。

8 ×
労働三権とは団結権，団体交渉権，争議権のこと。

9 正誤 日本国憲法および法律により，すべての勤労者に，労働三権は等しく保障されている。正か誤か。

9 ×
労働三権に関し，公務員には，法律により争議権が認められていないなど，制約がある。

☐10 正誤 人事院は，国家公務員および地方公務員の労働条件に関して，政府・地方自治体に勧告を行っている。正か誤か。

10 ✕
国家公務員については人事院，地方公務員については人事委員会が勧告を行う。

17 基本的人権と新しい人権④ 基本的人権を確保するための権利と公共の福祉

本冊 P.86

☐1 正誤 何人（なんぴと）も，公務員の罷免，法律の改正・廃止を平穏に請願することができる。正か誤か。

1 ○
日本国憲法第16条に基づいて可能である。

☐2 正誤 裁判を受ける権利は国民の権利なので，外国人にはその保障が及ばない。正か誤か。

2 ✕
裁判を受ける権利は外国人にも保障される。

☐3 正誤 公務員の不法行為によって受けた損害については，日本国憲法の規定に基づき，国や地方公共団体に賠償を求めることができる。正か誤か。

3 ○
日本国憲法第17条の国家賠償請求権に基づいて可能である。

☐4 正誤 抑留または拘禁されたのち，無罪判決が確定したときは，日本国憲法の規定に基づき，国に対してその補償を求めることができる。正か誤か。

4 ○
日本国憲法第40条の刑事補償請求権に基づいて可能である。

☐5 正誤 最高裁判所の裁判官および下級裁判所の裁判官は，任命後，最初の総選挙の際に国民審査を受けなければならない。正か誤か。

5 ✕
国民審査の対象となる裁判官は最高裁判所の裁判官のみである。

☐6 正誤 地方特別法の制定には，その適用対象となる地方公共団体の議会の同意を得ることが必要である。正か誤か。

6 ✕
地方公共団体の議会の同意ではなく，住民投票においてその過半数の同意が必要。

☐7 正誤 日本国憲法の改正には，国民投票において，有権者の過半数の賛成が必要である。正か誤か。

7 ✕
有権者ではなく有効投票総数の過半数の賛成が必要である。

☐8 正誤 日本に居住する定住外国人は，憲法改正の国民投票に参加できる。正か誤か。

8 ✕
外国人に憲法改正の国民投票権はない。

☐9 正誤 国民は，有権者数の3分の1以上の署名を集めれば，国会議員の解職を請求できる。正か誤か。

9 ✕
国会議員の解職を直接請求する制度はない。請願権と混同しないこと。

10 正誤 一定の職業に就く者に，特別の資格を要求することは，日本国憲法が保障する職業選択の自由の侵害となるので，認められていない。正か誤か。

10 ✕
職業選択の自由には公共の福祉による制約がある。医師など特別の資格が必要なものがある。

11 正誤 財産権は自然権的性格を有する権利なので，憲法上，この権利を制約することはできない。正か誤か。

11 ✕
日本国憲法第29条2項で公共の福祉による制約が明記されている。

12 正誤 20世紀に入ると，営業の自由や契約の自由などに対して，社会的弱者の保護のために，強い制約が加えられるようになった。正か誤か。

12 ○
公共の福祉によって制約されるようになった。契約の自由に関しては，労働基準法による制約を想起するとよい。

13 正誤 日本国憲法は居住・移転の自由を保障しているので，公共の福祉に反しないかぎり，外国人が日本に移住する権利が広く認められている。正か誤か。

13 ✕
日本国憲法は「外国に移住」する自由は認めている（第22条）が，外国人が日本に移住するには法的な制約がある。

18 基本的人権と新しい人権⑤ 新しい人権と人権の現代的課題

本冊 P.90

1 「新しい人権」にあたるものを，次の①～④のうちから一つ選べ。
① インターネットを利用して首相に直接請願する権利
② ゲームソフトを開発するための企業を経営する権利
③ データベース上の個人情報の保護を国に請求する権利
④ ホームページを開設して意見を表明する権利

1 ③
③は「新しい人権」の一つであるプライバシーの権利。①②④は憲法に明記されている権利。①は日本国憲法第16条の請願権，②は同法第22条の職業選択の自由，④は同法第21条の表現の自由にそれぞれ該当する。

2 プライバシーの権利は，判例で確立した権利といわれる。その判例とは何か。

2 『宴のあと』事件

3 プライバシーの権利は，日本国憲法第13条の＿＿＿権を根拠として主張される。

3 幸福追求

4 正誤 情報公開法は，知る権利を国民の権利として明文で規定している。正か誤か。

4 ✕
日本には知る権利を明文で保障している法律はない。

5 正誤 情報公開法を通じて，国会が保有する情報の開示を請求することができる。正か誤か。

5 ✕
情報公開法の対象となるのは，中央省庁の行政文書のみである。

6 正誤 情報公開法に基づいて，情報の開示を求めることができるのは，選挙権を有する日本国民に限られる。正か誤か。

6 ✕
誰でも請求できる。

7 正誤 情報公開法が制定されたことを契機に，地方自治体でも情報公開制度の導入が始まった。正か誤か。

7 ×
情報公開制度の法制化は地方自治体の方が国よりも早く，1982年に山形県金山町が最初に条例化した。

8 正誤 民間事業者に個人情報の適切な取扱いを義務づける法律が制定されている。正か誤か。

8 ○
2003年に制定された個人情報保護法がその法律。

9 正誤 最高裁判所は，国民にはマスメディアを通じて意見を表明したり反論したりする権利があるという判断を示したことがある。正か誤か。

9 ×
最高裁判所がアクセス権（反論権）を法的な権利として認めたことはない。

10 環境権は憲法の＿＿＿権と＿＿＿権を根拠に主張されている権利である。

10 幸福追求，生存（順不同）

11 正誤 環境影響評価法（環境アセスメント法）は，四大公害裁判の確定判決が出た1970年代に制定された。正か誤か。

11 ×
環境影響評価法は1997年に制定。なお，環境アセスメント条例は1976年に川崎市が制定。

12 正誤 地方自治体の中には，公務員の採用試験の受験資格から国籍条項を原則として撤廃したところもある。正か誤か。

12 ○
川崎市などがその例。

13 正誤 地方自治体の中には，条例により，地方自治体の長およびその議会の議員の選挙権を，永住資格をもつ外国人にも認めたところもある。正か誤か。

13 ×
国政選挙も地方選挙も，選挙権・被選挙権は，現行法上，日本国民のみが有する権利である。選挙権については法律により具体的に規定されているので，そもそも条例ではそれを変更できない。

第2部 自立した主体としてよりよい社会の形成に参画する私たち

第2部 第1章 政治的な主体となる私たち

19 政治と国家，政治参加と民主主義の変容

本冊 P.98

1 マックス・ウェーバーは支配の正当性（正統性）を大きく三つに分類した。この分類に**該当しないもの**を，次の①～④のうちから一つ選べ。
① カリスマ的支配　② ポリス的支配
③ 合法的支配　④ 伝統的支配

1 ②
マックス・ウェーバーの支配の正当性（正統性）の類型に「ポリス的支配」は存在しない。

2 近代国家の三要素とは何か。

2 領域，主権，国民

☐**3** 国連海洋法条約では領海は基線から何海里以内と規定されているか。

3 12海里以内

☐**4** 正誤 領海および排他的経済水域とそれらの上空は，沿岸国の領域とみなされ，その主権が及ぶ。正か誤か。

4 ✕
領海とその上空（大気圏内）は領域であり主権が及ぶが，排他的経済水域とその上空は沿岸国の領域にあたらず，主権が及ばない。ただし，排他的経済水域には，海底資源などについての主権的権利が認められている。

☐**5** 正誤 宇宙空間は，平和的目的のために原則としてすべての国が自由に利用できる。正か誤か。

5 ○
軍事的利用は禁止。また，領有も禁止。

☐**6** 国民主権と同じ意味で使われている「主権」は次の①～④のうちのどれか。

① 主権平等の原則　　② 国家主権
③ 君主主権　　④ 対外主権

6 ③
国民主権も君主主権も国政についての最終的決定権という意味での主権。

☐**7** 基本的人権の内容の発展に関する記述として最も適当なものを，次の①～④のうちから一つ選べ。

① 社会権の保障を重視する国家は，「夜警国家」と呼ばれた。
② 環境権は，日本国憲法に明文で規定されている。
③ 自由権は，「国家による自由」とされる。
④ チャーチスト運動において，参政権の獲得・拡大が求められた。

7 ④
チャーチスト運動では，要求項目の一つとして成人男子の普通選挙が掲げられていた。①「夜警国家」は誤り。正しくは福祉国家。②環境権は日本国憲法に明文で規定されてはいない。③自由権は「国家からの自由」とされる。「国家による自由」は社会権のこと。

☐**8** 正誤 レファレンダムやリコールは，間接民主主義を補完する役割をもっている。正か誤か。

8 ○
日本国憲法に採用されているレファレンダムには地方特別法の住民投票や憲法改正の国民投票があり，リコールには最高裁判所裁判官の国民審査がある。

20 地方自治制度

本冊 P.102

☐**1** ブライスは「地方自治は民主主義の最良の＿＿＿である」と述べ，民主主義にとっての地方自治の重要性を指摘した。

1 学校

☐2 正誤 明治憲法には地方自治の規定はなかったが，日本国憲法では地方自治のために1章を割いている。正か誤か。

2 ○
明治憲法には地方自治に関する規定はないが，日本国憲法では第8章（第92～95条）に規定がある。

☐3 正誤 明治憲法下では，知事は天皇によって任命され，内務大臣の指揮下に置かれた。正か誤か。

3 ○
明治憲法下では，知事は住民による選挙によって選出されたことはない。

☐4 住民が住民投票条例の制定を直接請求することは，地方自治の本旨（ほんし）のうちの______の原理に基づく例といえる。

4 住民自治

☐5 正誤 普通地方公共団体には，都道府県と市町村および特別区（東京23区）がある。正か誤か。

5 ×
東京都の特別区は，特別地方公共団体である。

☐6 正誤 地方議会が条例を制定すれば，その地方自治体の首長の任期を，2年に短縮できる。正か誤か。

6 ×
首長の任期は地方自治法で4年と定められているので，条例ではこれを変更できない。

☐7 正誤 地方自治体では，議会には首長に対する不信任決議権がなく，また，首長には議会を解散する権限がない。正か誤か。

7 ×
議会には不信任決議権があり，首長には議会解散権がある。

☐8 正誤 首長は，議会で可決された条例案に異議のあるときは，議会に再議を求めることができる。正か誤か。

8 ○
いわゆる拒否権のこと。議会が出席議員の3分の2以上で再可決すれば，その条例は成立する。

☐9 正誤 条例は，地方自治体の事務を処理するためのものであるから，法律と異なり，条例に違反する行為に対して罰則を定めることはできない。正か誤か。

9 ×
地方自治法で条例に罰則を定めることができると規定されている。

☐10 正誤 地方自治体の首長選挙に，アメリカ大統領選挙のような間接選挙を，条例により導入することができる。正か誤か。

10 ×
首長選挙は，憲法で直接選挙と規定されている（第93条2項）ので，条例で間接選挙に変更することはできない。

☐11 正誤 有権者10万人の地方自治体において，条例の制定・改廃の請求をするためには，2000人以上の有権者の署名が必要である。正か誤か。

11 ○
有権者の50分の1以上の署名を集めて首長に提出する。

☐12 正誤 副知事の解職請求があったときには，選挙管理委員会は住民投票に付（ふ）さなければならない。正か誤か。

12 ×
副知事などの役員の解職請求があった際は，住民投票ではなく，議会にかけ，その賛否を問う。

21 地方分権改革と地方自治の新たな動向

本冊 P.106

1 1999年に制定された＿＿＿に基づいて，地方自治体の事務区分を改めるなど，地方分権が推進されてきた。

2 正誤 国と地方自治体の間の対等・協力の関係を構築するために，機関委任事務が廃止された。正か誤か。

3 地方自治体が行っている事務への国の関与に不服がある場合には，首長は＿＿＿に審査を申し出ることができる。

4 正誤 現在，全国の地方自治体の歳入に占める地方税の割合は，約4～5割ほどにすぎない。正か誤か。

5 正誤 国庫支出金は，補助金とも呼ばれ，使途が限定されている特定財源である。正か誤か。

6 正誤 都道府県が地方債を発行する場合には，総務大臣の許可を得る必要がある。正か誤か。

7 正誤 固定資産税，住民税，法人事業税，自動車税，所得税，法人税，相続税は，すべて地方税である。正か誤か。

8 正誤 地方自治体は，総務大臣に協議し同意を得れば，条例を制定して独自の地方税を設けることができる。正か誤か。

9 正誤 地方交付税交付金は，使途が特定されていない一般財源で，国税の一定割合を原資として，全国の地方自治体に一律の額が交付される。正か誤か。

10 正誤 2000年代に入って，地方交付税制度の見直し，国庫支出金の増額，国から地方への税源移譲を同時に行おうとする三位一体（さんみいったい）の改革が推進された。正か誤か。

11 自治事務にあたるものを，次の①～④のうちから一つ選べ。

① 国道の管理　② 旅券の交付

③ 飲食店営業の許可　④ 国政選挙

---

1 地方分権一括法
この法律により地方自治体の事務は，自治事務と法定受託事務に区分し直された。

2 ○
地方分権一括法により，廃止された。

3 国地方係争処理委員会

4 ○
2023年度の地方財政計画では約45%。

5 ○
使途が限定される特定財源ということに注意。

6 ×
許可は不要。総務大臣と事前に協議すれば発行できる。

7 ×
所得税，法人税，相続税は国税である。

8 ○
地方自治体には課税自主権がある。総務大臣の協議・同意と条例の制定が必要。

9 ×
地方交付税交付金は，一律ではなく，財政力に応じて地方自治体に交付される。一般財源であるという点は正しい。

10 ×
国庫支出金の「増額」ではなく，削減が正しい。

11 ③
①②④は法定受託事務。この4つは，自治事務・法定受託事務の代表的な例なので覚えておこう。

☐12 正誤 住民投票条例を制定して行われる住民投票の結果には，法的拘束力がある。正か誤か。

12 ✕
条例に基づく住民投票の結果には法的拘束力はない。

22 国会の仕組みと役割

本冊 P.110

☐1 正誤 日本国憲法では，参議院は，議員が普通選挙で選出され，解散も認められるなど，明治憲法下の貴族院と比べ，第二院の民主化が図られている。正か誤か。

1 ✕
参議院には解散がない。

☐2 正誤 日本国憲法は，議事手続きなどの院内の事項に関し，各議院が独自に規則を定めることができるとしている。正か誤か。

2 ○
これは議院規則制定権のことである。各議院の独立した権限で，他方の院の同意は不要である点に注意。

☐3 正誤 法律の委任がある場合には，天皇の勅令によって，法律の改正を行うことができる。正か誤か。

3 ✕
天皇には国政に関する権能はない。法律の制定・改廃は国会の権限である。

☐4 正誤 予算案をはじめ，国会に提出される議案は，衆議院・参議院のどちらに先に提出してもよい。正か誤か。

4 ✕
予算案は，衆議院に先議権がある。

☐5 正誤 参議院で否決された法律案を衆議院において再可決して成立させるためには，総議員の3分の2以上の賛成が必要である。正か誤か。

5 ✕
「総議員」ではなく出席議員が正しい。

☐6 正誤 憲法改正を国会が発議するためには，各議院で総議員の3分の2以上の賛成が必要である。正か誤か。

6 ○
国会の発議後，国民投票で有効投票総数の過半数の賛成が必要ということも確認しておこう。

☐7 正誤 参議院が衆議院の解散中の緊急集会においてとった措置には，事後に，内閣の同意を必要とする。正か誤か。

7 ✕
「内閣の同意」は不要。参議院の緊急集会でとられた措置は，次の国会開会後10日以内に衆議院の同意が必要。

☐8 正誤 衆議院で可決された予算を，参議院が否決した場合には，両院協議会が開かれなければならない。正か誤か。

8 ○
予算の議決，条約の承認，内閣総理大臣の指名について，衆参で異なった議決をした場合は，必ず両院協議会が開かれる。

☐9 正誤 国会の各議院は，不当な判決が行われないかどうかを調査することなどを通じて，裁判所を監視することができる。正か誤か。

9 ✕
国会の各議院は，判決内容の当否について国政調査権を行使することはできない。

☑10 正誤 国会は，著しい非行のあった裁判官を罷免することができる。正か誤か。

10 ○
国会に設置される弾劾裁判所を通じて罷免することができる。

☑11 正誤 国会議員は，在任中，現行犯を除き逮捕されることはない。正か誤か。

11 ×
「在任中」ではなく「会期中」。また，所属している議院の許諾があれば，現行犯でなくても逮捕が可能。

☑12 正誤 国会議員は，議院で行った発言や表決に関し，院外で法的責任を問われることはない。正か誤か。

12 ○
免責特権のこと。ただし，院内では責任を問われる場合があることに注意。

☑13 正誤 国会議員は，日本国憲法の規定上，歳費を減額されることはない。正か誤か。

13 ×
日本国憲法の規定上，在任中の給与の減額が禁止されている公務員は，裁判官のみ。

23 内閣の仕組みと権限

本冊 P.114

☑1 正誤 日本国憲法の規定上，内閣総理大臣は衆議院議員でなければならない。正か誤か。

1 ×
参議院議員でもよい。

☑2 正誤 内閣総理大臣は国務大臣の任免権をもっており，その数を自由に決定できる。正か誤か。

2 ×
内閣法で国務大臣の数の上限が定められている。

☑3 正誤 内閣総理大臣および国務大臣は全員国会議員であるとともに文民でなければならない。正か誤か。

3 ×
国務大臣に関しての記述が誤り。国務大臣は全員文民でなければならないが，その過半数が国会議員であればよい。

☑4 正誤 内閣は，衆議院で不信任の決議案が可決された場合でなくても，自(みずか)らの判断で衆議院の解散を決定できる。正か誤か。

4 ○
いわゆる7条解散のこと。

☑5 正誤 内閣総理大臣が欠けたときには，事前に指定されている副総理大臣がただちに内閣総理大臣に就任し，新内閣を発足させる。正か誤か。

5 ×
内閣総理大臣が欠けた場合には，内閣は総辞職し，国会が新たな内閣総理大臣を指名する。その新たな内閣総理大臣が国務大臣を任命し，新内閣が発足する。

☑6 正誤 野党が国民に政策の選択肢を提示できるように，イギリスの制度に倣(なら)って，「影の内閣」を組織することが国会法で義務づけられている。正か誤か。

6 ×
「影の内閣」という法制度上の仕組みは日本にはない。

7 正誤 衆議院が解散されると，内閣総理大臣やその他の国務大臣の地位にある者を除く衆議院議員が，その地位を失う。正か誤か。

7 ✕
衆議院が解散されるとすべての衆議院議員はその資格を失う。ただし，次の内閣総理大臣が任命されるまで，内閣はその職務を継続して行う。

8 正誤 内閣総理大臣は，国務大臣を任命する際には，国会の同意を得なければならない。正か誤か。

8 ✕
国会の同意は不要である。

9 正誤 衆議院および参議院は，これまでしばしば内閣不信任決議権を行使し，内閣を総辞職させてきた。正か誤か。

9 ✕
参議院には内閣不信任決議権がない。また，衆議院が内閣不信任決議案を可決したのは，過去4例しかない。

10 正誤 内閣は条約を締結するに際して，事前あるいは事後に国会の承認を得なければならない。正か誤か。

10 ○
条約締結についての国会の承認は，締結の前でも後でもよい，という点に注意。

11 正誤 内閣は，政令を制定することができるが，それに罰則を設けることは，いかなる場合でも許されない。正か誤か。

11 ✕
法律の委任があれば，政令に罰則を設けることができる。

12 正誤 恩赦の決定は内閣が行い，その認証は天皇が行う。正か誤か。

12 ○
恩赦に関しては，決定は内閣，認証は天皇と覚えておこう。

13 明治憲法下の内閣総理大臣には国務大臣の任免権がなく，その権限があまり大きくなかったので ① と呼ばれるのに対し，国務大臣の任免権のある現憲法下の内閣総理大臣は ② と呼ばれる。

13 **①同輩中の首席**
②内閣の首長

24 行政の民主化と行政改革

本冊 P.118

1 正誤 内閣提出法案は，成立率では，議員提出法案を上回っている。正か誤か。

1 ○
内閣提出法案の成立数の多さは行政権の肥大化の現れ。

2 正誤 委任立法が増大した主たる原因は，国会議員の定数が削減されたことにある。正か誤か。

2 ✕
委任立法の増大は，行政の役割の増大が要因。

3 正誤 日本の官庁は，国政調査権を行使して，膨大な情報を収集している。正か誤か。

3 ✕
行政官庁には国政調査権はない。国政調査権は衆議院および参議院の権限である。

4 正誤 許認可行政や行政指導などの行政運営について，公正の確保や透明性の向上を図るため，行政手続法が制定されている。正か誤か。

4 ○
行政手続法は1993年に制定された。

5 正誤 行政委員会は，国には設置されているが，地方自治体には設置されていない。正か誤か。

5 ×
行政委員会は，地方自治体にも設置されている。

6 正誤 複数の省庁間で情報の共有が不十分であるなど，日本の官僚制の問題として縦割り行政が指摘されることがある。正か誤か。

6 ○
縦割り行政とは，行政事務を各省庁が分担管理し，省庁間の横のつながりに欠けている日本の官僚制の弊害を示すもの。

7 中央省庁の幹部人事を一元的に行うために2014年に設置された行政機関は何か。

7 内閣人事局

8 正誤 情報公開法の整備は行政の民主化につながるが，日本では，電子媒体に記録されている文書が情報公開の対象外とされるなど，情報公開法には改善すべき点があることが指摘されている。正か誤か。

8 ×
公開の対象となるのは中央省庁の保有する行政文書だが，その中には電子媒体に記録されているデータも含まれる。

9 正誤 日本道路公団は分割民営化された。正か誤か。

9 ○
2005年に分割民営化された。

10 正誤 2001年に行われた中央省庁の再編に伴って，重要政策について内閣を補佐し，行政各部の統一を図るための企画立案や総合調整を担う機関として，内閣府が設置された。正か誤か。

10 ○
内閣の機能強化と行政各部の総合調整を図るために，内閣府が新設された。

11 正誤 2001年の中央省庁の再編に伴って，財政と金融の統合を図るために，財務省の下に金融庁を設置した。正か誤か。

11 ×
「統合」ではなく分離が，また，「財務省」ではなく内閣府が正しい。

12 正誤 2001年の中央省庁の再編に伴って，環境庁は環境省に格上げされた。正か誤か。

12 ○
1971年に設置された環境庁は，2001年に環境省となった。

13 正誤 2001年の中央省庁の再編に伴う改革により，各中央省庁にオンブズマンが設置された。正か誤か。

13 ×
オンブズマン制度は国レベルでは導入されていない。

25 選挙① 選挙制度

本冊 P.122

1 正誤 イギリスでは，19世紀前半に普通選挙制度が導入された。正か誤か。

2 正誤 日本では，治安維持法の制定と同じ年に，25歳以上の男子普通選挙制度が実現した。正か誤か。

3 正誤 日本では，女子の参政権は日本国憲法の施行により認められるようになった。正か誤か。

4 正誤 共和制を採用する民主主義国家ではすべて，国家元首である大統領は国民による直接選挙で選出されている。正か誤か。

5 正誤 比例代表制は多様な民意を政治に反映させることができるが，小党乱立となる恐れがある。正か誤か。

6 正誤 小選挙区制の下では，比例代表制よりも死票が少なくなる傾向がある。正か誤か。

7 正誤 アメリカおよびイギリスの下院議員の選挙には，比例代表制が採用されている。正か誤か。

8 正誤 有権者は，衆議院議員選挙の比例代表選挙では政党名を記入して投票するが，参議院議員選挙の比例代表選挙では，名簿に登載されている個人名か政党名を書いて投票する。正か誤か。

9 正誤 衆議院議員選挙では，小選挙区選挙で落選した候補者が，比例代表選挙で当選することがある。正か誤か。

10 正誤 参議院議員選挙の比例代表制では，ブロック制が採用されている。正か誤か。

1 ×
イギリスの普通選挙制度の導入は男子については1918年，女子については1928年のことである。

2 ○
1925年に治安維持法が制定されるとともに，男子の普通選挙制度の導入も決まった。

3 ×
男女の普通選挙制度は，憲法施行前の1945年に導入が決まり，翌46年に実施された。

4 ×
アメリカでは，大統領は間接選挙で選出されている。

5 ○
大選挙区制にも同様の傾向がある。

6 ×
小選挙区制の問題点として，死票が多くなることがあげられる。

7 ×
小選挙区制が採用されている。

8 ○
衆議院議員選挙の比例代表制は拘束名簿式，参議院のそれは非拘束名簿式（ただし，特定枠がある）である。

9 ○
衆議院議員選挙では重複立候補制が採用されているために，そのようなことが生じる。

10 ×
参議院議員選挙の比例代表制は全国を一つの単位としている。ブロック制を採用しているのは衆議院。

☐11 正誤 衆議院議員選挙では定数の面では比例代表制に比重が置かれた選挙制度となっている。正か誤か。

11 ×
小選挙区から289人，比例代表制から176人が選出される。

26 選挙② 日本の選挙制度の問題点と世論・圧力団体

本冊 P.126

☐1 正誤 最高裁判所は，衆議院および参議院のいずれの議員定数不均衡問題に関しても，憲法が定める法の下の平等に違反する，という判断を示したことがある。正か誤か。

1 ×
最高裁判所は，参議院に関しては違憲の判断を示したことがない。

☐2 正誤 最高裁判所は，定数不均衡問題に関して，選挙のやり直しを命じたことがある。正か誤か。

2 ×
最高裁判所が定数不均衡問題で選挙のやり直しを命じたことは1度もない。

☐3 正誤 最高裁判所は，海外に居住する有権者に，衆議院および参議院の比例代表選挙にかぎって投票することを認めている公職選挙法の規定は，憲法が保障する選挙権の規定に違反するという判断を示した。正か誤か。

3 ○
この違憲判決を受けて，公職選挙法が改正され，在外邦人は比例代表選挙だけでなく，衆議院の小選挙区選挙でも，参議院の選挙区選挙でも投票できるようになった。

☐4 正誤 政治資金規正法により，企業や労働組合から政党への献金は禁止されている。正か誤か。

4 ×
一般の企業や労働組合は，政治家個人には献金できないが，政党には献金できる。

☐5 正誤 政党助成法に基づき，各政党は国から一律の額の政党交付金の交付を受けている。正か誤か。

5 ×
一律の額ではなく，所属国会議員数や直近の国政選挙の得票数に応じて政党交付金が交付されている。

☐6 正誤 選挙運動が行える期間には定めがあり，事前運動は禁止されている。正か誤か。

6 ○
公職選挙法により，事前運動は禁止されている。

☐7 正誤 候補者による戸別訪問は，選挙運動期間中にかぎり，認められている。正か誤か。

7 ×
公職選挙法により，投票の依頼を目的とする戸別訪問は禁止されている。

☐8 正誤 候補者と意思を通じて選挙運動を行った秘書が選挙違反で禁固刑以上の有罪となると，候補者の当選自体が無効になる。正か誤か。

8 ○
公職選挙法の連座制が適用され，候補者の当選が無効となる。

☐9 正誤 第二次世界大戦後の国政選挙において，投票率が50%を下回ったことがある。正か誤か。

9 ○
1995年や2019年の参議院議員通常選挙の投票率は50%を下回った。

10 近年の日本では，特定の支持政党をもたない＿＿＿の投票の動向が，選挙結果を大きく左右するようになってきた。

10 無党派層

11 正誤 圧力団体は，情報の提供や政策の提言を通じて，政党の政策形成機能を補完することがある。正か誤か。

11 ○
圧力団体は，選挙を通じてでは代表されにくい職能的利害を国政に反映させるために，政党や国会議員に政策提言や情報提供などを行っている。この点で「補完することがある」といえる。

12 正誤 圧力団体は，政党と同様に，自己の目的を実現するために政権獲得をめざす。正か誤か。

12 ×
一般に圧力団体は，政党とは異なり，政権の獲得はめざさない。

13 正誤 自由民主党の長期政権下の日本では，生産者団体よりも消費者団体の方が，政策決定に対して強い影響力をもっていた。正か誤か。

13 ×
自由民主党の長期政権の下では，生産者団体の方が，政策決定への強い影響力をもっていた。

14 正誤 NPO法（特定非営利活動促進法）が制定され，NPOによる法人格の取得が容易となった。正か誤か。

14 ○
NPO法は1998年に成立。

27 政　党

本冊 P.130

1 制限選挙の下での政党は，「財産と教養」のある＿①＿が中心となって運営する＿①＿政党であったが，普通選挙制度の導入とともに＿②＿政党が一般的な形となった。

1 ①名望家
②大衆（組織）

2 正誤 二大政党を中心として政治が運営されてきたイギリスには，第三党は存在しない。正か誤か。

2 ×
イギリスには労働党と保守党の二大政党のほかに，スコットランド国民党や自由民主党などが存在する。

3 正誤 日本国憲法は，明文によって，政党を国民の政治的意思形成に不可欠な役割を果たすものと位置づけた。正か誤か。

3 ×
憲法に政党に関する明文規定はない。

4 正誤 二大政党制は，多党制に比べて，少数意見を反映しにくいという特徴がある。正か誤か。

4 ○
二大政党制の特徴として，政権は安定するが，少数意見の反映は難しいということがあげられる。

5 正誤 日本の与野党の議員は，採決に際しては，党議によって拘束されず，多くの場合，自己の信念にしたがって投票を行っている。正か誤か。

5 ×
多くの法案に党議拘束がかけられている。

6 正誤 「55年体制」の下では，自由民主党は，党としての結束が強かったため，所属議員が離党して新たな政党を結成する動きはみられなかった。正か誤か。

6 ×
1976年に自由民主党議員が離党して新自由クラブが結成された。

7 正誤 1993年に「55年体制」が崩壊するまでは，自由民主党が衆議院において議席の過半数を制していたため，野党が提出した不信任決議案はすべて否決された。正か誤か。

7 ×
1980年の大平内閣，また，「55年体制」崩壊のきっかけとなった93年の宮沢内閣に対する不信任決議案が可決されている。

8 正誤 1994年の選挙制度改革により，小選挙区制が導入されたため，自由民主党内の派閥の影響力が失われ，90年代に派閥はすべて解散した。正か誤か。

8 ×
派閥はまだ存在している。ただし，派閥の政治資金問題を背景に，2024年に入って，自由民主党内で派閥解消の動きが起こった。

9 正誤 中央省庁の再編は，非自民の連立政権の下で行われた。正か誤か。

9 ×
2001年の中央省庁再編は自由民主党首班政権の下で行われた。

10 正誤 族議員は，文教政策や防衛政策などの政策分野ごとに存在する。正か誤か。

10 ○
教育に関する政策形成に強い影響力を有する文教族，防衛政策に強い影響力を有する国防族などが存在する。

11 正誤 政党は国会議員選挙や地方議会議員選挙において，候補者の数をできる限り男女で均等になるように努力することを法律で求められている。正か誤か。

11 ○
2018年に制定された候補者男女均等法で求められている。

第2章 法的な主体となる私たち

28 法と社会規範の意義および役割

本冊 P.134

1 正誤 近代国家において，法規範として効力を有するものは制定法に限られる。正か誤か。

1 ×
法規範には制定法（成文法）以外にも，判例法や慣習法などの不文法がある。

2 正誤 近代国家において，法は国家の強制力に裏付けられた規範として，道徳とは区別される。正か誤か。

2 ○
法と道徳との違いに，法が国家による物理的強制力に裏付けられているのに対し，道徳にはその裏付けがない，という点がある。

3 正誤 民事訴訟法は，紛争解決機能という役割をもつ私法のうちの一つである。正か誤か。

3 ✕
民事訴訟法は紛争解決機能をもつが，私法ではなく公法に分類される。

4 正誤 生活環境の整備，教育や公衆衛生にかかわる公共サービスの提供，社会保障や租税による所得の再分配の手段となる法の役割は，資源配分機能と呼ばれる。正か誤か。

4 ○
法の社会的機能に関する記述として正しい。

5 法はその形式や機能，内容によって様々に分類される。次のA～Cのように法の分類を行った場合に，＿ア＿～＿ウ＿に入る法の分類区分の組合せとして最も適当なものを，下の①～⑧のうちから一つ選べ。

A　法の定まり方による分類：自然法と＿ア＿
B　法の規定内容による分類：実体法と＿イ＿
C　法の適用範囲による分類：一般法と＿ウ＿

	ア	イ	ウ
①	実定法	手続法	特別法
②	実定法	手続法	社会法
③	実定法	慣習法	特別法
④	実定法	慣習法	社会法
⑤	判例法	手続法	特別法
⑥	判例法	手続法	社会法
⑦	判例法	慣習法	特別法
⑧	判例法	慣習法	社会法

5 ①
Aは普遍的に通用するか，特定の時代・場所で通用するか，あるいは，人間によって作り出されたものでないか作り出されたものであるかによる分類。Bは権利・義務関係などの実質的内容を定めているか，その実質的内容を実現するための手続について定めているかによる分類。Cは一般的に適用されるか，特定の人・場所・事項に限定して適用されるかによる分類。

6 正誤 民法は実体法の一つであり，公法に分類される。正か誤か。

6 ✕
民法は，実体法の一つであるが，公法ではなく私法に分類される。

7 正誤 消費者契約法は民法の特別法である。正か誤か。

7 ○
民法は，契約など一般的な事項について定めた一般法，消費者契約法は，消費者と事業者が締結する契約に関して定めた特別法である。

8 正誤 第三者が関与して，訴訟以外の方法によって民事上の紛争の解決を図る手続のことを，裁判外紛争解決手続(ADR)と呼ぶ。正か誤か。

8 ○
日本では，裁判外紛争解決手続の利用の促進に関する法律(ADR法)が制定され，2007年から施行されている。

9 正誤 刑事事件の審判を裁判所に求める起訴を行うことができるのは，原則として検察官であり，私人は起訴を行うことができない。正か誤か。

9 ○
刑事事件に関しては，私人には起訴を行う権限がない。

☐10 正誤 労働審判制度においては，労働組合が労働紛争解決の申立てをすることが認められている。正か誤か。

10 ×
労働審判制度は労働者個人と使用者との間の民事紛争（個別的労働紛争）を対象とするものなので，労働組合がこの制度を利用することはできない。

29 市民生活と私法，刑事司法

本冊 P.138

☐1 正誤 私法の基本原則には，権利能力平等の原則，契約自由の原則，所有権絶対（所有権保護）の原則，無過失責任の原則がある。正か誤か。

1 ×
「無過失責任の原則」を「過失責任の原則」に替えれば正文となる。

☐2 正誤 当事者の一方がある物を相手方に引き渡すとともに相手方がその代金を支払うことを双方で約束した時点で，その物に関する売買契約は成立する。正か誤か。

2 ○
売買契約をはじめ多くの契約は申込みと承諾という当事者間の合意があった時点で成立する。

☐3 正誤 未成年者が締結した契約であっても，法律上，いったん成立した契約は取り消すことができないとされている。正か誤か。

3 ×
18歳未満の未成年者が締結した契約は，親などの法定代理人の同意がないものについては，取り消すことが可能である。

☐4 正誤 契約を有効に成立させるためには，原則として，契約書を作成する必要がある。正か誤か。

4 ×
原則として，申込みと承諾という意思表示の合致があれば契約は成立するので，法令で定められている場合を除いて，契約は契約書を作成しなくても口約束でも成立する。

☐5 正誤 民法は，だまされて契約を締結した場合であっても，当事者間に合意がある以上，その契約は取り消すことができないとしている。正か誤か。

5 ×
民法は，詐欺（だますこと）で結んだ契約については，だまされた人は取消しを求めることができると定めている。

☐6 正誤 不法行為による損害賠償責任が問われる場合には，無過失責任の原則が採用されている。正か誤か。

6 ×
民法は過失責任を原則としている。

☐7 正誤 消費者契約法は，消費者の利益を不当に害する契約条項を無効とすることなどによって，消費者の利益を擁護することを目的とした法律である。正か誤か。

7 ○
消費者契約法に関する記述として正しい。

☐8 正誤 逮捕に必要な令状を発するのは，警察署長である。正か誤か。

8 ×
逮捕令状を発するのは，裁判官である。

☐9 正誤 第一審で有罪判決が出されても，最終的に判決が確定するまでは，被告人は無罪であると推定される。正か誤か。

9 ○
刑事裁判の鉄則の一つである無罪の推定のことである。

☐10 正誤 少年法は，非行少年の性格矯正，好ましくない環境の調整を目的とするもので，そのため20歳未満の少年を刑事罰の対象から外している。正か誤か。

10 ×
少年法は，14歳未満の少年については刑罰を科さないとしているが，14歳以上20歳未満の少年については，刑事罰の対象から外していない。

30 裁判所と国民の司法参加

本冊 P.142

☐1 正誤 内閣による最高裁判所の長官以外の裁判官の任命には，国会の承認が必要である。正か誤か。

1 ×
国会の承認は不要である。なお，最高裁判所の長官は，内閣が指名し天皇が任命するが，これについても国会の承認は不要である。

☐2 正誤 下級裁判所裁判官の任期は，法律で定めることができる。正か誤か。

2 ×
下級裁判官の任期は，憲法で10年と定められている。

☐3 正誤 現在の日本では，行政事件は行政裁判所で行うことになっている。正か誤か。

3 ×
行政裁判所などの特別裁判所の設置は憲法で禁止されている。

☐4 正誤 法務大臣は,裁判官の懲戒処分を行うことができる。正か誤か。

4 ×
法務大臣などの行政機関による裁判官の懲戒処分は憲法で禁止されている。

☐5 正誤 国会は，法律で裁判官の定年年齢を定めることができる。正か誤か。

5 ○
裁判官の定年は憲法上の規定ではなく，裁判所法という法律で規定されている。

☐6 正誤 国会の各議院は，裁判所の判決で適用された法律の内容を検討することができる。正か誤か。

6 ○
国会の各議院は，判決内容の当否の調査はできないが，法律内容を検討することはできる。

☐7 司法権の独立を守り裁判の公正を確保する観点から，裁判官への干渉は行うべきではないとされているが，明治憲法下において，行政府が裁判官に干渉した事件がある。その名称を答えよ。

7 大津事件

8 正誤 下級裁判所の裁判官は，国会による弾劾(だんがい)を除くと，意に反して罷免されることはない。正か誤か。

8 ×
国会による弾劾のほか，心身の故障を理由として罷免される場合がある。

9 正誤 政治犯罪の場合，判決も対審も非公開とすることができない。正か誤か。

9 ○
日本国憲法第82条2項の規定によりできない。

10 正誤 重大な裁判の場合，国民の監視の下に置く必要があるため，マスメディアが対審および判決を中継放送することができる。正か誤か。

10 ×
裁判を傍聴することはできるが，放送することはできない。

11 正誤 違憲の疑いのある法律案が国会に提出されたとき，国民は最高裁判所に違憲審査を求めることができる。正か誤か。

11 ×
日本の違憲審査制度は，具体的訴訟事件が前提とされる。

12 正誤 日本では，すべての裁判の第一審に，有権者の中から無作為に選出された裁判員が，裁判官とともに裁判を行う制度が導入されている。正か誤か。

12 ×
裁判員制度が対象とする事件は重大な刑事事件のみである。

13 正誤 特許権などの知的財産をめぐる訴訟を専門に取り扱う裁判所は，特別裁判所にあたるので，憲法上これを設置することは許されない。正か誤か。

13 ×
通常の司法裁判所の一つとして知的財産高等裁判所が設置されている。

第3章 経済主体となる私たち

31 資本主義体制の成立・発展と変容

本冊 P.150

1 ある経済活動（生産や消費）で，あるものを選択した場合，それ以外の選択されずに放棄された（犠牲にされた）もののうち，最大の便益のことを______と呼ぶ。

1 機会費用

2 19世紀には政府の役割は，治安の維持や国防など必要最小限に限定されるべきだと考えられていた。こうした国家のあり方を______と呼ぶ。

2 夜警国家（消極国家，安価な政府）

3 イギリスではじめて確立した資本主義経済は，安価な政府と自由放任政策を理想としたが，18世紀後半にその考え方に理論的根拠を与えたのは，『諸国民の富（国富論）』を著した__①__であった。さらに19世紀初めには__②__が，比較生産費説によって自由貿易の利点を唱えた。

3 ①アダム・スミス ②リカード

4 19世紀後半には，いくつかの企業が合併などを通じて巨大化する資本の集中や，企業が得た利潤を再投資し企業規模を拡大する資本の＿＿＿を通じて，巨大企業が成立するようになった。

4 集積

5 アメリカ大統領＿①＿は，1929年の大恐慌後の不況を乗り切るために，TVA計画などを内容とする＿②＿政策を実施した。

5 ①F. ローズベルト
②ニューディール

6 政府が積極的に市場に介入する経済体制で，民間部門と公的部門が並存する経済体制を＿＿＿または修正資本主義という。

6 混合経済

7 1929年に端を発する世界恐慌は，自由放任主義の弊害を人々に認識させる契機となった。『雇用・利子および貨幣の一般理論』で知られる＿＿＿は政府が積極的に経済に介入する修正資本主義の経済思想を主張し，それが第二次世界大戦後の先進国の経済政策の基礎となった。

7 ケインズ

8 ＿＿＿は，貨幣的な支出を伴う消費需要と投資需要からなる。

8 有効需要

9 マネタリズムの提唱者＿＿＿は，大きな政府を批判し，政府の経済政策は通貨量の管理に限定すべきだと主張した。

9 フリードマン

10 正誤 1980年代のアメリカでは，レーガン政権が福祉政策を積極的に推進するなど財政支出を拡大したため，財政赤字が深刻化した。正か誤か。

10 ×
「福祉政策を積極的に推進」は誤り。レーガン政権は，福祉に関して自助努力を要請するなど小さな政府論の立場をとった。ただし，減税を推進する一方，軍事費を増やしたため，財政赤字は深刻化した。

11 正誤 イギリスのサッチャー政権は，証券市場の規制を強化するなど，政府の経済的役割を重視した。正か誤か。

11 ×
サッチャー政権は，証券制度の規制緩和を図るビッグバンと呼ばれる金融大改革など，小さな政府に向けた政策を推進した。

12 正誤 日本では，1980年代に第二次臨時行政調査会の答申を受けて，日本電信電話公社，日本国有鉄道，日本道路公団の民営化が行われた。正か誤か。

12 ×
日本電信電話公社，日本国有鉄道，日本専売公社は1980年代に民営化されたが，日本道路公団の民営化は2005年のこと。

32 社会主義経済の成立と変容および経済学説

本冊 P.154

☐1 正誤 社会主義経済は生産手段の社会的所有と計画経済を基本的な特徴とする。正か誤か。

1 ○

☐2 正誤 1970年代のソ連では，景気変動を統制するための計画経済が功を奏して，2度の石油危機の影響を受けることなく，それ以前と同様の経済成長を続けた。正か誤か。

2 ×
1960年代頃からソ連経済の停滞が目立つようになり，1991年のソ連崩壊まで停滞状況が続いた。

☐3 正誤 社会主義国の中には，中国やベトナムのように，基本的な政治体制は変えないまま，市場経済化をめざす国がある。正か誤か。

3 ○
両国とも政治的には共産主義政党の一党支配の下で，市場経済化を進めている。

☐4 正誤 1990年代の中国では，市場経済を導入する社会主義市場経済が推進され，経済成長率という点では，主要国首脳会議(サミット)参加諸国をしのぐ成長を遂げた。正か誤か。

4 ○
1990年代以降，中国は著しい経済成長を遂げてきた。

☐5 正誤 「世界の工場」といわれる中国は，2020年代に入って，WTO(世界貿易機関)への加盟に向けて外交交渉を展開している。正か誤か。

5 ×
中国は2001年にWTOに加盟した。

☐6 正誤 1970年代に，東アジア・東南アジア諸国の一部の国では，開発独裁と呼ばれる体制の下で，政府の強力なリーダーシップにより経済開発が推し進められた。正か誤か。

6 ○
韓国の朴正熙(パクチョンヒ)政権やインドネシアのスハルト政権などがその例である。

☐7 正誤 アダム・スミスは，産業を発展させるために，国家は輸出に奨励金を与えるべきであると主張した。正か誤か。

7 ×
アダム・スミスは，貿易への国家の介入を批判し，自由貿易論を展開した。

☐8 正誤 アダム・スミスは，政府の支出は，国防，治安の維持，必要最小限度の公共施設の設置などに限定すべきであると主張した。正か誤か。

8 ○
アダム・スミスが主張した，こうした小さな政府のあり方を「安価な政府」という。

☐9 正誤 マルクスは，生産手段が私的に所有されていることから労働者の搾取が生じるので，搾取をなくすためには生産手段である機械を破壊すべきであると主張した。正か誤か。

9 ×
マルクスは，私的所有制度を廃棄し，生産手段を社会的所有とする社会主義への移行の必然性を説いた。

□10 正誤 ケインズは，不況期には，一時的に財政赤字が拡大して国債発行が増えても，有効需要の創出に努めるべきであると主張した。正か誤か。

10 ○
ケインズは，景気対策のために財源不足に陥った場合には国債を発行してもよいと考えた。

□11 正誤 ケインズは，通貨量を管理することによって，物価を安定させておけば，財政支出の拡大などの景気対策は不要であると主張した。正か誤か。

11 ×
これはフリードマンらのマネタリズムの考え方。

□12 正誤 シュンペーターは，新しい産業を生み出し古い産業を退出させる動態的な過程の原因として，「イノベーション」を重視した。正か誤か。

12 ○
シュンペーターは，企業家によるイノベーションが経済を発展させる原動力となると考えた。

33 経済主体と経済循環

本冊 P.158

□1 正誤 銀行からの借入れによる資金調達は，間接金融と呼ばれる。正か誤か。

1 ○
この間接金融に対して，株式や社債の発行による資金調達は直接金融と呼ばれる。

□2 正誤 内部留保(社内留保)によって調達した資本は，他人資本である。正か誤か。

2 ×
内部留保は，株式発行による調達した資本と同様に，返済の必要のない自己資本である。

□3 正誤 社債および株式の発行によって調達した資本は，どちらも自己資本である。正か誤か。

3 ×
株式発行によるものは自己資本，社債発行によるものは返済の必要のある他人資本。

□4 正誤 家計の所得が一定ならば，その消費支出と貯蓄の合計額は，所得税の増税により増加する。正か誤か。

4 ×
消費支出＋貯蓄＝可処分所得。可処分所得＝所得－(租税＋社会保険料)。したがって，増税により消費支出と貯蓄の合計額は減少する。

□5 正誤 好況期には貯蓄が増えるため，国全体の消費支出は減少する傾向がある。正か誤か。

5 ×
一般に，好況期には，所得が増えるため消費支出は増加する。

□6 正誤 家計が保有している株式や土地などの価格が上がると，資産効果が働いて，消費支出は増加する傾向がある。正か誤か。

6 ○
資産価格が上昇すると，一般に消費支出が増加する。これを資産効果という。

7 正誤 所得が多いほど，消費支出に占める飲食費の割合は高くなる傾向がある。正か誤か。

7 ✕
所得水準が高いほど消費支出に占める飲食費の割合が低くなるということを，エンゲルの法則という。

8 正誤 経営戦略の一つとして，他企業を合併・買収する「M＆A」と呼ばれる行動をとる企業がある。正か誤か。

8 〇
近年，国内だけでなく，国境を越えたM&Aも活発に行われている。

9 正誤 R＆D（研究開発）の費用の増大は，企業間の合併や提携を促す要因の一つであると考えられている。正か誤か。

9 〇
巨額の開発費用をまかなうため，合併や提携が行われることがある。

10 正誤 研究開発活動を活発にし，技術水準を高めることは，経済成長を促す要因となる。正か誤か。

10 〇
技術の向上は生産性の向上につながるとともに，新たな投資機会を提供することにもつながる。

11 正誤 ISO（国際標準化機構）は，組織が環境に配慮した運営を行っていることを認証するための規格を定めている。正か誤か。

11 〇
たとえば，環境関連の規格として，ISO14000シリーズがある。

12 正誤 日本では，ゼロエミッションの考え方に基づいて，自動車の発する騒音を一定水準に抑制することがメーカーに義務づけられている。正か誤か。

12 ✕
ゼロエミッションは，騒音抑制にかかわるものではなく，廃棄物をゼロにしようとする取組みのことである。

34 現代の企業

本冊 P.162

1 正誤 企業が倒産したときの，その債務についての株主の責任は，自らが出資した金額の範囲内に限定される。正か誤か。

1 〇
株主は，会社の負債に対して出資額の範囲内で責任を負う有限責任の出資者である。

2 正誤 株式会社の最高意思決定機関は取締役会である。正か誤か。

2 ✕
「取締役会」ではなく，株主総会が正しい。

3 正誤 株主総会での表決は，株主平等の原則から，1人1票制となっている。正か誤か。

3 ✕
「1人1票制」ではなく，1株1票制が正しい。

4 正誤 会社の規模が大きくなると，所有と経営の分離が生じやすい。正か誤か。

4 〇
株式の分散化や経営の複雑化がその背景。

5 正誤 高度経済成長期に，銀行などの金融機関を中心に株式を相互に持ち合う，企業集団の形成が進んだ。正か誤か。

5 ○
1967年から始まった資本の自由化は海外投資家による敵対的買収の危険を増大させた。そのため日本企業は自己が属する企業集団内部の企業間で株式の相互持合いを進めた。

6 正誤 1990年代以降，金融業では，六大企業集団のそれぞれの中心的な金融機関であった都市銀行が，企業集団の枠を超えて統合する例が生じた。正か誤か。

6 ○
三井住友銀行（三井銀行や住友銀行などが統合），みずほ銀行（富士銀行や第一勧業銀行などが統合），三菱UFJ銀行（三菱銀行や三和銀行などが統合）などの例がある（2024年3月現在）。

7 正誤 株式市場の低迷や会計原則の変更などによって，企業間の株式の相互持合い関係が解消されるケースが出ている。正か誤か。

7 ○
バブル崩壊後の株価の低迷によって企業が保有する資産が減少したことが一因となって，持合いを解消する動きが生じた。

8 正誤 日本の上場会社について，現在，個人が所有する株式数よりも，金融機関を含む法人が所有する株式数の方が少ない。正か誤か。

8 ×
日本の場合，上場企業の株式の保有割合は，個人株主より，法人株主の方が高い。

9 正誤 現在の日本では，持株会社の設立は禁止されている。正か誤か。

9 ×
1997年の独占禁止法の改正で，原則解禁となった。

10 正誤 多国籍企業の中には，先進国の1国の国内総生産を上回る売上高をもつ巨大企業が存在し，受入れ国の政治や経済に大きな影響を及ぼすこともある。正か誤か。

10 ○
たとえば，アメリカの大手スーパーのウォルマートの売上高は，オーストリアのGDPを上回っている。

11 正誤 多国籍企業は，利益を本国にある本社へ送金するので，受入れ国の雇用拡大には結びつきにくい。正か誤か。

11 ×
多国籍企業の進出により，現地での雇用機会が増大する。

12 正誤 企業の海外進出には，進出先の国への生産技術や経営技術の移転を促進する面がある。正か誤か。

12 ○
企業の海外進出は，進出先への技術移転を伴うことが多い。

35 市場機構

本冊 P.166

1 市場には価格の変動を通じて，需要量と供給量の不均衡を解消し，資源を最適に配分する仕組みがある。その価格の働きを価格の______機能という。

1 自動調節（自動調整）
アダム・スミスは，この価格の働きを神の「みえざる手」と呼んだ。

◢2 正誤 完全競争市場で，ある財に対する需要量が供給量を上回る場合，その財の価格は下落する。正か誤か。

2 ×
超過需要の場合，価格は上昇する。

◢3 正誤 完全競争市場で，ある財の供給量が需要量を超過している場合は，価格が均衡価格まで上昇して，需要と供給が一致する。正か誤か。

3 ×
超過供給の場合，価格は下落する。

◢4 正誤 流行などにより需要の拡大した財やサービスの市場においては，価格が上昇し取引量が増大する。正か誤か。

4 ○
需要が拡大すれば，需要曲線は右方向にシフトする。

◢5 正誤 生産に必要な原材料の価格が上昇した財やサービスの市場においては，価格が上昇し取引量が減少する。正か誤か。

5 ○
コストの上昇の場合には，供給曲線が上(左)方向にシフトする。

◢6 正誤 労働者がより多くの余暇時間を求めるようになると，時間あたりの賃金が上昇し，雇用量が増大する。正か誤か。

6 ×
「雇用量が増大」は雇用量が減少の誤り。以前と同じ賃金でも供給量(求職者数)が減るので，供給曲線が左方向にシフト。その結果，賃金は上昇し，雇用量は減少する。労働市場では供給側が求職者，需要側が企業の求人数ということに注意。

◢7 正誤 住宅建設のための土地需要が高まった地域においては，地価が上昇し，住宅向けの土地供給が増大する。正か誤か。

7 ○
土地需要が高まるということは，すなわち，需要曲線が右方向にシフトするということ。

◢8 正誤 紅茶とコーヒーの関係のように，ある財の代わりとなることのできる財を代替財という。ある財に代替して利用することのできる財(たとえば，紅茶の代わりに利用できる代替財であるコーヒー)の価格が上昇した場合，ある財(この場合紅茶)の価格も上昇し，取引量も増える。正か誤か。

8 ○
代替財の価格の上昇の場合，「ある財」(この場合，紅茶)の代替財(この場合，コーヒー)から「ある財」に乗り換える人が増えるので，「ある財」の需要が増し,「ある財」の需要曲線が右方向にシフト。その結果, 価格は上昇し，取引量は増加する。

◢9 正誤 将来の物価下落を予想すると，家計は消費の時期を早めようとする。正か誤か。

9 ×
物価の下落が予想されるとき，価格が低下してから買おうとするため，買い控えという行動をとるのが一般的。

☐10 正誤 設備投資が活発化し，資金の借り手が増加すると，金利が低下し，資金の取引量が増加する。正か誤か。

10 ×
「資金の借り手が増加」とは，資金需要が増加するということ。資金需要が増加すると，需要曲線が右方向にシフトする。したがって金利は上昇，取引量は増加する。

☐11 正誤 金利が上昇すると，家計は高額の耐久消費財の購入を手控えようとする。正か誤か。

11 ○
銀行からの借入れなど，資金の調達コストが高くなるため，手控える人が増える。

☐12 正誤 1990年代末に，日本で消費者物価の水準が低下した理由の一つとして，生産能力に比較して，有効需要が不足していたことがあげられる。正か誤か。

12 ○
1990年代後半には，雇用不安や所得の低迷などもあり，供給能力に対して有効需要を構成する消費需要が不足した。

36 市場の寡占化と市場の失敗

本冊 P.170

☐1 正誤 市場が寡占(かせん)化すると，価格競争よりも，デザインや宣伝などの非価格競争が重視されるようになることがある。正か誤か。

1 ○
寡占市場では，マーケット・シェア（市場占有率）を高めるため，非価格競争が激化することがある。

☐2 正誤 市場が寡占化すると，技術の進歩や生産の合理化などによって生産費が下落しても，価格が下がりにくくなる傾向がある。正か誤か。

2 ○
寡占市場の特徴の一つに，価格の下方硬直性がある。

☐3 正誤 市場が寡占化すると，企業の市場占有率が流動的で，市場占有率第1位の企業が頻繁に変わりやすくなる。正か誤か。

3 ×
寡占市場では，一般に市場占有率の順位にあまり大きな変化がみられない。

☐4 正誤 市場の寡占化が進むと，有力な企業がプライス・リーダー（価格先導者）として価格を決定し，他の企業がそれにしたがうことがある。正か誤か。

4 ○
このようにして形成される価格を管理価格という。

☐5 正誤 公正取引委員会は，価格カルテルの破棄の命令などを行うことができる。正か誤か。

5 ○
公正取引委員会は，独占禁止法を運用している行政委員会である。

☐6 正誤 日本では，合併後の市場占有率が著しく高くなる場合には，合併・買収が制限されることがある。正か誤か。

6 ○
公正な競争を阻害することになる場合には，合併・買収が認められないことがある。

☑7 正誤 日本の独占禁止法では，一部の商品を除いて再販売価格維持行為は禁じられている。正か誤か。

7 ○
独占禁止法では，新聞など著作物に関してのみ再販売価格維持行為が認められている。

☑8 正誤 公共財には，その利用者から料金をとりにくいという性質があるため，民間企業が供給することは困難である。正か誤か。

8 ○
公共財には非排除性という性質があるため，市場に委ねると過少供給となる。

☑9 正誤 消防サービスは，多くの人が同時にその恩恵を享受できるので，公共財である。正か誤か。

9 ○
消防サービスは非競合性という性質を有する公共財。

☑10 正誤 果樹園の近くの養蜂業者の蜂が果樹園の花に飛んできて受粉を促したため，果樹園の収穫が増えたことは，外部経済の例といえる。正か誤か。

10 ○
市場を経由しないで，つまり，対価を支払わないで利益が生じているので，外部経済の例といえる。

☑11 正誤 農産物の輸入の自由化によって，消費者が安価な農産物を入手できることは，外部経済の例といえる。正か誤か。

11 ✕
これは市場内部の出来事，つまり，対価の支払いを伴う経済的取引を通じて生じている事柄なので，外部経済ではない。

☑12 正誤 生産規模が拡大するにつれて1単位あたりの生産費が低下する「規模の利益(規模の経済)」が強く働く産業において独占が成立することは，外部不経済の例といえる。正か誤か。

12 ✕
これは，市場の失敗のうち，市場の寡占化・独占化の例である。そもそも独占の成立は市場内部での出来事。

☑13 正誤 上流の工場からの廃液によって下流の漁場の漁獲高が減少することは，外部不経済の例といえる。正か誤か。

13 ○
廃液による漁獲高の減少という漁民にとっての不利益の発生は，経済的取引関係なしに，すなわち，市場を経由せずに生じたものである。

☑14 正誤 生産の効率化が進展した産業で，製品価格が下落することは，市場の失敗の例といえる。正か誤か。

14 ✕
これは，生産性が上昇し生産費が低下したことで，供給曲線が下(右)方向にシフトして生じた事柄で，市場メカニズムの現れである。

☑15 正誤 取引当事者間で，その取引対象の財についての情報に差がある場合，市場がもつ効率性がそこなわれることがある。正か誤か。

15 ○
市場の失敗の一つである情報の非対称性のことである。

37 金融の基礎と現代日本の金融

本冊 P.174

☐1 正誤 金本位制度では，通貨量は政府や中央銀行の保有する金の量に制約される。正か誤か。

1 ○
金本位制度では，銀行券と金との間で兌換を保証するため，政府や中央銀行の保有する金の量によって通貨量が規定される。

☐2 正誤 日本は，第二次世界大戦の終結とともに，金本位制度から離脱した。正か誤か。

2 ×
日本は1932年に事実上，金本位制から離脱して管理通貨制度を採用し，第二次世界大戦終結以前の42年にこれを恒久的な制度とした。

☐3 正誤 管理通貨制度の下では，金の保有量とは無関係に兌(だ)換(かん)紙幣が発行されるため，インフレーションが引き起こされることがある。正か誤か。

3 ×
「兌換」を「不換」とすれば，正しい記述となる。

☐4 正誤 日本銀行は，金融機関への貸出しはもとより，金融機関以外の企業や家計にも直接に貸出しを行っている。正か誤か。

4 ×
日本銀行は金融機関以外の民間企業や家計とは取引をしない。

☐5 正誤 現金通貨は，日本銀行券と硬貨とからなり，ともに政府によって発行されている。正か誤か。

5 ×
日本銀行券は日本銀行が発行している。

☐6 正誤 現金通貨には，日本銀行券のほかに小切手が含まれる。正か誤か。

6 ×
「小切手」ではなく硬貨が正しい。小切手は現金通貨に含まれない。

☐7 正誤 預金通貨には，要求払い預金である普通預金などが含まれる。正か誤か。

7 ○
預金通貨とは要求払い預金（流動性預金）のこと。

☐8 正誤 最初の預金が5000万円，支払準備率が10％で，銀行からの貸出しがすべて再預金される場合，銀行全体の信用創造額は4億5000万円である。正か誤か。

8 ○
5000万円÷0.1－5000万円＝4億5000万円

☐9 正誤 日本銀行が市(し)中(ちゅう)銀行に有価証券を売って資金を吸収する操作を行うと，コール市場の金利は低下する。正か誤か。

9 ×
日本銀行が資金吸収オペレーション（売りオペ）を行うと，市中銀行の手元資金の量が減少し，市中銀行の資金需要が増加する。そのため，無担保コール翌日物金利などのコール市場の金利は上昇する。

⁄10 正誤 公開市場で日本銀行が有価証券を購入すると，通貨量の増加につながる。正か誤か。

10 ○
日本銀行が有価証券を購入(買いオペを実施)すると，市中銀行の手元資金が増加しコール市場の金利が低下する。その金利低下に伴い，企業や家計に対する市中銀行の貸出金利も低下する。その結果，企業や家計の市中銀行からの借入額が増加し，通貨量の増大がもたらされる。

⁄11 正誤 基準割引率および基準貸付利率を引き上げると，市中金利が上昇し，貸出し量が増大することが期待できる。正か誤か。

11 ×
「貸出し量が増大することが期待できる」は誤り。一般に，市中金利が上昇すれば，貸出し量は減少する。

⁄12 正誤 預金準備率を引き上げると，通貨量の増加につながる。正か誤か。

12 ×
預金準備率が引き上げられると，その分，市中銀行の中央銀行への預金額が増え，市中銀行が貸出しにまわせる資金が減少する。そのため，通貨量の減少につながる。

38 財　政

本冊 P.178

⁄1 正誤 国や地方公共団体は，市場に委(ゆだ)ねておいたのでは十分に供給されない財やサービスを供給する役割を担っている。正か誤か。

1 ○
財政の三大機能のうちの資源配分の調整のことである。

⁄2 正誤 日本の所得税には，所得の高い者ほど税率が高くなる制度が採用されているので，所得の再分配機能がある。正か誤か。

2 ○
財政の三大機能のうちの所得の再分配は，累進課税制度と社会保障制度を通じて所得格差の是正を図るものである。

⁄3 正誤 政府開発援助(ODA)は，国際的な所得の再分配を行う役割をもっている。正か誤か。

3 ○
ODAには豊かな国から貧しい国へ所得移転を図り，格差を是正する働きがあるので，所得の再分配といえる。

⁄4 正誤 社会保障制度や累進課税制度は，制度自体が景気変動を増幅させる効果をもっている。正か誤か。

4 ×
社会保障制度と累進課税制度には，景気を自動的に調節するビルト・イン・スタビライザーの働きがある。

⁄5 正誤 2000年以降，日本の一般会計歳入に占める公債金の割合(国債依存度)は，20%を下回っている。正か誤か。

5 ×
1998年度以降，国債依存度は30%を超える状態が続いている(2023年度現在)。

6 正誤 財政投融資制度は2001年に改革が行われ，改革以前の1990年代に比べ規模は縮小した。正か誤か。

6 ○
2001年に改革が行われ，それ以前に比べると規模は縮小した。

7 正誤 全国民にそれぞれ同じ金額を納めさせる税を導入することは，垂直的公平に寄与する。正か誤か。

7 ×
垂直的公平とは負担能力に応じた課税を行うべきという考えをいう。

8 正誤 法人の所得に対して課税する法人税について，中小法人に法人税の軽減税率を適用することは，水平的公平に寄与する。正か誤か。

8 ×
水平的公平は，同じ所得ならば同じ税負担とすべきという原則。なお，仮に中小法人の方が，利益(課税対象額)が少ないという前提にたてば，「軽減税率」の適用は垂直的公平に寄与するといえる。

9 正誤 個人の所得に対して課税する所得税について，累進課税制度を採用することは，垂直的公平に寄与する。正か誤か。

9 ○
累進課税制度は，負担能力に応じた課税という考え方にたつ。

10 正誤 シャウプ税制改革では，直接税を中心に据えた税体系が提唱され，その後の日本の税制に大きな影響を与えた。正か誤か。

10 ○
シャウプ税制改革により，日本の税体系は直接税中心となった。

11 正誤 消費税は，消費税法と地方税法において，消費者が納税義務者とされている。正か誤か。

11 ×
消費税は間接税なので担税者と納税義務者が異なり，その納税義務者は，商品が生産・販売される各段階の事業者である。

12 正誤 消費税の税率は，1989年の導入以来改定されていない。正か誤か。

12 ×
1989年に3%で導入され，1997年に5%へ，2014年に8%へ，2019年に10%へと引き上げられてきた。

13 正誤 消費税は，高所得者ほど所得に対する税負担率が高くなる傾向をもっている。正か誤か。

13 ×
消費税は，低所得者ほど所得に対する税負担の割合が高くなる逆進的な税である。

14 正誤 日本銀行は政府が新規に発行する国債を直接引き受けている。正か誤か。

14 ×
新規発行の国債の日本銀行引受けは禁止されている。公開市場操作で日本銀行が買う国債は新規発行のものではない。

15 正誤 財政法では，赤字国債の発行が認められている。正か誤か。

15 ×
財政法では，建設国債の発行は認められているが，赤字国債の発行は禁止されている。それを発行するには特例法の制定が必要である。

☐16 正誤 行政改革などにより，国債発行残高は1980年代以降減少している。正か誤か。

16 ✕
国債残高は，増加傾向が続いている。

39 現代日本の財政と金融の動向

本冊 P.182

☐1 正誤 日本の所得税では，給与所得者，自営業者，農業従事者の間で所得捕捉率に差があり，税負担の不公平の一因とされてきた。正か誤か。

1 ○
いわゆるクロヨン(9・6・4)といわれる税負担の不公平感の問題である。

☐2 正誤 国債の大量発行は，国債費を増大させ，他の経費にあて得る財源を圧迫することがある。正か誤か。

2 ○
これは，財政の硬直化と呼ばれる国債発行がもたらす問題点である。

☐3 正誤 国債の大量発行は，金融市場を圧迫し，民間部門の資金調達を妨げる可能性がある。正か誤か。

3 ○
国債の大量発行は，金利を上昇させ，民間の資金需要を圧迫することにつながる。

☐4 正誤 近年日本では，投資家による自由な資金運用の推進を目的として，銀行と証券の業務分野規制が強化された。正か誤か。

4 ✕
金融の自由化の一環で，銀行業務と証券業務との間の規制緩和が推進されてきた。

☐5 正誤 金融の自由化が進められ，市中銀行が，預金金利を自由に設定できるようになった。正か誤か。

5 ○
1993年に定期性預金の，94年には流動性預金の金利の自由化が達成された。

☐6 正誤 日本では金融制度改革が進み，既存の金融機関以外の一般企業が，銀行業などに参入するようになった。正か誤か。

6 ○
イトーヨーカ堂とセブン-イレブンを主体にしたアイワイバンク銀行(現セブン銀行)などが設立された。

☐7 正誤 バブル崩壊後，大量の不良債権を抱えた銀行が企業への貸出しを抑制したことが，「貸渋り(かししぶり)」として批判された。正か誤か。

7 ○
政府は貸渋り対策として，銀行に「資本注入」を行った。

☐8 正誤 日本では，銀行が経営破たんした場合，預金の払戻しを元金1000万円とその利子を限度として保証するペイオフが一時凍結されていたが，現在では，一部の預金を除き，その凍結は解除されている。正か誤か。

8 ○
2005年には，一部の預金を除きペイオフの凍結は解除された。

☐9 正誤 外国為替(かわせ)管理法が改正され，コンビニエンスストアも外貨の両替業務に参入できるようになった。正か誤か。

9 ○
1997年に改正された外国為替法に基づき，外貨両替業務が自由化された。

40 国民所得と経済成長

本冊 P.186

1 次の①～④を，ストックとフローに分類せよ。
① ある年の自動車保有台数　② ある年の住宅着工戸数
③ ある年の国債残高　④ ある年の貿易黒字額

1 ストックは①③，フローは②④
ストックはある一定時点における経済量，資産・負債の残高。フローはある一定期間の経済活動量，生産高・所得。

2 正誤 経済成長率が低下すると，たとえその値がプラスであっても，国内総生産(GDP)は前年に比べて必ず減少となる。正か誤か。

2 ×
「経済成長率＝(ある年のGDP－前年のGDP)÷前年のGDP」。経済成長率がプラスの場合，分子がプラスとなるのでGDPは前年に比べて必ず増加となる。

3 正誤 GDPとは，国内で活動する経済主体が供給した財やサービスの総額から，中間生産物の価額を差し引いたものである。正か誤か。

3 ○
「GDP＝国内での生産総額－中間生産物の価額」

4 正誤 経済成長率がプラスの場合でも，地価の下落が著しいと国富は減少することがある。正か誤か。

4 ○
土地は国富に算入されるので，地価の下落は，国富の減少要因となる。

5 正誤 輸出は国内でつくられた製品が外国にもち出されることを意味するので，輸出国の有効需要とはならない。正か誤か。

5 ×
「ある国の有効需要＝民間消費＋民間投資＋政府支出＋(輸出－輸入)」。したがって，輸出は輸出国の有効需要となる。

6 正誤 政府支出は，国民からの税金によってまかなわれるので，GDE(国内総支出)に算入されない。正か誤か。

6 ×
GDEも前問の5の解説で示した有効需要と同じ式で表せる。したがって，政府支出はその国のGDEに算入される。なお，GDEは三面等価の原則からGDPと同額となる。

7 正誤 GDPとは，ある国の国民が一定期間に生産した付加価値の合計額である。正か誤か。

7 ×
「GDP」を「GNP」に替えれば正文となる。GDPは，国民が生産した付加価値の合計額ではなく，国内で生産された付加価値の合計額である。

8 正誤 GDPとは，ある国の一定期間における国民総所得(GNI)(国民総生産(GNP))に，同じ期間における海外からの純所得を加えたものである。正か誤か。

8 ×
「海外からの純所得を加えたもの」ではなく，海外からの純所得を差し引いたもの。

☐9 正誤 GDPとは，国民純生産(NNP)に，機械設備や建物など固定資本の減価償却分を加えたものである。正か誤か。

9 ✕
「GDP」を「GNP(GNI)」に替えれば正文となる。式で示すと次のとおり。
「NNP＝GNP(GNI)－固定資本減耗」なので，「GNP(GNI)＝NNP＋固定資本減耗」である。なお，「固定資本の減価償却分」とは固定資本減耗分のこと。

☐10 正誤 海外から受け取る利子や配当が増加すると，他の条件が変わらなければ，GNI(GNP)は増加するが，GDPは変化しない。正か誤か。

10 ○
海外から受け取る利子や配当は「海外からの所得」と呼ばれる。これはGNI(GNP)には算入されるが，GDPには算入されない。

☐11 正誤 輸出が増加すれば，GNP(GNI)もGDPも増加する。正か誤か。

11 ○
輸出は，国民(居住者)が国内で生産したものだから，GNP(GNI)にもGDPにも算入される。

☐12 正誤 国民所得は，生産，分配，支出の面から計算されている。日本の場合,生産国民所得が最も大きい。正か誤か。

12 ✕
国民所得の三面等価の原則から，生産国民所得，分配国民所得，支出国民所得は等しい額となる。

☐13 国民所得には，国民の豊かさを表す指標としては限界がある。それを補うために，余暇や家庭内で行われる家事労働を算入したり，公害防除費用を控除したりして，国民所得を計算し直した指標がある。この指標を何というか。

13 NNW
(国民純福祉)

41 景気変動と物価

本冊 P.190

☐1 景気循環は，発見者の名前にちなんで名づけられた次のものが知られている。
技術革新を主な原因として起こる＿①＿の波
設備投資の変動を主な原因として起こる＿②＿の波
在庫投資の変動を主な原因として起こる＿③＿の波

1 ①コンドラチェフ
②ジュグラー
③キチン
そのほかに建築投資の変動を要因とするクズネッツの波がある。

☐2 物価が持続的に上昇することを＿①＿といい，逆に持続的に下落することを＿②＿という。

2 ①インフレーション
②デフレーション

☐3 正誤 物価が持続的に上昇すると貨幣価値，つまり，貨幣の購買力は上昇する。正か誤か。

3 ✕
貨幣価値(貨幣の購買力)は下落する。

4 正誤 財政支出の拡大は，物価上昇の要因となる。正か誤か。

4 ○
ディマンド・プル・インフレーション（需要インフレ）の要因の一つ。

5 正誤 円高の進行は，日本の物価を上昇させる要因となる。正か誤か。

5 ×
円高は輸入物価を押し下げる要因となるので，物価上昇の抑制につながる。

6 正誤 国内需要が増加すると，物価は下落する傾向がある。正か誤か。

6 ×
需要の増加は，物価を押し上げる要因となる。

7 正誤 人件費の上昇は，物価上昇の要因となる。正か誤か。

7 ○
人件費の上昇は，コスト・プッシュ・インフレーション（費用インフレ）の要因となる。

8 正誤 物価が上昇しているときには，預金の実質的な価値は低下する。正か誤か。

8 ○
インフレは，貨幣価値の下落や実質金利の低下をもたらし，預金を目減りさせる。

9 正誤 物価が上昇しているときは，債務者の返済の負担は軽減される。正か誤か。

9 ○
インフレは，貨幣価値の下落や実質金利の低下をもたらし，債務者の負担を軽減する。これは債務者利得と呼ばれる。

10 正誤 物価が上昇しているときには，年金などの定額所得者の生活は楽になる。正か誤か。

10 ×
定額所得者の場合，所得が変わらない中で物価が上昇するので，生活水準は低下する。

11 正誤 第一次石油危機後の日本では，不況の下で物価が上昇する現象が生じた。正か誤か。

11 ○
第一次石油危機後，日本はスタグフレーション（不況下のインフレ）に見舞われた。

12 正誤 1990年代末頃から日本では，消費者物価の下落傾向が生じた。正か誤か。

12 ○
1999年から10年間ほど日本はデフレ傾向にあった。

42 戦後復興と高度経済成長

本冊 P.198

1 正誤 傾斜生産方式では，石炭・鉄鋼などの重要産業に生産資源が重点的に配分され，その復興が図られた。正か誤か。

1 ○
復興金融金庫の融資拡大などを背景に，インフレが高進したことも押さえておこう。

2 正誤 農地改革の一環として，転作の奨励や減反政策が推進された。正か誤か。

2 ×
1970年頃から行われた転作の奨励や減反政策は，過剰米対策の一環。

3 正誤 財閥解体を進めるため，持株会社方式によって巨大企業の再編が行われた。正か誤か。

3 ✕
持株会社を解散・整理することを通じて，財閥が解体された。

4 正誤 日本経済の復興の方針を定めたドッジ・ラインに基づいて財政支出が拡大され，日本経済は特需景気に沸(わ)いた。正か誤か。

4 ✕
ドッジ・ラインに基づいて，日本は超緊縮財政への転換を図り，景気は減速した。なお，特需景気は朝鮮戦争によってもたらされた。

5 正誤 高度経済成長期に，佐藤内閣は「国民所得倍増計画」を策定した。正か誤か。

5 ✕
「佐藤内閣」は「池田内閣」の誤り。なお，この計画は1960年に策定された。

6 高度経済成長期の景気拡大期の順序を正しく並べよ。
① オリンピック景気　② 岩戸景気
③ 神武景気　④ いざなぎ景気

6 ③→②→①→④

7 正誤 高度経済成長期の前半には，石油化学コンビナートが建設されるなど，民間設備投資が活発に行われ，景気が拡大した。正か誤か。

7 ○
高度経済成長期前半の景気の拡大は，民間設備投資主導型であった。

8 正誤 高度経済成長が始まるとともに，日本の国際収支は改善され，現在に至るまで貿易収支は一貫して黒字となっている。正か誤か。

8 ✕
高度経済成長期の前半は，「国際収支の天井」が景気の制約要因となった。貿易収支の黒字が定着するのは1960年代半ばごろからである。また，暦年でみると，2011年から2015年までと，2022年・23年の貿易収支は赤字であった。

9 正誤 高度経済成長期の後半は，輸出と財政支出の拡大が景気を牽引した。正か誤か。

9 ○
高度経済成長期後半のいざなぎ景気を主導したのは輸出と公共投資の拡大である。

10 正誤 高度経済成長期には，企業は海外から積極的に新技術を導入した。正か誤か。

10 ○
高度経済成長の要因の一つに，新技術の導入がある。

11 正誤 高度経済成長期に企業は，設備投資の資金をおもに株式や社債の発行によってまかなった。正か誤か。

11 ✕
「株式や社債の発行」ではなく，おもに銀行からの借入れによってまかなった。

12 正誤 高度経済成長期には，産業関連社会資本よりも生活関連社会資本が優先して整備されたため，国民生活が向上した。正か誤か。

12 ✕
高度経済成長期には，政府は産業関連社会資本を優先して整備した。

43 石油危機以降の日本経済と産業構造の変化

本冊 P.202

☐1 第一次石油危機の要因となった事件は______であった。

1 第四次中東戦争
第二次石油危機の要因となった事件はイラン革命。

☐2 正誤 第一次石油危機の翌年，日本は戦後初のマイナス成長に陥った。正か誤か。

2 ○
日本は1974年に，戦後はじめて実質経済成長率がマイナスに転じた。

☐3 正誤 赤字国債は，石油危機後の1975年以来，現在まで継続して発行されている。正か誤か。

3 ×
現在まで継続して発行されているが，1990年代前半，一時的に赤字国債から脱却したことがあった。

☐4 正誤 石油危機後の困難な経済状況に対応するために，企業は積極的に従業員の新規採用を進めた。正か誤か。

4 ×
企業は新規採用の抑制など減量経営を進めた。

☐5 正誤 企業は，石油危機後に，工場の生産工程の自動化や事務作業の自動化を推進した。正か誤か。

5 ○
石油危機後，企業はME技術を積極的に導入し，生産工程の自動化(FA化)，事務作業の自動化(OA化)を推進した。

☐6 正誤 1970年代後半に，欧米からの日本向け輸出が拡大し，貿易摩擦が深刻化した。正か誤か。

6 ×
「日本」と「欧米」を入れ替えれば正しい文になる。

☐7 正誤 1980年代前半のドル安が，アメリカの貿易赤字の主たる要因となった。正か誤か。

7 ×
「ドル安」はドル高の誤り。

☐8 正誤 プラザ合意後の円安不況の下で，日本銀行は金融引締め政策を採用した。正か誤か。

8 ×
「円安不況」は円高不況の誤り。また，「金融引締め政策」は低金利政策(金融緩和政策)の誤り。

☐9 正誤 バブル経済期に，地価・株価が急騰したため，物価が著しく上昇し，「狂乱物価」と呼ばれた。正か誤か。

9 ×
バブル経済期の物価は比較的安定していた。「狂乱物価」は第一次石油危機後のインフレを表す語句。

☐10 正誤 バブル経済崩壊後，大手銀行の中にも破たんに追い込まれるものがあった。正か誤か。

10 ○
1990年代後半に破たん例がある。

☐11 正誤 日本では経済のソフト化・サービス化が進み，現在，第三次産業が就業者数に占める割合も，国民所得に占める割合も，7割ほどである。正か誤か。

11 ○
第三次産業は，従業者数に占める割合も，GDPに占める割合も70%を超えている。

12 正誤 石油危機後，日本は，原燃料不足に対応するために，加工組立型から素材型にシフトした。正か誤か。

12 ×
石油危機後，素材型から加工組立型へとシフトした。

44 中小企業・農業問題

本冊 P.206

1 次の表は，中小企業基本法に基づく中小企業の定義である。①～④に適当な数字を入れよ。

	資本金	従業員数
製造業	① 円以下	② 人以下
卸売業	③ 円以下	④ 人以下
サービス業	5000万円以下	100人以下
小売業	5000万円以下	50人以下

1 ①3億
②300
③1億
④100

2 非第一次産業（第二次産業・第三次産業）において，事業所数，従業員数，付加価値額に占める中小企業の割合は，それぞれ①%，②%，③%ほどである。

2 ①99
②70
③50
従業員数と付加価値額に占めるこれらの中小企業の割合から，中小企業の生産性の低さがわかる。

3 正誤 多くの中小企業は，資本装備率では大企業を上回っているが，生産性と賃金において大企業を下回っている。正か誤か。

3 ×
資本装備率でも大企業を下回っている中小企業が多い。

4 正誤 大企業の下請けとなっている中小企業は，安定して注文を受けられるので，景気変動の影響をほとんど受けない。正か誤か。

4 ×
不況期には，下請け単価の引下げなどを通じて，大企業の景気の調節弁となることも少なくない。

5 正誤 小規模ながら，研究開発の独自性などにより，ハイテク産業などの分野に進出する企業をベンチャービジネスという。正か誤か。

5 ○
ベンチャービジネスの説明として正しい。

6 正誤 1950年代以降，農業だけで他産業従事者と同水準の所得を得ることができる自立経営農家が急増した。正か誤か。

6 ×
自立経営農家の育成をめざした1960年代の基本法農政でも，専業農家の減少を食い止めることができず，かえって第二種兼業農家が増加した。

7 正誤 食糧管理法は1990年代に廃止され，米に関する価格決定や国内流通などについての政府管理が，縮小された。正か誤か。

7 ○
1995年の食糧管理法の廃止，食糧需給価格安定法の施行以来，米に関しては自由化が進んでいる。

8 正誤 米は，GATT(関税と貿易に関する一般協定)のウルグアイ・ラウンドでの合意を受けて，1995年から完全輸入自由化が行われ，関税も撤廃されている。正か誤か。

8 ×
米に関して，関税も撤廃する完全自由化は現在でも行われていない。1995年からミニマム・アクセス，1999年からは関税化をスタートさせた。

9 正誤 食料・農業・農村基本法では，食料の安定確保とともに農業・農村の多面的な機能の発揮がめざされている。正か誤か。

9 ○
多面的な機能には国土保全，文化の伝承などが含まれる。

10 現在，就業者数およびGDPに占める第一次産業の割合は，それぞれ＿①＿%，＿②＿%ほどである。

10 ①3(3.1%)
②1(1.0%)
第一次産業の生産性の低さがわかる。
※( )内は2021年の数値。

11 日本の供給熱量自給率はおよそ＿＿%で，先進国中最低水準である。

11 40(38%)
穀物自給率は約30%。
※( )内は2022年度の数値。

45 公害問題と消費者問題

本冊 P.210

1 正誤 日本の公害は，高度経済成長期に入ってはじめて社会問題化した。正か誤か。

1 ×
明治期に足尾銅山鉱毒事件が発生している。

2 正誤 四大公害裁判は，すべて日本の高度経済成長期に起こされ，いずれも原告が勝訴し，企業の責任が認定された。正か誤か。

2 ○
四大公害裁判の説明として正しい。

3 正誤 1960年代には環境基本法が制定され，環境庁が設置された。正か誤か。

3 ×
環境基本法は1993年に制定，1960年代に制定されたのは公害対策基本法。環境庁の設置は1971年。

4 正誤 1970年代には汚染者負担の原則を採用した法律が制定された。正か誤か。

4 ○
1973年に汚染者負担の原則を導入した公害健康被害補償法が制定されている。

5 正誤 1970年代に大気汚染防止法および水質汚濁防止法が改正され，それまでの総量規制に代えて新たに濃度規制が導入された。正か誤か。

5 ×
濃度規制に加えて総量規制も行えるようになったというのが正しい。

6 正誤 1970年代には環境影響評価法(環境アセスメント法)が制定された。正か誤か。

6 ×
1970年代に制定されたのは環境アセスメント条例(川崎市，1976年)であって法律ではない。環境影響評価法の制定は1997年である。

7 消費者の4つの権利には「選ぶ権利」,「意見を反映させる権利」,「安全を求める権利」のほかに「______」がある。

7 知らされる権利
消費者の4つの権利は1962年にケネディ米大統領が提唱したものである。

8 正誤 有害な食品添加物が引き起こした事件としてイタイイタイ病がある。正か誤か。

8 ×
イタイイタイ病は四大公害事件の一つで，工場から排出されたカドミウムが原因であった。

9 正誤 訪問販売や割賦販売で購入した商品に関しては，一定期間以内ならば，無償で契約を解除できる。正か誤か。

9 ○
クーリング・オフ制度のことである。この制度は，特定商取引法や割賦販売法などに規定されている。

10 正誤 自己破産とは，債務者自らが裁判所に破産の申立てを行うもので,裁判所が自己破産と債務の免責を認めれば,債務の返済が免除される。正か誤か。

10 ○
債務者自らが裁判所に申立てを行う，という点に注意しよう。

11 正誤 製造物責任法は,商品の欠陥による被害に関しては,製造業者の過失が立証された場合にかぎって，製造業者に責任を負わせることができると規定している。正か誤か。

11 ×
製造物責任法は，無過失責任の賠償制度を採用している。したがって，製造業者の過失を立証する必要はない。

12 正誤 契約内容の重要事項についてうその説明(不実告知)をするなど，事業者に不適切な行為があった場合，消費者は契約を取り消すことができる。正か誤か。

12 ○
消費者契約法に基づいて可能である。

46 労働問題

本冊 P.214

1 第二次世界大戦前の日本の労働運動は，1900年に制定された__①__や1925年に制定された__②__によって弾圧を受けた。

1 ①治安警察法 ②治安維持法

2 正誤 使用者は労働組合が必要とする経費の一部を負担することを義務づけられている。正か誤か。

2 ×
組合経費の援助は，労働組合法で不当労働行為として禁止されている。

3 正誤 正当な争議行為にあたると認められた場合，使用者は，それによる損害の賠償を労働組合に請求することはできない。正か誤か。

3 ○
正当な争議行為については，労働組合は民事上の責任を免除される(民事免責)。

4 正誤 労働委員会の調停案や仲裁裁定には，使用者および労働組合は法的にしたがう義務がある。正か誤か。

4 ×
仲裁裁定には労使双方ともしたがう義務があるが，調停案にはその義務はない。

5 正誤 日本では労働者の労働条件の改善などを図るため，地域ごとに最低賃金を定めることになっている。正か誤か。

5 ○
最低賃金法に基づいて，最低賃金は地域ごとに定められている。

6 正誤 使用者は，週休2日制を採用することが法的に義務づけられている。正か誤か。

6 ×
週休2日制ではなく，毎週1回以上の休日または4週間で4日以上の休日の付与が義務づけられている。

7 正誤 労働者本人が同意すれば，使用者は法定労働時間を超えてその労働者に時間外の労働を命じることができる。正か誤か。

7 ×
本人の同意ではなく，過半数の従業員で組織する労働組合，あるいは過半数の従業員を代表する者との間で協定を結ばなければならない(三六協定)。

8 正誤 日本の労働組合の組織率は，1970年代以降上昇傾向にあり，現在では約40%に達している。正か誤か。

8 ×
「上昇傾向」は，低下傾向の誤り。また，「40%に達している」は，20%を下回っているの誤り。

9 正誤 春闘という賃金交渉方式は，第二次世界大戦前から存在している。正か誤か。

9 ×
春闘は1955年頃から始まった。

10 正誤 男女雇用機会均等法は，配置・昇進について女性を差別的に取り扱うことや，女性に時間外労働や休日労働を命じることを禁止している。正か誤か。

10 ×
配置・昇進の差別的取扱いは禁止されているが，労働基準法に基づき，三六協定を結んでいれば，時間外・休日労働を命じることができる。

11 正誤 年次有給休暇の取得率が高いこともあり，日本の年間総労働時間は，先進国の中で最も短い。正か誤か。

11 ×
年次有給休暇の取得率が低いこともあり，年間労働時間は，ドイツやフランスに比べて著しく長い。

12 正誤 育児・介護休業法に基づいて，男女いずれの労働者も，育児休業，介護休業を取得できる。正か誤か。

12 ○
育児休業については原則として子どもが満1歳になるまで，介護休業については通算93日まで，その取得ができる。

47 社会保障制度と福祉の充実

本冊 P.218

1 公的扶助は，1601年のイギリスの ① によりその制度化が進み，社会保険は1880年代のドイツの首相 ② の社会保険制度から始まった。

1 ①エリザベス救貧法 ②ビスマルク

2 正誤 イギリスや北欧諸国では，ドイツやフランスと比べて，社会保障の財源に占める保険料負担の割合が大きい。正か誤か。

2 ×
イギリス・北欧型の特徴が公費負担の割合が大きいことにあるのに対し，ヨーロッパ大陸型の特徴は保険料負担の割合が大きいことにある。

3 正誤 公的扶助は，生活保護法を中心法規として運営されている。正か誤か。

3 ○
公的扶助は，生活困窮者に対して最低限度の生活の保障をめざす制度で，全額公費で運営。

4 正誤 1980年代に40歳以上の全国民が加入する基礎年金制度が導入されたことにより，国民皆年金制度がスタートした。正か誤か。

4 ×
国民皆年金制度のスタートは1961年。また，基礎年金は日本に居住する20歳以上の人を対象としている。

5 正誤 民間被用者(民間企業に雇用されている者)は，国民健康保険に加入する。正か誤か。

5 ×
国民健康保険ではなく健康保険が正しい。

6 正誤 介護保険は，全額公費負担で運営されている。正か誤か。

6 ×
介護費用は，一部が自己負担，残りを公費と保険料で折半している。

7 正誤 介護保険は，市町村および特別区が運営している。正か誤か。

7 ○
国でも都道府県でもないことに注意。

8 正誤 後期高齢者医療制度の導入により，75歳以上の老人医療費の無料化が実現した。正か誤か。

8 ×
「無料化」は誤り。被保険者の保険料負担や，医療機関での窓口負担もある。

9 正誤 高齢化を背景に，厚生年金の支給開始年齢を60歳へと引き上げることが検討されている。正か誤か。

9 ×
厚生年金の定額部分と報酬比例部分の支給開始年齢が，65歳へと引き上げられている。

10 正誤 健康保険法が改正され，健康保険の本人の負担割合は，現在，1割となっている。正か誤か。

10 ×
健康保険の本人負担割合は，2003年度から3割となっている。

☐11 正誤 日本は1994年に人口に占める65歳以上の老年人口の割合（高齢化率）が14%を超え，高齢化社会に突入した。正か誤か。

11 ×
「高齢化社会」ではなく高齢社会が正しい。高齢化社会は高齢化率が7%を超える社会のことで，日本は1970年に高齢化社会となった。

第4章 主として国際社会に関わる事項

48 国際社会の成立と国際連盟

本冊 P.226

☐1 正誤 グロチウスは，国際社会における法の存在を主張した。正か誤か。

1 ○
国際社会にも国家がしたがわなければならない自然法が存在すると主張した。

☐2 正誤 ウェストファリア条約は，主権国家を単位とする国際社会の形成の端緒となった。正か誤か。

2 ○
この条約は，三十年戦争の講和会議で採択された（1648年）。

☐3 正誤 公海自由の原則は，グロチウスの時代から成文の条約という形で規定されてきたが，第二次世界大戦後，国際慣習法として確立された。正か誤か。

3 ×
不文の国際慣習法が成文化・条約化されるのが一般的。国際慣習法であった公海自由の原則も，1958年に公海に関する条約に盛り込まれた。

☐4 正誤 第一次世界大戦前，ドイツ，オーストリア，イタリアの間では三国同盟が結成され，フランス，ロシア，イギリスの間では三国協商が成立したのは，勢力均衡方式の例といえる。正か誤か。

4 ○
第一次世界大戦前の国際社会の平和を維持する方式は勢力均衡方式で，三国同盟と三国協商の対抗関係はその代表例である。

☐5 正誤 アメリカのウィルソン大統領の提唱により，国際連盟は国際法を統一的に立法する機関として発足した。正か誤か。

5 ×
国際法を統一的に立法する機関は現在まで存在したことがない。

☐6 正誤 国家主権の原則が確認されたのは，アメリカ大統領ウィルソンが国際連盟を提唱してからである。正か誤か。

6 ×
ボーダンの『国家論』（1576年）における主張やウェストファリア条約（1648年）などを通じて，国家が対等な主権を有すると考えられるようになってきた。

☐7 正誤 国際連盟には国際紛争を解決するために必要な措置を勧告する権限がなかった。正か誤か。

7 ×
加盟国を拘束する決定はできなかったが，勧告を行うことはできた。

☐8 正誤 国際連盟による制裁は，経済制裁を中心とするものであった。正か誤か。

8 ○
国際連盟は，経済制裁はできたが，武力制裁は，事実上，できなかった。

☐9 正誤 国際連盟には当時の有力国が，そろって参加したわけではなかった。正か誤か。

9 ○
アメリカの不参加，日独伊の脱退など，有力国の参加が十分に得られなかった。

☐10 正誤 国際連盟の総会や理事会の表決方式では，全会一致制を原則としていた。正か誤か。

10 ○
総会も理事会も，原則として全会一致制を採用していたため，有効な決議を行うことが困難であった。

☐11 正誤 国際連盟には，国家間の紛争を解決するための常設の裁判所は設置されなかった。正か誤か。

11 ×
常設国際司法裁判所が設置されていた。

☐12 正誤 第二次世界大戦時に連合国と敵対した枢軸国は，国際連合発足当初は，これに加盟できなかった。正か誤か。

12 ○
枢軸国であったイタリアは1955年，日本は56年，東西ドイツは73年に加盟した。

49 国際連合の役割

本冊 P.230

☐1 正誤 国連総会は，朝鮮戦争を契機に，「平和のための結集」決議を採択した。正か誤か。

1 ○
安全保障理事会が大国の拒否権行使で機能麻痺に陥った場合に，総会は，この決議に基づいて必要な措置がとれるようになった。

☐2 正誤 国連は世界の軍縮問題に積極的に取り組んできており，軍縮問題を集中的に討議する特別総会が開催されたこともある。正か誤か。

2 ○
国連軍縮特別総会は，1978年，82年，88年の3回開催されてきた。

☐3 正誤 国連総会が植民地独立付与宣言を採択した年は，アフリカで多くの国が独立し国連に加盟したため，「アフリカの年」と呼ばれた。正か誤か。

3 ○
1960年のことである。

☐4 正誤 国連総会の決議は多数決を原則としているが，一部の国には拒否権が認められている。正か誤か。

4 ×
総会の決議には拒否権は認められていない。拒否権は安全保障理事会の実質事項においてのみ常任理事国に認められている。

☐5 正誤 国連総会の決議により，国連憲章が定める常設の国連軍が設置されている。正か誤か。

5 ×
国連憲章に定められている常設の国連軍は設置されたことがない。

6 正誤 国連の中で，国際の平和と安全の維持に関し，すべての加盟国を拘束する決定を行える機関は安全保障理事会のみである。正か誤か。

6 ○
安全保障理事会は，勧告も，加盟国を拘束する決定も行うことができる。

7 正誤 ILO（国際労働機関）には，労働者の団結権を侵害した国を国際司法裁判所に提訴する権限がある。正か誤か。

7 ×
国際司法裁判所に提訴できるのは，国家のみである。

8 正誤 国際司法裁判所は，大量虐殺などを行った個人を裁くことができる。正か誤か。

8 ×
大量虐殺などを行った個人を裁くことができるのは，国際刑事裁判所である。

9 正誤 国連憲章では，国連事務総長は，安全保障理事会の常任理事国の代表から選ぶと規定されている。正か誤か。

9 ×
国連憲章にそのような規定はなく，また，事務総長が常任理事国の中から選ばれたことはない。

10 正誤 UNHCR（国連難民高等弁務官事務所）は，難民に対して，救援保護，人道支援などを行っている。正か誤か。

10 ○
UNHCRは難民問題の解決をめざす国連の機関である。

50 戦後国際政治の動向①

本冊 P.234

1 正誤 1947年にアメリカでは，トルーマン・ドクトリンが発表され，マーシャル国務長官が，ヨーロッパの復興と経済自立のための援助計画を打ち出した。正か誤か。

1 ○
トルーマン・ドクトリンとは社会主義勢力の膨張を阻止しようとする「封じ込め政策」のこと。ヨーロッパに対する援助計画はマーシャル・プランのこと。

2 正誤 地域的集団防衛体制であるNATO（ナトー）（北大西洋条約機構）は，集団的自衛権に基づくものとされている。正か誤か。

2 ○
NATOは1949年に北大西洋条約に基づいて設立された集団防衛機構である。

3 正誤 西側諸国は，1955年のジュネーブ4巨頭会談において，東側との対決姿勢を鮮明にした。正か誤か。

3 ×
ジュネーブ4巨頭会談は，東西対立が和らいだ「雪解け」の時代を象徴するもの。

4 正誤 1945年のポツダム会談以後，アメリカのニクソン大統領がソ連を訪問するまで，東西間で首脳会談は開かれなかった。正か誤か。

4 ×
ニクソン大統領の訪ソは1972年のこと，それ以前に1955年にジュネーブ4巨頭会談が，59年には米ソ首脳会談が開かれている。

☐5 正誤 1960年代に，ベルリンの壁が構築されたことを発端として，東西ベルリンにおいて米ソ両軍による直接的な軍事衝突が発生した。正か誤か。

5 ✕
冷戦期に米ソの直接的な軍事衝突はなかった。

☐6 正誤 国連総会は，ベトナム戦争の解決のため，インドシナ半島への正規の国連軍の派遣を決定した。正か誤か。

6 ✕
ベトナム戦争には国連軍は派遣されていない。そもそも現在まで「正規の国連軍」は設置されたことがない。

☐7 正誤 1970年代初頭にソ連の支援を受けて南北ベトナムが統一されると，ソ連と対立するアメリカはベトナムでの軍事行動を本格化させていった。正か誤か。

7 ✕
アメリカのベトナム戦争への本格介入の開始は1965年のこと。また，ベトナムの統一は1970年代半ばのこと。

☐8 正誤 1960年代にチェコスロバキアでは，改革派政権が成立したが，ソ連などの軍事介入により改革は挫折した。正か誤か。

8 ○
「プラハの春」がワルシャワ条約機構軍により弾圧されたチェコ事件のこと(1968年)。

☐9 正誤 1950年代にハンガリーでは，改革派政権が成立したが，ソ連の軍事介入により改革は挫折した。正か誤か。

9 ○
1956年のハンガリー事件のこと。

☐10 正誤 1972年にアメリカのニクソン大統領が中国との国交樹立を実現した結果，中国とソ連との関係が悪化し，中ソ国境紛争に発展した。正か誤か。

10 ✕
中ソの国境紛争は1969年のこと。

☐11 正誤 第1回非同盟諸国首脳会議は，当時のユーゴスラビアの首都であったベオグラードで開催された。正か誤か。

11 ○
この会議は1961年に開催された。

☐12 正誤 1975年のCSCE(全欧安全保障協力会議)では，ヨーロッパにおける安全保障や，緊張緩和に関する問題が討議された。正か誤か。

12 ○
CSCEには，ほとんどの欧州諸国が加盟した。

51 戦後国際政治の動向②

本冊 P.238

☐1 冷戦時代および冷戦後において行われた，国際協調の精神に基づいて紛争を未然に防ごうとする試みとして適当でないものを，次の①～④のうちから一つ選べ。

① ARF(ASEAN(アセアン)地域フォーラム)
② CFE(欧州通常戦力)条約
③ CSCE(全欧安全保障協力会議)
④ SDI(戦略防衛構想)

1 ④
④はアメリカ大統領レーガンがソ連との対決姿勢を強め，ソ連による核攻撃の無力化を図ろうとしたもの。

2 正誤 1985年にソ連の指導者となったフルシチョフは，ペレストロイカと呼ばれる国内改革に着手し，外交面では緊張緩和政策を推進した。正か誤か。

2 ×
「フルシチョフ」ではなく，ゴルバチョフが正しい。ゴルバチョフの「緊張緩和政策」とは新思考外交のこと。

3 正誤 1989年にポーランドで，自主管理労組「連帯」が自由選挙で勝利したことで，非共産勢力主導の政権が成立し，東欧の民主化が進んだ。正か誤か。

3 ○
1989年にポーランドで共産党政権が崩壊し，それを機に東欧の民主化が拡大していった。

4 正誤 1989年に，ヨーロッパでの東西分断の象徴であった「ベルリンの壁」が崩壊し，翌年には東西ドイツが統一された。正か誤か。

4 ○
1961年に構築されたベルリンの壁は，東欧の民主化の過程で取り崩された。

5 正誤 1991年には，ワルシャワ条約機構が解体され，ソ連と東欧諸国は新たに独立国家共同体を組織した。正か誤か。

5 ×
独立国家共同体（CIS）は旧ソ連を構成していた諸国が結成した組織で，東欧諸国はこれに含まれていない。

6 正誤 1991年の湾岸戦争では，国連安全保障理事会の5常任理事国が国連憲章に定められた多国籍軍を指揮した。正か誤か。

6 ×
多国籍軍についての規定は憲章にはない。湾岸戦争時の多国籍軍はアメリカが中心となって「有志を募る」という形で編制された。

7 正誤 共産主義政権に力で抑えつけられていたバルカン半島や中央アジアでは，冷戦の終結がもたらした自由な雰囲気の中で，地域紛争が沈静化していった。正か誤か。

7 ×
冷戦終結後，バルカン半島のユーゴスラビアなどで地域紛争が激化した。

8 正誤 コソボ紛争におけるNATO（北大西洋条約機構）軍の空爆をめぐって，人道的介入の是非に関する議論が起こった。正か誤か。

8 ○
コソボ紛争で，NATO軍が国連の承認を得ることなく紛争に武力介入したことの是非が問われた。

9 正誤 北アイルランド紛争は，米ソ冷戦の代理戦争としての性格を有していた。正か誤か。

9 ×
北アイルランド紛争は，プロテスタント系住民とカトリック系住民との間の紛争で，冷戦とは関連性がない。

10 正誤 アメリカは，アラブ諸国とイスラエルの対立においては，石油資源をもつアラブ諸国を一貫して支持してきた。正か誤か。

10 ×
アメリカは，中東紛争においてイスラエルを支持してきた。

11 正誤 カシミール問題では，紛争当事国であるインドとパキスタンがともに核戦力を誇示したため，緊張が高まった。正か誤か。

11 ○
カシミールの帰属問題で対立しているインドとパキスタンは，1998年に相次いで核実験を行った。

☐12 正誤 チェチェン問題では，独立を求めるチェチェン人勢力とイラク政府との間で和平協定が成立したが，その後，再び武力衝突が起こった。正か誤か。

12 ×
チェチェン問題とは，チェチェン共和国がロシア連邦からの分離独立をめざしてロシア連邦政府との間で紛争となった問題であって，イラクとは関係がない。

☐13 正誤 NGO（非政府組織）の中には国連と密接な協力関係をもっているものもある。正か誤か。

13 ○
NGOの中には，経済社会理事会と協力しながら人権問題などの解決に取り組むものがある。

52 国際平和の構築に向けて－軍縮の進展と日本の役割

本冊 P.242

☐1 正誤 SALTⅠ（第一次戦略兵器制限交渉）で締結された暫定協定は，戦略兵器を削減する初の条約である。正か誤か。

1 ×
1972年に締結されたSALTⅠ暫定協定は戦略兵器の上限を設定する条約で，削減条約ではない。

☐2 正誤 部分的核実験禁止条約（PTBT）では，宇宙以外での核実験が禁止された。正か誤か。

2 ×
「宇宙」ではなく地下が正しい。

☐3 正誤 IAEA（国際原子力機関）は，加盟国との間に締結した協定をもとに，原子力施設への現場査察を行っている。正か誤か。

3 ○
IAEAは，核査察を通じて核物質が軍事的に転用されていないかを監視している。

☐4 正誤 1990年代に入って，化学兵器禁止条約や対人地雷全面禁止条約が締結され，両条約ともすでに発効している。正か誤か。

4 ○
化学兵器禁止条約は1993年に締結，97年に発効。対人地雷全面禁止条約は1997年締結，99年に発効。

☐5 正誤 国連の安全保障理事会の常任理事国は，いずれも兵器の輸出国である。正か誤か。

5 ○
常任理事国は米，英，仏，ロ，中の5か国である。

☐6 正誤 対人地雷全面禁止条約，クラスター爆弾禁止条約，そして核兵器禁止条約は，その成立にNGOが貢献した。正か誤か。

6 ○
これらの条約はNGOの後押しで採択にまでこぎつけた。

☐7 正誤 包括的核実験禁止条約（CTBT）は，核保有国による核兵器生産を禁止している。正か誤か。

7 ×
包括的核実験禁止条約が禁止しているのは，核爆発を伴う核実験である。

☐8 正誤 日本が国連への加盟を承認されたことを受けて，日ソ共同宣言が調印された。正か誤か。

8 ×
順序が逆。日ソ共同宣言が調印されたことで，日本の国連への加盟が可能になった。

☐9 正誤 日本はロシアとの間ですでに平和条約を締結している。正か誤か。

9 ×
ロシアとの間で，まだ平和条約は締結されていない。

☐10 正誤 日本は国際司法裁判所を紛争解決のために積極的に利用しており，たとえば韓国との間の竹島問題は，この裁判所での裁判によって解決した。正か誤か。

10 ×
竹島問題に関しては，日本政府は韓国に対して国際司法裁判所に付託することを提案したが，韓国はこれを受け入れなかった。また，竹島問題は解決していない。

53 日本の平和主義

本冊 P.246

☐1 正誤 自衛隊は，1950年の朝鮮戦争を契機に，マッカーサーの要請により発足した。正か誤か。

1 ×
「自衛隊」を「警察予備隊」とすれば正文となる。

☐2 正誤 サンフランシスコ平和条約と同じ年に調印された日米安全保障条約により，日本政府はアメリカ軍の日本駐留を認めた。正か誤か。

2 ○
両条約は1951年に調印された。

☐3 正誤 日米安全保障条約には，日本が米軍に基地を提供する目的は，日本および世界の平和と安全の維持を図ることにあると規定されている。正か誤か。

3 ×
「世界の平和と安全の維持」ではなく，極東における国際の平和と安全の維持が正しい。

☐4 正誤 日米安全保障条約は，国際情勢の変化に伴って，これまで複数回にわたって改定されてきた。正か誤か。

4 ×
1951年に調印され，その後1960年に一度改定されたのみである。

☐5 正誤 日米安全保障条約は，米国本土が他国によって武力攻撃を受けた場合，日米が共同して防衛にあたることを義務づけている。正か誤か。

5 ×
日米共同防衛義務は，日本および日本領域内の米軍施設が攻撃を受けた場合についての定めである。

☐6 正誤 日米安全保障条約に基づく交換公文に規定されている事前協議は，これまでしばしば行われてきた。正か誤か。

6 ×
事前協議制は一度も活用されたことがない。

☐7 正誤 日本政府は，日米安全保障条約締結以来一貫して，主権国家として集団的自衛権は有するが，憲法上，その行使はできない，という見解を表明している。正か誤か。

7 ×
政府は，2014年に従来の解釈を変更し，要件を満たせば集団的自衛権の行使ができるとした。

8 正誤 日本政府は，自衛隊は自衛のための必要最小限度を超えない実力なので，憲法がその保持を禁止する戦力にはあたらない，という見解を示している。正か誤か。

8 ○
政府は，日本国憲法が保持を禁止している戦力というのは，自衛のための必要最小限度を超える実力であると定義している。

9 正誤 砂川事件において，第一審を担当した裁判所は，自衛隊は戦力にあたり違憲である，という判断を示した。正か誤か。

9 ×
砂川事件は，自衛隊ではなく，駐留米軍の違憲性が争われた事件である。第一審で，裁判所は駐留米軍を違憲とした。

10 正誤 長沼ナイキ基地訴訟において，最高裁判所は，自衛隊を合憲であると明確に判断した。正か誤か。

10 ×
最高裁判所は，自衛隊について違憲とも合憲とも明確に判断したことはない。

11 正誤 最高裁判所は，条約について，司法審査の対象外であるという判断を示したことがある。正か誤か。

11 ○
砂川事件で最高裁判所は，統治行為論を用いて日米安保条約の憲法判断を回避した。

12 正誤 恵庭(えにわ)事件は，被告人が刑法の器物損壊罪で起訴され，最高裁判所が統治行為論を展開した事件である。正か誤か。

12 ×
恵庭事件は，第一審で判決が確定。統治行為論も用いられていない。

54 日本の安全保障をめぐる諸問題

本冊 P.250

1 正誤 自衛隊の最高指揮権は，文民である防衛大臣に帰属する。正か誤か。

1 ×
自衛隊の最高指揮権は文民である内閣総理大臣にある。

2 正誤 国防の基本方針など，防衛に関する重要事項について審議する国家安全保障会議は，内閣に設置され，首相や関係閣僚で構成される。正か誤か。

2 ○
国家安全保障会議は安全保障会議に代わる機関として，2013年に内閣に設置された。

3 正誤 国防に重大な影響がある場合には，防衛出動に国会の承認を得る必要はない。正か誤か。

3 ×
防衛出動には国会の事前あるいは事後の承認が必要。

4 正誤 核兵器を「もたず，つくらず，もち込ませず」という非核三原則は，法律に明記されている平和主義の基本原則の一つである。正か誤か。

4 ×
非核三原則は国会での政府表明および国会の決議であって，法律上の規定ではない。

5 正誤 日本は防衛装備移転三原則にしたがって，防衛装備の輸入をまったく行っていない。正か誤か。

5 ×
防衛装備については，輸入を行っている。輸出も一定の条件の下で行っている。

☐6 自衛隊がPKO（国連平和維持活動）協力法に基づいて派遣された国にあたらないものを，次の①～④のうちから一つ選べ。

① カンボジア　② ソマリア
③ 東ティモール　④ モザンビーク

6 ②
自衛隊は，①UNTAC（国連カンボジア暫定統治機構）に，③UNTAET（国連東ティモール暫定統治機構）とUNMISET（国連東ティモール支援団）に，④ONUMOZ（国連モザンビーク活動）にそれぞれ参加した。

☐7 正誤 周辺事態法を含むガイドライン関連法は，2003年に勃発したイラク戦争がきっかけとなって制定された。正か誤か。

7 ×
ガイドライン関連法はイラク戦争以前の1999年に制定。

☐8 正誤 テロ対策特別措置法に基づいて，自衛艦が戦時下にアメリカ軍への後方支援のために，インド洋に派遣された。正か誤か。

8 ○
「後方支援」であったこと，派遣場所とその根拠法，および「戦時下」という点に注目。

☐9 正誤 現在の日本では，戦時下に適用される有事法制の制定が課題となっている。正か誤か。

9 ×
2003年に有事関連三法が，翌04年には有事関連七法が制定されている。

☐10 正誤 集団的自衛権の行使について定めた法律は存在しない。正か誤か。

10 ×
平和安全法制（2015年）の一環としての改正武力攻撃事態法や自衛隊法で，一定の要件の下での集団的自衛権の行使について規定している。

第2部 自立した主体としてよりよい社会の形成に参画する私たち

55 貿易と国際収支

本冊 P.258

☐1 イギリスの経済学者リカードは，＿＿＿説を唱えて自由貿易の利益を主張した。

1 比較生産費

☐2 正誤 歴史学派のリストは，将来高い成長を実現できる潜在力をもつ工業部門を育成するために，輸入を制限して，保護貿易政策を行うべきだと主張した。正か誤か。

2 ○
ドイツの経済学者リストは，経済発展段階説の考え方に基づいて保護貿易政策を提唱した。

☐3 正誤 海外から利子や配当を受け取ると，金融収支にその額がプラスとして計上される。正か誤か。

3 ×
海外から受け取る利子や配当は，第一次所得収支のうちの投資収益にプラスとして計上される。

4 日本の経常収支のうちで，現在，最も黒字額の大きな項目を，次の ①～④ のうちから一つ選べ。
① 貿易収支　② サービス収支
③ 第一次所得収支　④ 第二次所得収支

4 ③
③は大幅黒字。①は赤字になる年もある。②④は赤字基調。

5 正誤 海外への生産拠点の移転は，直接投資にあたる。正か誤か。

5 ○
直接投資は，国境を越えた投資のうち，経営権の取得をめざす投資のことである。

6 正誤 貿易収支の黒字は，その国の通貨の為替相場が下落する要因となる。正か誤か。

6 ×
「下落」は上昇の誤り。貿易収支の黒字の増加は為替相場の上昇要因。

7 正誤 金利の上昇は，その国の通貨の為替相場が上昇する要因となる。正か誤か。

7 ○
金利が高いと，外国からの投資が増えるので，その国の通貨の需要が増え，為替相場が上昇する。

8 正誤 インフレーションの進行は，その国の通貨が下落する要因となる。正か誤か。

8 ○
インフレが進むと，安い外国製品が輸入され，高い自国製品の輸出が落ち込むので，貿易収支が悪化する。その結果，支払いのため外国通貨の需要が増えるので，外国通貨が上昇し，自国通貨は下落する。

9 正誤 ドル安・円高を阻止したいときに，日本銀行は外国為替市場にドル売り・円買いの介入を行う。正か誤か。

9 ×
「ドル売り・円買い」ではなくドル買い・円売りが正しい。ドル売り・円買い介入を行うと，ドル安・円高が進行する。

10 正誤 円高になると，輸入品の円建て価格が上昇するので，インフレーションの可能性が高まる。正か誤か。

10 ×
円高になると輸入品の円建て価格が低下するので，円高には物価を抑制する効果がある。

11 正誤 円高は日本の輸出競争力を強化する。正か誤か。

11 ×
円高になると，ドル建ての価格が上昇するので，日本製品の国際競争力が低下する。

12 正誤 日本の居住者がドル建て預金を円に換金する際に，円安・ドル高が進行すると，為替差損が発生することになる。正か誤か。

12 ×
たとえば，1ドルが100円のときに1万円をドル建てで預金すると，100ドルとなる。円安が進み1ドルが200円となったときに，預金の元金100ドルを円に換金すると2万円となり，差益が生じる。

56 戦後国際経済の動向

本冊 P.262

1 正誤 世界恐慌を契機に，主要国は金本位制度から管理通貨制度へ移行した。正か誤か。

1 ○
主要国は，1930年代に金本位制度から管理通貨制度へと移行するとともに，ブロック経済化を進めた。

2 正誤 IMF(国際通貨基金)は1944年のブレトンウッズ協定に基づいて設立された機関で，当初は為替の安定化と長期資金の融資を目的としていた。正か誤か。

2 ×
「長期資金」ではなく短期資金が正しい。長期資金の融資は，IBRD(国際復興開発銀行)の役割である。

3 正誤 1960年代のドル不安の大きな要因は，アメリカの貿易黒字が大きく,国際的にドルが不足したことにあった。正か誤か。

3 ×
「貿易黒字」も「ドルが不足」も誤り。ドル不安の要因は，アメリカの国際収支の悪化にあった。国際収支の悪化は，世界に過剰にドルが供給されることを意味する。

4 正誤 1971年にアメリカ大統領レーガンは，ドルと金との交換を停止するという政策を発表した。正か誤か。

4 ×
「レーガン」ではなくニクソンが正しい。

5 正誤 1971年のスミソニアン協定で，円はドルに対して切り上げられた。正か誤か。

5 ○
1ドル＝360円から308円へと，円はドルに対して切り上げられた。

6 正誤 1973年には主要国は変動為替相場制に移行した。正か誤か。

6 ○
1976年のキングストン合意で，正式に変動為替相場制への移行が認められた。

7 正誤 ルーブル合意の失敗を受けて，新たにプラザ合意が結ばれた。正か誤か。

7 ×
プラザ合意は1985年，ルーブル合意は87年である。

8 正誤 IMF加盟国は,一定の条件の下に,SDR(特別引出権)を用いて他の加盟国から外貨を入手することができる。正か誤か。

8 ○
SDRの配分は1970年から開始。IMF加盟国は，配分されたSDRと引換えに他の加盟国から必要な外貨を引き出すことができる。

9 正誤 東アジア通貨危機の際に，IMFは直接的な関与を行わなかった。正か誤か。

9 ×
IMFは，韓国などに対し緊急融資を行った。

☐10 正誤 GATTは，自由貿易の拡大をめざす機関として，ブレトンウッズ協定に基づいて設立された。正か誤か。

10 ×
ブレトンウッズ協定に基づいて設立された機関はIMFとIBRD。GATTは，1947年に調印された協定で，ブレトンウッズ協定に基づいて設立された機関ではない。

☐11 GATTは過去数次の交渉を行ってきた。たとえば，1960年代の__①__・ラウンドでは，関税の一括引下げ交渉が行われ，1970年代の__②__ラウンドでは非関税障壁の軽減問題が話し合われ，そして1986年から94年にかけての__③__・ラウンドでは，知的財産権問題やサービス貿易のルールづくりが行われてきた。

11 ①ケネディ
②東京
③ウルグアイ

☐12 正誤 WTOでは，GATTに比べ，紛争処理機能が強化された。正か誤か。

12 ○
WTOでは，貿易紛争を多国間で処理するという考え方の下に，紛争処理機能が強化された。

57 経済統合の進展

本冊 P.266

☐1 正誤 ECSC(欧州石炭鉄鋼共同体)において，石炭と鉄鋼に関する共同市場の形成がめざされた。正か誤か。

1 ○
ECSCは，EU(欧州連合)へと発展する最初の組織で，1952年に設立された。

☐2 正誤 EC(欧州共同体)では，域内は無関税とされたが，域外からの輸入に対する関税は各国が決めていた。正か誤か。

2 ×
1968年にECは，域内無関税，対外共通関税とする，関税同盟を完成させた。

☐3 正誤 ノルウェーは，EU(欧州連合)の結成当初からの加盟国であり，欧州における地域的経済統合を積極的に進める立場をとっている。正か誤か。

3 ×
ノルウェーはEUに加盟していない。

☐4 正誤 ユーロを導入した国では，共通の金融政策が実施される。正か誤か。

4 ○
ECB(欧州中央銀行)がユーロ参加国の通貨・金融政策を一元的に行っている。

☐5 正誤 EUの全加盟国が，1999年にユーロを導入した。正か誤か。

5 ×
デンマーク・スウェーデンなどユーロに参加していない国がある。

6 正誤 マーストリヒト条約がめざしている共通安全保障政策に基づいて，各国の軍隊が解体され，NATOがEUの軍事機構となった。正か誤か。

6 ×
EU加盟国の各国の軍隊は解体されていない。またNATOは，EUの軍事機構ではなく，アメリカと西欧諸国を中心とする集団防衛機構である。

7 正誤 EUには旧東欧諸国も加盟している。正か誤か。

7 ○
2004年以降，チェコやハンガリーなど旧東欧諸国がEUに加盟している。

8 正誤 2018年に発効したTPP11は，日本やアメリカなどが参加する環太平洋地域の自由貿易協定である。正か誤か。

8 ×
アメリカは参加していない。

9 正誤 南米は政治的に不安定な国が多く，現在のところ，地域的経済統合が形成されていない。正か誤か。

9 ×
ブラジル，アルゼンチン，パラグアイ，ウルグアイの4か国が1995年に発足させたMERCOSUR（南米南部共同市場）などがある。

10 正誤 APEC（エイペック）（アジア太平洋経済協力会議）は，アジア・太平洋の資本主義国を中心に形成されている協議体なので，中国はこれに参加していない。正か誤か。

10 ×
中国はAPECに参加している。

11 正誤 日本は多国間主義をとっているため，二国間の自由貿易協定を締結していない。正か誤か。

11 ×
2002年にシンガポールと締結したのをはじめとして，メキシコ，マレーシアなどと，自由貿易協定を含む経済連携協定（EPA）を締結している。

12 正誤 アジアNIES（ニーズ）（新興工業経済地域）やASEAN（東南アジア諸国連合）は，外国企業を積極的に誘致してきた。正か誤か。

12 ○
アジアNIESやASEAN諸国は，外資を積極的に導入し，輸出を中心とする工業化政策（輸出指向型工業化政策）を採用してきた。

58 南北問題と国際経済における日本の役割

本冊 P.270

1 先進国と開発途上国の経済格差の要因の一つに，少数の一次産品の輸出に頼る開発途上国の経済構造がある。この経済構造を何というか。

1 モノカルチャー経済（構造）

☐2 正誤 外国からの輸入品の価格には変化がないという条件の下で自国の輸出品の価格が上昇すると，その国の交易条件は悪化する。正か誤か。

2 ✕
輸出品の価格が上昇すれば，輸出品1単位当たりで購入できる輸入品の量が増えるので，交易条件はよくなる。なお，工業製品に対する一次産品の交易条件は，長期的にみると不利になるといわれている。

☐3 国際連合は，南北問題を討議する機関として，1964年に＿＿＿を設立した。

3 UNCTAD（国連貿易開発会議）

☐4 正誤 1974年の国連資源特別総会で採択されたNIEO（新国際経済秩序）の樹立宣言に基づいて，石油などの天然資源が国連の管理に委ねられることになった。正か誤か。

4 ✕
「国連の管理に委ねられることになった」は誤り。NIEOの樹立宣言で，天然資源恒久主権が確認された。

☐5 正誤 GATTやWTOでは，無差別原則に基づいて，開発途上国に有利となるような関税の設定は禁止されている。正か誤か。

5 ✕
「禁止されている」は誤り。UNCTADの要求の一つである一般特恵関税をGATT・WTOでは認めてきた。

☐6 正誤 ODA（政府開発援助）の国際目標は，GNI（国民総所得）の0.7%以上であるが，現在のところ，これを達成している国はない。正か誤か。

6 ✕
スウェーデンやノルウェーなどが目標を上回っている。

☐7 正誤 石油危機以降，開発途上国間でも，資源保有国および工業化に成功した国と，そうでない国との間で格差が広がってきた。正か誤か。

7 ○
この格差の問題を南南問題という。

☐8 正誤 1980年代には，メキシコやブラジルなどで累積債務問題が生じた。正か誤か。

8 ○
1982年にメキシコの債務不履行，87年にブラジルの利払い停止宣言が起こった。

☐9 正誤 日本政府は，開発協力大綱において，開発協力の目的の一つとして，国益の確保を掲げた。正か誤か。

9 ○
開発協力大綱はODA大綱に代わるものとして，2015年に閣議決定された。

☐10 正誤 日本のODAの総額は，DAC（開発援助委員会）加盟国中，上位に位置するが，対GNI比は目標値を大きく下回っている。正か誤か。

10 ○
総額（支出総額ベース）ではDAC加盟国中第4位であるが，対GNI比は0.39%である（2022年暫定値）。

☐11 正誤 ODAは資金援助を目的としているので，技術協力はこれに含まれない。正か誤か。

11 ✕
技術協力もODAに含まれる。

12 正誤 日本のODAは贈与を中心としている。正か誤か。

12 ×
日本のODAは，貸与の割合が高く，贈与比率が低い。

13 正誤 日本の二国間援助の大半は，後発開発途上国（LDC）の多いラテンアメリカ向けである。正か誤か。

13 ×
日本の二国間援助は，アジア諸国向けが多い。また，LDCはアフリカに多い。

59 国際経済と日本経済

本冊 P.274

1 正誤 日本は，IMFへの加盟に先立って国連への加盟を果たした。正か誤か。

1 ×
1952年にIMFとIBRDに加盟し，1955年にGATTに加盟した。国連への加盟は1956年。

2 正誤 日本は，1960年代に入ると，貿易，為替，資本の自由化を推進した。正か誤か。

2 ○
1960年に貿易，為替自由化計画大綱を策定して自由化を推進し，1967年には資本の自由化も開始した。

3 正誤 日本は，農産物の輸入自由化も推進し，米の部分開放に先立って，牛肉・オレンジを自由化した。正か誤か。

3 ○
米の部分開放（ミニマム・アクセス）の開始は1995年から。牛肉・オレンジの自由化は1991年から。

4 正誤 1963年に，日本はGATTの11条国に移行し，国際収支が悪化しても輸入数量制限を行うことができなくなった。正か誤か。

4 ○
1964年にはIMFの14条国から8条国に移行し，国際収支の悪化を理由に，為替制限を行うことができなくなったことも押さえておこう。

5 正誤 日本は，1964年に先進国クラブといわれるOECD（経済協力開発機構）にアジア諸国の中ではじめて加盟した。正か誤か。

5 ○
1990年代半ばには韓国もOECDに加盟した。

6 正誤 石油危機以前には，日本と欧米諸国との間で貿易摩擦が生じたことはない。正か誤か。

6 ×
1950年代から，アメリカとの間で繊維製品などをめぐって摩擦が生じた。

7 正誤 1980年代には日米間で自動車摩擦が深刻化し，アメリカは日本に対して，アメリカへの直接投資の自主規制を求めた。正か誤か。

7 ×
自動車摩擦でアメリカが日本に求めたのは，直接投資の自主規制ではなく輸出自主規制。

8 正誤 日米構造協議を通じて，中小小売店を保護する大規模小売店舗法の規制の強化が図られた。正か誤か。

8 ×
アメリカからの要求もあり，大規模小売店舗法の規制は緩和された。その後，同法は廃止され，それに代わる法律として，地域の生活環境保全に重点を置いた大規模小売店舗立地法が制定された。

9 正誤 1980年代末に開かれた日米包括経済協議において，アメリカは日本に対し独占禁止法の運用強化を求めた。正か誤か。

9 ×
「日米包括経済協議」を「日米構造協議」に替えれば正文となる。日米包括経済協議が開かれたのは1993年。

10 正誤 1980年代後半に，アメリカからの要求もあり，日本は内需主導型経済への転換を図った。正か誤か。

10 ○
内需拡大には貿易黒字削減効果があるため，アメリカは強く日本に内需拡大を求めた。前川レポートも確認しておこう。

11 正誤 1980年代後半になると，日本の企業の中には欧米への直接投資を拡大させるものもあった。正か誤か。

11 ○
プラザ合意以降の円高による輸出競争力の低下や貿易摩擦回避のために，自動車などを中心に，工場の海外移転が加速した。

12 正誤 近年，日本では，海外の子会社の配当収益などが拡大し，第一次所得収支の黒字が増加してきた。正か誤か。

12 ○
2005年に第一次所得収支の黒字額が，貿易収支の黒字額を上回った。

60 地球環境問題と資源・エネルギー問題

本冊 P.278

1 正誤 京都議定書によって，窒素酸化物の排出許容枠を売買する排出権取引が認められた。正か誤か。

1 ×
「窒素酸化物」ではなく，二酸化炭素などの温室効果ガスの排出権取引が認められた。

2 正誤 京都議定書は，開発途上国に，温室効果ガスの排出削減の具体的な数値目標義務を負わせていない。正か誤か。

2 ○
先進国に対しては，温室効果ガスの削減数値目標を定め，その達成を義務づけた。

3 正誤 温室効果ガスの世界最大の排出国はアメリカである。正か誤か。

3 ×
中国が最大の排出国。アメリカは第2位である。

4 正誤 モントリオール議定書は，焼畑耕作や木材乱伐による熱帯雨林の消失に歯止めをかけることを目的としている。正か誤か。

4 ×
モントリオール議定書は，オゾン層の破壊の進行に歯止めをかけることをめざした条約である。

5 正誤 工場や自動車から排出される物質が，酸性雨の原因といわれている。正か誤か。

5 ○
化石燃料の燃焼などによって生じる窒素酸化物や硫黄酸化物が原因。

6 正誤 1972年の国連人間環境会議で，「かけがえのない地球」のスローガンの下に，人間環境宣言が採択された。正か誤か。

6 ○
同会議はスウェーデンのストックホルムで開催された。

7 正誤 1992年に「持続可能な開発」の理念に基づくリオ宣言と，その実現のための行動計画を定めたアジェンダ21が採択された。正か誤か。

7 ○
国連環境開発会議（地球サミット）において採択された。

8 正誤 国連環境開発会議には，多数のNGO（非政府組織）が参加した。正か誤か。

8 ○
この会議は，NGOが参加したことでも有名な会議。

9 水鳥とその生息地である湿地の保全をめざす条約を何というか。

9 ラムサール条約
日本では釧路湿原などが登録されている。

10 正誤 家電リサイクル法に基づき，冷蔵庫など特定家電を廃棄する場合，消費者などその排出者がリサイクルの費用を負担することになっている。正か誤か。

10 ○
特定家電とは冷蔵庫・冷凍庫，洗濯機・衣類乾燥機，エアコン，テレビ（ブラウン管テレビ，薄型テレビ）のこと。

11 正誤 日本では，電力の小売の完全自由化が実現している。正か誤か。

11 ○
2000年に大口使用者向けの小売の自由化が，2016年には一般家庭向けについても小売の自由化が実現した。

12 正誤 日本では化石燃料の利用者は，地球温暖化対策税を負担しなければならない。正か誤か。

12 ○
地球温暖化対策税は，すべての化石燃料の利用に対して課税される。

第3部 現代の諸課題を探究する学習活動

61 課題探究学習活動の方法

本冊 P.286

1 正誤 ブレインストーミングとは，一定の課題について，参加者各人が自由に自分のアイデアを出し合うことを基本とする集団的思考方法の一つである。正か誤か。

1 ○
ブレインストーミングでは出されたアイデアを批判しないことがルールとなっている。

◿2 正誤 日本十進分類法(NDC)にしたがって分類された番号は，ある個別の図書を識別するためのものであり，この番号だけで探すべき1冊の本を見付けることができる。正か誤か。

2 ×
日本十進分類法(NDC)にしたがって付された番号は，図書をその内容によってジャンル別に分類したものであって，個別の図書を識別するためのものではない。

◿3 正誤 インターネット上の情報には，不正確なものがあるので，他の情報源によって確認したり補ったりする必要がある。正か誤か。

3 ○
インターネット上の情報の中には，フェイクニュースなど，誤った情報が存在する。

◿4 正誤 メディアにアクセスしそれを活用したり，メディアが発する情報を的確に読み解いたりする能力のことをメディア・リテラシーという。正か誤か。

4 ○
情報社会ではメディア・リテラシーの育成が課題となっている。

◿5 正誤 契約をめぐるトラブルの経験の有無について統計的に把握するため，大学生に対して質問紙を配付し，回収するという調査の方法は，インタビュー法と呼ばれる。正か誤か。

5 ×
「インタビュー法と呼ばれる」というのは誤り。正しくはアンケート法(質問紙法)と呼ばれる。

◿6 正誤 アンケートは，少数の人々を対象に，時間をかけて調査する方法で，回答者の本音を聞き出すのに最も適した方法である。正か誤か。

6 ×
「アンケート」は誤り。正しくはインタビュー。アンケートは，多数の人に時間をかけずに調査することが可能な方法である。

◿7 正誤 円グラフ，折れ線グラフ，100パーセント帯グラフの中で，時系列の変化を見るのに適しているグラフは円グラフである。正か誤か。

7 ×
「円グラフ」は誤り。正しくは折れ線グラフ。

◿8 正誤 円グラフ，折れ線グラフ，レーダーチャートの中で，五大栄養素について，一日に必要な摂取量を各々100とした場合の，実際の各栄養素の摂取量のバランスを示すのに適しているグラフは折れ線グラフである。正か誤か。

8 ×
「折れ線グラフ」は誤り。正しくはレーダーチャート。

◿9 正誤 レジュメとは，プレゼンテーションの際に参加者に配付する，発表内容の要約のことである。正か誤か。

9 ○
レジュメは研究発表・講演などの内容を簡潔にまとめた文書のことである。

◿10 正誤 あるテーマについて，肯定の側と否定の側に分かれ，それぞれの立場の根拠を示して一定のルールで行う討論は，ディベートと呼ばれる。正か誤か。

10 ○
勝敗を決定する第三者(審判者，ジャッジ)を置くこともある。

別　冊

大学入学
共通テスト

公共, 政治・経済 集中講義 五訂版

必携

一問一答
問題集